上海WTO事务咨询中心经典译丛　王新奎 主编

Aaditya Mattoo/Zhi Wang/Shang-Jin Wei
[美]阿迪蒂亚·马图　王直　魏尚进 编
叶作义 姚为群 等 译

# 增加值贸易

## 开发跨境贸易核算新方法

# Trade in Value Added

## Developing New Measures of Cross-Border Trade

上海人民出版社

# 目　录

# 图目录

# 表 目 录

表 目 录

# 专 栏 目 录

# 致　谢

2011 年 6 月 9 日至 10 日，世界银行在美国华盛顿举行了“全球生产碎片化和增加值贸易：开发跨境贸易核算新方法”研讨会，本书是与会代表首次提交并讨论的论文汇编。感谢弗兰西斯·吴出色地组织和领导了此次研讨会。作为主编，我们感谢各章作者、讨论者和研讨会的其他参与者提出的有助于论文改进的有见地的评论和建议，感谢贾斯汀·利纳和马丁·拉瓦利恩的指导和支持。安娜·雷吉娜·邦菲尔德提供了出色的行政支持，米歇尔·切斯特提供了宝贵的意见。

主编　阿迪蒂亚·马图、王直、魏尚进

（姚为群、李宁译，姚为群校）

# 第一章

# 跨国生产碎片化背景下增加值贸易核算：概述[①]

阿迪蒂亚·马图　王直　魏尚进

一个 iPad 的"原产国"是在哪里？今天，如果你在苹果的在线商店里订购一个新版的 iPad，你会发现你的设备是由一家名为富士康的公司从中国运出来的，所以中国可以被认为是 iPad 的正式出口国。当然，iPad 是在加利福尼亚设计的，并且由来自日本、韩国以及其他国家的诸多零件组装而成。当一件产品在全球产业链的制造过程中，由许多国家参与不同的生产阶段并供应各种各样的零部件并制成最终产品，"原产国"的概念就不是很适用了。现在世界变成了：越来越多的产品在被组装成为最终产品之前，通过国际贸易综合使用了来自多个国家的零部件。事实上，约有二分之一到四分之三的国际商品与服务贸易由中间产品贸易构成（参见第二章，塞巴斯蒂安·米洛多特，山野纪彦）。本章中，我们以一些具有积极性和拓展性的研究为主体并根据我们的了解来对这种现象进行探究。这里所列举的文献大部分是在 2011 年世界银行以此为主题的一次会议上发表的，并随后被校订和流传出来。首先，对于出口给定商品的国家和提升该产品价值的国家之间日益显现的分化现象，我们要探索其经济学上的含义。其次，我们对一个国家的出口（以及进口）的国内外的增加值的数种估计方法进行检测。最后，我们对目前使用的国家和国际间的统计手段提出一些改进的建议，以便于更好地对增加值贸易进行核算。鉴于这仍然是一个不断演化并创新的领域，我们希望本章能够提供一个框架以便于比较目前的一些方法手段，并由此推动一些新的观点产生。

① 本章中的观点仅代表作者个人见解，不作为作者所属机构的官方意见。

## 1 经济及经济政策方面的含义

之所以要超越官方贸易统计资料以评估增加值贸易中的真实出口如此重要，有以下几点原因。第一，也是最根本的原因是它能帮助我们更好地理解国际贸易中不断变化的本质和结果。正如第三章中基恩·M.格罗斯曼所争论的那样，由于通信技术产生巨大的进步，国际分工不再仅仅局限于产品和行业方面，而是在更宏观的层面上显现出来，例如特定任务。因此，新的且未经广泛检验的理论便指向了一些传统的问题，例如，生产是从哪里开始，贸易对要素价格和收入分配有何影响等等，聚焦于经济行为上的更宏观的层面而不再局限于行业的层次。除了显现要素如相关要素价格区别的重要性，经济生产的新的决定性因素也已确定，例如一项任务远距离轻松完成（与其普遍性和服从相应的法规相关）以及任务之间是否互补（影响其联合进行还是分开生产）。同时新的关于贸易所得的预测也已产生：离岸外包带来的生产率提高可以被国内的所有产品生产要素共同分享，所以可以减轻贸易带来的传统利益冲突。只有当我们超越以贸易总流量为基础的贸易数据，这些预测的准确性才能得以确定。国家产出核算已得到普遍运用，经济活动最好的测算方法是增加值贸易核算而不是总产出核算。正如格罗斯曼和罗西哈伯斯格（2008）总结的：

> 生产过程的全球化带来了一种新的贸易数据收集方法，记录国际贸易与多年来记录国内交易的方式很相像。

第二，比现存的其他问题甚至可能更亟待解决的是跨境贸易碎片化生产带来的标准化问题。米洛多特和山野纪彦（第二章）以及其他学者已经列出了一系列急需解决政策相关的问题。

关于双边贸易失衡更准确的解读。双边贸易结算的标准核算方法以贸易总量作为基础。考虑一下最近几年中国和日本对美国的贸易顺差，数据是被高估了的，因为中国出口到美国的产品使用了很多进口自日本、韩国、美国以及其他国家的中间产品。作为对比，美国出口到中国的产品主要使用的其自身拥有的中间产品。据估计，以增加值贸易方法核算的中国对美国的贸易顺差比以贸易总量核算的顺差要低约25%—40%（Maurer & Degain，2010）。相比之下，日本对美国的贸易顺差是被低估了的，因为日本也向中国和其他国家出口中间产品以用来加工以后出口到美国。

贸易政策的影响。由于高收入的国家更可能位于全球产业链的上游，他们从低收入国家的进口更可能被包含在他们自己的增加值贸易中（通过他们对低收入国家的机械化产品的出口和其他中间产品的进口）。以美国从中国和墨西哥的进口为例，两者都是采用加工后出口的模式的典型国家，他们加工来自美国（以及其他高收入国家）的进口货物后再出口到美国。鉴于这个体系，美国对中国和墨西哥的日益森严的进口限制可能也会伤害到美国的本土企业。在某种程度上这会因部门而变，所以美国所占的来自中国和墨西哥的进口产品中的含量也会因部门而变化。这也适用于其他的大多数高收入国家的贸易政策。例如，瑞典国家贸易委员会在一项关于欧洲制鞋业的研究中特别强调亚洲的制鞋业包含了约50%—80%的欧盟的增加值贸易。在2006年，欧委会开始对来自中国和越南的鞋类进口产品征收反倾销税。一项关于增加值贸易的分析指出欧盟的增加值贸易受到了反倾销税的限制（国家贸易局，2007；也可参见第二章）。

贸易对就业的影响。政策制定者希望了解一项特定的贸易政策的影响，例如对美国进口自中国的产品全面征税会对中美两国的就业有何影响。如果人们不了解总贸易量的数据并不能准确地反映出口国的真实的增加值贸易，或者进口国的增加值贸易被包含到了出口国的总出口中，那么对此进行的分析就有误导性（当然，如果人们不了解长期中一般均衡对就业的影响不同于其短期影响，那么分析也会具有误导性）。欧洲制鞋业的例子可以用来解释贸易对就业的影响。传统的观点认为，总的来说，来自中国和越南的进口鞋会使欧洲的制鞋业工作岗位减少而转移到中国和越南国内。但是从增加值贸易方面来看，人们需要解释欧洲的增加值贸易；也许在鞋类的加工阶段欧洲的一些工人确实失去了他们的工作职位，但鞋类的研究、开发、设计和营销方面的岗位有可能因为贸易而大幅度的增加（同时，这种分工生产可以降低成本并保持欧洲企业的竞争力）。

贸易与竞争力。竞争力的指标如巴拉萨（1965）提出的比较优势（RCA）已被用于许多的研究和政策应用之中。在官方贸易的统计数据中增加值贸易的重复计算这一问题表明传统的显示比较优势可能有干扰性或误导性。例如，库普曼等编（近期刊发的KWW2）中使用总出口的数据表明印度在金属成品方面具有很大的显示比较优势（在样本的26个国家中印度排名第四位）。但是，当我们审核该部门出口的国内贸易值的时候，印度在RCA的排名中迅速下降至第十五位。排名上的变化对于印度来说，使该部门从具有比较优势变为比较劣势。

贸易与环境。人们对于温室气体的排放及其在气候变化上潜在的作用引致了一些关于贸易开放性对排放的影响的研究。生产的分工需要一个从增加值贸易的视角来弄清楚进口产品的产地到底在哪里，也就是说的产生源头是在哪里。

例如,Dean 和 Lovely(2010)做了一些初始性的研究,他们认为全球供应链的存在可能对中国的环境具有非常大的益处。这是因为中国的出口产品已逐渐转变为高度分工化的类型(比如办公、电子设备和通信设备),这些产品污染更少,远远小于传统的出口产品——分工化程度低,污染多。

第三,国际监管和政策分析方面,与上述讨论的政策层面有一定的相关性。国际货币基金组织的斋藤美佳和拉尼尔·萨尔加多已在宏观经济学教程中阐明(第三章),他们认为使用精确的增加值贸易的数据将会提高汇率估算的准确性。因为以增加值贸易为基础的真实有效的交换率比那些以总贸易数据为基础的交换率更能准确衡量竞争力。反过来,这也会提升我们预测相对价格变化的影响的能力,包括全球经济再平衡。例如,有人认为对位于全球链上的下游和上游国家(例如中国和美国),相对价格的变化会导致下游和上游的国家不对称的再平衡的效应。这是因为下游国家出口的产品中更大部分的外国的增加值贸易会减轻汇率波动的影响。

第四,测算增加值贸易最大的作用可能就是理解并应对经济发展过程中所面临的挑战。正如朱迪斯·迪安(第三章)所说的那样,她注意到理论上根据比较优势,产品的全球分工程度越高,低收入国家越能够加入到生产链之中,更多的分散化的增加值贸易的数据会帮助我们了解发展中国家加入全球价值链的程度如何,以及全球供应链对发展中国家的间接出口的促进程度。后者取决于供应链能否帮助小型或中型企业克服金融以及其他方面的限制。我们也可以了解清楚发展中国家在供应链中扮演了什么样的角色及其原因。例如,Antras(2005)、Feenstra 和 Hanson(2005)进行的研究表明加强产权保护和质量控制有助于发展中国家在供应链中向上游移动。

除了迪安提出的问题以外还有一些其他的标准性问题。我们需要更好地理解当国家位于供应链(或价值增加的位置)中时,发展前景是否以及为什么如此重要。这是对出口产品是什么是否重要这一分工生产的传统问题的补充。某些事情(或价值增加的经济活动)是否与更广阔视野下的边做边学或知识溢出效应相关?事实上,在价值链上向上游移动意味着什么以及就常规意义而言是否令人满意,这是一个开放性的问题,需要更好的数据进行分析。最后,即使在价值链中所处的地位很重要,那么又会受到政策影响的程度如何?发展中国家能否通过政策介入将它们的产品结构转变为更动态的模式这也不再是一个新的问题。但对这个问题仍然有一个额外的补充,当我们站在任务的角度上而不是整个产品方面来思考这个问题时,甚至在提供可信的解答之前要更具有实证上的挑战性。

## 2　从标准的贸易数据中分离出增加值贸易的方法

从引力模型中可以轻松得到中间产品贸易的相关性的第一条线索。关于贸易量的引力模型可能是就拟合优度(尤其是超过 60%的是代表性国家)和与现行的经济理论(已被产业内贸易理论,比较优势理论和以异质性企业为基础的新贸易理论证明)的兼容性而言最成功的实证阐述。引力模型已被用于大量的贸易政策分析中,例如世界贸易组织对促进贸易发展的有效性[这里举一个例子,Rose(2004)、Subramanian 和 Wei(2007)之间的争论]。但是,理查德·E.鲍德温和达丽娅·塔格里奥尼(第七章)指出,虽然引力模型对国家之间和时期之间以日用消费品为主的出口阐释得很好,但它并不能较好地适用于中间产品的出口。更准确地说,在重力等式中,使用进出口国家的 GDP 作为主变量并不适用于总体贸易中中间产品贸易占主流的双边贸易。一旦生产者需求与消费者需求相偏离,人们就需要使用某些其他的变量去代替或补充 GDP 以作为总需求或总供给。

理查德·E.鲍德温和达丽娅·塔格里奥尼证明了以下模型。第一,log GDPs 的估计参数对于零部件出口为主的国家是偏低的。第二,当零部件出口越来越占主要地位时,log GDPs 的估计参数随时间变化而降低。第三,在这些出口国家和进口和国家 GDPs 失去了解释效应的例子中,人们可以找到第三类国家扮演了需求者的角色。

文献中有两种平行的研究工作对增加值贸易进行了估测。第一种尝试测度垂直分工化的程度,使用单个国家的投入产出表对该国出口产品中进口自国外的含量进行测度,并由 Hummels et al.(2001)(自 HIY 以后)开展了先驱性的工作。

第二种使用了国家间的投入产出表对跨国生产的不同阶段的增加值贸易进行了测度。它尝试计算出一个国家向第二个国家的增加值贸易的出口量,一者通过排除出口产品中包含的外国的增加值贸易部分,二者加入一国向第三方国家出口的中间产品(转而用来生产出口到另一国的产品)的间接增加值贸易。这种方法罗伯特·约翰逊和吉列尔莫·诺格拉②已详细说明。他们提出了一个增加值贸易出口的正式定义:通过一国进行增加值贸易生产,但被包含在了另一国家之中。与 HIY 测度出口产品中国外的含量方法作对比,他们提出了一种测量

② 参见第四章。

总出口中增加值贸易所占的比率的方法，或者是 VAX 比率，以用来测度国家间生产含量的强度。他们发现在双边层面上，制造业的出口具有较低的 VAX 比率以及不平衡性，从增加值贸易方面来衡量与总贸易方面具有很大的不同。作为一个例子，他们说明了在 2004 年美中贸易非均衡比例以增加值贸易方式测度时要低约 30%—40%。

在预测垂直专业化或外国含量的 HIY 架构中，它假定出口产品的生产中的投入产出元素和国内产品中的是完全一样的。这当然不可能普遍成立，但是在广泛使用进口的机械设备和其他进口的投入品生产出口产品的加工贸易中，这一点很明显是违反这一假定的。许多国家对用于加工贸易出口的进口的投入品实行完全关税豁免，或者至少是优化海关退税。在一些国家中，加工贸易出口在其总的出口中占有重要地位。例如，在中国，加工贸易出口约占总出口的一半。全资外企和中外合资经营企业是加工贸易出口的主要企业。在墨西哥，加工贸易出口甚至占有更大的份额，很大的原因是因为美墨联营工厂出口的盛行。

解决这一问题的方法是分别对出口市场和国内市场的生产的投入产出系数进行研究。当然，大多数国家并不公开他们的投入产出系数。罗伯特·库普曼、王直和魏尚进③开发了一个模型框架可以使人们利用一国的海关关税数据和已知的官方投入产出表在部门水平上通过合并分析加工贸易份额来估算这两组系数。他们的方法包含两个部分。首先，他们推导出模型计算所必需的等式方程。推导的主要内容是将标准的投入产出表分拆成两个部分：一部分聚焦于国内的生产和贸易，另一部分聚焦于加工贸易出口。这就产生了四个系数矩阵：一个是用于加工出口的国内生产，一个是用于加工活动的国内生产，一个是用于加工出口的进口的投入，最后一个是用于非加工活动的进口的投入。其次，他们开发了一种估测这四个系数矩阵的方法。这种估测方法主要根据一些均衡理论尝试使系数尽量接近于官方贸易数据和国家统计账户所揭示的数据信息，同时满足供应、使用平衡条件和额外约束条件。库普曼等使用了他们的方法分析了来自中国的数据。

这里主要有四个发现。第一，在 2002 年中国的总体的装备制造业出口中外国的增加值贸易占比约 50%，两倍于直接使用 HIY 方法获得的结果。第二，非加工贸易出口中的外国的增加值贸易相对较小，2002 年约为 10%，2007 年约为 16%。第三，最有趣的是，那些被认为是相对精妙的或者高科技的部门，例如电子设备和通信设备，含有明显较低的国内含量(约 30%或更少)。第四，仅仅加入

---

③ 参见 Koopman 等(2012)，第五章转载，并在随后的讨论中引用为 KWW1。

世界贸易组织(WTO)五年后,中国的装备制造业出口中的国内的增加值贸易2007年已增长至约60%。

下面的这个发现更为有趣。随着时间变化,不同的力量将总出口中的国内的增加值贸易推向不同的方向。一方面,由于不断降低的关税税率和非关税壁垒,尤其是自从中国加入WTO后在2011年12月,所有的中国的出口商可以使用更多的进口的投入品,这会降低出口中的国内的增加值贸易的份额,证据为中国的正常出口中外国的增加值贸易增长了6%。中国也可以增加那些使用更多的进口的投入品的部门,这也会导致总出口中的国内的增加值贸易的减少。

另一方面,当国内的中间产品厂商变得技术更为先进,企业更加强大,出口商可能会更多地使用当地的投入品,以中国制造的投入品替换之前的进口的投入品,这将会增加中国的出口中的国内的增加值贸易。最近几年,更多的生产中间投入品的外资企业重新从国外移至中国,增强了中国生产口产品所需的精密产品的能力。另外,相对世界市场中国的国内市场规模日益庞大,更多的厂商面向中国市场重新定位产品规模,导致加工贸易出口商(在世界市场上几乎独断专营)相对传统出口厂商(既售卖国内市场也售卖世界市场)的衰退,以及进口的投入品的生产使用上的减少。虽然有两种净效应,KWW1所揭露的数据表明,总的来说,第二种效应占主导,中国的总出口中国内的增加值贸易日益增长。

但是,KWW1仅仅揭示了当使用行业水平的数据时由于产品和企业的异质性导致的总体偏误的特殊例子。即使国家统计局例外地像墨西哥当局那样发布了行业水平的这四个主要的投入产出矩阵,只要行业内的不同的企业和产品拥有不用的进口投入品的使用程度,使用行业层面的数据仍然会产生出口中增加值贸易的测量的偏误。许多最近的企业层面的研究发现出口商与非出口商之间有很多的不同,包括他们在投入品上的选择,在进口渗透率方面企业也存在很大的异质性,尤其是对于活跃的出口企业和只面向国内市场的企业。出口商比国内企业更可能使用更多进口的投入品。

Kee和Tang(2012)使用了2000年至2006年中国加工贸易出口商的进出口的企业层面的数据完善了KWW1的分析。特别的,不同于依赖标准的投入产出数据以及出口和国内的投入产出系数相同的假定,企业层面的数据可以使异质的投入产出系数在企业的层面上。当然,我们仍然需要聚合某些层面上的信息,否则就可能会产生太多的个人层次和不够充分的群体信息。如果给定的厂商进口的投入品主要用于企业生产出口产品并且含有较低的国内的增加值贸易,而使用国内的投入品生产的加工贸易出口产品中不含有外国的增加值贸易,那么人们可以简单地通过观察(出口一进口)/出口的比率来计算出这组企业出口的国内的增加值贸易的份额。通过这种方法,他们发现中国的加工贸易出口中国内的增加值贸易的平均份额从 2000 年的 52%增长至 2006 年的 60%。这种随时间增加的趋势和 KWW1 所报告的很相像,尽管前者主要集中于加工贸易。

胡斯蒂诺·德·拉·克鲁茨、罗伯特·库普曼、王直和魏尚进(第六章)将 KWW1 的方法应用到了墨西哥的出口中。墨西哥甚至比中国更广泛地实行了加工贸易模式(Maquiladora 和 PITEX 模型)。事实上,他们的章节在 KWW1 的基础上有所提高,当墨西哥有加工贸易出口的投入产出系数的直接测量的方法,不必再去估测他们并因此而减少了一个边际误差。平均来说,墨西哥的制造业出口中国内的增加值贸易占 34%。这些国内的增加值贸易占 50%或更少的制造企业的出口约占 80%的墨西哥的总制造业出口。和 Kee 以及 Tang(2012)相似,纳迪姆·艾哈默德、索尼娅·阿劳若、亚历西亚·洛·图尔克和丹妮拉·马吉奥尼(第八章)使用了土耳其的企业层面的数据来估测土耳其 2005 年的出口中国内的增加值贸易的份额。使用企业层面的数据,允许艾哈默德等来拆分主要面向国内市场以及主要面对世界市场的企业的投入产出系数。他们估测土耳其 2005 年的出口中的国外的增加值贸易的份额约为 27%,比以行业水平的整合数据为基础的官方的投入产出表估测的高 6 个百分点。但是,这个数字比中国和墨西哥的要低,很可能是因为土耳其与这两个国家相比,其参加加工贸易程度较低。

这些研究证明了以投入产出表和企业层面的数据为基础的对出口中的国内和国外的增加值贸易的估测各有其优缺点。这些方法不是相互替代而是互补的关系。由于任何以真实世界的数据为基础的实证研究必须涉及不同程度的整合(即使是最完整的工厂水平的数据),这种“整体偏误”不能被完全消除;它只能被降低或最小化。实证研究者所面临的挑战是如何最小化手边的特定研究和实行研究时得到的数据造成的整体偏误。

## 3　明确与增加值贸易相似的概念之间的联系与区别

由于测度增加值贸易和量化垂直分工化程度的研究是动态的不断发展的,许多的概念已经出现。其中有些名字相似但含义明显有异。有必要盘点一下这些概念并指出其中的联系和区别。

我们之前已经提到了量化垂直分工化的第一种方法,由 HIY(2001)提出,涉及一国出口中的进口产品的含量。这种方法一般被称为 VS,既包括出口中的直接进口投入品,也包括间接进口投入品。

第二种方法,也由 HIY(2001)提出并且被称为 VS1,从出口和中间产品从第三国间接出口至终点国的价值输送的角度看待垂直分工化。但是,HIY 并没有提供 VS1 的数学定义。

第三种方法是量化一国的出口的产品被世界上其他的国家用来当作进口的投入品来生产最终产品并最终重新销往国内的价值。这种方法由 Daudin et al.(2011)提出。因为它是 VS1 的子集,所以被称作 VS1 。

第四种方法是增加值贸易出口,由原产国 s 生产的增加值贸易并被吸收进入终点国 r。约翰逊和诺格拉(第四章)定义了这种方法并提出利用增加值贸易出口对总出口的比值,或叫作"VAX 比值"作为贸易中增加值的概括性度量的方法。

但是,一国出口中的国内的含量和 VAX 比值总的来说并不是彼此相等的(换句话说,出口中的国内含量的价值和一国的增加值贸易出口的价值是不同的)。库普曼、王直和魏尚进(即将介绍,在 KWW2 中随后提及)提出了一种方法来将一国的总出口分解成四份(或者在每一份中有九种含量)。第一份给出一国的增加值贸易出口部分,就像约翰逊和诺格拉(第四章)精确定义的那样。第二份给出一国的首先出口并最终回到国内的产品的国内增加值贸易部分。第三份是一国出口产品的生产中使用到的国外的增加值贸易的部分。第四份由他们所称的"纯粹重复计算项目"构成,起因于中间产品进行多次重复的贸易。第四份中的一些产品重复计算的增加值贸易来源于原产国,而其他产品重复计算的增加值贸易来源于外国。

KWW2 定义了"一国出口中的国内的增加值贸易"是第一份和第二份的总和。这个概念只看重增加值贸易从哪里产生,而不重视最终在那里被吸收。相比之下,一国的"增加值贸易出口"涉及了"一国出口中的国内的增加值贸易"下的最终被国外吸收这一子集。"一国出口中的国内的含量"由 KWW2 定义甚至比"一国出口中的国内的增加值贸易"这一概念更为宽泛。它是第一份和第二份以及那些第四份中反映了纯粹重复计算的增加值贸易来源于原产国的产品的总和。与之相对称,"一国出口中的国外的含量"是第三份和那些第四份中反映了纯粹重复计算的增加值贸易来源于外国的产品的总和。

这些定义有两个吸引人的内容。首先,KWW2 证明了"一国出口中的国外的含量"在数学上是与在多国假定且不受无中间投入品双边贸易的 HIY 的限制假设下由 HIY(2001)提出的 VS 方法相等的。其次,一国出口的国内和国外的含量的总和与这个国家的总出口是相等的。

综上所述,KWW2 的方法完全可以将一国的总出口分解成九个含量的总和(或四个部分的总和)。如果采用了这种分解方法,其他量化垂直分工化的方法如 VS、VS1 和 VS1*，除了“增加值贸易出口”，都可以被描述为九个含量的某些子集的线性组合。从这个意义上讲，KWW2 的总出口的计算方法提供了一个简洁并精确地描述现存的文献中各个方法之间的联系的手段。

KWW2 的分解方法也提供了关于总出口数据（除了重复计算的总量）中重复计算的结构信息。这种结构信息有助于圈定一国在全球生产链中的地位。例如，在某些部门中，中国和美国可能拥有相近的增加值贸易出口数额，但是在重复计算项目中含量有所不同。对于中国，重复计算项目可能主要出现在中国的最终产品出口中对国外含量的使用中（例如的国外产品设计或机械设备）。对于美国，重复计算项目可能主要出现在最终返回国内并在国内消费的国内的增加值贸易中（例如苹果公司设计产品，但由国外生产成最终产品并在美国市场上销售）。这两种重复计算项目的比值提供了一种便捷地圈定一国在全球价值链中的地位的方法。

## 4　官方数据基础设施的建议

在前面的章节中，我们评议了使用给定的官方统计机构的已知资料并通过综合贸易数据和国家投入产出表来寻找估测增加值贸易的最佳的方法的研究。在这一节中，我们对官方数据的收集和调整以提升增加值贸易评估准确性提出的建议进行讨论。

猪俣哲史、山野纪彦和孟渤（第九章）评议了给定的亚洲的主要经济体的投入产出表（缩写是亚洲 IIO 投入产出表）以及 OECD 编撰的国家间的投入产出表（缩写是 OECD IIO 投入产出表）的编辑方法。对于其中涉及的国家，相关的数据包含使用进口中间产品的企业的定期检验。亚洲 IIO 投入产出表通过分别调查各个国家的投入产出表编撰机构也协调了各参与国的投入产出表中对部门的定义。从而亚洲 IIO 投入产出表消除了编写一个一致且均衡的国家间的投入产出表的差异。OECD IIO 投入产出表包含了更多的国家和地区（共 58 个）。OECD IIO 投入产出表的一个主要特点是各个国家和地区的中间投入品流量的信息在部门中和最终使用用途中都是可以获得的。

众所周知，国际贸易数据在全球层面上是不均衡的，引出地球与火星或者月球贸易往来这一幽默的轶事来解释净剩余（或赤字）。在国家水平上这一般可以被忽略，这一矛盾会在其他的一些国家的账户里体现出来。但当考虑到全球账户时，尤其是与增加值贸易相关时，这些矛盾的地方必须被消除。在第十章，纳迪姆·艾哈默德、王直和山野纪彦证明了怎么通过三阶段数据协调模型来消除矛盾。在第一阶段，他们的模型协调了以每个国家的供给使用表里的产品集团水平的贸易数据编撰的综合收支表里所记载的GDP记录的总商品贸易和服务贸易的进出口项目。这引出了一个国家集团水平和产品集团水平的总出口和总进口的连续的时间序列，满足世界的总出口加上运输成本(包括保险和运费)等于世界的总进口。国际船运服务在全球水平上也和生产行业的供给相平衡。在第二阶段，他们的模型通过借助上述第一阶段评估的全球的一致的出口供给和进口需求，使用综合收支表里所记载的各个国家的GDP检验了每个国家的供给使用表。最后阶段，他们的模型根据最终用途类别分解的国际双边贸易数据将双边贸易流量分配到各个国家的生产/使用行业和最终使用者，引出一个全球供给使用表的双边贸易数据的时间序列并与第一阶段估算的全球控制总量相一致。他们利用镜像贸易数据和每一个产品集团的双边贸易流量的以质量为基准的可靠性指数作为最终阶段的区间约束，以编撰成一个与各个国家的GDP的主要含量相一致的全球结算表。

使用来自官方的国家统计账户的WIOD数据和总贸易数据以及OECD的双边贸易数据进行初步的实证检验，结果令人鼓舞。Ahmad等证明了全球一致性和消除“出口到月球”并不会对最终的数据库里的GDPs数据和其他主要的总的国家账户统计资料带来任何明显的影响。

如果使用IIO投入产出表估算的增加值可以被称为“自上而下”的方法，蒂莫西·J.斯特金、彼得·贝格-尼尔森、克雷格·林登、加里·格里菲和克莱尔·布朗(第十一章)提出了两个“自下而上”的方法：产品层次的全球生产链研究和企业机能研究。产品层次的研究可以将一个单一的产品分解成一份详尽的含量构成清单，并且可以追踪每个含量的生产国家。这种方法的优势是人们可以获得产品含量方面的更详尽的信息。但是，这种方法一个主要的劣势是其可分解的只有有限的一部分产品。另一个劣势是对于大部分产品来说，加总其所有的物理投入部分并不能代表其所有的投入品，因为有一系列的无形的投入(研究与开发，市场营销，IT服务等等)也构成了产品的最终价值，并且他们在国内的增加值里占有的份额在0到1之间。第二个自下而上的方法是通过研究每个企业功能的来源是怎样以及来源如何(除了物理含量的来源)进而扩展出一种特有的企业的研究。第二种方法可以避免第一种方法忽略掉研究与开发、IT服务和其他投入的增加值这一缺陷。但是，为此目的持续地组织跨国定期企业调查成本很高，要超过现在的统计机构的成本。

四位学者的研究构成了第十二章的内容，他们分别是安德烈亚斯·莫雷尔、罗纳德·詹森、纳迪姆·艾哈默德、罗伯特·E.尤斯卡瓦格，他们来自五个不同的政府机构，分别提出了关于怎样修改国民账户体系的其他观点，从而整合数据集推导出增加值贸易的更好的测量方法。这几位学者达成了一个共识，传统的贸易测量手段对于测算跨国和双边贸易结算有较大的限制。因此，发展增加值贸易数据核算作为 SNA 的根本补充方法应该受到支持。例如，莫雷尔和艾哈默德都相信 OECD 和 WTO 现在都“处于正在协调各方面的努力基于官方贸易数据和国民账户对增加值方面的贸易流量进行测量的位置”（莫雷尔，参见第十二章）。

他们同时也达成了另外一项共识：增加值贸易的直接测量极度困难是有可能的，主要是因为商业记录系统里的信息无法获得。因此，传统的总贸易数据应该作为跨境贸易的重要测量方法并且“将持续成为多种分析目的的必要的手段”（詹森，参见第十二章）。当企业层面的增加值数据是可以获得并使用的，收集这些数据的代价也是很昂贵的，因为现在的商业记录系统中并不包含这种信息（一个企业不需要知道国内来源的中间产品中包含了多少的国外的含量；一个生产多种产品的企业也不需要知道进口的投入品的价值是怎样分配到企业不同的产品和企业职能中）。就像尤斯卡瓦（第十二章）指出的那样：总体来说，美国的企业的会计系统里并不包含可以使他们轻松识别其物质投入是来自国内还是国外的信息。企业主要是从大规模的批发商和经销商获得物质投入品，他们并不关心这些物品的来源国。由于数据收集中的种种困难，他相信“最有希望发展出综合且一致的增加值贸易核算方法并且超越高调的产品案例研究需要用到世界投入产出表”。詹森（参见第十二章）提倡通过商业登记整合企业的调查数据来细化商业贸易数据，进而提升目前的官方数据收集方法和投入产出表编撰的国际化标准化作为“两个平行且互相促进的提升发展”。

从本书的章节中可以明显地看出测量贸易中的增加值的含量需要一个全球的投入产出表。这样的一个表会将产品和服务的官方国民账户和双边贸易数据整合成一个一致的统计框架。从概念上来说，这是 SNA 的一个自然的扩展和整合。从统计实践中来看，它还需要调整每个国家的官方的双边贸易数据的供给和使用表。新的官方的增加值贸易数据可以在这样的一个框架里估测出来并且将增加值的产生在全国范围或行业平均水平上完全分配到其产生源和最终国。由于供给和使用表和投入产出表已经是 1993 年和 2008 年的 SNA 的核心部分，国际上一致认为这是数据缺口评估和估算 GDP 的最好的框架④，它为国家和国

④ SNA(1993)建议将供给和使用表作为经济数据的一个整合框架，从概念上和数学计算上来保证引用自不同来源的数据的一致性，尤其是要协调好生产法、收入法和支出法估算的 GDP 数据。

际统计机构提供了一个切实可行的成本效益高的方法来弥补目前的官方贸易数据中缺失的信息，且不需要改变太多国家海关当局目前使用的数据收集方法。

为了将收集增加值贸易数据纳入主流，超越我们想要测量的目标的概念上的定义，我们需要探究官方数据收集方法应怎样有效率的地修改完善从而编撰出不错且时间序列一致的 IIO 投入产出表。

目前的理论研究已经正式且准确地确定了增加值贸易的测量手段和官方贸易数据之间的联系，并且可以使多种多样的一国官方总出口数据中的增加值贸易和重复计算含量得以准确地修正和估测。它使国民账户体系（SNA）接受增加值贸易的概念成为可能，并且为国际统计机构以相对较低的成本定期汇报增加值贸易的数据提供了一种可行的方法。一些其他的努力工作对此也起到了作用，如下所述：

（1）帮助更多的发展中国家来定期编撰和发布供给和使用表；例如，G20 中一些国家将会作为初始国来参与这项工作。

（2）综合使用跨国的供给和使用表：在国家的投入产出数据中需要包含同类的行业和产品。

（3）提升分类系统来准确地识别进口的服务和双重用途商品中的中间投入品，例如燃油。

（4）通过对现在的经济普查和行业研究以及海关事务方面中的企业层面的数据的正式使用来促进进口投入品（包括产品和服务）分配到每个国家的生产部门中。

（5）构造双边服务贸易的更优的测量手段。

对贸易中的增加值进行准确的估测需要多个国家共同努力，因为它需要关于跨境投入产出的关系这一方面的信息。因此，需要一个国际共同协调合作的方式，最优的方法是成立一个多边秘书处，秘书处由多个国际机构构成并且可以接入其目前的存储官方数据的机构网络。“如果每个国家只负责编写各自的增加值贸易数据，就会出现问题”（尤斯卡瓦格，参见第十二章）。

构建一个年度国家间的投入产出数据库需要大量的时间和资源。主要的国际机构之间的合理的分工是有必要的，这样才能充分利用有限的资源并且避免重复努力。国家统计机构是原始数据的主要来源方。发展中国家获得更多的技术援助和能力建设倡议，例如通过亚洲发展银行[5]的援助，可以提高发展中国家

---

⑤ 亚洲开发银行组织了有 17 个亚太地区的发展中国家（RETA 6483）参与的项目，旨在为参与国建立供给和使用表。

的数据统计能力来完全执行 1993SNA 的建议。这也与 UNSD 的提升国民账户和国家的 GDP 估算的目标相一致。

2012 年 3 月 15 日,WTO 和 OECD 发起了一个联合倡议:“增加值贸易的核算”⑥。这项工作旨在为不断发展的新的贸易测量方法提供一种方法。为了提高估测的质量和时效性,这项工作也在寻求国家当局投入上的提高。它会利用现有的网络并且建造新的网络。OECD 和 WTO 的这项协议是最明显的榜样,得到了其他的机构的合作与支持,例如 IDE-JETRO 和 US-ITC。这项项目旨在使增加值贸易的数据的产生标准化和常态化,从而定期编撰全球的国家投入产出表和测量增加值贸易,并且使其成为统计领域的一块内容。增加值贸易的主要的指标在 2013 年 1 月第一次由官方发布。

综上所述,国际贸易学会和贸易政策领域已经达到了一个相近的共识,那就是官方贸易数据是有缺陷的,而且其缺陷随着全球生产链的深度分化而越发不可忽视。发展关于增加值贸易和重复计算贸易流的结构的新的研究方法日益引起了学者们的兴趣。我们可能正在处于研究出新的可行的方法开创一片新的天地的边缘,从而能够阐释透彻贸易政策。我们希望本书为此作出贡献。

## 参考文献

Antras, P., “Property Rights and the International Organization of Production,” *American Economic Review Papers and Proceedings*, May. 2005.

Daudin, G., C.Rifflart and D.Schweisguth, “Who Produces for Whom in the World Economy?” *Canadian Journal of Economics* 44(4), 2011.

Dean, J.M., and M.E. Lovely, “Trade Growth, Production Fragmentation, and China's Environment,” in *China's Growing Role in World Trade*(eds. R.Feenstra and S.Wei), Chicago: NBER and University of Chicago Press, 2010.

Feenstra, R., and G.Hanson, “Ownership and Control in Outsourcing to China: Estimating the Property-Rights Theory of the Firm,” *Quarterly Journal of Economics* 120 (2), 2005.

Grossman, G., and E. Rossi-Hansberg, “Trading Tasks: A Simple Theory of Offshoring,” *American Economic Review* 98(5), 2008.

Hummels, D., J.Ishii and K.Yi., “The Nature and Growth of Vertical Specialization in World Trade,” *Journal of International Economics* 54, 2001.

Kee, H.-L., and H.Tang, “Domestic Value Added in Chinese Exports,” Working Paper, World Bank and Tufts University, 2012.

Koopman, R., Z.Wang and S.-J. Wei(forthcoming)., “Tracing Value-Added and Double

⑥ 参见 http://www.oecd.org/trade/valueadded。

Counting in Gross Exports," *American Economic Review*, A longer version is available as Working Paper 18579.

Maurer, A., and C.Degain, "Globalization and Trade Flows: What You See Is Not What You Get!" World Trade Organization Staff Working Paper ERSD-2010-12, Geneva, 2010.

National Board of Trade, Adding Value to the European Economy: How Anti-Dumping Can Damage the Supply of Globalised European Companies: Five Case Studies from the Shoe Industry, Kommerskollegium, Stockholm, 2007.

Rose, A., "Do We Really Know That the WTO Increases Trade?" *American Economic Review* 94(1), 2004.

SNA, System of National Accounts, United Nations Statistics Division. URL: http://unstats.un.org/unsd/nationalaccount/sna1993.asp, 1993.

Subramanian, A., and S.-J. Wei, "The WTO Promotes Trade, Strongly but Unevenly," *Journal of International Economics* 72(1), 2007.

（叶作义、陈坤、马鹏译，叶作义校）

# 第二章

# 直面增加值贸易核算：政策基本原理和方法挑战

塞巴斯蒂安·米洛多特　山野纪彦

20世纪90年代以来，世界生产和国际贸易的结构发生了根本性的变化。最终产品出口之前贸易中间产品的投入，使得不同国家的生产日益碎片化。这种贸易情况并没有很好地体现在贸易统计中。这个数据把商品或服务的全部价值归因于价值链的末端，即增加其生产的最后一个国家。

由于无法识别国家增加值产生的环节所导致的错误的看法会导致错误的误导的决策。在当前停滞的多边贸易协定的文本中，经济低速的增长以及持续的不确定性对于以国际层面的视角对生产力以及竞争力的来源提供更好的理解，同时，鼓励考虑国际贸易以及全球生产格局的结构性改革很重要。

目前，一些研讨会和会议已经解决了世界生产碎片化环境中所出现的贸易流的测算问题。在这一阶段，提供一个国际组织可以建立创举的框架似乎是很重要的，同时能够在提供新的数据和能回答标准数据所引出问题的实际上迈出更大一步。

在这一背景下，本章有两大目标。第一，提出能促进新贸易数据在增加值方面生产的这一政策驱动器。第二，基于经济合作与发展组织（OECD）在贸易生产的全球投入产出模型汇编的经验，解决在一些工作中所存在的方法上的问题。本章以未来面临的主要的挑战作为结束语。

## 1　为什么我们需要用新贸易统计以及指标解释全球生产网络

### 1.1　传统贸易统计所存在的问题

随着生产的全球化，传统贸易统计可能给贸易对于经济增长以及收入的重要性带来误导性的看法以及“你所看到的并不是你所得到的”（Maurer & Degain，2010）的观点日益增强。

这反映了一个事实——贸易流是以粗略的方式测算的，产品的价值同样也是粗略测算的。这会导致用于需要多次跨越边境并进一步加工的贸易流将会测算多次。

过去数十年，随着科技的进步以及贸易政策改革，贸易成本逐渐下降。像集装箱运货船以及因特网等的出现从多个方面彻底改变了贸易。但是服务贸易自由化也是很重要的一步。作为全球物流链（交通、金融、通信等）的一部分，主要部门见证了规则壁垒的减少。这一过程导致了生产过程的分割化（Jones & Kierzkowski, 2001），就是公司把生产过程分解在多个国家和地区以达到最大化垂直专业化利益的这一举措成为了可能。全球生产网络的出现以及中间品贸易的兴起解释了为什么对现今的统计中贸易流的粗略估计的关注日益增强。

经常引用的与苹果 iPod 生产有关的研究案例可以很好地解释这一问题（Linden et al., 2009）。这一研究表明：iPod 在中国的出厂价为 144 美元，大部分的组成部分（约 100 美元）会从日本进口，余下的大部分会从美国和韩国进口，其对中国增加值增加少于 10%，专栏 2.1 将会重新叙述与苹果 iPhone 4 有关的例子。

### 专栏 2.1　谁咬了苹果？再谈苹果手机案例

一些研究用苹果这一代表性的设备作为例子解释了增加值贸易的概念：第一，iPod（Linden et al., 2009），紧接着是 iPhone（Xing & Detert, 2010）以及 iPad（Linden et al., 2011）。中国聚集了所有这些高科技产品，并对中国的出口产生了非常大的贡献。这些电子产品的零部件来自生产中间投入品的德国、日本、韩国以及其他经济体，然而中国的增加值仅代表这些电子产品价值的很小份额。

基于 iSuppli 和 Chipworks 所提供的估计，表格 2.1 通过识别这些给 iPhone 4 提供中间投入品的国家和地区来解释这个现象。

**表 2.1　给 iPhone 4 提供中间品的国家和地区**

| 国家/地区 | 组　件 | 制造商 | 成本（美元） |
|---|---|---|---|
| 中国台湾 | 触摸屏，摄像机 | 大立光电，胜华 | 20.75 |
| 德国 | 基带，电源管理，无线收发机 | 戴乐格，英飞凌 | 16.08 |
| 韩国 | 应用处理器，显示器，DRAM 处理器 | 乐金，三星 | 80.05 |
| 美国 | 音频编解码器，数据连接，屏幕控制器 | 博通，凌云逻辑，英特尔，思佳讯，德州仪器，超群 | 22.88 |
| 其他 | 其他 | 混合 | 47.75 |
| | | 总共 | 187.51 |

资料来源：xing & Detert(2010), iSuppli, chipworks。

然而这个故事并不完整。表格只显示由公司所制造的中间投入品的价值，但他们自己毫无疑问会在制造以及国内供应商的中间品中使用中间品进口；反过来，国内供应商也会使用中间进口品。辨别这些流向也是同样的重要，尤其在以上所提到的例子。因为这些进口的一部分可能是起源于中国。而且，当一国生产零部件的总部设在另一国时，这些输入品也经常是在其他国家生产。例如，英飞凌在中国拥有好几个工厂。中国的增加值也因而不能局限于组装成本。

为了更好地分解 iPhone 的增加值，并把它细分到具体的国家，一国不能仅依靠零部件供应商所提供的列表。所有供应商、他们的供应商以及供应商的供应商的供应商所提供的信息同样重要。因而，我们现在所需要的是数据集。这个数据集可以在跨越不同的国家的情况下连接生产过程。换句话说，具有多边贸易连接功能的国际化投入产出表的数据集(全球投入产出表)。自然而然地，由统计局所开发的投入产出表把世界上总的公司分成制作相似产品的小组，因而投入产出表将不能揭示由任何国家所生产的 iPhone 所带来的总的国内增加值。然而，他们将有能力为世界经济以及一些部门提供一些估计。

iPhone 的例子同样凸显出需要更多关于特许使用金以及收入流的信息来回答谁将在贸易中受益这一问题，也应该从所有权的角度思考：富士康，组装 iPhone 的工厂是在中国大陆，而其实是中国台湾所属的企业。例子中中国大陆的增加值分成了两部分。一部分以工资的形式付给了中国大陆工人，而另一部分以收入的形式归属中国台湾的股东。

传统贸易统计会产生三个主要的问题。第一个就是中间产品和服务潜在的多次计算。当以粗略的方式测算所有的多边贸易流并加总计算世界贸易时，初级投入品或中间投入品越境进行更深层次的加工，它们的价值会被潜在地计算多次。这具体体现于商品的组成部分穿越加工链过程之中。

第二个问题或许是最重要的。贸易流的粗略记录以及包含来源于外国的中间投入品的出口日益增加这一现实使得出口对经济形成的真正贡献的辨别，特别是在收入或就业的创造方面的区分变得艰难。而且，传统贸易统计不能证明增加值是从经济的哪些部门产生的。在发达的国家，由制造业出口所产生的总的增加值的大多数份额源于服务业部门，把国内价值链划分为部门的组成部分。因此，可对国际竞争力的源头有更深的了解。

第三个问题不局限于增加值本身。迄今为止，所作出的大多数贡献的焦点在于，国民经济核算时，增加值贸易反映了对劳动力的补偿以及对已投入生产的或未投入生产的非融资性资产和用于生产的自然资源的补偿。然而，增加值的测算仅能反映全球贸易这一整体的一部分。生产过程分割化的过程常常涉及跨国企业内部的分割。在这个角度来说,增加值的一部分或至少在国民核算中运转剩余里涉及的部分可能会被遣回母公司。从附属公司转移到母公司(以转移收入的形式记录)的形式可能会很直截了当。或者,反映了用于知识产权产品使用的收支在国民核算中不能以制造的资产显示出来。不管怎样,关键是贸易中增加值的测算可能不能对贸易对于经济的重要性提供一个全面的解释。

人们对贸易流所包含的增加值提供更多有意义的贸易对于经济增长的重要性的测量方法的了解日益加深。潜在的概念并不是有太大的争议。专家普遍认为对于一个给定的出口所产生的国内增加值所占的比例贯穿整个生产链。换句话说,所有给定的出口可以被分解成从不同国内产业和不同外国产业所贡献的增加值。

增加值贸易的测量缩小了研究与统计的差距。对于国际经济学(即所谓的新新贸易理论)的理解,研究员的贡献说明了公司和企业在国际贸易形成中所扮演的主导地位。在当今全球制造业和国际供应链占主导地位的产业经济中,国家不会改变商品,但会改变"任务贸易"⑦。利用专业研究和专业数据的进步,增加值贸易的测量在经济现实的官方统计方面是很有意义的一步。

在循环贸易产生的生产高度分割化网络这一背景下,理清国内和国外增加值是一个特别的挑战。投入品被装运到国外,接下来又以加工产品的形式装运回来。在北美(尤其是美国和墨西哥之间)和东亚,循环贸易是尤其的重要。国民核算不能提供国内和国外增加值在贸易流方面的测算。因此,为了估计出服务和商品在进出口中国内增加值所占的份额,来自不同国家的投入产出表应该相互连接以及协调一致并创造出一个全球性的投入产出表。此外,在解决增加值的多边平衡的问题时,需要根据最终的源头国家全面地分解外国的增加值。实际上,从上一个已知的出口国进口的价值的一部分可能来源于第三国(就像所提的那样,甚至包括国内经济的再进口)。这项工作需要全套的跨国的投入产出表,而这个投入产出表包含所有中间商品和服务的多边交换数据。

上一个观点是,尽管他们在全球生产网络相联系的跨国际贸易的理解上存在缺点,但遵循商品自然流动的传统贸易统计仍然与分析的观点密切相关。为了理解经济活动和职位产生的地方,增加值的概念非常有用。然而,在需求方面,粗略的贸易流可以表示消费者在进口的商品和服务上花费了多少。正如消费者用单一货币支付全价的那样,粗略的贸易流对于解决货币兑换问题有重大影响。由于传统贸易统计中所记录的贸易和服务不会改变所有权,尤其若产品

⑦　更多"任务贸易"请见 Lanz 等(2011)。

在跨国公司附属公司进行加工，这个案例越来越多，对于潜在的需要进行加工的商品在没有任何其他现金交易的情况下输送到国外进行进一步的加工。

### 1.2 增加值贸易文献的简短概述

尽管关于增加值贸易的文献非常具有专业性，但是它仍然吸引了政策制定者的关注。目前，贸易统计学家看起来首先关心的问题可以理解为政策争论的关键性问题。比如，世贸组织总干事帕斯卡尔·拉米指出，把商业价值归因于上一个原产国误用双边贸易不平衡的经济角度导致统计偏斜。[⑧]这会影响政治上的争论，同样会导致误导性的观念。

过去二十年来，全球制造业都是通过国际供应链的方式完成，尽管这成为了国际经济的一个主要的特征，但是反映全球化特征的生产数据显然更早。这应该归因于 20 世纪 60 年代列昂惕夫，首先使它正式化（Leontief & Strout, 1963）。然而，当今对于国际增加值贸易的研究反映于两大经济类文献。

第一类体现于中间商品和服务贸易的重要性。这不是一个新的话题。正如 Sanyal 和 Jones 在他们 1982 年所作的研讨论文指出的那样，大部分国际贸易都是中间品贸易；中间品贸易主要并不是由原材料或初级产品组成，而是由一些具有增加值的产品组成（Sanyal 和 Jones 把它们叫作中级产品）。目前，世界商品贸易中中间品贸易占了大概 56%，而服务贸易中间品贸易占了大概 70%（Miroudot et al., 2009）。在近来不同的调查中，中间品贸易增长尤其明显，尤其是在亚洲（Hayakawa, 2007）。增加值贸易测算的第一步就是中间贸易商品和服务的寻找。

根据 Hummel 等（2001）所介绍的定义，第二类主流文献致力于“垂直贸易”的研究。这个表达主要指的是贸易的垂直专业化。它是国际制造分工化的结果。垂直化贸易存在的三个条件：

(i) 商品（服务）制作于两个或更多的连续的阶段；

(ii) 在产品制作过程中，有两个或多个国家提供增加值；

(iii) 在这一过程中至少有一国使用进口投入品以及其中一些输出品用于出口。

正如 Hummels 等（2001）所提及的那样，当考虑直接和间接的进口投入品时，世界垂直专业化份额大概占 25%。

---

⑧ “‘中国制造’介绍全球贸易的一部分”，《金融时报》2011 年 1 月 24 日。

垂直贸易的文献的目标在于通过查找出口中的进口含量,测量垂直生产链中的连续贸易。增加值贸易是一个宽泛的概念,但是用这个文献解决了共同关心的问题:我们如何在粗略出口中区分出外国增加值和国内增加值。投入产出表中国内和国外矩阵的系数通常被用来作为区分的依据。一个已经辨别的问题是用于在国内市场售卖的产品和用于出口的产品相同系数的使用,尤其是“加工贸易”程度很高的国家,比如中国(参见 Koopman et al., 2008)。

Daudin 等(2009), Johnson 和 Noguera(2012), Koopman 等(2010)⑨和 Foster 等(2011)是早期首先明显提及增加值贸易(附加一些实证测量)的文章。前三篇文章依靠全球贸易分析模型数据库计算贸易流的增加值,而 Foster 等(2011)是基于世界投入产出数据库的初步结果。Daudin 等(2009)通过重新分配包含在各个国家生产参与过程中的最终商品的增加值,辨别“谁制作了什么商品以及为谁制作”。此外,Hummels 等(2001)文中垂直专业化指数,作者计算出口份额,并作为投入,来进一步出口,并作为进口中的国内含量(那就是,通过起初中间品的出口以及多种加工产品的重新进口,国内增加值又流回国内)。Johnson 和 Noguera(2012)呈现相似的计算,但是依据出口增加值的不同分解部分。他们运用生产份额的集约方法,即侧重于双边贸易流以及计算增加值占出口总额的比例。作为一种解释,他们表明中美 2004 年的双边贸易要比测算的增加值小 30%—40%。与 Hummels 等(2001)相反的是,他们的框架是允许中间品的双向贸易(每个国家既可以进口中间品又可以出口中间品,然而在垂直专业化框架下最后一个国家只能出口制成品)。

Koopman 等(2010)在单一的包含所有先前测量方法的概念框架上提供了出口增加值的完整的分解方法。首先,出口被分解成国内增加值,返回的国内增加值(国外投入包含于国内投入之中,国内增加值返回本国)和外国增加值。国内增加值在出口中被分解,从而被直接进口商和间接进口商所吸收并转送到第三国。考虑到返还的国内增加值以及间接出口到第三国,间接增加值的出口的来源被考虑,从而分解更完善(所有分解的价值被加总之后,增加值将会与总份额的贸易数据吻合)。然而,Foster 等(2011)由于中间品的双向贸易更喜欢关注增加值的净贸易并在增加值和总份额方面保持一国净贸易的一致性。

在 Hummels 等(2001)开创性的创作以及最新三篇研究之后,概念框架被大大改善。目前,我们对于增加值贸易的组成含量有了更深的理解。因此,这个领域的研究不仅有重大意义,而且在官方统计中将更加成熟(Escaith, 2008)。

---

⑨ 参见第四章和第五章。

## 1.3 政策驱动者

我们在国际贸易中发展这些新的统计会得到什么呢？增加值贸易的测算至少在六个方面带来了新的前景以及极有可能影响政策的选择；主要的领域列举如下：

### 专栏 2.2 贸易总量和增加值的平衡(继续以苹果手机为例)

我们很容易看出所有的这些关于贸易平衡的计算都是建立与不确定的事实和假设之上。

(Hume，1985)

为了更好理解增加值贸易的测量方法是如何影响双边贸易平衡的，我们可以用专栏 2.1 所描述的苹果手机的例子作为背景介绍。假设有 1 000 万苹果手机从中国出口到美国，苹果手机的贸易对于美国经济来说，代表价值 1 646 000 000 美元的贸易赤字[这可以简单地计算成美国中间投入品出口到中国(价值 229 000 000 美元)与美国对于组装苹果手机的进口的差异(价值 1 875 000 000 美元；见图 2.1)]。在总量中，这是中美之间仅有的贸易赤字。

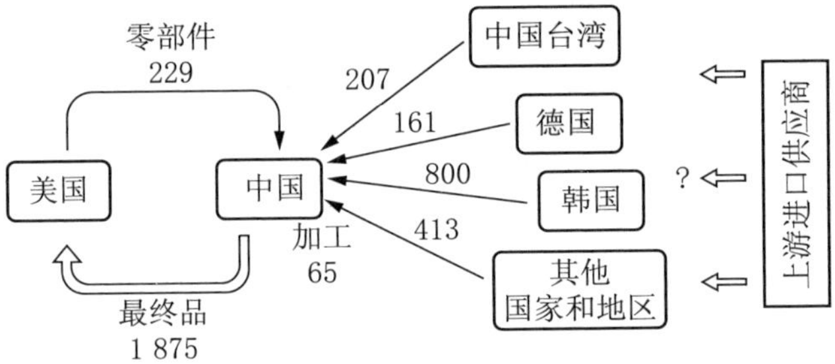


图 2.1 出口到中国的美国中间品和美国苹果组装进口的差异

在增加值方面，我们应该考虑到中国在苹果手机上增加了一部分国内增加值，与组装工作的价值相符。正如专栏 2.1 所呈现的成本表，其中内容所突出的那样，苹果手机的大部分来源于中国以外的国家和地区。假设中国组装成本是每部手机 6.50 美元(以及专栏 2.1 里面杂项费用的一部分)。在增加值方面，表 2.2 表明不仅中国大陆存在赤字，中国台湾、德国、韩国以及余下的世界各国和地区都存在赤字现象。所有的贸易赤字(vis-à-vis the world)都保持 1 646 000 000 美元不变。

表 2.2　美国苹果手机的贸易均衡

| 美国在苹果手机上与国家和地区的贸易均衡 | 中国大陆 | 中国台湾 | 德国 | 韩国 | 其他各国和地区 | 全世界 |
|---|---|---|---|---|---|---|
| 总值 | －1.646 | 0 | 0 | 0 | 0 | －1.646 |
| 增加值 | －65 | －207 | －161 | －800 | －413 | －1.646 |

在这个例子中,我们没有考虑供应商的供应商。中国台湾、德国、韩国的制造业极有可能包含了外国(地区)的投入。以上的计算将被调整,全面地考虑供应链上每个国家和地区的增加值。这就是我们需要在以上表格上增加上游投入供应商的原因,以及这就是只有在我们拥有涉及制造商所有信息,这个计算才可以完成的原因。

**全球非平衡:**由于部分中间品以及组成部分的贸易以及考虑到"任务贸易"不会改变一国的贸易平衡,但是它重新分配了涉及搭档国家的剩余以及赤字(见专栏 2.2)。当用总额的方式测算双边贸易平衡时,制成品(或制成品出口商的剩余)的赤字现象将会被放大。这是因为它混合了外国投入品的价值。一个世贸组织的报告计算了 2008 年中美两国的贸易平衡值如果以增加值的方式核算的话,将会低将近 40%。因此,那些对于制成品制造商提供了投入品的国家才会真正的存在不平衡。在赤字持续的情况下,随着重新平衡的压力的递增,基于贸易不平衡起源的不精确性,把全球价值链的下游企业作为目标,保护主义的方式将会存在一定的风险。

**市场进入与贸易争端:**增加值贸易的测量为我们今日的贸易真实性的研究提供了一些线索:如竞争不仅仅存在于国家之间也存在于企业之间。在全世界,全球价值链的竞争力意味着竞争性投入以及技术的进入。

在某些情况下,最优关税体系是平直的(小或者不扩大)以及可依靠(供应链上的契约性安排倾向于长期,尤其附属机构)。详细含量以及零件的外包以及海外建厂仅能发生于这种情况之下,那就是知识产权被尊重的情况。而且,在全球价值链和生产分割化这个背景之下,重商主义式"乞求邻居"策略转变成了"乞求自己"的无算。正如提及的那样,我们不仅能在出口之中发现增加值,在进口中亦然:一些商品和劳务作为中间品运往国外,这些东西的价值包含在外国产品的进口含量之中,又回到了本国经济之中。结果,关税、非关税壁垒以及贸易测量(如反倾销权利)除了影响外国生产者之外,也有可能影响国内生产者。例如,瑞典国家贸易委员会关于欧洲鞋子产业的研究表明亚洲制造的鞋子包含了欧盟的增加值，其比例大约50%—80%。在2006年，欧盟引用反倾销政策并用于从中国和越南所进口的鞋子之中。增加值方面的分析表明欧盟增加值实际上受到反倾销政策的影响（2007年瑞典国家贸易委员会）。

**宏观经济冲击的影响：**2008年至2009年的全球金融危机的典型特征是所有经济体的贸易瞬间同时崩溃。最初，由于信用的缺失，导致市场需求的冲击。所有作者都已经讨论了全球价值链在这信息流所扮演的角色。尤其，文献强调了全球价值链的“牛鞭效应”（见 Escaith et al.，2010；Lee et al.，1997）。当需求突然地下降时，企业延迟订单以及降低库存量，需求下降沿着供应链会被放大，会造成上游企业陷入停滞。对贸易流的增加值更好地理解将提供一个工具，会帮助政策制定者更好预见到宏观经济冲击影响，并采取正确的应对政策。仅仅参照贸易流的总量时，这对短期贸易需求影响的分析很有可能是存有偏见的。

**贸易与就业：**一些在劳动力市场上关乎贸易自由化影响的研究试图估计贸易的“工作内容”。一些分析只有当其参照增加值贸易时，才会相互关联。增加值数据告诉我们工作岗位具体创造的地方。分解对于每个国家（包括国内）有所贡献的进口价值能够获得有关贸易收益方的信息。欧盟鞋行业的案例可用来解释职业问题。总份额的传统思维认为欧盟鞋子生产者从中国和越南制造并进口的会导致欧盟的失业。但是，在增加值方面，一国对于欧盟的增加值有所贡献，但同时其组装类型的工人的确丢失了他们的工人。由于贸易的存在（以及生产分割化的过程使得成本降低以及欧盟公司更具竞争力的现实），有大量的研究、发展、设计、营销类型的职位存在。当竞争优势应用于任务贸易而非制成品时，国内出口含量中所包含的劳动技术的含量反映了参与国相关发展的程度。工业化国家倾向于专业化生产高技能任务贸易，这个任务贸易会更好地得到报酬，同时会获得总增加值的更大的份额。

**贸易和环境：**贸易流增加值的测量讲给政策制定者提供支持的另一个领域是贸易对于环境影响的评估。例如，人们对于温室气体排放的关注度以及它们对于气候变化所扮演的潜在的角色引发了贸易开放度对于二氧化碳气体排放的影响的研究。生产和消费的分类计价以及生产的国际分割化都需要从增加值贸易的角度去了解进口商品的生产地（以及了解贸易发生之后，二氧化碳排放源头）。一项经济合作与发展组织的研究指出当今行业活动的重新分配对于二氧化碳排放量在基于消耗性和产生式方面的差异有高度的影响（Nakano et al.，2009）。

**贸易、增长和竞争力：**同样，竞争力的指标比如“显示比较优势”受到贸易总额测量的影响。回到之前苹果手机的例子，基于传统贸易的统计，中国似乎在生产苹果手机方面具有比较优势，而它的比较优势存在于苹果手机的组装环节。

铭记发展策略以及政策制定者的出发点是为了区分出口部门和改善行业的政策，而行业出口竞争力的分析不能忽视生产分割化以及贸易中间品所扮演的角色。

以上的例子为贸易统计的生产在增加值方面提供了充足的证据。毫无疑问，这些分析从政策角度来说高度相关。我们相信，国际组织应该与国民统计办公室以及项目研究组协作，在贸易统计的发展和改善方面投入资源。在统计制作方面存在一些挑战，这些统计根据增加值的国家全面分解了出口的价值，但是一些练习可以改善对于贸易的理解以及与贸易有所关联的从增长到创造就业的领域。

## 2　如何计算贸易的增加值含量

正如先前部分所强调的那样，增加值贸易的测算需要一个全球投入产出表。这个表的创建是一个数据集约化的过程，同时显现出一些挑战。在这一部分，首先，我们先描述经济合作与发展组织着手让单个国家的投入产出表相互协调，以及应用跨区域投入产出模型技术制作国家间的投入产出数据库。这个数据库可以用来估计增加值贸易。剩余的部分讨论了技术，来估计中间商品和劳务的双边贸易流，并探索了国家间投入产出表以及能用来产生更稳定的增加值贸易部分的估计的贸易统计数据。

### 2.1　国家间投入产出表的创建

接下来的步骤描述了经济合作与发展组织(OECD)建立国家(地区)之间投入产出表的过程方式。经济合作与发展组织的数据来源与投入产出表以及双边贸易在商品和服务上的系数是相一致的。模型的详述以及估计的步骤总结如下：

(i) 对于涉及的年限使用最新出版的数据来源，如供给与使用表，国民核算和贸易统计等进行国家(地区)投资产出表的前期准备。

(ii) 双边销售数据的准备：涉及的年限商品类型的最终用途。用于分析的目的，发行的贸易统计被调整了(即隐蔽的流动，再次汇报的，高价值物品的手动调整以及废旧的产品和废料除外)。公用服务事业的贸易系数的估计是建立于跨边境能量转化基础之上的。服务部门的其他贸易系数是建立于经济合作与发展组织(OECD)的服务贸易以及联合国服务贸易统计基础之上的。然而，许多丢失的数据流都是使用经济计量模型估计并填充的。

(iii) 原本基于成本加保险加运费的进口转变成依赖于基于离岸价的进口，最小化了国际投入产出体系所存在的贸易平衡(进口等于出口)的不一致性。

(iv) 通过净化贸易系数分离各个国家(地区)的进口矩阵。

(v) 使用双比例的方法进行总的调整(部门数据丢失、其他世界的贸易等)以及错误列数量的最小化。

**表 2.3　2009 年版本的 OECD 投入产出表覆盖国和地区(截至 2011 年 5 月)**

| OECD 国家 | 20 世纪 90 年代中期 | 21 世纪初期 | 21 世纪前十年中期 |
|---|---|---|---|
| 澳大利亚 | 1994/1995 | 1998/1999 | 2004/2005 |
| 奥地利 | 1995 | 2000 | 2005 |
| 比利时 | 1995 | 2000 | 2005 |
| 加拿大 | 1995 | 2000 | 2005 |
| 智　利 | 1996 | — | 2003 |
| 捷克共和国 | 1995 | 2000 | 2005 |
| 丹　麦 | 1995 | 2000 | 2005 |
| 爱沙尼亚 | 1997 | 2000 | 2005 |
| 芬　兰 | 1995 | 2000 | 2005 |
| 法　国 | 1995 | 2000 | 2005 |
| 德　国 | 1995 | 2000 | 2005 |
| 希　腊 | 1995 | 2000 | 2005 |
| 匈牙利 | 1998 | 2000 | 2005 |
| 冰　岛 | — | — | — |
| 爱尔兰 | 1998 | 2000 | 2005 |
| 以色列 | 1995 | — | 2004 |
| 意大利 | 1995 | 2000 | 2005 |
| 日　本 | 1995 | 2000 | 2005 |
| 韩　国 | 1995 | 2000 | 2005 |
| 卢森堡公国 | 1995 | 2000 | 2005 |
| 墨西哥 | — | — | 2003 |
| 荷　兰 | 1995 | 2000 | 2005 |
| 新西兰 | 1995/1996 | 2002/2003 | — |
| 挪　威 | 1995 | 2000 | 2005 |
| 波　兰 | 1995 | 2000 | 2005 |
| 葡萄牙 | 1995 | 2000 | 2005 |
| 斯洛伐克共和国 | 1995 | 2000 | 2005 |
| 斯洛文尼亚 | — | 2000 | 2005 |
| 西班牙 | 1995 | 2000 | 2005 |
| 瑞　典 | 1995 | 2000 | 2005 |
| 瑞　士 | — | 2001 | — |
| 土耳其 | 1996 | 1998 | 2002 |
| 英　国 | 1995 | 2000 | 2005 |
| 美　国 | 1995 | 2000 | 2005 |

续表

| 非 OECD 国家和地区 | 20 世纪 90 年代中期 | 21 世纪初 | 21 世纪前十年中期 |
|---|---|---|---|
| 阿根廷 | 1997 | — | — |
| 巴　西 | 1995 | 2000 | 2005 |
| 中　国 | 1995 | 2000 | 2005 |
| 中国台湾 | 1996 | 2001 | 2006 |
| 印　度 | 1993/1994 | 1998/1999 | 2006/2007 |
| 印度尼西亚 | 1995 | 2000 | 2005 |
| 罗马尼亚 | — | 2000 | 2005 |
| 俄罗斯 | 1995 | 2000 | — |
| 南　非 | 1993 | 2000 | 2002 |
| 泰　国 | — | — | 2005 |
| 越　南 | — | 2000 | 2005 |
| 马来西亚* | — | 2000 | — |
| 新加坡* | 1995 | 2000 | 2005 |

注：—表示该年数据无法获得；* 表示不出版（仅限内部使用）。

**修改投入产出表（参照年）**

自从 20 世纪 90 年代中期以来，随着国家投入产出表基准的放开的趋势，经济合作与发展组织更新并保存了规范的投入产出表，在国内原始和进口表中分离了中间流。经济合作与发展组织投入产出数据库编排的过程大大的依赖于与国家统计局的合作。理论上来说，用一个基础的估价以及更可取的分离出国内制造的以及进口的中间投入商品和服务。从而国家权力机构以可能的最详细的经济活动水平提供最新的供给使用表以及基准对称投入产出表。

经济合作与发展组织的投入产出数据库的第一个版本可以追溯到 1995 年。投入产出表包含 10 个经济合作与发展组织国家，其跨越年限是从 20 世纪 70 年代早期到 20 世纪 90 年代早期。这个数据库第一个翻新的版本于 2002 年开始发行。加上中国和巴西，以及 20 世纪 90 年代中期所引进的规范化的投入产出表，其覆盖的经济合作与发展组织的国家达到了 18 个。目前，投入产出表包含的国家和地区达到了 46 个（其中 33 个经济合作与发展组织成员国，13 个非成员国），20 世纪初期（主要是 2005）有投入产出表信息，而现阶段只有其中一些成员的信息（见表 2.3）。

投入产出表表明国内产业之间的交易，但是作为这些投入产出表的补充的同时，这些表之间都是互补的，这通过用户（行业和最终需求的种类）把进口总额进行分解。一些国家结合了他们各自的投入产出表提供了这些进口表，但是在一些案例中，经济合作与发展组织秘书处在生产投入产出表中直接得出供给使用表。这要求使用假设,即在增加值贸易分析的结果上,尤其在行业水平上有重要的影响。

构建这些进口的矩阵所使用的最主要的假设是均衡假设。它假设,作为中间消耗品或最终需要(除了出口),任何直接消耗的产品的进口份额对于用户来说都是一样的。的确,这也是国家统计办公室在构建投入产出表时所广泛采用的假设。改善用户分配进口的方式将会成为未来经济合作与发展组织的核心部分。这需要国家对他们进口流矩阵的估计有更好的了解,以及在国家层面上尝试推行可能更好的分配方法。

目前版本的投入产出表数据库是基于ISIC Rev.3(见表2.4)划分行业。这意味着它与其他行业类分析数据集是兼容的,尤其与经济合作与发展组织双边贸易在商品上的行业数据集相兼容(从通过统一编码制度中得到的销售贸易统计中衍生成国际标准产业分类的主要转化方法)。在必要条件下(如最大化国家间的相似性)这个体系相对来说是一体的。然而,为了改善增加值贸易结果的质量,对于一个给定的部门,区分企业的类型非常重要(尤其是区分出口和非出口企业),以及探索宏观数据使用方式将成为未来工作的一部分,这将改善结果的质量(Ahmad & Araujo, 2011)。

**表2.4 OECD投入产出表产业分类**

| ISIC Rev.3 编码 | 名　称 | ISIC Rev.3 编码 | 名　称 |
|---|---|---|---|
| 01, 02 & 05 | 农业,狩猎,林渔业 | 40 & 41 | 公用事业 |
| 10—14 | 采矿业 | 45 | 建筑业 |
| 15 & 16 | 食品业,饮料及烟类 | 50—52 | 批发零售贸易;维修 |
| 17—19 | 纺织及皮革,鞋类 | 55 | 酒店餐饮类 |
| 20 | 软木制品 | 60—63 | 交通及储存 |
| 21 & 22 | 纸浆,纸,纸制品,印刷及出版 | 64 | 邮寄通信业 |
| 23 | 焦炭,石油精炼及核燃料 | 65—67 | 金融保险业 |
| 24 | 化工品 | 70 | 房地产行业 |
| 25 | 橡胶塑料产品 | 71 | 租赁机械及装备 |
| 26 | 其他非金属矿物产品 | 72 | 计算机及相关产品 |
| 27 | 碱性金属 | 73 | 研发行业 |
| 28 | 除机械及装备外的金属制品 | 74 | 其他商业活动 |
| 29 | 机械装置 | 75 | 公共管理及防御;强制性的社会安全 |
| 30 | 办公室,会计及计算机 | 80 | 教育 |
| 31 | 电子机械器具 | 85 | 健康及社会工作 |
| 32 | 收音机,电视及通信装置 | 90—93 | 其他社区,社会及个人服务 |
| 33 | 医疗及精密光学仪器 | 95 | 私人家庭雇佣 |
| 34 | 汽车,挂车及半挂车 | 36 & 37 | 制成品,回收(包括家具) |
| 35 | 其他交通设备 | | |

## 双边贸易在中间投入品上的测量

构建全球投入产出数据库的核心部分是国家间贸易流的估计。国际贸易商品统计数据库以及联合国统计部门的商品贸易库中出口和进口的价值和数量都是根据产品分类以及贸易伙伴国的数据汇编而成,而经济合作与发展组织通过汇编而成的这两个数据库完善了双边贸易产业与最终产品种类数据库(关于中国的图 2.2 以及美国的图 2.3)。

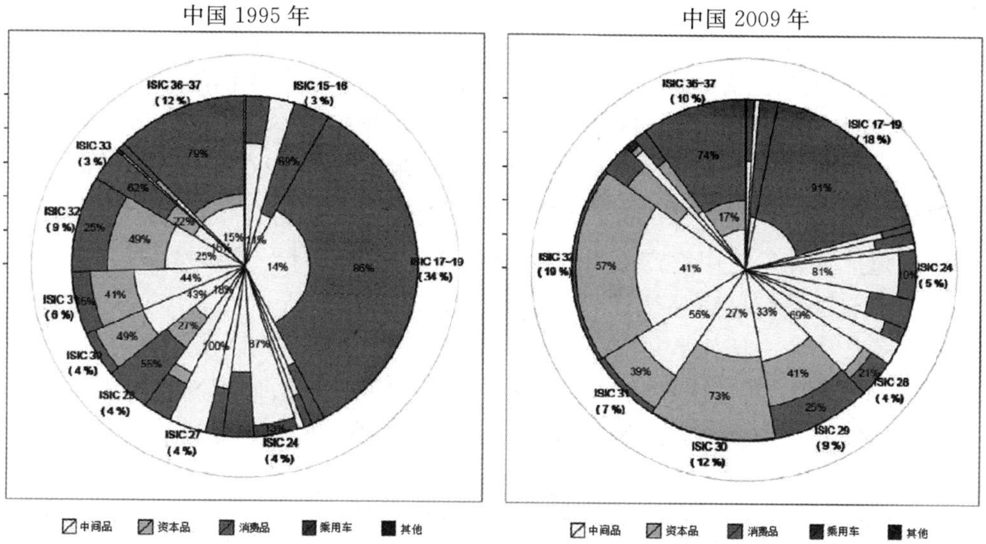


**图 2.2　按照行业和产品分类的出口构成(中国,1995 年及 2009 年)**

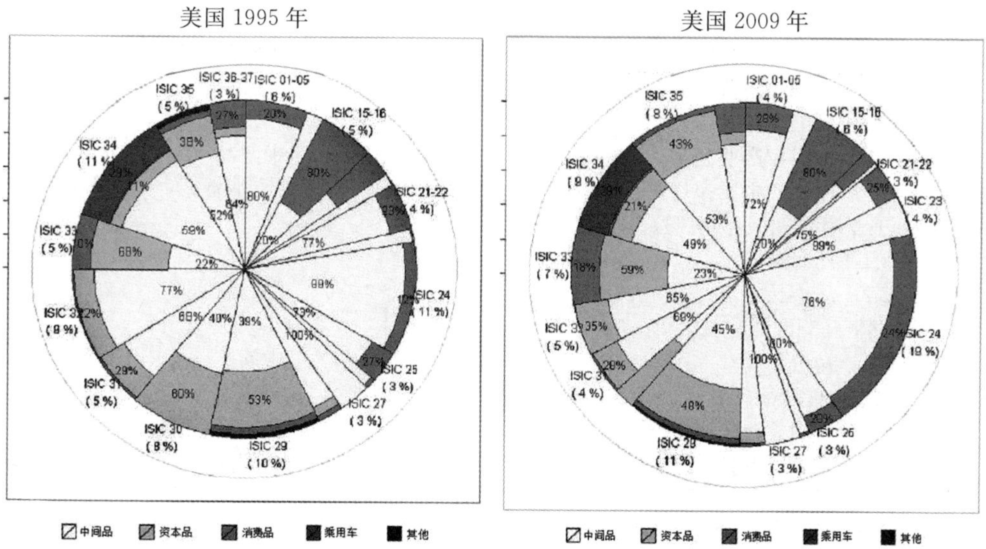


**图 2.3　按照行业和产品分类的出口构成(美国,1995 年及 2009 年)**

经济合作与发展组织国际贸易商品统计数据库（OECD ITCS）基于每年从经济合作与发展组织成员国或欧盟统计局获得的数据更新而来。由于 OECD ITCS 和 UNSD Comtrade[10] 两个组织之间的数据分享和其他相关的合作，用于更新的过程需要融合。对于声明国，尤其是属于 OECD 提升参与项目的非成员国，即巴西、中国、印度、印度尼西亚和南非的数据表格需要计算。

在 ITCS 和商贸数据库中，数据是通过声明国（例如提供信息的国家），贸易伙伴国（如进口原产国和出口目的国），产品种类（如根据 HS）进行分类的。对于两者数据的来源，都是根据声明国在数据收集所使用的产品分类方法。一般来说，源数据被创建，其根据包括：国际贸易标准分类第二次版本（跨越的年限：1978—1987），1988 年版本的商品名称及编码协调制度（跨越的年限：1988—1995），1996 年商品名称及编码协调制度第一次修订版（跨越年限：1996—2001），2002 年第二次修订版（跨越年限：2002—2006），2007 年第三次修订版（跨越年限：2007 年至今）。

通过产业和最终用途产品分类生成商品贸易的估计。具体操作方法是，首先把 ITCS（国际贸易商品统计）和联合国的贸易分类（Comtrade）的每一个 HS 版本 6 位代码的产品分类与国际产业标准分类第三版本（ISIC Rev.3）进行分配，其次，在此基础上与广泛经济分类（BEC）进行匹配。因此，使用产品对应表分类估计版本的 8 个设定内容，它可以从联合国统计司（UNSD）中获得，并发展而来。

**表 2.5 现今商品 BEC 及 SNA 分类**

| 按 BEC 分类 | SNA：使用层次 |
|---|---|
| 1 食品及饮料 | |
| 1.1 初级品 | |
| 1.1.1 产业使用 | 中间品 |
| 1.1.2 主要家庭消费 | 最终消费 |
| 1.2 加工品 | |
| 1.2.1 产业使用 | 中间品 |
| 1.2.2 主要家用消费 | 最终消费 |
| 2 工业用品（不另行说明） | |
| 2.1 初级品 | 中间品 |
| 2.2 加工品 | 中间品 |
| 3 燃料及润滑油 | |
| 3.1 初级品 | 中间品 |
| 3.2 加工品 | |
| 3.2.1 汽车 | 中间品或最终消费 |
| 3.2.2 其他 | 中间品 |

⑩ 参见 http://unstats.un.org/unsd/comtrade/。

续表

| 按 BEC 分类 | SNA:使用层次 |
|---|---|
| 4　资本品(运输设备除外)及零件 | |
| 4.1　资本品(运输设备除外) | 资本品 |
| 4.2　零件 | 中间品 |
| 5　运输设备及其组件 | |
| 5.1　汽车 | 资本品或最终消费 |
| 5.2　其他 | |
| 5.2.1　产业的 | 资本品 |
| 5.2.2　非产业的 | 消费 |
| 5.3　零件 | 中间品 |
| 6　消费商品(不另行说明) | |
| 6.1　耐用品 | 消费 |
| 6.2　半耐用品 | 消费 |
| 6.3　非耐用品 | 消费 |
| 7　不另行说明的商品 | 不区分 |

资料来源:UNSD, ESA/STAT/AC.124/8, New York, April 2007。

有几个棘手的问题需要认真考虑,包含内容如下:

**秘密贸易:**目前在 ITCS 和 UNSD Comtrade 上处理的方式是不同。尽管从 HS 中得出的标准版本是以 HS 两位编码水平来定义的,但是它不能解释秘密贸易(例如所报告的两维数据和六维部分的加总的不同)。它可以用于 ISIC 和 BEC 编码的分配。

**再出口:**再出口所需要的调整对于大陆重要的贸易港口有重要的意义。有效的数据可以用于调整中国和其余世界各国(地区)通过中国香港进行的贸易。这个调整对于像比利时,荷兰以及新加坡的一些重要的港口没有太大的意义以及这个调整也亟须进一步的调查。

**区分已使用的或第二次使用的资本型商品:**HS 编码以及在 ITCS 和 Comtrade 中已报告的贸易都不能区分新旧资本型商品(例如第二次使用的飞机和轮船)。国际贸易流的增加值部分的估计要求投入产出框架给予详尽解释,而框架要求在给定的时间段里与所制造的全球增加值部分相一致的方式记录这些贸易流。

**把最终消费品作为中间品:**在 BEC/SNA 中被当作消费品的商品可以看做服务活动中的中间品。例如,医药(医疗服务)和各种食品(饮食服务)。它对于这里使用投入产出数据进行反馈估计调整的重要性不言而喻。

**未确定的废弃物和废料:**特定类型的废料和废物没有区分性的 HS 六位编

码。例如，PCs 和其他用于回收的出口型电子设备。

然而，双边贸易数据库有关中间投入品的发展，可以通过出口国家给用户提供有关进口的精细配置（中间消费品，家户最终需求以及投资），这仅仅是第一步。改善跨国贸易流在全球投入产出矩阵中的质量需要更进一步的改善步骤。以下呈现的这两个正是 OECD 所考虑的。

## 2.2 我们该怎样改善分析的结果?

**用于配置进口的假设：质量的改善**

贸易公司特点的调查[11]是 OECD 和 Eurostat 共同合作的项目。这个调查根据贸易公司的特征，通过连接公司层面上的海关数据和商业统计以及虚拟包含一个国家公司全部人口以及国际贸易的人口，贸易价值（进口和出口）的分解得到实现。除了区分企业在国际交易成本上的差异之外，海关数据提供了数量和价值以及产品贸易时六位 HS 编码。这与在国家企业登记处获得的公司层面的信息相一致。这个信息包括公司规模和失业率，活动以及所有权等信息。连接这两大来源需要计算企业层面的增加值和揭露通过出口和进口创造增加值企业的特征。

因此，TEC 数据库为用于投入产出表的进口数据的进一步改善以及创建区分出口密集型、进口密集型、进出口密集型以及其他类型的公司的行业小组的附属种类提供了一个独一无二的机会，这有利于国际生产网络有关细节的理解。

事实是多数出口和进口类型的企业都是根据批发部门分类的，即使零售商仅仅反映制造商的分配或购买，但使用 TEC 数据库所面临的挑战与之有密切关系。把这些零售商连接成公司制造业的一部分，从而将形成工作的一个重要部分。

**构建多边服务贸易改善的估计**

由于在加总的服务层面上，只能获得大多数国家（相比较而言）的双边服务贸易的原材料数据，因而构建全球投入产出表或许是迄今面临的最具挑战性的统计问题。一些国家使用扩展的收支平衡分解法（近来修订过，2008 年的 EBOPS 版本）能够提供一些服务贸易分支，但在双边基础上并不明显。

EBOPS 分析法与运用于投入产出表中的 ISIC 行业具有弱相关关系。而且，当在 EBOPS 中可以获得分解法时，贸易的一些份额仍未被分配（对于 OECD 国家平均来说，分解的数据总的来说，达到了总贸易流的 70%）。为了通过行业数

---

⑪ 我们可以在第十六版本 OECD 统计简要以及欧盟统计署网站中找到更多的信息。欧盟统计署的网站 http://epp.eurostat.ec.europa.eu/statistics_explained/index.php/International_trade_by_enterprise_%0Acharacteristics。通过 OECD 网站：http://stats.oecd.org/Index.aspx via the submenu Globalisation/Trade by Enterprise Characteristics，我们可以获得由于秘密规则并呈现加总贸易价值的数据库。

据建立一个双边服务贸易估计,OECD不仅使用了计量估计(基于引力模型),而且还利用了最优化技术根据ISIC分类法分解所有双边贸易流以及正如国民核算所呈现的那样,与中间品进口和最终服务相一致。构建全球投入产出表时,TEC数据库也为不同行业间服务贸易的分配提供了潜在相当大的范围。

## 3　结束语:未来的挑战

近年来,贸易政策的估计已经成为值得分析的话题,这很显然与利率政策高度相关。正如先前提及的WIOD项目以及OECD项目那样,有几个项目致力于制造可用于计算双边贸易流的国内含量和外国含量的全球投入产出表。同样,存在用于分析增加值贸易部分的国际性的投入产出表,尤其是从IDE-JETRO和GTAP数据库得出的亚洲投入产出表。因此,在未来,发现数据收集和估计的收敛方法并以最好的方法定义数据收集和测量方法是很重要的。"最好的方法"的区分是官方统计中的一项普通的步骤,它可以极大地降低复制的成本,扩大现今的主动权。以上提及的一些项目受限于时间限制,并且增加值的贸易统计的构建制度化是个值得关注的问题。为了补足已经做过的工作以及覆盖大量已被接受的可形成的计算方法和计算方式的技术,从目前的情形来看,增加值贸易估计是最好的方法,这是鼓励国际组织之间,国家统计署以及其他研究机构之间进一步合作的原因。

很明显,未来中间品的最主要的挑战主要关乎贸易统计的质量以及用户(企业或消费者)进口额的分配。但是挑战不会就此停止。国民核算体系的最新版本(2008 SNA)和国际收支平衡表为国际贸易交易以及投入产出表所需的数据提供了实际的基准。这会引发一些挑战。首先,"运往国外用于加工或贸易的商品"记录方式的变化。然而,存在其他一些比较重要的变化,例如,以投资方式记录的"研究与发展"支出,直接改变了增加值。的确,投资方式的研究与发展突出了其他知识产权产品以及与仅有增加值相对立的收入流的重要性。

其次,考虑到领域相当大的改变,这使得纯粹地增加值贸易的测量方法是否可以延展以及收入流的考虑变得合乎时宜。在这个背景之下,有两点很重要,尽管与道德问题相关。第一个是反映知识产权使用的支出,第二是反映外资企业所产生的收入或增加值。这些流的理解,并不明显地包含于贸易统计之中,而是包含于收支统计平衡表中。它是接下来着手增加值工作中的一个合乎逻辑的步骤。

最后,增加值贸易对数据传递给政策制定者的方式是个重要的问题,除了构建全球投入产出表,我们也需要一个工具,用于测量增加值贸易。但是,精确来说,这个工具将会是一系列的矩阵。它是根据增加值产生国分解贸易流,从而提供系数。单一的表可以总结出从 A 国到 B 国的出口额,转换成增加值。这暗指我们需要观察所有国家对于 A 国出口到 B 国的贡献值。因此,挑战是和制定贸易政策时有用的综合指标一起提出的。

## 参考文献

Ahmad, N., and S. Araujo, Measuring Trade in Value-Added and Income using Firm-Level data. Mimeo, 2011.

Ali-Yrkkö J., P.Rouvinen, T.Seppälä and P.Ylä-Anttila, "Who Captures Value in Global Supply Chains? Case Nokia N95 Smartphone," ETLA Discussion Papers 1240, Feb. 2011.

Daudin, G., C.Rifflart and D.Schweisguth, "Who Produces for Whom in the World Economy?" Document de travail de l'OFCE 2009—2018, Jul. 2009.

Dedrick, J., K.L.Kraemer and G.Linden, "Who Profits from Innovation in Global Value Chains?: A Study of the iPod and Notebook PCs'," *Industrial and Corporate Change* 19(1), 2010, pp.81—116.

Escaith, H., Nouvelle économie industrielle, commerce international et valeur ajoutée: implications statistiques et comptables, Actes du 12ème colloque de l'Association de comptabilité nationale, INSEE-Méthodes. Paris: INSEE, 2008, pp. 225—251.

Escaith, H., N. Lindenberg and S. Miroudot, "International Supply Chains and Trade Elasticity in Time of Global Crisis," WTO Staff Working Paper ERSD-2010-08, 2010.

Eurostat, IMF, OECD, UNCTAD, UNSD and WTO, *Manual on Statistics of International Trade in Services* (MSITS 2010). Washington DC: United Nations Publications, 2010.

Foster, N., R. Stehrer and G. de Vries, "Patterns of Net Trade in Value Added and Factors'," Paper for the 7th EU-Framework Project "WIOD: World Input-Output Database: Construction and Applications", 2011.

Johnson, R.C., and G.Noguera, "Accounting for Intermediates: Production Sharing and Trade in Value Added," *Journal of International Economics* 86(2), 2012.

Jones, R., and H.Kierzkowski, "A framework for fragmentation," in *Fragmentation: New Production Patterns in the World Economy* (eds. S. Arndt and H. Kierzkowski), New York: Oxford University Press, 2001, pp.17—34.

Hayakawa, K., "Growth of Intermediate Goods Trade in East Asia," *Pacific Economic* Review 12(4), 2007, pp.511—523.

Hume, D., "Of the Balance of Trade," in *Essays, Moral, Political and Literary* (ed. E. F.Miller), Indianapolis: Liberty Classics. Original essay published in 1742, 1985.

Hummels, D., J.Ishii and K.-M.Yi, "The Nature and Growth of Vertical Specialization in World Trade," *Journal of International Economics* 54(1), 2001.

Koopman, R., Z.Wang and S.-J.Wei, "How Much Chinese Exports Is Really Made in China: Assessing Foreign and Domestic Value Added in Gross Exports," NBER Working Paper 14109, 2008.

Koopman, R., W.Powers, Z.Wang and S.-J.Wei, "Give Credit to Where Credit is Due: Tracing Value Added in Global Production Chains," NBER Working Paper 16426, 2010.

Lanz, R., S.Miroudot and H.Nordas, "Trade in Tasks," OECD Trade Policy Working Paper 117, OECD Publishing, 2011.

Lee, H.L., V.Padmanabhan and S.Whang, "The Bullwhip Effect in Supply Chains," *Sloan Management Review* 38(3), 1997.

Leontief, W., and A.Strout, "Multiregional Input-Output Analysis," in *Structural Interdependence and Economic Development* (ed. T.Barna), New York: St-Martin's Press, 1963, pp.119—150.

Linden, G., K.L.Kraemer and J.Dedrick, "Who Captures Value in a Global Innovation Network? The Case of Apple's iPod'," *Communications of the ACM* 52(3), 2009.

Linden, G., K.L.Kraemer and J.Dedrick, "Who Captures Value in the Apple iPad?'," Mimeo, March 2011.

Maurer, A., and C.Degain, "Globalization and Trade Flows: What You See Is Not What You Get! World Trade Organization," Staff Working Paper ERSD-2010-12, Economic Research and Statistics Division, Geneva, 2010.

Meng, B., N.Yamano and C.Webb, "Application of Factor Decomposition Techniques To Vertical Specialisation Measurements," IDE Discussion Paper 276, Institute of Developing Economies, 2010.

Miroudot, S., Lanz, R. and A.Ragoussis, "Trade in Intermediate Goods and Services," OECD Trade Policy Working Paper 93, OECD Publishing, 2009.

Nakano, S., A.Okamura, N.Sakurai, M.Suzuki, T.Tojo and N.Yamano, The Measurement of $CO_2$ Embodiments in International Trade, Evidence from Harmonised Input-Output and Bilateral Trade Database, OECD Science, Technology and Industry Working Paper 2009/3, 2009.

Parikh, A., "Forecasts of Input-Output Tables Using the RAS Method," *Review of Economics and Statistics* 61(3), 1979.

Sanyal, K., and R.Jones, "The Theory of Trade in Middle Products," *American Economic Review* 72(1), 1982.

Swedish National Board of Trade, Adding Value to the European Economy, How Anti-Dumping Can Damage the Supply of Globalised European Companies, Five Case Studies from the Shoe Industry, Kommerskollegium, Stockholm, 2007.

Walmsley, T.L., and C.Lakatos, "Regional Input-Output Data," in *Global Trade, Assistance, and Production: The GTAP 7 Data Base* (eds. B.G.Narayanan and T.L.Walmsley), Center for Global Trade Analysis, Purdue University, 2008.

WTO and Commission des Finances du Sénat, *Actes de la conference "Mondialisation des chaines productives industrielles et mesure du commerce en valeur ajoutée"*, Geneva, 2011.

WTO and IDE-JETRO, "Trade Patterns and Global Value Chains in East Asia," Report, World Trade Organization and Institute of Developing Economies—Japan External Trade Organization, Geneva, 2011.

Xing, Y., and N.Detert, "How the iPhone Widens the United States Trade Deficit with the People's Republic of China," ADBI Working Paper 257, Dec. 2010.

（叶作义、陈坤、江阳译，叶作义校）

# 第三章
# 增加值贸易核算的重要性

## 1 来自国际贸易理论的迫切性

基恩·M.格罗斯曼

### 1.1 引言

我被要求从国际贸易理论的角度来谈谈用增值法衡量贸易的重要性。为此，我将简要回顾贸易理论的一些最新进展，当然会侧重于自己的研究领域。首先，我将讨论为什么贸易理论需要新的模型、如何构建这些模型以及这些模型是否会改变贸易理论的现有概念框架；然后，探讨这些模型如何在定量分析中被“检验”和校正。这样，用增值法衡量贸易的重要性就显而易见了。

### 1.2 为什么需要一个新理论

“旧的贸易理论”与李嘉图、赫克舍、俄林这些名字连在一起，主张比较优势是导致国家选择在某些产业进行专业化生产的决定性因素。20 世纪 70 年代晚期和 80 年代的“新的贸易理论”虽然侧重于产品差异化和规模收益递增，但重点仍然是最终产品或重要中间产品的贸易，比如钢铁和纺织品。这些理论的标准做法是，将产业作为分析的起点(从一件“商品”的生产功能来描述产业)，将贸易的客体(汽车、服装、葡萄酒)视为技术给定的。借用理查德·E.鲍德温(2006)提出的概念，上述做法在“第二次松绑”之后便不再有意义。

鲍德温认为“第一次松绑”在几个世纪前就开始了。这一进程在 19 世纪提速，得益于交通技术的进步，使商品的生产与消费可以在异地进行。随着工业革和技术创新，工人在商品的生产过程中日益专业化。亚当·斯密所描述的英国别针厂就是著名的案例。专业化的技术要求引发了组织层面的创新，也就是出现了工业“工厂”。工人们聚集到同一个屋檐下来完成不同的工作任务，共同生产一件制成品，或是最终产品，或是重要零部件。陆地交通和海洋交通的迅速发展，使工厂所在的位置不再需要靠近最终市场。制成品可以进行远距离的贸易。

然而,那个时代的通信技术尚未跟上交通技术的发展步伐。信函和制成品一样,要通过轮船、火车或者马车来运送。生产某一商品的工人在异地分别进行生产即便不是不可能的,也是不切实际的,因为生产需要不同环节的相互协调,而协调需要邻近。如果要对生产过程做一调整,花费一个星期甚至一个月来完成不同生产环节的协调互动,是不现实的。即便是后来有了电报和电话使快速的通信成为可能,这种情况在某种程度上仍然存在。

"第二次松绑"是与通信技术进步和信息技术革命紧密相关的,目前仍处于演变进程中。传真、电子邮件和共享通信系统的发展,以及管理和处理信息的高性能计算机的出现,使指令可以几乎在瞬间传递,生产作业也就可以实时协调。工人们可以在异地进行作业,通过电子邮件或者电话会议来讨论作业中出现的问题,对产品设计做出调整,并及时向全球各地的工人传达新的指令。这样就更进了一步,生产的不同环节之间能够分离,就像在第一次松绑中生产与消费分离一样。国际分工进而不再停留在产品或产业层面,而是更加细分,甚至进入到任务层面。传统贸易理论关注的"这件商品在哪里生产"的问题,变成了"这项任务在哪里完成"的问题。因此,一件商品的生产分布在不同地点,其贸易过程是内生性的,而在某个地点完成的生产任务的多少,决定了真正被贸易的"商品"或增加值的边际量。

### 1.3 新理论是什么

学者们已经提出了一些关于贸易内生性的新贸易模型。这些模型区别于以往贸易理论只讨论最终产品或单个中间产品的贸易,对生产过程进行了进一步的细分。较早的此类理论模型包括迪克西特和格罗斯曼(1982)、芬斯特拉和汉森(1999)提出的模型。鉴于篇幅所限,我将只简要介绍几个最新的模型。

格罗斯曼和罗西-汉斯伯格(2008)将生产过程分解成大量(或连续)的任务。每个任务必须由某一个生产要素来完成,比如有些任务由非技术工人完成,有些由技术工人完成,有些由资本来完成。生产一个单位的某种商品,需要集成所有的任务。有些商品包含的任务可能更多地由技术工人完成,另一些则只需要非技术工人来完成。所以,这个模型很像是新古典贸易理论中的要素比例模型,不同的是用任务这一术语来界定的技术分类取代了商品的生产功能。核心假设如下:

(1) 不同任务可以在异地完成,所以商品的生产能够国际化;

(2) 从异地完成任务比近距离作业需要更多要素投入的角度而言,离岸外包是成本高的;

(3) 不同任务的异地作业成本是不同的。

在上述设定下，不仅有最终产品的贸易，也有“任务贸易”。在每一个产业部门，都有一些任务在本地完成(靠近公司总部)，另一些任务则在异地完成。那些任务外包出去取决于本地和外国的相关要素成本以及所需的通信技术水平。通信技术的进步能够降低所有产业的外包成本，从而使商品的生产过程更加全球化。

第一篇论文侧重于处于不同发展水平国家间的生产全球化——不同的技术、不同的要素禀赋、不同的要素价格，第二篇则要讨论相似国家之间的任务贸易(参见格罗斯曼、罗西-汉斯伯格，2012)。如果这些国家拥有相似的技术和相关要素禀赋，为什么增值链还会分布在不同国家呢？我们给出的答案是规模经济。一个国家可能由于经常承接某项生产任务而对该任务变得尤其擅长。这一模型中，生产任务层面的规模经济是外包的唯一原因，展示了国家大小与外包成本之间的互动是如何决定国际专业化模式的。

鲍德温和维纳布尔斯(2010)在其最近的研究中区分了两种不同类型的生产过程，这两种生产过程对存在运输成本条件下的经济全球化和碎片化产生影响。如果一种产品的设计特点导致一种“蜘蛛形”的生产过程，多条“腿”(零部件)分布在不同地点生产，然后集中到一起形成“身体”(组装)。如果一种产品需要一种“蛇形”的生产过程，产品从上游到下游线性流动，在每个阶段分别实现增值。鲍德温和维纳布尔斯的研究展示了在国际要素价格存在差异的情况下，外包成本是如何将相关生产阶段(或任务)整合在一起的。他们通过检验“蜘蛛形”和“蛇形”的典型案例显示，在不同的生产结构下，生产价值链不同环节分布的形成因素有怎样的区别。

科斯蒂诺等(即将发表的文章)提供了一个鲍德温和维纳布尔斯“蛇形”结构的经典模型。在他们的模型中，商品从一个环节流动到下一个环节，在每个环节都实现增值。在生产的每个阶段，由于生产“差错”损失了一些产出。国家间的差异实际上仅仅在于发生“差错”的倾向，这种倾向可能反映的是一国法律和制度环境的好坏。科斯蒂诺等使用这一模型来描述价值链的有机均衡以及生产技术(差错率)变迁在某国产生的溢出效应。

最近，另一篇关于全球生产分散化理论文章来自迦勒托(即将发表)。她运用伊顿-科图姆模型的框架来分析和获取生产中间产品能力的异质性。公司在生产最终产品时，要选择自己生产中间产品还是外包给其他中间产品生产商，如果外包，要选择是外包给当地企业还是国外企业。组织化的选择取决于权衡外包部分的成本加成定价和使用可能劣质的内部技术，也取决于全球范围内技术和要素价格的分布。迦勒托检验了全球化生产导致的外包模式及其对贸易收益的影响。

这些最新贸易理论的共同特点在于，将分析重点放在了多阶段或多任务全球生产过程中增加值区位分布的决定因素上。这些理论仍然关注传统的问题，比如"生产在何处进行""贸易对要素价值和收入分配有什么影响"等等，但是世界贸易的现实促使学者们已经将关注点从将产业作为分析主体转移到一个更加精细的经济活动层面。

### 1.4　这种变化重要么

新的贸易理论关注如今的全球价值链。这一理论框架能够提供新的洞见么？毕竟，曼昆和斯瓦格(2006)曾有过著名论断："服务外包……完全符合亚当・斯密和大卫・李嘉图的比较优势理论框架。"

当然，这一理论提出了影响经济活动区位分布的新的系列要素。格罗斯曼和罗西-汉斯伯格(2008)着重研究了一项生产任务在异地完成的难易程度，引用了布林德(2006)、奥特尔等(2003)、利默和斯多普(2001)的研究成果，包括关于服务必须由人工提供还是能够电子化、任务是否属于常规性以及指令能否"编码"等问题的讨论。鲍德温和维纳布尔斯则侧重于任务之间的互补性，有些任务在同一地点完成效率更高，而有些则不受地理距离的影响。格罗斯曼和罗西-汉斯伯格(2012)认为，那些离岸外包成本高的任务可能会分布在较大的国家中，而科斯蒂诺等(即将发表的文章)也证明，存在着将下游任务集聚到高生产率高经济体的趋势。对贸易理论而言，上述关于经济活动区位分布的假设都是相对新的理论，因为在生产只能在当地完成的时代，这些理论讨论的问题都还不存在。

也许更有意思的是讨论对贸易收益的潜在影响。曼昆和斯瓦格(2006)推测："外包对于经济学家而言，显然只是国际贸易的一种新的形式，如以往的贸易一样，会创造赢家和输家，但对于总体生产水平和收入水平是有益的。"

但是格罗斯曼和罗西-汉斯伯格(2008)指出，离岸外包带来的一种"生产力效应"，能够减少贸易产生的分配矛盾。根据施托尔伯和萨缪尔森的理论，在存在要素禀赋差异的世界，最终产品的贸易必然会带来赢家和输家，但格罗斯曼和罗西-汉斯伯格的研究显示，在相类似的条件下，外包可能会给所有人带来收益。如果国内要素能够从那些易于外包的任务转移到更适合在当地进行的任务，那么促进外包发展的通信技术进步所带来的生产力提高的收益，将能够被当地工人所分享。任务贸易的这一特点是其区别于商品贸易的一个重要方面。

新的理论还指出了一些对国家政策产生的微妙影响。在学习外部性的条件下，一个国家与以往相比，可能会更重视任务和职业，而不是产业。致力于提高人力资本的教育政策，可能会考虑如何能更好地承接那些需要特定技术工种的外包任务。总体而言，贸易和产业政策对产业的关注将减少，对职业和任务的重视程度将上升。

### 1.5 我们如何检验和校正

新理论的一些预测已经得到了劳工市场数据的检验。比如，哈里森和麦克米兰(2011)、爱本斯坦等(2011)和胡梅尔斯等(2011)在各自的研究中讨论了外包的分配效应，也检验了是否存在格罗斯曼和罗西-汉斯伯格所谓的“生产力效应”。但正如我们在2008年论文中所指出的，检验新理论以及量化分析其影响的努力受限于真实贸易数据的缺乏。

此次研讨会[⑫]的很多文章都清楚地指出，基于总流量的贸易统计数据与如今的贸易现实越来越不相符。任务贸易和全球供应链的存在表明一件最终产品所包含的价值来自很多地方。如果要理解塑造经济活动区位分布的驱动力，以及价格和收入等国际专业化的影响，弄清楚生产在哪里进行就至关重要。然而，正如国民经济核算人员早已熟知的，经济活动应该使用增加值来衡量而非总产出。哪个国家为一辆丰田汽车或一架波音飞机的生产做出贡献？每个国家分别位于价值链的哪个部分？任务贸易的模式是什么？要回答上述问题，如果仅仅知道有多少辆制成汽车穿越国境，或有多少架波音飞机卖到美国以外的地方去，是远远不够的。

以研究外包的生产力效应为例，新理论认为任务贸易的模式与范围和国内要素回报之间存在关联。研究者在分析这一关联时不得不依赖国外增加值的替代数据和来源，通常使用的是近似值，例如众所周知的“比例性假定”。基于增加值的全球贸易数据将避免使用替代数据和近似值，在“第二次松绑”之前，总贸易流量的统计能够较为准确的衡量世界贸易，因为一件商品基本上在同一个地方生产。今日不同往昔，总贸易流的统计不能体现我们需要理解的专业化分工模式，正如格罗斯曼和罗西-汉斯伯格在2008年所总结的：“生产过程的全球化要求一种收集贸易数据的新方法，这种方法要能够记录国际交易，就像国内交易已经被记录多年。”

---

⑫ 指世界银行关于全球生产分散化和增加值贸易的研讨会。

## 2　为什么增加值贸易统计对于发展中国家如此重要

朱迪斯·迪安

“每个国家通过成为价值链的成员，专业化生产自身具有比较优势的零部件。这种供应链的国际化创造了巨大的经济效益。”

——拉米(2010)

新千年以来，研究贸易的经济学家声称国际生产碎片化将给发展中国家带来巨大收益。与相近收入和相似偏好驱动的产业内贸易不同，国际生产碎片化是取决于比较优势的差异。更多的生产过程分散在全球范围进行，任务基于比较优势分配到不同国家，更多的低收入国家可能有机会参与到这些生产链中。(琼斯等，2005；阿恩特和基尔茨科夫斯基，2001)因此，国际生产碎片化将促进工业化国家与发展中国家之间的贸易，而贸易利益将惠及所有国家，因为生产环节的配置更为有效。此外，发展中国家现在也有机会将自身的经济活动扩展到高技术或技术密集型产品的生产过程中，而不需要等到有能力独立生产制成品。

发展中国家是否真的从全球供应链中获得了一些经济利益呢？增加值贸易统计能够帮助我们回答这一问题。我们知道，贸易收益(专业化、交换、多样化等带来的收益)无法直接由一国出口中的增加值来衡量，但增加值贸易统计在很大程度上有助于我们理解全球供应链的贸易，尤其能帮助我们回答以下四个重要的问题。

第一，发展中国家是否真的参与了这些供应链？我们已经从东亚的全球生产网络和中国在价值链不断提升的地位中获得了一些证据，但依然缺乏其他发展中国家参与价值链的数据。

第二，即便他们真的参与了价值链，发展中国家的企业在其中扮演什么角色？经常被引用的林登等(2009)分析苹果音乐播放器的案例表明，中国在这一生产链中主要完成组装的任务，在商品价值中只占很小的一部分。最近，中国学者提供了新的研究证据，中国几乎总是处于“价值链末端”，在制药和电子等高技术产业的生产链中承担低技术的劳动密集型任务(美国国际贸易委员会，2011)。这是否意味着中国和其他发展中国家从全球供应链的贸易中受益甚微呢？

第三，发展中国家参与供应链会引发工业化国家的保护主义倾向么？对于中国与经合组织国家在高技术出口方面竞争的担忧(经济学人，2007)的确显示，新的贸易壁垒可能会抑制供应链贸易带来的利益。

第四，供应链贸易是否会带来环境代价？毕竟，中国在供应链贸易中的快速增长是和其环境前所未有的恶化同时发生的。即便发展中国家确实参与全球供应链并从中获益，但从长期来看，保护主义和环境恶化是否可能减损甚至抵消这些经济收益？回答上述问题，都需要有关这些价值链结构和性质的具体信息。增加值贸易统计有助于提供这些信息。这一章节将展示我们已有的一些证据，关于发展中国家参与全球供应链及其所处的位置，然后讨论增加值贸易统计是如何大大改进我们的研究。我们也将检验全球供应链的贸易是如何解释中国与经合组织国家的“出口相似性”，讨论更多的增加值贸易统计数据不仅有助于避免保护主义的政策反应，而且促进更多的市场开放。最后，这一章节将展示供应链可能有益于发展中国家环境的一些证据，讨论增加值贸易数据如何支持这一争论。

### 2.1　发展中国家是否真的参与了全球供应链

直到最近，有关发展中国家参与全球生产网络的证据都很缺乏。一些研究讨论了全球贸易、东亚贸易和中国对外贸易中零部件贸易的重要性，以及中国在这类贸易中的强势崛起。琼斯等(2005)发现，从1990年至2000年，世界零部件贸易的年均增长率约为9%，远远超过世界贸易6.5%的年均增长率。吴和叶芝(2003)的研究证明了零部件贸易中亚洲供应商的强大网络。1984年至1996年的估算数据显示，亚洲向全球的零部件出口增长了500%以上，而整体出口则增长了300%。使用相似的方法，阿图克拉拉(2009)、阿图克拉拉和山下(2006)的研究发现，东亚在全球零部件出口中的份额从1992年的29.3%增加到2003年的39.2%。事实上，东亚区域内贸易中的零部件贸易份额比其区域外贸易中的份额高得更多。

上述证据显示东亚参与了供应链贸易，但并未能说明哪些国家和地区参与了那些全球生产链，也没有说明某一供应链的生产任务是如何在不同国家和地区分布的。胡梅尔斯等(2001)的开创性研究在这方面更进了一步。他们将投入产出表和贸易数据结合起来衡量垂直分工，或者说是一些国家出口中的外国含量。高垂直分工比例说明，进口的中间产品在该国出口价值中所占的比例较大，也意味着一国参与全球生产链的程度较深。他们不仅将直接用于生产出口商品的进口部件纳入考量，还将间接用于出口商品的进口部件，即用于生产与该商品相关的国内中间产品的进口部件，也纳入考量。他们的研究结果表明，经合组织国家出口中的外国含量在20世纪70年代到90年代显著增长。然而，他们的研究主要关注工业化国家。

根据中国海关官方数据，中国从1995年到2008年贸易的巨大增长一半要归功于中国的加工出口——进口中间产品加工后仅用于出口。迪恩等(2011)在胡梅尔斯等人的研究基础上，对中国出口的垂直分工比例进行了重点分析。他们使用中国加工贸易数据和联合国经济门类，改进了界定中间产品的方法。通过这一方法，他们发现了亚洲存在一个向中国提供零部件的供应商网络的证据。比如在 2002 年，中国中间产品总进口的一半来自日本、新加坡、韩国、中国台湾和中国香港，还有 10%来自其他东亚国家和东南亚国家。在中国的加工贸易领域存在类似的情形，用于加工出口的近 80%的中间产品来自亚洲供应商网络⑬。

迪恩等使用中国官方投入产出表，以及库普曼等(2008)所制作的中国投入产出拆分表，按照出口目的地和出口产业计算了中国的垂直分工比例。分拆表让我们能够将进口中间产品相对密集的加工出口和一般出口或国内销售进行比较。如图 3.1 所示，无论是使用官方投入产出表还是分拆表，中国向工业化国家出口的商品中国(境)外含量较高，与其向发展中国家的出口不同。

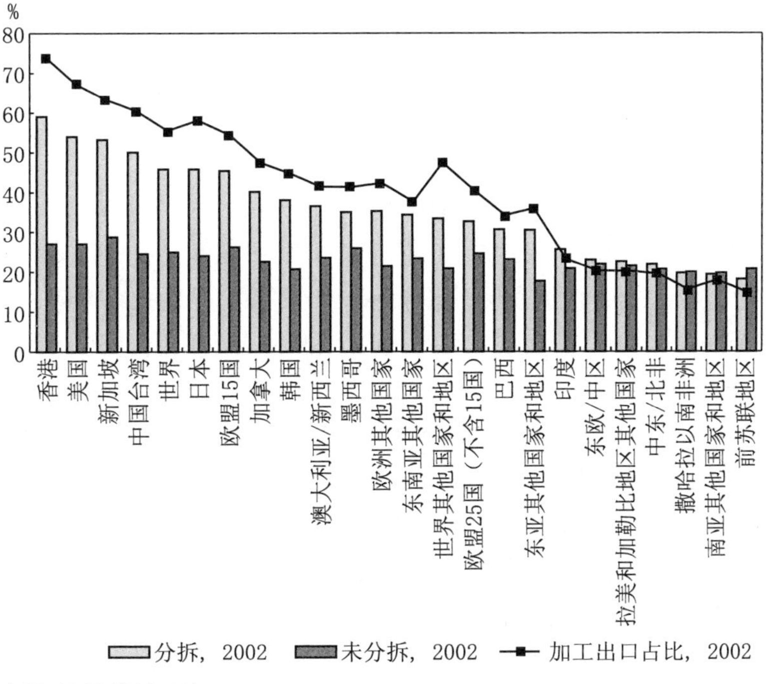


资料来源：迪恩等(2011)。

**图 3.1 2002 年中国出口中的国(境)外含量**

⑬ 迪恩等(2009)对来自不同国家和地区的中间产品的类型作了更细致的描述。

以上发现展示了全球供应链的基本图景,中间产品在日本等国家和地区生产,然后出口到中国进行加工,最终用中国出口到美国和欧洲。同时,也有证据表明,工业化国家和发展中国家的供应链贸易规模确实要更大。但是,上述垂直分工比例的研究只能展现与一个国家相关的全球供应链的一部分。

增加值贸易统计能够为我们的研究提供更多的详细信息。对某一产品或产业的增加值贸易进行统计,能够说明哪些国家参加了生产链条以及它们处于链条中的什么位置。不同产业链的结构,从创新研发阶段到产品制成阶段,将更加清晰。工业化国家和发展中国家之间的相互依存也更加明确。历史数据能够显示,某个国家是何时成为某个全球价值链的一部分。尽管增加值贸易统计并不衡量贸易收益,但能够为发展中国家提供一些提示,即是否能够以及在多大程度上能够利用国际分散化提供的新的贸易机遇。

进一步分解的增加值贸易数据,也许还有助于分析全球价值链在促进发展中国家间接出口方面的作用。发展中国家的中小企业通常被认为无法获得直接参与出口的融资支持,或无法克服进入全球市场的其他国际障碍。然而,全球供应链也许能够通过向中小企业提供供应商合同的机会,帮助它们更好地实现出口。中小企业也就能够间接参与全球贸易,让供应链中的大公司来处理管理、信息和融资领域的问题(OECD, 2008)。

## 2.2 发展中国家在全球供应链中的角色

什么因素决定一国在供应链中的位置?中国和其他发展中国家如何能够在全球供应链"向上游移动"?贸易理论会从比较优势差异的角度来解释生产任务在不同国家的分布。所以,如果一国公司希望改变自身在供应链中承担的任务,关键是要改变要素禀赋。

安特拉斯(2005)、芬斯特拉和汉松(2005)等人的研究显示,产权明晰和更好的质量监控将有助于发展中国家在供应链向上移动。[14]当一件商品是新商品且需要大量的研发或知识产权,公司一般不倾向于将其外包,或者仅仅通过附属公司外包出去。这主要是为了防范风险,包括独立公司生产的中间产品可能无法准确规范的风险,和/或外包合同与知识产权无法得到执行的风险。一旦一件商品能够标准化生产,公司就会倾向于外包以及使用独立的外包合同。

参与全球供应链的积极溢出效应也可能帮助发展中国家升级。发展中国家的公司一开始承担最简单的生产任务,但可以在与生产链其他公司的互动中进

⑭ 参见斯宾塞(2005)。

行学习，进而能够承担更高级的任务。例如，印度的软件公司在20世纪90年代基本处于软件开发链条的中低端，主要是承包编程、编码和测试的工作（拉吉夫，1997）。而现在一些印度公司已经从事商业和技术咨询、系统集成、商品设计、客户软件开发和其他技术密集型的业务⑮。

迪恩等(2011)关于垂直分工的研究数据为比较优势的解释角度提供了一些支持。数据显示，不同产业的国外含量存在很大差异。参照分拆的投入产出表，2003年中国出口的电脑和电信设备产品中的国外含量超过了90%，表明中国处于信息技术相关产业价值链的末端。与之不同的是，中国金属制品、一般工业机械和纸制品（偏资本密集型产业）出口中的国外含量是40%至50%，而纺织品（偏劳动密集型产业）仅为25%。

迪恩和冯(2009)最近的研究显示，中国不同产业垂直分工比例的差异能够通过研发密集度来解释。使用迪恩等的垂直分工统计和两阶段评估方式，他们分析了一个产业部门的加工贸易量及其外国含量，结果表明加工出口在一个产业部门出口中所占比例与研发密集度存在显著的负相关关系。他们还发现，给定加工出口水平条件下，研发密集型的产业所出口的加工产品中国外含量更高。同时，通过外国在华企业生产可能会增加加工出口的比例，即便对研发密集型产业也是如此。上述的研究发现支持了以下观点，即研发密集型的产业更倾向于对生产链的大多数阶段保持控制，或是在其国内完成大多数生产环节，或是通过其在国外的分公司来进行生产。

在国家—产业层面的增加值贸易统计法能够对一国企业在生产链中的作用进行更全面的评估，可显示哪些国家的企业参与了生产链的哪些阶段或承担哪些任务。随着时间推移，这些数据能够追踪一国企业在产业链内专业化的变化，或者进入一个新的供应链。这也许能帮助我们观察发展中国家是否在特定全球供应链中向上游高增加值位置的移动，如果确实如此，我们还可以观察哪些国家做到了这一点。这些数据还能够用来检验要素积累、产权关系改善和外溢效应等因素在解释发展中国家特定生产地位以及生产地位变化中的作用。

### 2.3　发展中国家参与供应链引发了保护主义么

在过去十年间，很多人观察到中国突然成为了美国和其他工业化国家在高

---

⑮　其中一个案例是InfoSys，详细参见URL：http://www.infosys.com/about/what-we-do/Pages/index.aspx。

技术、精密产品出口的直接竞争对手,有关的国际争论升温,保护主义情绪抬头。罗迪克(2006)和肖特(2008)富有挑战性的研究认为,中国出口到美国的商品类型与高收入的经合组织国家出口到美国的商品类型相近,却不同于其他同等收入水平的发展中国家。上述结论的一种解读是,中国已经设法超越了其传统的比较优势。

更近距离的观察认为,国际生产碎片化是理解中国出口"成熟度"显著提升的关键因素。迪恩等(2011)的研究发现,中国出口到富国的商品比出口到穷国的商品所包含的国(境)外含量更高。同时,中国进口的中间产品相当比例来自日本,美国和欧盟也占据了一定份额。所以,中国出口到美国的商品与其他经合组织国家出口到美国的商品相类似,因为中国出口品包含的大量价值来自经合组织国家。通过检验 1997 年和 2002 年向近 200 个目的地的出口,迪恩等发现中国和经合组织国家出口的目的地存有很大差异。在那些中国和经合组织国家相似的出口品中,中国出口的国(境)外含量很高(见图 3.2)。这也说明了"成熟度"提升得益于成为全球供应链的一部分。计量检验的结果显示,中国出口的国(境)外含量和中国与经合组织国家出口相似度之间,存在显著的正相关关系。

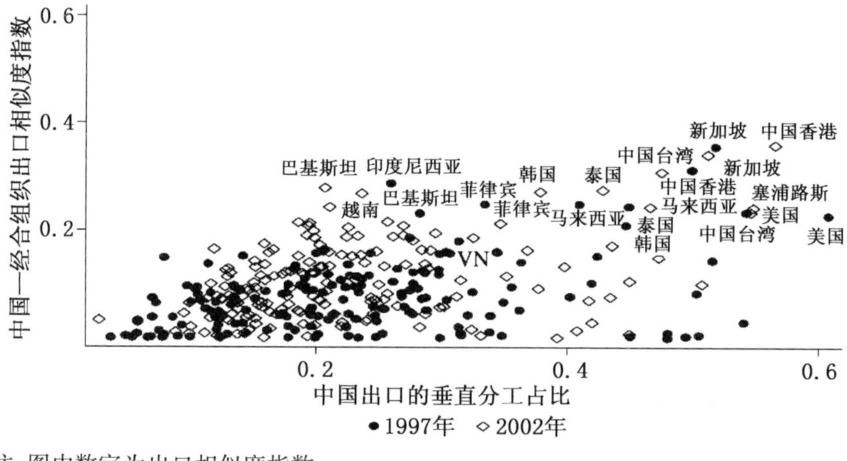


注:图中数字为出口相似度指数。
资料来源:迪恩等(2011)。

**图 3.2 1997 年和 2002 年出口相似度和垂直分工**

增值法贸易统计能够有助于照亮全球竞争而非使其升温。根据产业部门的详细数据,我们可以追踪进入中国和其他发展中国家的中间产品和半成品的来源。这样就能够评估工业化国家从生产链末端的发展中国家进口的最终产品中,有多少是其自身国内含量的再进口。增加值进出口模式能更准确地显示比较优势的差异。因此,从总出口数据看显得类似的出口,如果使用增加值贸易统计数据,就会显现出生产链内部分工的不同。

增加值贸易统计还能更加清晰地展现全球生产的互联性,以及一国企业参与供应链的重要性。通过提供此类相互依存的信息,增加值贸易数据可能鼓励更加开放的贸易政策和更多促进贸易便利化的国际合作。

### 2.4　供应链贸易的增长会对环境带来危害么

从 20 世纪 90 年代中期开始,中国的贸易与收入水平急剧增长。与此同时,中国的环境问题也日益严重。有一篇著名的文章称中国"被增长窒息"(卡恩、雅德利,2007)。然而迪恩和拉夫里(2010)的文章认为,全球供应链贸易可能对中国的环境有积极意义。通过对有关数据的深入分析,中国出口份额最大的产业部门并非高污染部门,同时,高污染部门在中国出口中仅占相对较小的份额(见表 3.1)。实际上,中国出口近年来已经向高度分散的部门转移(办公和计算机械、通信设备),逐渐远离非分散化的传统出口部门。迪恩和拉夫里发现强有力的证据证明,加工出口产业比一般出口产业造成的污染要更少。

**表 3.1　2006 年中国产业部门出口份额、加工贸易和污染密集度**

| 国际标准产业分类第 3 版两位编码部门 | | 在制造业总出口中占比 | 加工出口(产业出口中的百分比) | 化学需氧量* | 二氧化硫* | 烟* | 尘* |
|---|---|---|---|---|---|---|---|
| 出口中占比最高的前 5 位制造业 | 通信设备 | 16.95 | 83.55 | 0.03 | 0.02 | 0.01 | 0.01 |
| | 办公和计算机械 | 14.69 | 95.94 | 0.03 | 0.02 | 0.01 | 0.01 |
| | 纺织 | 8.06 | 20.28 | 0.53 | 0.50 | 0.21 | 0.01 |
| | 服装 | 7.83 | 24.76 | 0.25 | 0.27 | 0.13 | 0.01 |
| | 机械 | 7.22 | 32.56 | 0.04 | 0.07 | 0.05 | 0.03 |
| 污染强度最大的前 5 位制造业 | 非金属矿物 | 1.79 | 10.88 | 0.12 | 3.79 | 2.49 | 10.30 |
| | 纸 | 0.53 | 56.82 | 5.34 | 1.47 | 0.72 | 0.04 |
| | 食品和饮料 | 2.26 | 24.12 | 1.09 | 0.41 | 0.33 | 0.02 |
| | 木制品 | 1.07 | 17.72 | 0.44 | 0.95 | 0.76 | 0.32 |
| | 碱性金属 | 4.83 | 13.87 | 0.08 | 0.85 | 0.33 | 0.48 |

* 每 1 000 元产出对应的千克数(1995 年人民币币值)。COD,化学需氧量。
来源:作者根据迪恩和拉夫里(2010)的表格进行了更新。

迪恩和拉夫里认为,加工贸易的增长从两个方面对中国环境有益:一是中国有机会将资源从污染相对严重的产业转移到相对清洁和相对高技术产业的生产任务中;二是随着这些分散化产业的外国投资增长,在中国完成这些生产任务的成本将下降,从而扩展在中国进行生产的任务范围。如果污染相对严重的任务原本在这里进行,任务范围的扩展将引入相对清洁的任务,降低中国在该产业内生产任务的平均污染密集度。此外,如果外资企业负责这类贸易,将会带来比国内生产者更加清洁的技术,从而使贸易更加环保。迪恩和拉夫里的计量分析结果显示,中国参与全球供应链贸易的数量——由加工出口的范围来替代——是解释中国出口污染密集度下降的重要因素,而外国直接投资通过间接和直接扩大加工贸易,也通过使用更清洁技术,对于这一下降作出了显著贡献。

关于上述产业层面假设的更多深入分析,由于缺乏良好数据而受阻,包括中国在某一产业承担生产任务或活动的实际范围,以及如何衡量这一范围的扩大。缺少这些数据的情况下,只能使用加工出口范围来作为替代数据使用,但这一方式既无法说明外国含量与国内含量的关系,也不能提供该国公司在生产链所处位置的信息。增加值贸易流能够填补这一缺陷,更清楚地展示发展中国家进口中间产品中的外国含量,以及其自身在出口产品中实现的增加值。跟踪这一信息能够为生产任务/活动范围的变化提供一个更好的替代指标,从而对这些任务的平均污染密集度作出更直接的评估。

## 2.5 结论

发展中国家具有从国际生产碎片化中获得巨大利益的可能性。参与全球供应链能够为一个国家提供生产多元化的新机遇,将生产活动扩展到其本身并不具有比较优势的产品领域。一国在生产链中承担生产环节或任务的能力,扩展了其比较优势的范围,增加了专业化的收益。参与全球生产链还有外溢效应,一国可以通过和生产链其他成员的互动或通过“干中学”来提升生产力水平。同时,不断深入地参与生产链,贸易可能从两个层面对环境产生裨益:改变生产和出口结构,向更清洁和分散化的产业转移;在同一产业中承担更加清洁的生产任务。

增加值贸易统计不能直接显示发展中国家从全球供应链贸易中所获得的收益,但可以帮助我们衡量发展中国家参与这些供应链的程度,观察它们承担了什么任务以及这些任务如何变化。通过跟踪分析工业化国家和发展中国家贸易模式的变化,强调公司之间的相互依存,增加值贸易统计可以促进更多的市场开放和贸易便利化。最后,因为能够更好地评估一国所承担的任务范围,增加值贸易统计有助于测试供应链对环境的潜在好处。

## 3　对宏观经济政策的影响[16]

斋藤美佳、拉尼尔·萨尔加多

### 3.1　为什么改进增加值贸易统计是重要的

使用正确的增加值贸易统计数据将改进汇率评估。基于增加值贸易权重的实际有效汇率将比基于总贸易量权重的实际有效汇率更加准确地反映一国的竞争力。转换到增加值贸易权重可能具有重要影响，比如，一些用总贸易量权重来评估的“错配”汇率，可能用增加值贸易权重就不再“错配”。（反之亦然）

基于增加值贸易权重的实际有效汇率，将改进我们对相对价格变化的影响的评估，包括对全球再平衡的评估。例如，国际货币基金组织（2011）指出，供应链下游（相对于上游）能够缓解出口和进口相对价格变化的影响。这反映了下游国家的出口中具有较高的外国含量，从而减轻了汇率变化带来的影响。

按来源国对出口中的国外增加值进行分解，将帮助我们理解供应链中断如何产生外溢效应。贸易流中断既可能是由政策引起的，比如优惠贸易协定或区域贸易协定，也可能是自然引起的，比如最近日本的地震。无论哪种情形，如果能够跟踪国外增加值的来源，都有助于我们理解供应链中断的影响。一个国家（比如中国）从一个贸易伙伴（比如日本）的进口中断，并不必然意味着该国的总出口会随着贸易伙伴在出口中所占份额（比如日本在中国总出口中的增加值份额）同比例下降。影响的程度将取决于冲击的性质和寻找替代进口的可能性。所以，我们需要比投入产出表更加细分和更高频率的数据来对现有分析进行补充。尽管如此，使用增加值贸易数据将是个很好的开始。

如果从政治经济学角度考虑，增加值贸易统计比总贸易量统计更好地衡量双边平衡。例如，近年来中国和美国的双边贸易平衡问题引人注目。确实，美国对华贸易逆差在其总体贸易逆差中占据较大比例：约 35%（见表 3.2），但是很多国家向中国出口中间产品，然后在中国加工成制成品出口到美国（类似的，美国

---

[16]　此节内容是为 2011 年 6 月 9 日至 11 日举行的世界银行“全球生产碎片化和增加值贸易：跨境贸易统计新方法”研讨会准备的论文。

出口也包含从中国和其他国家来的国外增加值）。如果去除美国出口中的外国增加值和美国从中国进口中的国外增加值，美国对华贸易逆差将减少到总贸易逆差的20%左右。

**表3.2　美国贸易平衡表（占国内生产总值比重）**

| | 1995 | 2008 |
|---|---|---|
| 世界 | −2.3 | −5.8 |
| 亚洲 | −1.8 | −3.0 |
| 　中国 | −0.5 | −2.0 |
| 　中国（不包含外国增加值）[1] | −0.4 | −1.4 |
| 　中国（不包含来自亚洲的外国增加值）[2] | −0.4 | −1.7 |
| 附注： | | |
| 美国与中国的双边贸易平衡表 | | |
| 　美国数据 | −0.5 | −2.0 |
| 　仅进口数据 | −0.4 | −1.9 |
| 　中国数据 | −0.1 | −1.2 |

1 包含在中国出口和向中国出口中的外国增加值已排除在外。

2 包含在中国出口或向中国出口中的来自亚洲的外国增加值已排除在外。

来源：《贸易方向统计》(DOTS)；《世界经济展望》(WEO)；经合组织投入产出表；国际货币基金组织研究人员估算。

## 3.2　为什么不那么重要

宏观经济学家关注总体平衡，而不是双边平衡：对于总体平衡，总贸易量统计已经为我们提供了正确的信息。例如，2008年，中国出口包含的国外增加值与中国的出口盈余基本相当，约占国内生产总值的8%（见表3.3）。这是否意味着贸易平衡、经常项目平衡和储蓄投资差额应当下调呢？是否说明建议中国采取抑制净储蓄的政策是错误的呢？不！如果我们在出口统计中去除外国增加值，那么在进口端也应该做出同样的调整。类似地，如果我们在进口中去除国内增加值，那么出口端也应该做出同样的调整。通过这些变化，收支平衡的统计将记录不同于实际总交易的增加值流动情况。这是否可行甚至是否值得要呢？特别是总贸易量统计已经为我们提供了总体外部平衡的正确信息。综上，增加值贸易统计能够作为总贸易量统计的补充，但并不需要替代后者。

这一节总结了国际货币基金（2011）的相关研究发现。

**表 3.3　2008 年中国外部平衡表(占国内生产总值比重)**

| | 总值 | 增加值[1] |
|---|---|---|
| 贸易平衡 | 8.0 | 8.0 |
| 出口 | 31.7 | 23.0 |
| 进口 | −23.8 | −15.1 |
| 经常账户平衡 | 9.6 | 9.6 |
| 附注: | | |
| 出口中包含的外国增加值 | 8.7 | 0.1 |

1 出口中包含的外国增加值被排除在外,且进口被假设为不包含国内增加值。
来源:DOTS; WEO;经合组织投入产出表;国际货币基金组织研究人员估算。

## 3.3　全球贸易模式正在改变

过去数十年间,全球产出中的贸易增长在很大程度上得益于全球供应链的出现和发展。作为全球产出的一部分,如今的贸易是 20 世纪五十年代早期的 4 倍多(见图 3.3)。这一方面反映了贸易自由化的成果,发达经济体的贸易壁垒大幅度削减,最近发展中国家也同样开始削减贸易壁垒。同时,技术进步降低了交通和通信成本,也促进了生产跨国界碎片化。这些发展推动供应链成为区域性的,比如"亚洲工厂"(鲍德温,2008),甚至成为全球性的,比如苹果音乐播放器的案例(戴德里克等,2010)。收入水平和要素禀赋的跨国融合也促进了贸易增长(相对于产出),特别是产业内贸易。

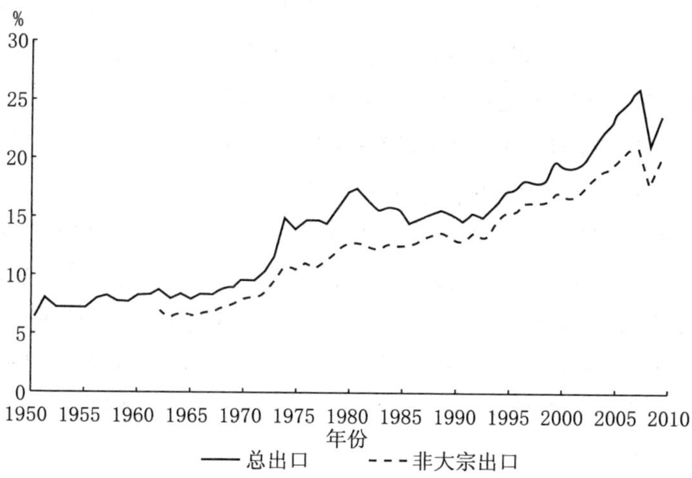


资料来源:DOTS, WEO 及 UN Comtrade. 1949—1961 年的 GDP 比重基于主要 15 个部门的出口。

**图 3.3　总出口中的国外含量**

从1970年代以来,总出口中的国(境)外增加值比例几乎翻了一番,近年来这一增长趋势仍在加速。国际货币基金组织在胡梅尔斯等(2001)基础上进行的最新研究显示,总出口中的国(境)外含量从1970年的18%增长到2005年的33%(见表3.4)⑰。国(境)外增加值比例的增长近年来提速,1970年至1990年的每十年增长率为10%,而1995年到2005年增长了20%。

**表3.4 国(境)外附加值占总出口的比重**

| | 胡梅尔斯等(2001)[1] | | 更新[2] | |
|---|---|---|---|---|
| | 1970 | 1990 | 1995 | 2005 |
| 出口总值中的外国增加值占比 | 0.18 | 0.24 | 0.27 | 0.33 |
| 外国增加值占比增长率 | | 31.3 | | 21.5 |
| 外国增加值出口对出口/国内生产总值的贡献率 | 32.5 | 55.9 | | |

1 胡梅尔斯等(2001)的研究包括28个国家和地区:澳大利亚、加拿大、中国、欧盟15国、中国香港、印度尼西亚、日本、韩国、墨西哥、中国台湾(中国台北)、马来西亚、新加坡、泰国和美国。

2 更新后的数据包括34个国家和地区:欧盟15国、澳大利亚、巴西、加拿大、瑞士、中国、捷克、匈牙利、印度尼西亚、印度、以色列、挪威、新西兰、波兰、俄罗斯、斯洛伐克、斯洛文尼亚、中国台湾(中国台北)、土耳其和美国。

来源:胡梅尔斯等(2001);国际货币基金组织研究人员利用经合组织投入产出表进行估算。

发达经济体和新兴市场经济体在全球供应链中扮演不同角色。发达经济体处于供应链的上游,这一地位反映在其出口中较小比例的国外增加值,而下游国家的出口中国(境)外增加值比例较大(库普曼等,2010)。另一方面,新兴市场经济体处于供应链的下游,出口中的进口含量较大(见图3.4)。供应链的不同位置对贸易模式的敏感性有不同的影响。比如,在总体层面,汇率变动对于上游国家贸易的影响要大于下游国家(下面将详细阐释)。

亚洲供应链一体化程度高于北美或欧洲。在亚洲供应链中,生产过程中的产品多次跨境流动,包括在抵达最终目的地之前通过枢纽日本(见表3.5)。例如,中国产品中日本增加值的约15%在到达中国前还经过了亚洲其他国家。相反,在其他区域,几乎所有的国外含量都直接进口自枢纽:北美自贸区(NAFTA)中的美国和欧洲的欧盟15国⑱。东亚生产的深度一体化使其更容易受到贸易流

⑰ 这一更新(后两栏)基于34个国家的数据,而胡梅尔斯等(2001)关于1970年至1990年(前两栏)的研究基于28个国家的数据。

⑱ NAFTA指北美自由贸易区国家:加拿大、墨西哥和美国。欧盟15国指2004年以前的欧盟成员国。

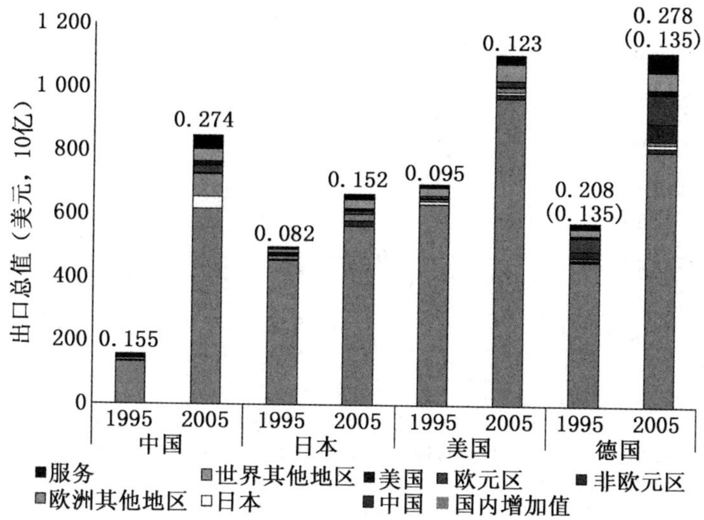


注：柱形图上面的 FVA 是占总出口的比重。

资料来源：IMF 工作人员根据 OECD 投入产出表、联合国贸易和 OECDSTAN 数据预测。

**图 3.4　总出口中的国外含量**

**表 3.5　地区枢纽总出口中的增加值**

| | 总值 | 进口中的枢纽增加值[1] | 进口中的邻国增加值[2] |
|---|---|---|---|
| 中国 | 8.0 | 6.8 | 1.2 |
| 墨西哥 | 31.3 | 31.0 | 0.3 |
| 欧盟 | 17.5 | 17.3 | 0.2 |

资料来源：根据 Koopman 等(2010)预测。

中断的影响，无论是优惠贸易安排这样的政策引起的中断，还是最近日本地震这样自然灾难引起的中断。

全球供应链的出现让新兴市场经济体能够提升其出口中的技术含量，包括高技术出口中来自发达国家的投入⑲。比如在电脑和办公设备等高技术出口方面，中国通过加工贸易以及从日本等其他亚洲国家进口，从 1995 年开始获得显著增长(见图 3.5)。中国在全球价值链上向上游移动，来自中国的进口对发达国家高技术出口也做出了重要贡献(见图 3.6)。随着中国和其他新兴市场经济体在传统上由发达经济体主导的产业部门崛起，出口结构的相似性逐渐增加，竞争压力也日益加大。

⑲　这一分类基于经合组织关于技术密集度的贸易统计(OECD，2005)。

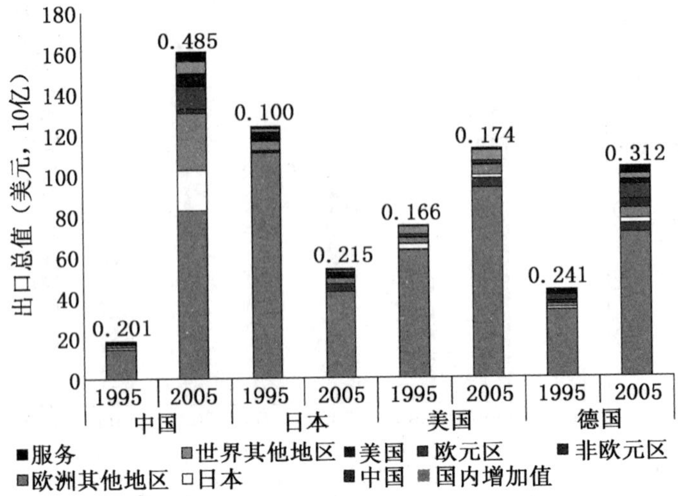


注:柱形图上面的 FVA 是占总出口的比重。

资料来源:IMF 工作人员根据 OECD 投入产出表、联合国贸易和 OECDSTAN 数据预测,柱状图上方数据显示的是外国增加值在出口总值中的占比。

**图 3.5　总出口中的国外含量:高技术部门**

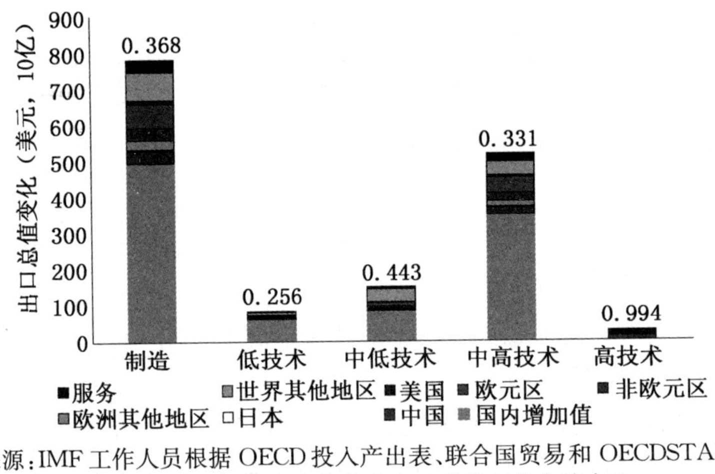


资料来源:IMF 工作人员根据 OECD 投入产出表、联合国贸易和 OECDSTAN 数据预测,柱状图上方数据显示的是外国增加值出口变化在出口总值变化中的占比。

**图 3.6　发达国家出口来源的变化(1995—2005)**

相对价格的变化将导致上下游国家之间非对称的再平衡效应,因为部门(和总体)层面的国外增加值比例不同,会导致不同的调整模式。我们已经检验了相对价格变化对全球贸易四个主要行为体贸易结构的影响,也就是中国(下游国家)、欧元区、日本和美国(上游国家)。在总体层面,处于价值链下游位置(相对于上游)能够缓冲相对价格变化对于进出口的影响(见表 3.6)。这反映了下游国家出口中较高的国外增加值含量能够减少汇率波动带来的影响。在部门层面，对于每个国家而言，相对价格变化对出口技术密集度的影响是不同的（见图 3.7）。在中国，这种影响同时体现在高技术和中等技术出口上，而在其他地方，中高端出口的变化最大。国外增加值含量高的出口所作的调整较小，当然每个国家该部门的规模大小也与之相关。最后，贸易平衡更大的调整变化还是发生在供应链以外，因为向供应链内的贸易伙伴出口对相对价格变化更具有弹性。（见图 3.8）

**表 3.6　模拟相对价格变化对外部平衡的长期影响**

基准年＝2008（国别国内生产总值比重，特别注明除外）

| | 10% 升值 | | | | 10% 贬值 | | | |
|---|---|---|---|---|---|---|---|---|
| | 中国 | | 欧元区[1] | | 日本 | | 美国 | |
| | 变化前 | 变化后[2] | 变化前 | 变化后 | 变化前 | 变化后 | 变化前 | 变化后 |
| 经常账户平衡 | 9.6 | 5.9 | −1.7 | −4.7 | 3.2 | 6.4 | −4.7 | −2.4 |
| 贸易平衡 | 8.0 | 4.2 | −0.6 | −3.6 | 0.8 | 3.9 | −5.8 | −3.5 |
| 出口 | 31.7 | 28.9 | 17.0 | 15.1 | 15.3 | 17.5 | 9.1 | 10.2 |
| 进口 | −23.8 | −24.7 | −17.5 | −18.6 | −14.5 | −13.5 | −14.9 | −13.8 |
| 附注项（百分比变化）： | | | | | | | | |
| 出口（%） | | −10.9 | | −12.7 | | 17.0 | 13.7 | |
| 进口（%） | | 1.7 | | 4.5 | | −4.5 | | −6.7 |
| 名义 GDP（%） | | −2.3 | | −1.8 | | 2.2 | | 1.0 |

1 欧元区的贸易数据来自国际货币基金组织《贸易方向统计》。

2 仅考虑相对国际价格变化影响的长期贸易水平。

来源：《世界经济展望》、《贸易方向统计》和国际货币基金组织测算。

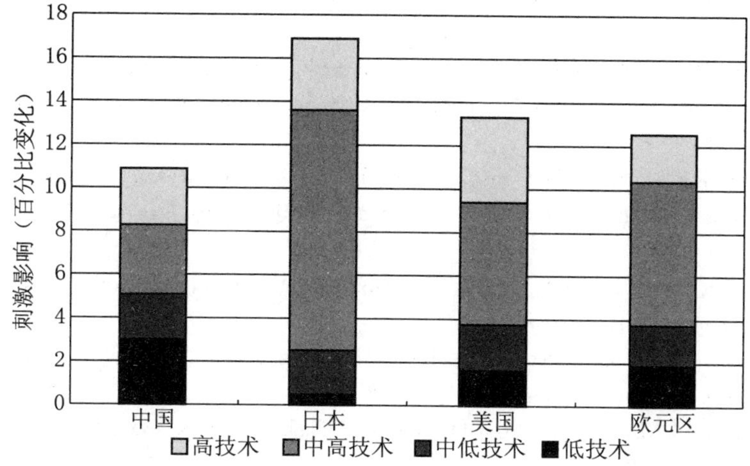


资料来源：联合国贸易和 IMF 预测。

**图 3.7　按部门划分的出口影响模拟**

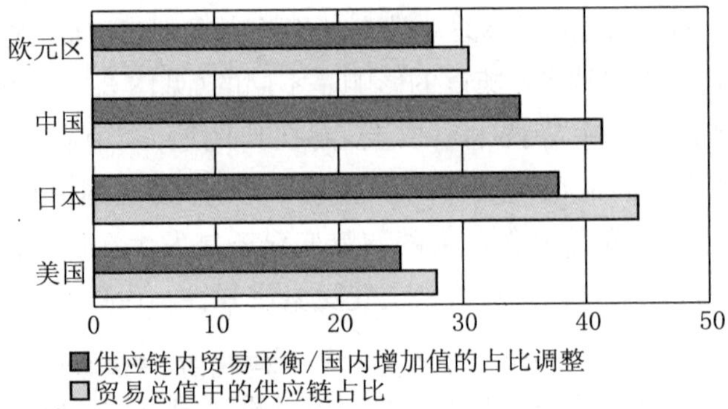


资料来源:联合国贸易和 IMF 预测。

**图 3.8　贸易平衡调整的贡献因素**

## 参考文献


Autor, D., F.Levy, and R.Murnane, "The Skill Content of Recent echnological Change: An Empirical Exploration," *Quarterly Journal of Economics* 118(4), 2003.

Baldwin, R.E., "Globalisation: The Great Unbundling(s)," in Globalisation Challenges for Europe, Helsinki: Office of the Prime Minister of Finland, 2006.

Baldwin, R.E., and A.Venables, "Relocating the Value Chain: Offshoring and Agglomeration in the World Economy," NBER Working Paper 16111, 2010.

Blinder, A. S., "Offshoring: The Next Industrial Revolution?" *Foreign Affairs* 85 (2), 2006.

Costinot, A., J.Vogel and S.Wang(forthcoming), "An Elementary Theory of Global Supply Chains," *Review of Economic Studies*.

Dixit, A.K., and G.M.Grossman, "Trade and Protection with Multistage Production," *Review of Economic Studies* 49(4), 1982.

Ebenstin, A., A.Harrison, M.McMillan and S.Phillips, "Estimating the Impact of Trade and Offshoring on American Workers Using the Current Population Surveys," NBER Working Paper 15107, 2009.

Feenstra, R.C., and G.H.Hanson, "The Impact of Outsourcing and High-Technology Capital on Wages: Estimates for the United States," *Quarterly Journal of Economics* 114 (3), 1999.

Garetto, S.(forthcoming), "Input Sourcing and Multinational Production," *American Economic Journal: Macroeconomics*.

Grossman, G.M., and E.Rossi-Hansberg, "Trading Tasks: A Simple Theory of Offshoring," *American Economic Review* 98(5), 2008.

Grossman, G.M., and E.Rossi-Hansberg, "Task Trade Between Similar Countries," *Econometrica* 80(2), 2012.

Harrison, A., and M.McMillan, "Offshoring Jobs? Multinationals and US Manufacturing Employment," *The Review of Economics and Statistics* 93(3), 2011.

Hummels, D., R.Jorgenson, J.Munch and X.Chong, "The Wage Effects of Outsourcing: Evidence from Danish Matched Worker—Firm Data," NBER Working Paper 17496, 2010.

Leamer, E.E., and M.Storper, "The Economic Geography of the Internet Age," *Journal of International Business Studies* 32(4), 2001.

Mankiw, G., and P. Swagel, "The Politics and Economics of Offshore Outsourcing," Journal of Monetary Economics 53(5), 2006.

Antras, P., "Incomplete Contracts and the Product Cycle," *American Economic Review 95*, 2005.

Arndt, S., and H. Kierzkowski eds., *Fragmentation*, Oxford: Oxford University Press, 2001.

Athukorala, P., The Rise of China and East Asian Export Performance: Is the Crowding-Out Fear Warranted? *The World Economy* 32, 2009.

Athukorala, P., and N. Yamashita, "Production Fragmentation and Trade Integration: East Asia in a Global Context," *North American Journal of Economics and Finance* 17, 2006.

Dean, J.M., and K.C.Fung, Explaining China's Position in the Global Supply Chain, Joint Symposium on US—China Advanced Technology Trade and Industrial Development, 23—24 October 2009, Tsinghua University. Manuscript, 2009.

Dean, J.M., and M.E.Lovely, "Trade Growth, Production Fragmentation, and China's Environment," in China's Growing Role in World Trade(eds. R.Feenstra and S.Wei). Chicago: NBER and University of Chicago Press, 2010.

Dean, J.M., M.E.Lovely and J.Mora, "Decomposing China—Japan—US Trade: Vertical Specialization, Ownership, and Organizational Form," *Journal of Asian Economics* 20, 2009.

Dean, J.M., K.C.Fung and Z.Wang, "Measuring Vertical Specialization: The Case of China," *Review of International Economics* 19, 2011.

The Economist, Leapfrogging or Piggybacking? The Economies of India and China Are Not As Sophisticated as They Appear. 8 November, 2007. URL: http://www.economist.com/node/10053145.

Feenstra, R., and G.Hanson, "Ownership and Control in Outsourcing to China: Estimating the Property-Rights Theory of the Firm," *Quarterly Journal of Economics* 120 (2), 2005.

Gardner, T., Rich World Behind Much of Global Pollution, Reuters, 21 October, 2008. URL: http://www.reuters.com/article/2008/10/21/us-pollution-global-rich-idUSTRE49K9BB20081021.

Hummels, D., J.Ishii and K.-M.Yi, The Nature and Growth of Vertical Specialization in World Trade. *Journal of International Economics* 54, 2001.

Jones, R.W., H.Kierzkowski and C.Lurong, What Does Evidence Tell Us about Fragmentation and Outsourcing? *International Review of Economics and Finance* 14, 2005.

Kahn, J., and J. Yardley, Choking on Growth, Part I. New York Times, 26 August, 2007. URL: http://www.nytimes.com/2007/08/26/world/asia/26china.html.

Koopman, R., Z.Wang and S.-J.Wei, "How Much of Chinese Exports Is Really Made in China? Assessing the Domestic Value-Added When Processing Trade is Pervasive," NBER

Working Paper 14109, 2008.

Lateef, A., "Linking Up With The Global Economy: A Case Study of the Bangalore Software Industry," New Industrial Organization Programme, ILO Discussion Paper 96/1997, 1997.

Linden, G., K.Kraemer and J.Dedrick, Who Captures Value in a Global Innovation Network? The Case of Apple's iPod. Communications of the ACM 52, 2009, pp.140—144.

Ministry of Environmental Protection, Environmental Protection in China 1996—2005, Information Office of the State Council, Beijing, People's Republic of China, 2006. URL: http://www.china.org.cn/english/MATERIAL/170257.htm.

Ng, F., and A.Yeats, "Major Trade Trends in East Asia: What Are Their Implications for Regional Cooperation and Growth?" World Bank, Policy Research Working Paper 3084, 2003.

OECD, *Governance in China*, Paris: OECD Publishing, 2005.

OECD, *Enhancing the Role of SMEs in Global Value Chains*, Paris: OECD Publishing, 2008.

Rodrik, D., "What's So Special about China's Exports?" *China and the World Economy* 14, 2006.

Schott, P., "The Relative Sophistication of Chinese Exports," *Economic Policy* 53, 2008.

Spencer, B., "International Outsourcing and Incomplete Contracts," *Canadian Journal of Economics* 38, 2005.

USITC, "Proceedings of the Joint Symposium on US-China Advanced Technology Trade and Industrial Development," *Journal of International Commerce and Economics* 3, 2011.

Baldwin, R., "Managing the Noodle Bowl: The Fragility of East Asian Regionalism," *Singapore Economic Review* 53(3), 2008.

Dedrick, J., K.L.Kraemer and G.Linden, "Who Profits from Innovations in Global Value Chains: A Study of the iPod and Notebook PCs," *Industrial and Corporate Change* 19 (1), 2010.

Hummels, D, J.Ishii and K.-M.Yi, "The Nature and Growth of Vertical Specialization in World Trade," *Journal of International Economics* 54, 2001.

International Monetary Fund, Changing Patterns of Global Trade, IMF Policy Paper, 2011. URL: http://www.imf.org/external/pubs/cat/longres.aspx?sk=25104.0.

Koopman, R., W.Powers, Z.Wang and S.-J.Wei, "Give Credit Where Credit Is Due: Tracing Value Added in Global Production Chains," NBER Working Paper 16426, Sept. 2010.

Organisation for Economic Co-operation and Development, *Measuring Globalisation: OECD Handbook on Economic Globalisation Indicators*, Paris: OECD, 2005.

（曹文译，姚为群校）

# 第四章

# 中间产品核算:生产分工和增加值贸易[20]

罗伯特·约翰逊　吉列尔莫·诺格拉

中间投入品的贸易量占据了国际贸易总量的三分之二。通过连接跨境生产过程,中间投入品贸易带来了两类明显的核算挑战。第一,传统的贸易总值统计核算了产品每次跨境的总价值,而不是净增加值。这就是著名的"重复计算"问题,它说明传统数据夸大了出口的国内含量(增加值);第二,多国生产网络意味着中间品可以通过间接路线流向目的地。例如,如果日本的中间品在中国组装成最终品并出口到美国,那么中国的双边出口总值包含了第三方(日本)的份额。因此,"重复计算"和多国生产链意味着,总贸易流下存在着一个潜在的增加值贸易结构。

我们在本章计算和分析增加值贸易的含量。为此,我们需要一个全球双边投入产出表,该表不仅描述了每个目的国的特定部门如何从国内外购买中间品,还说明了每个国家如何追踪最终产品的来源。因为在标准的贸易与国民经济核算数据中,这些双边最终品和中间品的联系不能被直接观察到。通过结合投入产出表和许多国家的双边贸易数据,我们可以构造一张综合性的表格。通过使用这张表,我们根据最后流向的目的地,拆分每个国家的总产出。然后我们使用来源国的增加值—产出比率计算与隐含的产出相联系的增加值,并转化到每个目的地。最终的结果是一组"出口增加值"数据集,它描述了每个来源国生产的增加值最后流向的目的地。

---

[20] 感谢编辑 Daniel Trefler 和两位匿名审稿人。感谢 Rudolfs Bems, Judith Dean, Stefania Garetto, Pierre-Olivier Gourinchas, Russell Hillberry, David Hummels, Brent Neiman, Nina Pavcnik, Esteban Rossi-Hansberg, Zhi Wang and Kei-Mu Yi,以及联邦储备委员会、汉密尔顿学院、哈佛大学、国际货币基金组织(IMF)、费城联邦储备银行、普林斯顿大学、美国国际贸易委员会、加州大学(伯克利)、开普敦大学、卫斯理大学相关学者的建议及意见,同时感谢 2009 年国际贸易会议 FREIT 和 2010 年 AEA 会议的实证调查。Noguera 感谢从加州大学伯克利分校商业经济研究所获得的资金支持。本章基于 Johnson 和 Noguera(2012)。

这些增加值贸易数据有许多潜在的用途。最直接地,我们可以把他们与总的双边贸易流量相比较,从而量化生产分工的范围。这种量化生产分工的方法为许多国家和部门带来了可比较的数据,同时还涉及生产分工的多边结构。此外,由于我们使用国民经济核算定义中间品,因此我们的核算方法可以很容易地转化为模型。这一点很重要,因为在许多贸易和宏观经济模型中,增加值贸易的内容主要是一个理论对象和校准目标。例如,在国际经济周期研究中,增加值出口可用于校准"开放度"和揭露双边外部冲击。对于贸易研究来说,增加值流量可以用来校准引式贸易模型,从而允许最终品和中间品有不同的贸易模式。他们也可以用来校准多级生产和垂直专业化的多国模式,如 Yi(2003, 2010)。然而,这些应用只涉及表面。

我们用于核算增加值贸易含量的方法是基于现有文献的多区域投入产出核算。我们追踪跨境中间投入品流量的方法最初是由 Trefler 和 Zhu(2010)发展而来,而他们的方法又是建立在更古老的多区域投入产出文献上(见 Isard 1951; Moses 1955, 1960; Miller 1966)。Trefler 和 Zhu 使用他们的方法来追踪每个中间投入品在每个边境的移动过程,然后使用这些信息来计算贸易的要素含量,即原始要素的量,如嵌入中间品和最终品贸易的劳动力。相比而言,第一阶段,我们使用他们的追踪方法来计算贸易的增加值含量,即嵌入中间品和最终品贸易的原始要素的价值。

本章亦同现有的核算垂直专业化和出口的国内含量的文献相关,通过汇集每个来源国的各个行业和出口目的地,我们可以将增加值—出口总值比率解释为出口的国内含量的度量标准。我们的国内含量度量标准概括了 Hummels 等(2001)的文献。在限制假设下,即一国的出口(无论是最终品,还是中间品)全部由国外的最终需求吸收,Hummels 等(2001)计算了出口的增加值含量。也就是说,它排除了一国出口中间品,并用该中间品生产最后在国内吸收的最终产品这一情形。通过同时使用来源国和目的国的投入产出数据,我们可以放松这一假定。虽然这个概括只是对总的国内含量核算进行了微小的调整,但是我们的研究表明:放松这一假定对产生精确的双边增加值流量至关重要。

下面我们讨论实证结果。我们发现,增加值—出口总值比率(VAX 比率)在国家和部门层面的差异极大。就部门层面而言,结果表明:农业、自然资源和服务业的 VAX 比率高于制造业。原因主要在于,制造业部门会从非制造业部门采购投入品,因此它会包含其他部门产生的增加值。就国家层面而言,贸易的组成含量导致了总的 VAX 比率的不同,出口制成品的国家有更低的 VAX 比率。由于两种效应相互抵消,总的 VAX 比率与人均收入并没有强烈的共变。虽然富裕的国家倾向于出口那些降低了总的 VAX 比率的制成品，但是他们也可以以高的 VAX 比率在制造业部门出口。

我们把目光从总值转向双边数据，各贸易伙伴国的 VAX 比率大相径庭。例如，美国对加拿大的出口，以增加值核算要比以总值核算低 40%左右。然而，美国对法国的出口，两种核算方法在本质上是相同的。这些差距的产生有两个主要原因。首先，双边(后向—和—前向)生产分工意味着增加值贸易相对于贸易总额按比例缩小，而且双边贸易伙伴的比例因数显著不同。其次，多边(三角)生产分工产生了加工中间投入品的国家导致的间接贸易。对于一些伙伴国来说，双边 VAX 比率大于 1，因为双边增加值出口大于总出口。

这些调整意味着通过增加值核算和总值核算的双边贸易不平衡通常是不同的。例如，以增加值核算的中美贸易失衡，要比以总值核算的低约 30%—40%，然而，以增加值核算的美日贸易失衡，要比以总值核算的高约 33%。这些调整表明了亚洲内部三角生产链条的重要性。

为了说明产生这些结果的机制，我们提出两个分解。第一个分解结果表明，大多数双边增加值—出口比率的变化是源于生产分工，而不是源于出口到不同目的地的产品的组成含量不同。在第二个分解中，根据出口产品是否在目的地吸收，我们将双边出口进行分解。它们以中间品的形式嵌入出口产品，并返回来源国或者再出口至第三方国家。它们以中间品的形式嵌入产品，最终在来源国或第三方国家消费。吸收度的变化、伙伴国间的产品返回和再出口会导致双边增加值—出口比率产生重要的变化。

本章余下结构为：第一节介绍了总的核算框架，定义了我们的增加值核算方法，解释了增加值—出口比率。第二节描述了我们使用的数据源和假设，以便进行核算练习。第三节介绍了实证结果。第四节为结语。

## 1　贸易的增加值含量

本节，我们将介绍核算框架，并且说明中间品贸易如何在总贸易流量和增加值贸易流量间带来不同。首先，我们介绍一种在之后的计算中将要用到的多国多产品一般框架。为了便于直观理解，我们将会进一步说明简单版本的一般框架下的一些结论。这些简单模型的结论同样适用于一般模型。最后，我们讨论我们的核算框架和区域投入产出联系及贸易要素含量核算这两类相关工作间的关系。

## 1.1 增加值贸易的内容

假设有 $N$ 个国家 $S$ 个部门。每个国家的每个部门生产一种差异化的可贸易产品。

我们定义 $i$ 国家 $s$ 部门的产出量为 $q_i(s)$,用于生产产品的要素投入源于国内和进口中间品。生产的产品要么用于满足最终需求(等价于“消费”),要么作为用于生产的中间投入品。

全球投入产出框架的关键特征在于,它能分别追踪产出用于最终品和中间使用的双边流量。追踪这些流量需要用到四维符号,分别表示来源国和目的国,以及中间品的来源部门和目的部门。记 $i$ 国家 $s$ 部门的最终品由目的国 $j$ 吸收的量为 $q_{ij}^c(s)$, $i$ 国家 $s$ 部门的中间品用于 $j$ 国家 $t$ 部门生产的量为 $q_{ij}^m(s, t)$。

全球投入产出框架通过市场出清条件组织安排这些流量。市场出清条件下的数量为 $q_i(s)=\sum_j q_{ij}^c(s)+\sum_j \sum_t q_{ij}^m(s, t)$。如果用一般价格 $p_i(s)$来计算这些量,那么我们可以按照价值改写市场出清条件:

$$y_i(s)=\sum_j c_{ij}(s)+\sum_j \sum_t m_{ij}(s, t) \tag{4.1}$$

其中, $y_i(s) \equiv p_i(s)q_i(s)$、$c_{ij}(s) \equiv p_i(s)q_{ij}^c(s)$ 和 $m_{ij}(s, t) \equiv p_i(s)q_{ij}^m(s, t)$ 分别为生产、最终需求和中间品出口的价值。双边出口总值,用 $x_{ij}(s)$表示,包括运往国外的,用于最终和中间需求的产品: $x_{ij}(s)=c_{ij}(s)+\sum_t m_{ij}(s, t)$。(4.1)式相当于表明:产出被分为国内最终使用、国内中间使用和总出口。

为了以一种简明的形式说明多国多部门的市场出清条件,我们定义了一系列的矩阵和向量。在向量 $y_i$ 的 $S \times 1$ 阶矩阵中列出每个部门的生产总值,并将产出分配到最终和中间使用。国家 $i$ 对自己产品的最终需求用 $S \times 1$ 阶向量 $c_{ii}$ 表示,从国家 $i$ 出口到国家 $j$ 的最终产品用 $S \times 1$ 阶向量 $c_{ij}$ 表示。此外,国家 $j$ 使用国家 $i$ 的中间投入用 $A_{ij}y_j$ 表示,$A_{ij}$ 则是 $S \times S$ 投入产出矩阵,$A_{ij}(s, t)=m_{ij}(s, t)/y_j(t)$。下面,我们将举例对以上元素做出说明。比如,加拿大($j=$加拿大)从美国($i=$美国)进口的用于生产汽车($t=$汽车)的钢材($s=$钢材)的价值是加拿大汽车总产出的一部分。因此,国家 $i$ 到国家 $j$ ($i \neq j$)的总出口为: $x_{ij}=c_{ij}+A_{ij}y_j$。

在此基础上,我们将中间品来源及最终品流向的信息汇总成向量或是矩阵的形式:

$$A \equiv \begin{pmatrix} A_{11} & A_{12} & \cdots & A_{1N} \\ A_{21} & A_{22} & \cdots & A_{2N} \\ \vdots & \vdots & \ddots & \vdots \\ A_{N1} & A_{N2} & \cdots & A_{NN} \end{pmatrix}, \quad y \equiv \begin{pmatrix} y_1 \\ y_2 \\ \vdots \\ y_N \end{pmatrix}, \quad c_j \equiv \begin{pmatrix} c_{1j} \\ c_{2j} \\ \vdots \\ c_{Nj} \end{pmatrix}$$

之后，可以将 $S \times N$ 阶产品市场出清条件写成：

$$y = Ay + \sum_j c_j \tag{4.2}$$

这是投入产出系统的经典代表，总产出在该系统中被分为中间和最终使用。而典型的投入产出系统则聚焦于单一经济体内各部门之间的联系。进一步拓展该系统，我们从而能追踪各国各部门的中间品联系。因此，我们用 $A$ 代表全球双边投入产出矩阵。

通过使用这个系统，我们可以把产出写作：

$$y = \sum_j (I - A)^{-1} c_j \tag{4.3}$$

其中，$(I-A)^{-1}$是投入产出矩阵的里昂惕夫逆矩阵，我们也可以用几何级数把它表示如下：

$$(I - A)^{-1} = \sum_{k=0}^{\infty} A^k$$

乘以最终需求向量，零级项 $c_j$ 表示以最终产品形式吸收的直接产出。一阶项 $(I+A)c_j$ 表示吸收的直接产出，加上用于生产该产出的中间品。二阶项 $(I+A+A^2)c_j$ 包括额外的，用于生产第一轮中间品 $(Ac_j)$ 的中间品。如此重复下去。因此，$(I-A)^{-1}c_j$ 是产出向量，表示同时直接和间接地用于生产国家 $j$ 吸收的最终品。

方程(4.3)将来自每个来源国 $i$ 的产出，分解成来源国 $i$ 用于生产国家 $j$ 吸收的最终品的产出量。为了明确这一点，我们作如下定义：

$$\begin{pmatrix} y_{1j} \\ y_{2j} \\ \vdots \\ y_{Nj} \end{pmatrix} \equiv (I - A)^{-1} c_j \tag{4.4}$$

其中，$y_{ij}$ 是国家 $i$ 的 $S \times 1$ 阶产出向量，用于生产由国家 $j$ 吸收的最终产品。

这些产出转移在概念上有别于总出口。通过部门 $s$ 从国家 $i$ 到国家 $j$ 的双边流量，我们能直接知道出口总值 $x_{ij}(s)$。相反，双边产出转移则不能直接观察到，而要通过使用各国吸收的最终产品的全球投入需求信息来构造。重要的是，随着某个特定国家和部门的投入品游经全球生产链，它们可能被包含在任一行业或国家的最终品中。例如，从国家 $i$ 出口到国家 $j$ 的投入品，可能嵌入到国家 $j$ 生产的，并最终由第三方国家 $k$ 所吸收的最终品里。或者，部门 $s$ 生产的投入品可能包含在部门 $t$ 的最终品中。以上这些情形导致了双边产出转移和双边贸易结构上的重要差异。

方程(4.1)—方程(4.4)跟踪了每个中间投入品的跨境流通。这些方程和由此产生的跟踪方法，与出现在 Trefler 和 Zhu(2010)中的方法是相同的。他们开发了这一方法，并将其用于计算贸易的要素含量，我们在 1.2 节解释了该方法。此刻，我们关注的焦点有所不同：我们希望计算国际贸易的增加值含量。

为了计算那些与隐性产出转移相联系的增加值，我们把国家 $i$ 各部门的产出增加值比率定义为 $r_i(t)=1-\sum_j \sum_s A_{ji}(s, t)$。这里的增加值比率，表示为 1 减去总产出中国产和进口中间品的比例。它等于总产出中支付国内要素的份额。换言之，它是部门层面的 GDP－总产出比率。

有了上述表示方法，我们现在可以定义增加值出口和增加值和出口比率(VAX 比率)，并且将它们用于核算贸易的增加值含量。

**定义 4.1(增加值出口)** 来源国 $i$ 部门 $s$ 生产的并由目的国 $j$ 吸收的总增加值为 $\mathrm{va}_{ij}(s)=r_i(s)y_{ij}(s)$，那么国家 $i$ 生产且由国家 $j$ 吸收的增加值为 $\mathrm{va}_{ij}=\sum_s \mathrm{va}_{ij}(s)$。

**定义 4.2(增加值比率)** 部门层面的双边出口增加值比率为 $\mathrm{va}_{ij}(s)/x_{ij}(s)$。总的双边出口增加值比率为 $\mathrm{va}_{ij}/\iota x_{ij}$，其中，$\iota$ 是 $1\times S$ 向量。

### 1.2 讨论

我们通过特殊案例来解释增加值贸易流量和贸易的增加值含量。我们使用一个两国模型，来直观理解如何计算贸易的增加值含量，并且将我们的分析与 Hummels 等(2001)计算的出口的国内含量(等价于垂直专业化)结合起来。然后，我们使用一个典型的三国模型来解释该框架如何通过多国生产链跟踪增加值，即使该增加值通过第三国流向最终目的地。我们也解释了多部门模型的 VAX 比率。最后，我们根据有关区域投入产出联系和贸易要素含量核算的相关文献，设定了我们的框架。

**两个国家，每个国家一个部门**

假定现在只有两个国家，每个国家生产一种差异化的产品，那么产出分解

(4.3)式等价于

$$\begin{pmatrix} y_1 \\ y_2 \end{pmatrix} = \left[ I - \begin{pmatrix} \alpha_{11} & \alpha_{12} \\ \alpha_{21} & \alpha_{22} \end{pmatrix} \right]^{-1} \begin{pmatrix} c_{11} \\ c_{21} \end{pmatrix} + \left[ I - \begin{pmatrix} \alpha_{11} & \alpha_{12} \\ \alpha_{21} & \alpha_{22} \end{pmatrix} \right]^{-1} \begin{pmatrix} c_{12} \\ c_{22} \end{pmatrix} \tag{4.5}$$

这个系统描述了每个国家的总产量是如何包含在各国的最终消费里。为了解释该结果，我们进一步分解国家 1 的生产总值：

$$y_1 = y_{11} + y_{12} \tag{4.6}$$

其中

$$y_{11} = M_1\left(c_{11} + \frac{\alpha_{12}}{1-\alpha_{22}}c_{21}\right) \quad \text{and} \quad y_{12} = M_1\left(\frac{\alpha_{12}}{1-\alpha_{22}}c_{22} + c_{12}\right)$$

其中，$M_1 \equiv \left(1-\alpha_{11}-\frac{\alpha_{12}\alpha_{21}}{1-\alpha_{22}}\right)^{-1} \geqslant 1$ 是中间品乘数，描述了国家 1 生产 1 单位净产出需要的总产出的总量。

第一项($y_{11}$)是国家 1 用于生产最终品，并由国家 1 吸收的总产出。它既包括用于满足国家 1 本身最终品($M_1 c_{11}$)需求的产出，也包括用于满足国家 1 对国家 2 最终品($M_1(\alpha_{12}/(1-\alpha_{22})c_{21})$)需求的产出。根据国家 2 的需求，第二项($y_{12}$)也有相似的解释。由于方程(4.6)根据地理位置分解了国家 1 的产出，因此我们可以把它转化为增加值的分解：$va_1 = va_{11} + va_{12}$，其中，$va_{ij} = [1-\alpha_{11}-\alpha_{21}]y_{ij}$ 是由国家 $i$ 生产的并由国家 $j$ 吸收的增加值。

从国家 1 到国家 2 的潜在贸易流有 4 种产出概念：最终品 $c_{12}$，出口总值 $x_{12}$，隐性产出转移 $y_{12}$，增加值出口 $va_{12}$。我们在这里进一步阐明它们之间的关系。首先，当有出口的中间品时，由于 $x_{12} = c_{12} + \alpha_{12}y_2$，因此，$c_{12} \leqslant x_{12}$。此外，通过国家 2 的产出分解($y_2 = y_{22} + y_{21}$)，我们把出口总值分解为 $x_{12} = \alpha_{12}y_{21} + (c_{12} + \alpha_{12}y_{22})$。

两边同时乘以$(1-\alpha_{11})^{-1}$，可以将出口转化为生产所需的总产出，从而直接表明：$y_{12} = (1-\alpha_{11})^{-1}(c_{12}+\alpha_{12}y_{22})$。因此 $y_{12} = (1-\alpha_{11})^{-1}x_{12} - (1-\alpha_{11})^{-1}\alpha_{12}y_{21}$。因此，国家 1 到国家 2 的隐性产出转移等于，生产出口所需的总产出，减去返回嵌入国家 2 的产品中，并最终由国家 1 吸收的总产出。最后，我们注意到 $va_{12} \leqslant y_{12}$，这是因为增加值—产出比率的上限为 1。

为了直接比较增加值出口和总出口，我们计算出如下 VAX 比率：

$$\frac{va_{12}}{x_{12}} = \frac{(1-\alpha_{11}-\alpha_{21})y_{12}}{x_{12}} = \frac{1-\alpha_{11}-\alpha_{21}}{1-\alpha_{11}}\left(\frac{x_{12}-\alpha_{12}y_{21}}{x_{12}}\right) \tag{4.7}$$

第二行源于先前段落的讨论。$x_{12}-\alpha_{12}y_{21}$是出口减去返回的中间品，相当于出口中国外真正消耗的部分。VAX 比率总是小于 1，因此相对于出口总额而言，增加值出口有所下降。

我们认为一国的 VAX 比率可以用于度量“出口的国内含量”。事实上，它与以往文献中核算国内含量的方法密切相关。为了更清楚地理解这一点，注意到 VAX 比率有两个组成部分。第一部分，即$(1-\alpha_{11}-\alpha_{21})/(1-\alpha_{11})$，相当于由 Hummels 等(2001)发展的国内含量核算指标。这一指标反映了与部分总出口所需总产出相联系的增加值。只有当国家 2 不使用进口中间品($\alpha_{12}=0$)时，Hummels-Ishii-Yi 核算指标才等于 VAX 比率，此时国家 1 只出口最终品。相比之下，在中间品的双边贸易中，Hummels-Ishii-Yi 核算指标夸大了每单位出口所产生的国内增加值。VAX 比率的第二部分允许一些出口产品，它们用于生产最终在国内消费的产品。也就是说，它允许一部分出口品返回来源国，而不是被国外吸收。

**三个国家，每个国家一个部门**

虽然两国框架说明了增加值和总贸易流的基本差异，但是一旦引入第三国，就会出现其他的情形。我们通过一个代数学上的特殊简单案例，说明了核算框架如何跟踪既定国家增加值消费的最终目的地，即使该增加值通过多国生产链流通到最终目的地。我们构造一个特殊例子，以近似模拟一个典型的美国和亚洲之间的生产链。

假定国家 1 是美国，国家 2 是中国，国家 3 是日本。同时，假设中国从美国和日本进口中间品，并且仅向美国出口最终消费品。简单起见，我们假定美国和日本不出口最终产品，并且只向中国出口中间品。这个生产结构可以表示为：

$$\begin{pmatrix} y_1 \\ y_2 \\ y_3 \end{pmatrix} = \begin{pmatrix} \alpha_{11} & \alpha_{12} & 0 \\ 0 & \alpha_{22} & 0 \\ 0 & \alpha_{32} & \alpha_{33} \end{pmatrix} \begin{pmatrix} y_1 \\ y_2 \\ y_3 \end{pmatrix} + \begin{pmatrix} c_{11} \\ c_{22}+c_{21} \\ c_{33} \end{pmatrix} \tag{4.8}$$

通过计算，可以得到以下三个方程：

$$y_1 = \underbrace{\frac{1}{1-\alpha_{11}}c_{11} + \frac{\alpha_{12}}{(1-\alpha_{11})(1-\alpha_{22})}c_{21}}_{y_{11}} + \underbrace{\frac{\alpha_{12}}{(1-\alpha_{11})(1-\alpha_{22})}c_{22}}_{y_{12}}$$

$$y_2 = \underbrace{\frac{1}{1-\alpha_{22}}c_{21}}_{y_{21}} + \underbrace{\frac{1}{1-\alpha_{22}}c_{22}}_{y_{22}}$$

$$y_3=\underbrace{\frac{\alpha_{32}}{(1-\alpha_{33})(1-\alpha_{22})}c_{21}}_{y_{31}}+\underbrace{\frac{\alpha_{32}}{(1-\alpha_{33})(1-\alpha_{22})}c_{22}}_{y_{32}}+\underbrace{\frac{1}{1-\alpha_{33}}c_{33}}_{y_{33}}$$

这个系统提供了计算增加值流量所需的隐形产出转移。

有两点值得注意。首先，在上述两国情况下，美国对本身产品的需求，既有直接含量$[1/(1-\alpha_{11})]c_{11}$，也有间接含量$[\alpha_{12}/(1-\alpha_{11})(1-\alpha_{22})]c_{21}$，这说明美国从中国进口的最终品包括嵌入的美国含量。因此，需要指出，最终由国内吸收的美国产出比双边贸易统计数据所占的比例更大。相应地，由于中美两国的生产分工，中国的双边出口夸大了出口到美国的中国产品的真实含量。

其次，尽管日本不直接向美国出口，但是它通过嵌入到中国出口到美国的产品，从而导致美国进口日本含量。这种效应是多国生产链的结果，上述两国情况下则不存在该情形。在日本的方程中(国家 3)，这种效应表现为$[\alpha_{32}/(1-\alpha_{33})(1-\alpha_{22})]c_{21}$。

因为中国出口到美国的产品同时包含美国含量和日本含量，因此中美贸易的双边增加值—出口比率为：

$$\frac{\mathrm{va}_{21}}{x_{21}}=1-\left(\frac{\mathrm{va}_{31}+\alpha_{12}y_{21}}{x_{21}}\right)<1 \tag{4.9}$$

这说明双边增加值出口比率从中国到美国的出口中除去了日本增加值($\mathrm{va}_{31}$)和美国中间品($\alpha_{12}y_{21}$)。再来说说日本，它对美国有正的增加值出口，但是没有直接双边出口。因此，日美两国贸易的双边增加值出口比率是不确定的，或者对于小型双边出口来说几乎是无穷大的。这种极端的比率说明了又一种普遍情形。虽然各国总的增加值出口比率小于 1，但是当一个出口国将中间品出口到国外进行加工，然后输送到第三方国家时，双边增加值出口比率可能大于 1。因此，双边增加值出口比率同时受双边和多边生产分工关系的影响。

当双边增加值出口比率随着伙伴国的不同而改变时，双边增加值余额不等于双边贸易失衡。为了说明这一点，我们定义 $tb_{12}=x_{12}-x_{21}$ 和 $\mathrm{va}b_{12}=\mathrm{va}_{12}-\mathrm{va}_{21}$分别为中美双边贸易余额和增加值余额。在这种特殊的情况下，生产结构由公式(4.8)给出，这些余额如下所示：

$$tb_{12}+\alpha_{32}y_{21}=\mathrm{va}b_{12} \tag{4.10}$$

也就是说，$tb_{12}<\mathrm{va}b_{12}$。在这个例子中，假设美国相对中国存在贸易逆差。倘若以增加值计，该逆差将会变小，这是因为中国的双边贸易包含日本含量($\alpha_{32}y_{21}$)。

必然地，美国与日本的双边余额将在相反方向扭曲。

为了概括该结果，我们可以将任何给定的双边增加值余额记为：

$$\begin{aligned}\mathrm{va}b_{ij} &= \frac{\mathrm{va}_{ij}}{x_{ij}}x_{ij} - \frac{\mathrm{va}_{ji}}{x_{ji}}x_{ji} \\ &= \frac{1}{2}(x_{ij}+x_{ji})\left[\frac{\mathrm{va}_{ij}}{x_{ij}} - \frac{\mathrm{va}_{ji}}{x_{ji}}\right] + \frac{1}{2}\left(\frac{\mathrm{va}_{ij}}{x_{ij}} + \frac{\mathrm{va}_{ji}}{x_{ji}}\right)[x_{ij} - x_{ji}] \end{aligned} \tag{4.11}$$

根据出口和进口间 VAX 比率的差异，第一项调整了增加值余额。当出口的 VAX 比率相对于进口而言较高时，增加值余额自然大于零。注意，即使总贸易是平衡的，这也是成立的。第二项基于 VAX 比率的平均水平，调整了增加值余额。从最初的不平衡开始，增加值余额相对于贸易余额是上升还是下降，这取决于 VAX 比率是大于还是小于 1（平均水平）。因此，双边贸易伙伴 VAX 比率的差异以及伙伴国 VAX 比率的绝对水平都影响了总贸易失衡到增加值贸易的调整规模。

**两国，多个部门**

前面讨论的关于一个部门的总增加值出口和 VAX 比率的例子，现在转化为多国多部门框架。一个部门和多部门框架之间的一个重要的区别是，部门层面的 VAX 比率不能被理解为国内的出口含量。为了能更好地理解这一点，我们来讨论一个两国多部门的例子。在两国（$i, j=\{1, 2\}$）多部门中，国家 1 部门 $s$ 的 VAX 比率可以被写作：

$$\frac{\mathrm{va}_{12}(s)}{x_{12}(s)} = \frac{r_1(s)y_{12}(s)}{x_{12}(s)}$$

部门 VAX 比率取决于给定部门$[r_1(s)]$的增加值产出比率，以及该部门$[x_{12}(s)]$由国外吸收的$[y_{12}(s)]$总产出和总出口的比例。增加值产出比率的作用很简单：在其他条件不变的情况下，增加值产出比率低的部门（如制造业）相对于其他部门将会有较低的 VAX 比率。

部门间 $y_{12}(s)$和 $x_{12}(s)$的差异更加微妙。为了进行区分，注意到，我们可以像 1.2 节那样连接 $y_{12}$和出口向量 $x_{12}$。具体来说，$x_{12}=(I-A_{11})y_{12}+A_{12}y_{21}$。对表达式进行重新排序，可以得到 $y_{12}=(I-A_{11})^{-1}[x_{12}-A_{12}y_{21}]$。这就是多部门矩阵，类似于方程（4.7）嵌入的计算。$y_{12}$是用于生产出口所需的总产出，减去流回的中间产品。这种分解方式表明 $y_{12}$ 与 $x_{12}$ 在两方面均存在不同。

首先，假设 $A_{12}y_{21}$是零向量，因此出口全部由国外吸收。这意味着 $y_{12}=(I-A_{11})^{-1}x_{12}$。在此，将各部门的出口和总产出分开，只剩下国内投入产出结构。一般而言,$y_{12}(s)\neq x_{12}$。因此,该比率在部门间的变化影响了部门层面上的增加值。这一点的重要含义在于,部门层面的VAX比率能说明各部门如何从事贸易的信息。例如,考虑在某种情形下,某部门的生产商向另一个部门生产出口产品的购买者销售中间品。在这种情况下,中间产品供应商间接参与贸易。因此,我们未能观察到中间产品供应商的直接出口,但是我们能观察到它的增加值出口,因为该部门的增加值嵌入到购买者的产品中。因此,某一部门的增加值出口,可以实际包含在该部门的出口品中,也可以包含在其他部门的出口品中。部门层面上的高增加值出口—总贸易比率(可能高于1)可以证明中间产品供应商间接参与贸易。相反,低比率表明某一部门的出口总值包含在其他部门生产的增加值中。

其次,假设$A_{12}$不是由零元素组成。相反,国家1向国家2出口中间品,该中间品用于生产由国家1吸收的产品,即$A_{12}y_{21}>0$。在这种情况下,部门VAX比率被各部门对跨国生产链的适应性所影响。例如,如果我们终止所有的国内投入产出联系,设定$A_{11}$为零,那么$y_{12}=x_{12}-A_{12}y_{21}$。部门VAX比率取决于该部门与外国生产链的联系。具体而言,VAX比率将取决于被国外吸收的产出份额和用于生产最终由国内吸收的外国产品的份额。如果出口主要由国外吸收[即$y_{12}(s)/x_{12}(s)\approx 1$],我们就会看到一个相对较高的VAX比率。尽管这些影响在一般情况下很难从经验上加以区分,但是我们在下文讨论的证据揭示了这些生产链的相对重要性。

**区域投入产出模型和贸易的要素含量**

上述框架与区域科学和贸易的要素含量这两类文献密切相关。

首先,我们借鉴了大量关于区域投入产出模型的文献。Isard(1951),Moses(1955、1960)和Miller(1966)等影响深远的作品概述的模型,为分析一国跨区域联系提供了框架,该联系也可以扩展到跨境联系(如上所述)。在这些文献中,Moses(1955)是最近的先驱者,因为他使用比例假设分配购买自其他区域的投入,正如我们做的那样,建立一个美国的多区域模型。这一工作的一个缺点在于,它通常假定区域系统相对于世界上的其他地方是"开放的"。某种意义上,不包括在模型中的区域出口是完全吸收的。该假设类似于Hummels-Ishii-Yi国内含量计算等于贸易的增加值含量假设下的一个多区域情形。

其次,上述增加值框架与近来关于贸易要素含量核算的相似文献,共享了一个一般结构。Reimer(2006)与Trefler和Zhu(2010)概述了当交易投入品时,计算贸易要素净含量的程序,并使用这些要素含量测度研究了Vanek的预测。为找出相似之处,我们可以考虑通过使用两步法,同时计算要素含量和增加值含量。首先，我们需要计算上述指定的产出转移，它能表明来源国和部门的产出中有多少被某一特定目的地最终需求吸收。其次，我们需要使用来源国关于要素含量（如，用于生产一美元产出的要素的量）和增加值产出比率的信息，计算隐含交易的要素或者增加值。

尽管增加值和要素含量计算的基本结构相似，但我们仍然要强调的是要素含量和增加值在概念上存在重要差异。首先，增加值贸易的理论驱动力可能非常不同于要素贸易。Costinot 等（2011）指出，各国绝对禀赋的差异影响该国在全球价值链上的位置，所以绝对的（而不是相对的）要素禀赋是潜在的增加值贸易比较优势的来源。这只是一般观点的一个例子：从要素含量到增加值含量的经验转变体现了我们在思考贸易时，概念上的深层次改变。

## 2 数据

我们的数据源自 GTAP 7.1 数据库，它是由普渡大学的全球贸易分析项目组建而成。该数据基于三个主要来源：世界银行、国际货币基金组织宏观经济和国际收支统计；联合国商品贸易统计（Comtrade）数据库；基于国家统计来源的投入产出表。为了使这些不同来源的数据具有一致性，GTAP 研究员调整了投入产出表，使其与国际数据源一致。GTAP 数据涵盖了 94 个国家、19 个综合区域的 57 个部门 2004 年的双边贸易统计数据。根据相关部门的定义，可以分成 18 个农业和自然资源部门，24 个制造业部门和 15 个服务业部门。

在数据库中，我们有每个国家六种目标信息：

(1) $y_i$ 是一个 57×1 生产总值向量；

(2) $c_{Di}$ 是一个 57×1 国内最终需求向量；

(3) $c_{Ii}$ 是一个 57×1 国内最终进口需求向量；

(4) $A_{ii}$ 是一个 57×57 阶国内投入产出矩阵，元素为 $A_{ii}(s, t)$；

(5) $A_{Ii}$ 是一个 57×57 阶进口投入产出矩阵，元素为 $A_{Ii}(s, t)=\sum_{j\neq i}A_{ji}(s, t)$；

(6) $\{x_{ij}\}$ 是一组 57×1 双边出口向量，下标指的是国家 $i$ 到国家 $j$ 的出口。

“最终需求”的定义基于国民经济核算，包括消费、投资和政府购买。不管产出被运送至何地或是被如何使用，我们用一套单一的价格对各国的产出进行估值。这可以确保生产收入的价值等于支出的价值。为遵循投入产出约定，我们使用“基础价格”，它被定义为生产者收到的价格（减去应缴税款或加上生产者的补贴）。

注意，我们不直接观察双边投入产出矩阵 $A_{ji}$ 和最终需求向量 $c_{ji}$，它们需要用于组成全球投入产出矩阵。相反，我们需要把总进口中间使用 $A_{Ii}$ 和进口最终需求 $c_{Ii}$ 分配到各来源国。为此，我们使用双边贸易数据和一个比例假设。具体来说，我们假定在每个部门，每个来源国的进口按比例分配最终品和中间品，该比例与目的国总进口在最终使用和中间使用之间的分配比例一致。进一步来说，以分配至中间使用为条件，我们假设从每个来源国进口的中间品按照目的国总进口中间品的比例在不同采购部门中进行分配。

对于那些由部门 $t$ 使用的部门 $s$ 的产品，我们正式定义双边投入—产出矩阵和消费进口向量：

$$A_{ji}(s,\ t)=A_{Ii}(s,\ t)\left[\frac{x_{ji}(s)}{\sum_{j}x_{ji}(s)}\right] \quad \text{和} \quad c_{ji}(s)=c_{Ii}(s)\left[\frac{x_{ji}(s)}{\sum_{j}x_{ji}(s)}\right]$$

这些假设意味着，由于伙伴国进口结构的变化，总的双边中间品和最终品流动出现了变动。例如，我们会发现美国从加拿大进口的产品表现出中间产品密集性，这是因为大多数从加拿大进口的产品，一般被用作中间品（如汽车零部件）。

上述比例假设是处理国民经济核算没有采集矩阵 $A_{ji}$ 和向量 $c_{ji}$ 的数据这一情形时的标准方法。早期关于区域投入产出核算的文献中，最早采用这一方法的是摩西（1955）。Belke 和 Wang（2006），Daudinet 等（2011）和 Trefler 和 Zhu（2010）也使用了这一方法构建全球投入产出表。通过使用替代数据源，近来几篇论文探讨了放松一些比例假设的结果。他们发现放松这些假设，似乎对总的 VAX 比率或要素含量影响较小。

在主要的计算中，我们还假设，用于出口和国内吸收的最终产品的生产技术和投入需求是相同的。然而对那些有大量出口加工部门的国家来说，这种假设是有问题的。这些加工部门（几乎按照定义）以不同的投入需求和比其他经济体更低的增加值产出比率，为国外市场生产不同的产品。忽视这一事实往往夸大出口的增加值含量。

作为替代计算，我们为中国和墨西哥放松了这个假设。作为美国主要的贸易伙伴，这两个国家拥有大量的出口加工部门（大约三分之二的出口制成品源于这些部门）。通过使用一种改编自库普曼等（2008）的方法过程，我们在下面补充计算，调整出口增加值含量。其基本思想是：核算流经出口加工部门的出口和进口份额，然后计算出出口加工部门单独的投入产出系数，使其与这些流量保持一致。该方法的详细情况参见第 5 节附录。然后通过使用一个新的投入产出系统以及这些修正的表格，我们可以计算出贸易的增加值含量。

## 3 实证结果

### 3.1 多边增加值出口

图 4.1 报告了各国和地区按区域分组的总 VAX 比率。各国和地区增加值出口约占出口总值的 73%。调整幅度在区域间和区域内都不相同。在区域层面，欧洲(广义定义)和东亚的 VAX 比率最低，美洲、南亚、大洋洲、中东和非洲则更高一些。区域内，欧盟新成员(如爱沙尼亚、匈牙利、斯洛伐克和捷克共和国)在中东欧地区的 VAX 比率较低，而日本相对东亚有着较高的 VAX 比率。

对于中国和墨西哥来说，我们在表中报告了两个单独的 VAX 比率，其中一个在计算时没有调整加工贸易，另一个则对加工贸易进行了调整。当我们调整了出口加工贸易时，中国和墨西哥的 VAX 比率大幅下降，中国从 0.70 下降到 0.59，墨西哥从 0.67 降低至 0.52。这种调整使得中国和墨西哥的比率与其他新兴市场一致，如韩国和匈牙利，同时表明各国(地区)加工部门有较低的增加值出口比率。

按照部门层面分类，我们在表 4.1 中按国家和地区报告了 3 个综合部门的 VAX 比率。这三个部门分别为农业和自然资源，制造业和服务业。农业和自然资源及服务业的 VAX 比率显著大于或等于 1，而制造业则明显小于 1。这种部门差异主要是由于各部门从事贸易的方式不同，而不是各部门在跨境生产分割中的参与度不同。此外，各部门增加值产出比率的不同也是这种差异的重要来源。

**表 4.1 国家/地区和部门的 VAX 比率**

| 国家/地区 | 代码 | 总计 | 综合部门 | | |
|---|---|---|---|---|---|
| | | | 农业和自然资源 | 制造业 | 服务业 |
| 中东欧 | | | | | |
| 阿尔巴尼亚 | alb | 0.79 | 2.10 | 0.44 | 0.97 |
| 亚美尼亚 | arm | 0.67 | 1.21 | 0.46 | 1.12 |
| 阿塞拜疆 | aze | 0.86 | 1.14 | 0.18 | 1.08 |
| 白俄罗斯 | blr | 0.69 | 5.69 | 0.35 | 4.25 |
| 保加利亚 | bgr | 0.63 | 0.85 | 0.38 | 1.17 |
| 克罗地亚 | hrv | 0.71 | 1.04 | 0.52 | 0.92 |

续表

| 国家/地区 | 代码 | 总计 | 综合部门 | | |
|---|---|---|---|---|---|
| | | | 农业和自然资源 | 制造业 | 服务业 |
| 捷克共和国 | cze | 0.59 | 1.52 | 0.43 | 1.51 |
| 爱沙尼亚 | est | 0.53 | 1.07 | 0.34 | 0.94 |
| 格鲁吉亚 | geo | 0.77 | 1.23 | 0.38 | 1.44 |
| 匈牙利 | hun | 0.54 | 0.96 | 0.38 | 1.39 |
| 哈萨克斯斯坦 | kaz | 0.78 | 0.53 | 0.50 | 3.26 |
| 吉尔吉斯斯坦 | kgz | 0.70 | 0.78 | 0.49 | 1.01 |
| 拉脱维亚 | lva | 0.64 | 0.84 | 0.51 | 0.96 |
| 立陶宛 | ltu | 0.63 | 0.95 | 0.46 | 1.23 |
| 波兰 | pol | 0.70 | 1.34 | 0.52 | 1.57 |
| 罗马尼亚 | rou | 0.70 | 2.58 | 0.48 | 1.95 |
| 俄罗斯联邦 | rus | 0.87 | 0.99 | 0.41 | 2.49 |
| 斯洛伐克 | svk | 0.55 | 1.29 | 0.39 | 1.77 |
| 斯洛文尼亚 | svn | 0.64 | 2.26 | 0.44 | 1.59 |
| 乌克兰 | urk | 0.67 | 0.92 | 0.27 | 2.67 |
| 北美和南美 | | | | | |
| 阿根廷 | arg | 0.84 | 1.27 | 0.40 | 2.26 |
| 玻利维亚 | bol | 0.85 | 1.08 | 0.24 | 1.79 |
| 巴西 | bra | 0.86 | 0.95 | 0.51 | 3.27 |
| 加拿大 | can | 0.70 | 1.00 | 0.44 | 1.97 |
| 智利 | chl | 0.80 | 0.92 | 0.46 | 2.31 |
| 哥伦比亚 | col | 0.86 | 0.92 | 0.51 | 2.16 |
| 哥斯达黎加 | cri | 0.69 | 0.68 | 0.37 | 2.23 |
| 厄瓜多尔 | ecu | 0.90 | 0.90 | 0.37 | 3.30 |
| 危地马拉 | gtm | 0.79 | 0.82 | 0.43 | 1.83 |
| 墨西哥 | mex | 0.67 | 0.69 | 0.65 | 0.93 |
| 墨西哥（调整后） | mex_adj | 0.52 | 0.88 | 0.41 | 1.27 |
| 尼加拉瓜 | nic | 0.74 | 1.12 | 0.38 | 2.04 |
| 巴拿马 | pan | 0.84 | 1.06 | 0.36 | 0.91 |
| 巴拉圭 | pry | 0.84 | 0.91 | 0.28 | 1.07 |
| 秘鲁 | per | 0.93 | 0.99 | 0.72 | 1.78 |
| 美国 | usa | 0.77 | 0.86 | 0.49 | 1.58 |
| 乌拉圭 | ury | 0.71 | 1.31 | 0.42 | 1.30 |
| 委内瑞拉 | ven | 0.89 | 1.06 | 0.29 | 5.54 |
| 南亚和南太平洋 | | | | | |
| 澳大利亚 | aus | 0.86 | 0.87 | 0.50 | 1.64 |

续表

| 国家/地区 | 代码 | 总计 | 综合部门 | | |
|---|---|---|---|---|---|
| | | | 农业和自然资源 | 制造业 | 服务业 |
| 孟加拉国 | bgd | 0.75 | 5.06 | 0.43 | 2.66 |
| 印度 | ind | 0.81 | 1.80 | 0.46 | 1.68 |
| 新西兰 | nzl | 0.82 | 1.56 | 0.43 | 1.60 |
| 巴基斯坦 | pak | 0.82 | 4.70 | 0.39 | 2.18 |
| 斯里兰卡 | lka | 0.66 | 1.10 | 0.42 | 1.31 |
| 西欧 | | | | | |
| 澳大利亚 | aut | 0.67 | 2.09 | 0.49 | 1.01 |
| 比利时 | bel | 0.48 | 0.54 | 0.32 | 1.29 |
| 塞浦路斯 | cyp | 0.77 | 1.18 | 0.64 | 0.79 |
| 丹麦 | dnk | 0.73 | 1.27 | 0.53 | 1.01 |
| 芬兰 | fin | 0.72 | 3.83 | 0.50 | 1.52 |
| 法国 | fra | 0.73 | 1.17 | 0.47 | 1.79 |
| 德国 | deu | 0.74 | 1.56 | 0.47 | 2.52 |
| 希腊 | grc | 0.77 | 1.44 | 0.56 | 0.82 |
| 爱尔兰 | irl | 0.66 | 2.05 | 0.46 | 1.11 |
| 意大利 | ita | 0.77 | 2.18 | 0.53 | 1.77 |
| 卢森堡 | lux | 0.40 | 0.83 | 0.43 | 0.39 |
| 马尔他 | mlt | 0.63 | 0.71 | 0.62 | 0.64 |
| 荷兰 | nld | 0.69 | 0.96 | 0.43 | 1.29 |
| 挪威 | nor | 0.87 | 0.91 | 0.47 | 1.41 |
| 葡萄牙 | prt | 0.68 | 2.25 | 0.46 | 1.17 |
| 西班牙 | esp | 0.75 | 1.19 | 0.46 | 1.32 |
| 瑞典 | swe | 0.72 | 1.94 | 0.43 | 1.84 |
| 瑞士 | che | 0.67 | 0.74 | 0.44 | 1.43 |
| 英国 | gbr | 0.79 | 1.05 | 0.51 | 1.24 |
| 东亚 | | | | | |
| 柬埔寨 | khm | 0.62 | 3.86 | 0.40 | 1.26 |
| 中国 | chn | 0.70 | 4.11 | 0.46 | 2.75 |
| 中国(调整后) | chn | 0.59 | 3.90 | 0.40 | 1.97 |
| 中国香港 | hkg | 0.73 | 49.74 | 0.38 | 0.84 |
| 印度尼西亚 | idn | 0.79 | 1.47 | 0.45 | 2.39 |
| 日本 | jpn | 0.85 | 2.70 | 0.53 | 3.93 |
| 韩国 | kor | 0.63 | 2.53 | 0.46 | 2.62 |
| 老挝 | lao | 0.74 | 1.97 | 0.33 | 0.91 |
| 马来西亚 | mys | 0.59 | 1.53 | 0.41 | 1.87 |

**续表**

| 国家/地区 | 代码 | 总计 | 综合部门 | | |
|---|---|---|---|---|---|
| | | | 农业和自然资源 | 制造业 | 服务业 |
| 菲律宾 | phl | 0.58 | 1.55 | 0.44 | 2.15 |
| 新加坡 | sgp | 0.37 | 0.40 | 0.25 | 0.80 |
| 中国台湾 | twn | 0.58 | 1.36 | 0.39 | 3.18 |
| 泰国 | tha | 0.60 | 3.64 | 0.38 | 1.52 |
| 越南 | vnm | 0.58 | 1.04 | 0.35 | 1.26 |
| 中东和亚洲 | | | | | |
| 博茨瓦纳 | bwa | 0.88 | 0.91 | 0.57 | 1.17 |
| 埃及 | egy | 0.81 | 2.69 | 0.43 | 0.79 |
| 埃塞俄比亚 | eth | 0.76 | 1.03 | 0.18 | 0.80 |
| 伊朗 | irn | 0.95 | 1.09 | 0.26 | 1.74 |
| 马达加斯加岛 | mdg | 0.75 | 0.91 | 0.50 | 1.02 |
| 马拉维 | mwi | 0.72 | 0.56 | 0.49 | 3.70 |
| 毛里求斯 | mus | 0.72 | 0.87 | 0.59 | 0.86 |
| 摩洛哥 | mar | 0.78 | 1.26 | 0.50 | 1.12 |
| 莫桑比克 | moz | 0.76 | 1.25 | 0.35 | 1.49 |
| 尼日利亚 | nga | 0.94 | 0.95 | 0.59 | 0.92 |
| 塞内加尔 | sen | 0.73 | 1.04 | 0.48 | 1.02 |
| 南非 | zaf | 0.80 | 0.62 | 0.45 | 2.96 |
| 坦桑尼亚 | tza | 0.81 | 1.07 | 0.26 | 1.19 |
| 突尼斯 | tun | 0.69 | 1.43 | 0.38 | 1.45 |
| 土耳其 | tur | 0.76 | 1.25 | 0.51 | 1.46 |
| 乌干达 | uga | 0.83 | 0.89 | 0.35 | 1.24 |
| 赞比亚 | zmb | 0.78 | 1.02 | 0.25 | 9.29 |
| 津巴布韦 | zwe | 0.69 | 0.58 | 0.44 | 2.69 |
| 区域中位数 | | | | | |
| 中欧和东欧 | 0.68 | 1.10 | 0.43 | 1.42 | |
| 东亚 | 0.62 | 1.97 | 0.40 | 1.87 | |
| 中东和非洲 | | 0.77 | 1.03 | 0.45 | 1.21 |
| 北美和南美 | 0.84 | 0.95 | 0.42 | 1.97 | |
| 南亚＊南太平洋 | | 0.81 | 1.68 | 0.43 | 1.66 |
| 西欧 | 0.72 | 1.19 | 0.47 | 1.29 | |
| 全球 | | 0.73 | 1.09 | 0.44 | 0.46 |

资料来源:作者基于 7.1 版本的 GTAP 数据库 2004 年的数据计算而来。

为了厘清这些影响，我们参考1.2节。回想一下，当出口用于生产最终被国内吸收的外国产品时，部门VAX比率往往比较低。如果我们假设所有产出被国外吸收，那么生产出口所需的产出为：

$$\tilde{y}_{ix} = (I - A_{ii})^{-1} \left( \sum_{j \neq i} x_{ij} \right)$$

其中，$\tilde{y}$ 用于表明这是一个反事实值：

$$\tilde{y}_{ix} = \sum_{j \neq i} \tilde{y}_{ij}$$

因此，反事实部门增加值出口比率为：

$$\frac{r_i(s)\tilde{y}_{ix}}{x_i(s)}, \text{ with } x_i(s) = \sum_{j \neq i} x_{ij}$$

在我们的数据中，这种反事实计算出来的比率非常接近实际的VAX比率。因此，部门出口的国外吸收程度差异似乎并没有推动VAX比率的提高。此外，我们注意到，增加值产出比率的差异也不能完全解释各部门VAX比率的变化。数据显示，制造业的增加值产出比率比农业和自然资源及服务行业低0.25。这能在一定程度上解释不同部门VAX比率的差异，但还远远不够。

部门VAX比率变化的另一个驱动因素是，部门产出直接出口和隐含在其他部门出口产品中的间接出口在程度上的跨部门差异。回想一下，只有当部门产出跨越国际边界，没有被进一步加工时，我们才能观察到给定部门的出口总值。考虑到这一点，当一个部门的出口增加值包含在另一个部门的总产出和出口中时，部门层面的VAX比率显然大于1。数据结果显示，直接出口的制造业中似乎包含了其他部门大量的增加值。这一事实意味着，总增加值流量的构成不同于总贸易流量的构成。图4.1通过描述十大出口国制造业和服务业两种贸易类型所占份额，总结了这一事实。制造业的增加值贸易减少了，而服务业的增加值贸易则增加了大致相等的数量。其结果是，服务业参与国际贸易的程度远比人们基于贸易统计数据所认为的要大得多。

为了组织数据的这些跨国差异，我们构造了一个总VAX比率的“国家间—国家内”分解。相对于参考国的分解如下：

$$\begin{aligned} \text{VAX}_i - \overline{\text{VAX}} = & \underbrace{\sum_s [\text{VAX}_i(s) - \overline{\text{VAX}}(s)] \left( \frac{\omega_i(s) + \bar{\omega}(s)}{2} \right)}_{\text{within term}} \\ & + \underbrace{\sum_s [\omega_i(s) - \bar{\omega}(s)] \left( \frac{\text{VAX}_i(s) + \overline{\text{VAX}}(s)}{2} \right)}_{\text{between term}} \end{aligned} \quad (4.12)$$

其中，$s$ 代表部门，$i$ 代表国家，$\omega(s)$ 和 VAX($s$)分别是指 $s$ 部门的出口份额和 VAX 比率。$\overline{\text{VAX}}(s)$ 和 $\bar{\omega}(s)$ 则表示基于全球综合部门构造的参考国变量。在这种分解下，“国家内”这一项的变化主要是由于各国行业内 VAX 比率存在差异。而“国家间”这一项主要受贸易部门组成差异的影响。为了分离制造业和非制造业之间的含量转移，我们把服务以及农业和自然资源这两个综合部门合并成一个单一的复合非制造业部门，然后计算出它的分解。

总 VAX 比率的跨国差异很大程度上是由出口结构的不同而导致。为了说明这一点，我们在图 4.2 中分别标出“国家间”和“国家内”的 VAX 比率变动($\text{VAX}_i - \overline{\text{VAX}}$)。在(a)部分中，“国家间”项是一个国家总 VAX 比率有力且严密的预测指标。相反，在(b)部分中，“国家内”这一项实际上与总的 VAX 比率弱负相关，而这种关系相对有干扰性。这种直观印象自然能通过一个简单的方差分解得到证实。如果我们平均拆分“国家间”和“国家内”两项的协方差，“国家间”这一项几乎解释了总 VAX 比率的所有变化。“国家间”这一项占主导地位，是因为各部门的 VAX 比率存在巨大差异。由于制造业有比较低的 VAX 比率，那些主要出口该部门产品的国家往往有较低的总 VAX 比率。

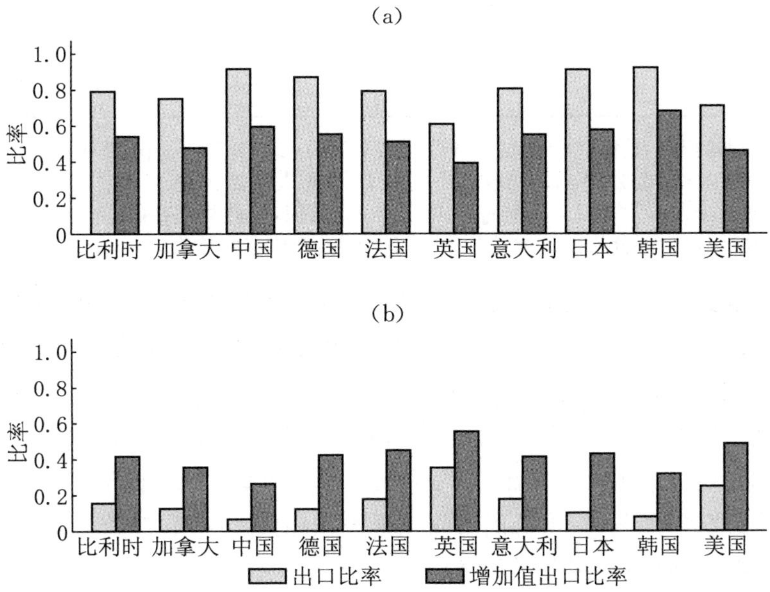


注：(a)制造业；(b)服务业。

**图 4.1　各国的出口总值与增加值出口的构成(2004 年)**

尽管有如此强大的组合效应，总 VAX 比率仅仅只是弱相关于经济发展的整体水平。表 4.2 的(a)部分显示：人均收入每增加一个对数点，国内含量就下降 0.8 个百分点。尽管在一般显著性水平上，这种相关性近乎为零。这种总体的弱相关性是两种抵消效应的表现。首先，发达国家往往集中于出口 VAX 比率相对较低的制造业产品。其次，发达国家综合部门出口的 VAX 比率往往高于发展中国家，尤其是制造业。

**表 4.2　总的 VAX 分解和制造业 VAX 的分解**

(a) 总的 VAX 分解

| | $VAX_i-VAX$ | 国家(地区)内 | 国家(地区)间 |
|---|---|---|---|
| Log(人均收入) | −0.008 | 0.028** | −0.036*** |
| | (0.005) | (0.011) | (0.013) |
| $R^2$ | 0.02 | 0.07 | 0.08 |
| N | 90 | 90 | 90 |

(b) 制造业 VAX 的分解

| | $VAX_i-VAX$ | 国家(地区)内 | 国家(地区)间 |
|---|---|---|---|
| Log(人均收入) | 0.018*** | 0.028** | −0.036*** |
| | (0.006) | (0.009) | (0.008) |
| $R^2$ | 0.11 | 0.01 | 0.12 |
| N | 89 | 89 | 89 |

注：括号内的数字是稳健标准误。显著性水平为：* $p<0.1$，** $p<0.05$，*** $p<0.01$。所有的回归都包含了常数项。人均收入等于出口国的人均增加值。其中，我们计算了增加值，人口数据则来自 GTAP 7.1 数据库。由于存在异常值，因此我们在(a)部分排除了比利时、卢森堡和新加坡，(b)部分排除了博茨瓦纳、中国香港、巴拉圭和秘鲁。

为了说明这些抵消效应，我们分别计算了“国家(地区)间”和“国家(地区)内”两项的出口收入，从而量化二者对整体相关性的相对贡献。图 4.2(a)部分中，我们看到“国家(地区)间”这一项与出口收入成强烈的负相关。也就是说，随着国家(地区)变得愈加富有，各个国家(地区)开始系统性地转向制造业(平均而言，该部门有更低的增加值产出比率)，而这一举措降低了总的 VAX 比率。但是由于“国家(地区)内”这一项与出口收入显著正相关，因此它对整体 VAX 比率的影响是模糊的。这种正相关关系主要是由于发达国家的制造业有更高的 VAX 比率。图 4.2 的(b)部分显示了制造业 VAX 比率与人均收入的相关性，同时把它分成了上述的“国家(地区)间”和“国家(地区)内”两项。正的组合效应(“国家(地区)间”)导致了制造业 VAX 比率和收入的正相关，发达国家倾向于专业化生产 VAX 比率较高的制造业产品。

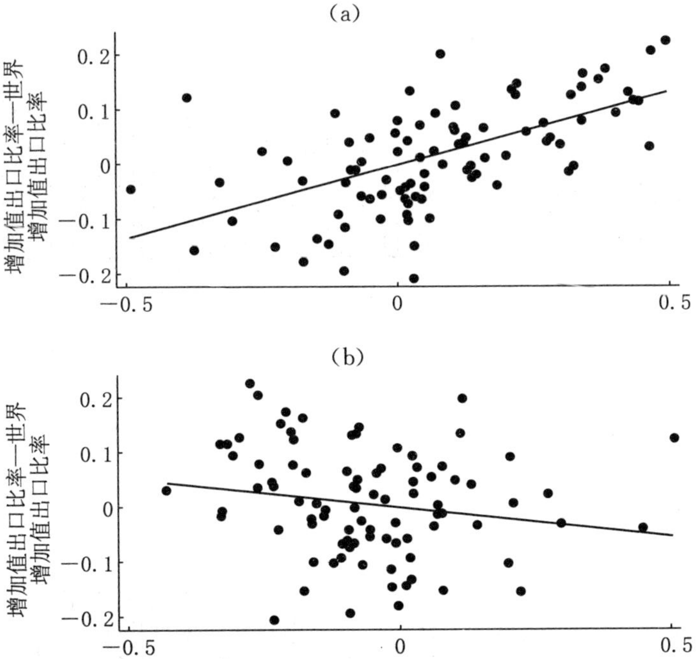


注：(a)国家间；(b)国家内。

**图 4.2　国家(地区)间与国家(地区)内增加值出口**

## 3.2　双边增加值出口和余额

对于一个特定的出口国来说，双边 VAX 比率随着目的地的不同而有很大不同。具体而言，图 4.3 显示了美国和德国这两个最大出口国的双边增加值贸易比率。如图 4.3 所示，增加值进口比率是每个国家(地区)出口到美国或德国的 VAX 比率，而增加值出口比率则被记为美国或德国出口到其他各国(地区)的 VAX 比率。

就美国而言，它的 VAX 比率之间有很大差异。对一些伙伴国来说，增加值出口相当接近总出口。例如，美国对英国的总出口和增加值出口的差仅占出口总值的 3%。然而对另一些伙伴国来说，贸易总值不是高估就是低估了双边增加值交换。美国对加拿大的增加值出口比出口总值少 770 亿美元(40%)；美国对墨西哥的增加值出口比出口总值少 400 亿—500 亿美元(36%—44%)。美国对爱尔兰、韩国和中国台湾的增加值贸易低于贸易总值的 30%—50%，这些国家和地区都是伙伴国(地区)生产分工经常被引用的例子。另外，一些国家对美国的 VAX 比率大于 1。例如，欧洲东部的边缘国家(比如俄罗斯)的双边 VAX 比率高于 1，这主要是因为它们向西欧国家提供最终在美国消费的中间产品。此外，大宗商品生产国(比如澳大利亚)的 VAX 比率也常常高于 1。

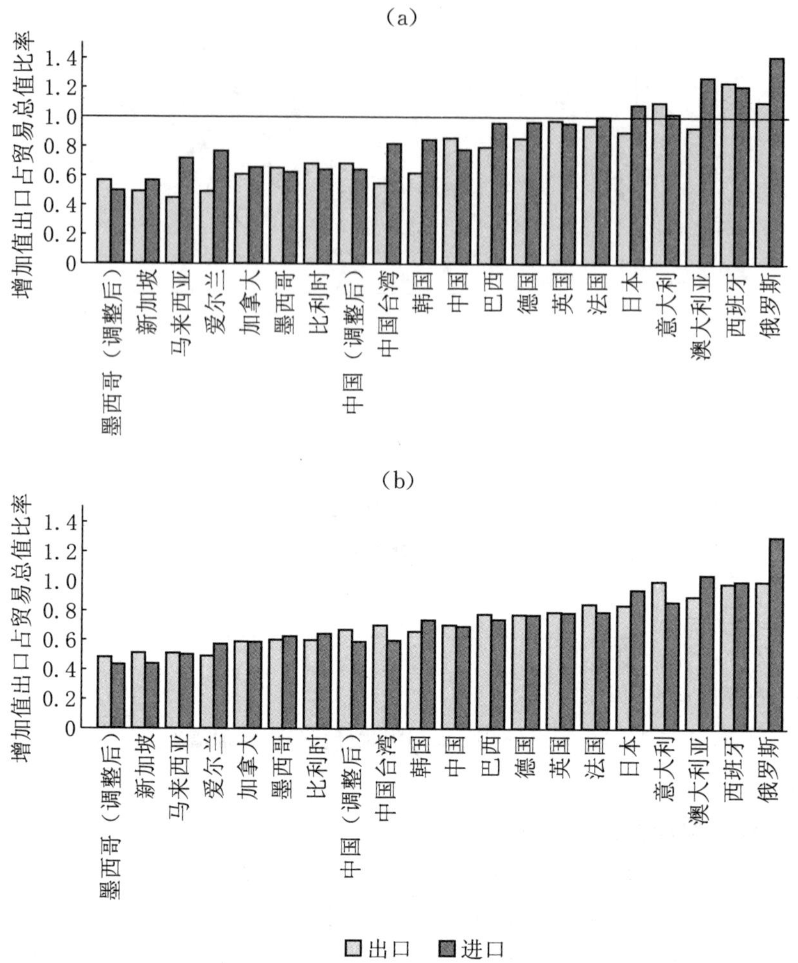


注:(a)美国双边贸易;(b)德国双边贸易。

**图 4.3 美国与德国双边增加值贸易比率**

美国的数据代表了数据中的一般模式。德国增加值和贸易总值之间的差异也随着伙伴国(地区)的不同而变化。与美国相比,德国对绝大多数的大型欧洲伙伴国的增加值贸易大幅缩减。这无疑表明了欧盟和其邻国存在一体化生产结构。与事实证据一致,这在捷克和匈牙利最为明显。地理似乎起到了重要的作用,因为与美国和日本这样收入水平相近的伙伴国进行贸易,能相对减少扭曲。

这些贸易调整的结果之一在于,基于贸易总值和增加值核算的双边贸易余额是不同的。图 4.4 显示了美国的三种双边余额:双边贸易余额,双边增加值余额,调整中国和墨西哥的加工出口后的双边增加值余额。在理解这些数据时,重要的是要记住,各国(地区)的多边贸易余额等于多边增加值余额。因此,一国(地区)双边增

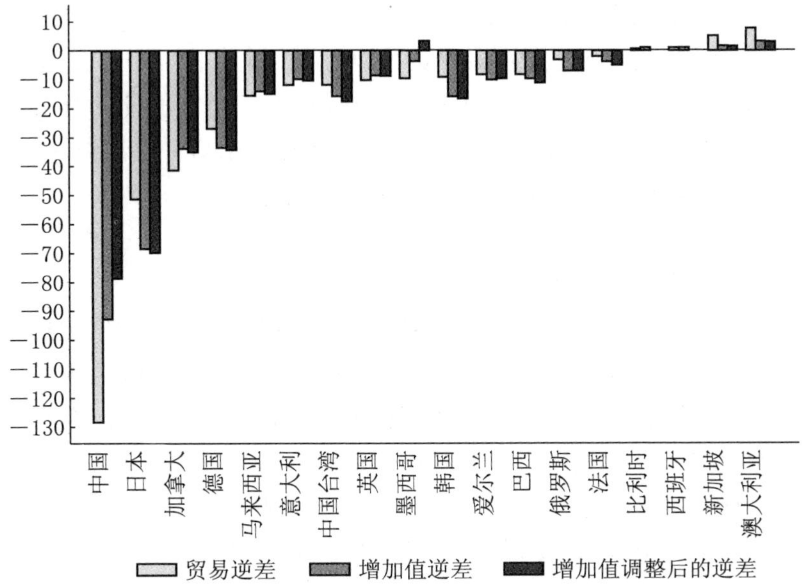


**图 4.4　美国与贸易对象国(地区)的双边贸易与贸易净值**

加值余额相对于总贸易余额的减少必然意味着其他一些国家(地区)的相应增加。

通过比较这些双边余额，我们发现美国对亚洲的双边余额发生了很大的变化。最明显的是，美国对中国的贸易逆差下降了约 30%—40%(合 350 亿—500 亿美元)，而对日本的贸易逆差则上升了约 33%(合 170 亿—180 亿美元)。最终的结果是，日本和中国的增加值余额(调整加工贸易后)几乎相等。在亚洲新兴市场的其他地方，美国对中国台湾和韩国的贸易逆差也上升了，美国对澳大利亚和新加坡的贸易顺差则下降了。总之，美国对这五个国家和地区(澳大利亚、日本、新加坡、韩国和中国台湾)的调整几乎完全填补了中美下降的贸易逆差。这一事实说明亚洲存在三角生产分工：即这些国家和地区向中国大陆提供中间产品，这些中间品包含在中国对美国的出口中。

为了理解这些调整，我们参照方程(4.11)对增加值余额的分解，来探讨中美余额和美日余额。首先，以中国为例，未经调整时，美国对中国出口的 VAX 比率超过了其对中国进口的 VAX 比率约 8%，经调整后该数值为 4%。这往往会提高相对于总贸易余额的增加值余额，尽管只是轻微的(未经调整时为 100 亿美元，调整后为 50 亿美元)。其次，美国对中国出口和进口的双边增加值含量均远低于 1。未经调整时，出口和进口的简单平均 VAX 比率是 0.80，调整后则是 0.66。如果出口和进口的 VAX 比率都等于该平均水平，那么将意味着增加值赤字比总贸易赤字低 20%或 34%。这第二个“水平效应”解释了中国从总贸易余额到增加值余额的大量调整(总的变化在 250 亿美元至 440 亿美元之间)。相比之下,对日本来说,这种水平效应几乎为零,因为其简单平均的 VAX 比率接近 1(没有调整时是 0.98,调整后为 1.00)。美国对日本以增加值计的贸易赤字上升主要是因为,增加值进口—总进口比率相对于增加值出口—总出口比率要高(无论是否经过调整,进口的 VAX 比率都比出口要高 0.16)。

### 3.3 检验机制:双边分解

为了证明生产分工导致了双边 VAX 比率的变化,我们在数据中构造了两个分解。第一个分解将双边 VAX 比率的变化分成由目的地出口结构差异和双边生产分工关系差异引起的两部分。第二个分解直接关注产出如何在跨境生产链中流通。通过把(大约)双边出口分成由目的地吸收和消费、流回并最终在来源国消费、由目的国再加工并最终在第三方目的地消费三个部分。

为了构造第一个分解,我们把双边 VAX 比率写作:

$$\begin{aligned}\frac{\mathrm{va}_{ij}}{\iota x_{ij}} &= \frac{\iota(I-A_{ii}-A_{Ii})y_{ij}}{\iota x_{ij}}\\ &= \underbrace{\frac{\iota(I-A_{ii}-A_{Ii})(I-A_{ii})^{-1}x_{ij}}{\iota x_{ij}}}_{\text{双边HIY(BHIY)}}+\underbrace{\frac{\iota(I-A_{ii}-A_{Ii})(y_{ij}-(I-A_{ii})^{-1}x_{ij})}{\iota x_{ij}}}_{\text{生产分工调整(PSA)}}\end{aligned} \tag{4.13}$$

第一项相当于 Hummels-Ishii-Yi 通过使用双边出口计算的出口的国内含量。对于某个给定的来源国,只有当目的地出口结构变化了,这一项才会变化。

第二项是生产分工的调整。这种调整取决于国家 $j$ 消费的国家 $i$ 的产出量(即 $y_{ij}$)和生产出口至国家 $j$ 的产品所需的国家 $i$ 的产出(即 $(I-A_{ii})^{-1}x_{ij}$)的差异。当 $y_{ij}<(I-A_{ii})^{-1}x_{ij}$ 时,VAX 比率小于双边 HIY 基准指标。当运输至国家 $j$ 的国家 $i$ 的中间产品要么包含在国外生产的最终产品或中间产品中流回国家 $i$,这些国外生产的中间产品用于生产国内的最终产品,要么包含在国家 $j$ 的产品中再出口到第三方目的地,这种情况就会出现。当 $y_{ij}>(I-A_{ii})^{-1}x_{ij}$ 时,VAX 比率大于 HIY 基准指标。当国家 $i$ 将中间产品运往某些第三国,然后(直接地或间接地)把这些中间产品嵌入那些由国家 $j$ 吸收的最终产品中,这种情况就会出现。

为了量化每一项在解释双边 VAX 比率中所起的作用,我们把各出口国目的地的双边 VAX 比率的方差(即 $\mathrm{va}_{ij}/\iota x_{ij}$),分解成 BHIY 项和 PSA 项所导致的变化。表 4.3 报告了代表性出口国的 BHIY 和 PSA 在总方差中所占的份额。生产分工调整(PSA)显然主导了分解。这意味着,双边 VAX 比率的变动是源于伙伴国生产分工的差异,而不是目的地出口结构的差异。换句话说,双边 VAX 比率不是由出口国向给定目的地出口的产品类型决定的,而是由这些产品在国外的用途所决定的。例如,虽然美国同时向加拿大和德国出口汽车配件,但是美国对加拿大的 VAX 比率低于美国对德国的 VAX 比率,这是因为加拿大是美国跨境生产链的一部分。

**表 4.3　双边 VAX 比率:双边 HIY 和生产分工调整**

| 出口国 | 方差分解 | |
|---|---|---|
| | BHIY(%) | PSA(%) |
| 美　国 | 5 | 95 |
| 德　国 | 5 | 95 |
| 日　本 | 1 | 99 |
| 中　国 | 9 | 91 |
| 阿根廷 | 1 | 99 |
| 法　国 | 8 | 92 |
| 匈牙利 | 5 | 95 |
| 印　度 | 7 | 93 |
| 葡萄牙 | 9 | 91 |
| 国家的中位数 | 3 | 97 |

注:关于分解的详细信息见正文,国家的中位数是统计的 93 个国家的中位数。

为了更直接地看生产链,我们根据其是否被目的地国吸收、退回或是运往第三国,构造了双边出口的第二个分解。我们通过将双边出口划分为最终品、中间品以及对国外的产出来构造这个分解。

$$\begin{aligned}\iota x_{ij} &= \iota(c_{ij}+A_{ij}y_j)\\ &= \underbrace{\iota(c_{ij}+A_{ij}y_{jj})}_{\text{absorption}}+\underbrace{\iota A_{ij}y_{ji}}_{\text{reflection}}+\underbrace{\sum_{k\neq j,\,i}\iota A_{ij}y_{jk}}_{\text{redirection}}\end{aligned} \tag{4.14}$$

第一项是指由目的地国家 $j$ 吸收和消费的双边出口部分,包括 $i$ 国的最终产品和中间产品,这些中间产品包含在国家 $j$ 本国的产品消费里。第二项是指 $i$ 国的中间产品通过嵌入国家 $j$ 的产品中返回 $i$ 国。第三项是由所有其他国家消费的 $j$ 国产品中,所嵌入国家 $i$ 的中间产品的总和,即这些中间产品被再加工出口到第三方目的地。

我们在表 4.4 报告了许多双边伙伴国的贸易分解结果。首先从表 4.4 的左上部分,我们看到,日本对中国出口的产品主要是由中国吸收或者再加工出口到美国。对比中日贸易与美日贸易,我们发现,日本对美国出口的产品几乎完全部被美国吸收,这表明美国和日本是最低程度的双边生产分工。相比之下,从表 4.4 的右上角,我们看到,美国对加拿大和墨西哥出口的大部分产品均作为最终消费品流回美国。表 4.4 的左下角表明,与两个不同国家共享一个相同边界并不一定意味着一个紧密的双边生产分工关系。德国出口到法国的产品主要由法国吸收,而它出口到捷克共和国的近一半产品流回本国或者再加工出口到其他国家。在表 4.4 的右下角,我们看到,韩国通过中国与美国和其他目的国进行三角贸易。相比之下,韩国出口到日本的大部分产品则最终在日本消费。这些结果与我们先前关于中国是亚洲生产分工中心的看法相一致。

**表 4.4　贸易分解:吸收,流回,再出口**

| 日本出口至 | | | | 美国出口至 | | | |
|---|---|---|---|---|---|---|---|
| 中国 | | 美国 | | 墨西哥 | | 加拿大 | |
| 中国 | 64.5 | 美国 | 92.7 | 墨西哥 | 72.3 | 加拿大 | 68.9 |
| 美国 | 11.1 | 加拿大 | 1.4 | 美国 | 22.1 | 美国 | 24.1 |
| 日本 | 4.3 | 墨西哥 | 0.7 | 加拿大 | 0.9 | 英国 | 0.7 |
| 德国 | 2.5 | 日本 | 0.6 | 德国 | 0.4 | 日本 | 0.7 |
| **德国出口至** | | | | **韩国出口至** | | | |
| 法国 | | 捷克共和国 | | 中国 | | 日本 | |
| 法国 | 74.8 | 捷克共和国 | 57.7 | 中国 | 61.3 | 日本 | 83.1 |
| 德国 | 3.6 | 德国 | 11.7 | 美国 | 12.1 | 美国 | 4.7 |
| 英国 | 2.8 | 英国 | 3 | 日本 | 4.7 | 中国 | 2.3 |
| 美国 | 2.6 | 美国 | 2.6 | 德国 | 2.7 | 德国 | 1 |

注:表中的所有数据都是百分数。关于分解的详细信息参见正文。表中的每一项描述了出口至目的地并最终在目的地消费的双边出口份额。份额之和不等于 1,这是因为我们只涵盖了每个出口国双边出口的前四大贸易目的地。数据计算基于 2004 年的数据。

## 4　结束语

中间产品贸易是当今国际经济一个不断发展的重要特征。因此在国际贸易和国际宏观经济学中,量化跨境生产联系是回答一系列重要实证问题的核心。这需要超越具体的例子或国家/区域研究,从而开发一个完整的全球生产分工模式方法。本章便提供了这样一个方法,即使用投入产出和贸易数据来计算双边增加值贸易。我们证明了增加值和总贸易流之间的显著差异,以及反映出来的生产分工关系异质性差异。我们期待在未来工作中能应用这一数据来深化我们对生产分工结果的理解。

## 5 附录

调整加工贸易背后的基本思想是，将总体经济分割成单独的加工和非加工部门。每个部门都有自己的投入产出结构。它们都使用国内和进口中间品，但是它们的中间投入品的密集性和来源（国内和进口）不同。此外，出口加工部门的所有产出被用于出口。

根据投入产出数据，我们观察到整个经济体的国内中间使用矩阵 $m_{ii}$ 和进口使用矩阵 $m_{Ii}$。根据贸易数据，我们可以观察到来自加工部门的总出口以及由加工部门使用的进口中间品，它们分别用 $x_i^{\mathrm{P}}$ 和 $\bar{m}_{Ii}^{\mathrm{P}}$ 表示。非加工部门的产出，由 $y_i^{\mathrm{N}}$ 表示，它由投入—产出表中的总产出减去 $x_i^{\mathrm{P}}$ 计算而来。我们寻找两个部门 $\{m_{ii}^{\mathrm{N}},\ m_{ii}^{\mathrm{P}},\ m_{Ii}^{\mathrm{N}},\ m_{Ii}^{\mathrm{P}}\}$ 和增加值部门 $\{\mathrm{va}_i^{\mathrm{N}},\ \mathrm{va}_i^{\mathrm{P}}\}$ 单独的中间使用矩阵，它们要满足：

$$m_{ii}=m_{ii}^{\mathrm{N}}+m_{ii}^{\mathrm{P}} \tag{4.15}$$

$$m_{Ii}=m_{Ii}^{\mathrm{N}}+m_{Ii}^{\mathrm{P}} \tag{4.16}$$

$$y_i^{\mathrm{N}}=\mathrm{va}_i^{\mathrm{N}}+\iota[m_{ii}^{\mathrm{N}}+m_{Ii}^{\mathrm{N}}] \tag{4.17}$$

$$x_i^{\mathrm{P}}=\mathrm{va}_i^{\mathrm{P}}+\iota[m_{ii}^{\mathrm{P}}+m_{Ii}^{\mathrm{P}}] \tag{4.18}$$

$$\bar{m}_{Ii}^{\mathrm{P}}=m_{Ii}^{\mathrm{P}}\iota^{\mathrm{T}} \tag{4.19}$$

其中，$\iota$ 是一致的行向量，$\iota^{\mathrm{T}}$ 是它的转置矩阵。

如果有 $N$ 个部门，那么有 $4(N\times N)+2N$ 个未知数，但是只有 $2(N\times N)+3N$ 个约束，所以我们不能直接计算出未知系数。因此我们参照库普曼等(2008)，使用约束极小化方法来计算未知系数，其中，目标函数最小化估算值和目标值的方差。根据加工部门和非加工部门在总产出中所占的份额，分割它们的中间使用和增加值，从而设定目标值。

根据由此产生的分割表，我们使用文中的双边贸易数据来构建双边来源矩阵和全球投入产出表。在计算过程中，对于中国来说，我们使用的是库普曼等(2008)里的加工贸易份额。对于墨西哥来说，我们从墨西哥银行获得加工出口区的贸易数据。由于担心个体资料的质量和单个部门估算过程的准确性，在估算系数之前，我们加总了三个综合部门的数据。由于在计算 57 个部门或三个综合部门的主要数据时，双边增加值贸易的结果在本质上是相同的，因此我们相信总计数据不会降低准确性。

## 参考文献

Belke, A., and L.Wang, "The Degree of Openness to Intra-regional Trade: Towards Value-Added Based Openness Measures," *Jahrbucher fur Nationalokonomie und Statistik* 226(2), 2006.

Bems, R., R.C.Johnson and K.-M.Yi, "Demand Spillovers and the Collapse of Trade in the Global Recession," *IMF Economic Review* 58(2), 2010.

Chen, X., L.Cheng, K C Fung and L.Lau, "The Estimation of Domestic Value-Added and Employment Induced by Exports: An Application to Chinese Exports to the United States," in China and Asia: *Economic and Financial Interactions*(eds. Yin Wong Cheung and Kar Yiu Wong), Routledge, 2008.

Costinot, A., J.Vogel and S.Wang, "An Elementary Theory of Global Supply Chains," *NBER Working Paper* 16936, 2011.

Daudin, G., C.Rifflart and D.Schweisguth, "Who Produces for Whom in the World Economy?" *Canadian Journal of Economics* 44(4), 2011.

Dean, J.M., K.C.Fung and Z.Wang, "Measuring the Vertical Specialization in Chinese Trade," *USITC Office of Economics Working Paper* 2007-01-A, 2007.

Hanson, G.H., R.J.Mataloni and M.J.Slaughter, "Vertical Production Networks in Multinational Firms," *The Review of Economics and Statistics* 87(4), 2005.

Hummels, D., J.Ishii and K.-M.Yi, "The Nature and Growth of Vertical Specialization in World Trade," *Journal of International Economics* 54, 2001.

Isard, W., "Interregional and Regional Input-Output Analysis: A Model of a Space-Economy," *The Review of Economics and Statistics* 33, 1951.

Johnson, R.C., "Factor Trade Forensics: Intermediate Goods and the Factor Content of Trade," Mimeo, Dartmouth College, 2008.

Johnson, R.C., and G.Noguera, "Accounting for Intermediates: Production Sharing and Trade in Value Added," *Journal of International Economics* 86(2), 2012.

Koopman, R., Z.Wang and S.-J.Wei, "How Much of Chinese Exports is Really Made in China? Assessing Domestic Value-Added when Processing Trade Is Pervasive," NBER Working Paper 14109, 2008.

Koopman, R., W.Powers, Z.Wang and S.-J.Wei, "Give Credit Where Credit Is Due: Tracing Value Added in Global Production Chains," *NBER Working Paper* 16426, 2010.

Linden, G., K.Kraemer and J.Dedrick, Who Captures Value in a Global Innovation System? The Case of Apple's iPod. Mimeo, Personal Computing Industry Center, UC Irvine, 2007.

Miller, R., Interregional Feedback Effects in Input-Output Models: Some Preliminary Results, *Papers in Regional Science* 17(1), 1966.

Miroudot, S., and A.Ragoussis, Vertical Trade, Trade Costs and FDI, OECD Trade Policy Working Paper 89, 2009.

Moses, L., "The Stability of Interregional Trading Patterns and Input-Output Analysis," *The American Economic Review* 45, 1955.

Moses, L., "A General Equilibrium Model of Production, Interregional Trade, and Location of Industry," *The Review of Economics and Statistics* 42, 1960.

Noguera, G., "Augmented Gravity: Accounting for Production Sharing," Mimeo, Columbia Business School, 2011.

NRC, *Analyzing the US Content of Imports and the Foreign Content of Exports*, Washington, DC: National Research Council, The National Academies Press, 2006.

Powers, W., Z.Wang and S.-J.Wei, "Value Chains in East Asian Production Networks: An International Input-Output Model Based Analysis," *USTIC Working Paper* 2009-10-C, 2009.

Puzzello, L., "A Proportionality Assumption and Measurement Biases in the Factor Content of Trade," *Journal of International Economics* 87(1), 2012.

Reimer, J., "Global Production Sharing and Trade in the Services of Factors," *Journal of International Economics* 68, 2006.

Trefler, D., and S.C.Zhu, "The Structure of Factor Content Predictions," *Journal of International Economics* 82, 2010.

Yeats, A.J., "Just How Big Is Global Production Sharing?" in *Fragmentation: New Production Patterns in the World Economy*(eds. S.Arndt and H.Kierzkowski), Oxford University Press, Chapter 7, 2001.

Yi, K.-M., "Can Vertical Specialization Explain the Growth of World Trade?" *Journal of Political Economy* 111, 2003.

Yi, K.-M., "Can Multi-Stage Production Explain the Home Bias in Trade?" *American Economic Review* 100(1), 2010.

（叶作义、陈坤、杨雯译，叶作义校）

# 第五章

# 当加工贸易普遍存在时，估计出口的国内含量[21]

罗伯特·库普曼　王直　魏尚进

解决许多问题的关键是知道一国出口中的国内增加值(DVA)水平，但是当加工贸易普遍存在时，它的计算就更为复杂。我们提出一种方法，在考虑加工贸易的情况下，计算国内增加值和国外增加值。通过把我们的框架应用到中国数据，我们估计，中国在加入世界贸易组织(WTO)之前，其制成品出口的国内增加值比重约为50%。此后，这个数据提升至近60%。部门间的国内增加值水平也有所不同。电子设备等相对复杂制造业的国内增加值水平相当低(小于等于30%)。

## 1　引言

本章提出一种核算框架，在加工贸易普遍存在的情况下，估算一国出口的国内/国外含量份额。然后我们把这一框架应用到世界上最著名的加工贸易国之一——中国，但是这种方法与所有采用加工贸易体系的国家(如墨西哥和越南)有关。事实上，WTO发现全球130多个国家正从事着某种形式的加工贸易(WTO和IDE-JETRO 2011)。在一些国家，加工贸易以其他名义呈现，例如，退税计划。退税计划是指如果进口投入品生产的产品用于出口，那么政府将会退还进口关税。

当然，选择中国来说明这一研究方法并不是随机的。"中国制造"是美国和欧洲最重要的进口商品来源之一。渐渐地，很多我们认为是高收入国家出口的

[21] 本章源于Koopman等(2012)。为了与这本书的风格一致，我们对原文略作修改。我们感谢众多会议和研讨会参与者以及本书的编辑提出的意见和建议。本章的观点仅代表作者本人的看法，并不表明美国国际贸易委员会或其他任何委员的观点。

复杂技术产品，如数码相机和计算机，也是“中国制造”的。中国的要素禀赋最显著的特征是，相对于实物资本或人力资本，可以供应大量的非熟练劳动力。难道中国的实际出口结构与基于禀赋的国际贸易理论预期不一致吗？这一谜题的可能答案是，中国处于很长的全球生产链的末端，将来自不同国家的零配件组装成最终产品，然后出口到美国和欧盟市场。事实上，苹果笔记本电脑的背面用小字标注着“加利福尼亚苹果公司设计，中国组装”。这个标注可能过于简单化了，因为它只说明了一个全球生产链的开端和末端，省略了供应其他组件的许多国家。

中国是国民经济较好融入全球生产链的典型国家。中国进口原材料、设备和制造业中间投入品，然后将一大部分产品出口到世界市场。中国并不是唯一一个生产和出口融入全球生产链的国家。日本、韩国、新加坡和马来西亚都积极参与国际分工。然而由于规模庞大，中国值得关注。此外，近年来，中国的“出口/GDP”比率大于等于 35%（而美国是 8%，印度是 13%），这个比率对大型经济体来说非常高。作为“世界工厂”，中国承接了全球很多跨国公司的制造业外包业务，成为一个顶级供应商。

就许多政策问题而言，重要的是估算出口的国内增加值水平。例如，货币升值对一国出口有什么影响？答案关键在于出口的国内含量水平。在所有其他条件相同的情况下，出口的国内含量份额越小，汇率升值对贸易规模的影响越小。再举个例子，中美贸易对美国的收入差距有什么影响？这部分取决于中国是否只出口低技术劳动力密集型产品或者更高复杂度的产品。Rodrik(2006)注意到与中国的出口产品种类相对应的人均收入远高于中国的实际收入，以此来解释中国出口产品的技术含量远高于本国禀赋的现象。Schott(2008)观察到中国和高收入国家的出口结构相似性在显著快速增长，以此来解释中国出口贸易复杂度的提高。Wang 和 Wei(2008)使用分类区域数据来考察出口复杂度提高的决定因素。事实上，许多观察家担心中国更多生产和出口高复杂度的产品，可能会给美国和欧洲中等技能和高技能工人带来工资竞争压力。然而，Xu(2007)指出，Rodrik(2006)和 Schott(2008)的计算既没有考虑中国和其他国家的产品品种可能存在质量差异，又没有考虑中国不同的地区具有不同的生产能力和收入水平。我们的研究进一步表明，Rodrik(2006)和 Schott(2008)的计算没有考虑一国出口中的进口含量。因此，Rodrik 和 Schott 的估算很有可能夸大了中国的出口复杂度。如果中国出口的国内含量较低，特别是那些在美国被认为是高复杂度的或者高技能行业的产品，那么美国从中国的进口可能仍然会给美国低技能工人的工资带来巨大的下降压力[正如 Krugman(2008)指出的那样]。这些都是重要的政策问题，对发展中国家和发达国家都有影响。充分理解全球供应链的本质和发展水平可以为经济学家和政策制定者提供重要启示。

如何评估一国出口的国外含量和国内含量？Hummels 等(2001)(下文简称 HIY)提出了一种方法，即基于一国的投入产出(IO)表，将一国的出口分解为国内增加值部分和外国增加值部分。他们做了一个关键假设，即进口的中间投入以同样的强度用于生产国内销售的产品和出口产品。在存在加工贸易的情况下，这个假设不再成立。加工贸易的特点是存在进口关税优惠：企业从国外进口零部件和其他中间材料，加工或装配后成为最终产品，当地政府或者中央政府给予进口投入免税或者税收优惠。必须强调的是，加工贸易出口商使用的技术可能不同于一般贸易出口商，因此要求进口投入品有不同用法。它们通常使得面向加工贸易和其他需求(国内最终销售和一般贸易)的生产活动的进口中间投入强度有显著差异。自 1996 年以来，每年加工贸易出口占中国出口的比重都超过 50%，因此 HIY 公式可能严重低估了出口的国外增加值份额。

由于出口加工区广泛分布在全球各地[22]，因此忽略出口加工可能会导致估计错误，尤其是对于那些大规模从事加工贸易的经济体。

我们希望本章对相关研究做出两个贡献。首先，我们设计了一个公式，用以在加工贸易普遍存在时，计算一国出口的国内和国外增加值份额。该公式考虑到一般贸易和加工贸易在使用进口投入时存在的潜在差异。我们用数学推导来说明 HIY 公式只是我们给出的一般公式的一个特例。两类出口之间的差异可能源于技术差异、对不同关税和税收的反应，或其他原因。本章并没有正式探讨这些差异的来源，我们的公式不随这些因素的相对重要性而变化。其次，用我们的方法研究中国 1997 年、2002 年和 2007 年的情况。我们估计，中国制成品出口的国外增加值份额在 1997 年和 2002 年约为 50%，这几乎是 HIY 公式计算出来的数值的两倍，但是加入 WTO 5 年以后，即 2007 年，这个份额降至大约 40%。这些比率在部门间也有所变化。计算机、电信设备和电子设备等高复杂度的部门的国内增加值含量特别低(小于或等于 30%)。

本章提出一种核算框架，并进行相关数据核算。本章不探讨中国总出口的国内增加值份额的决定因素和变化结果。但是，设计出一种可靠的方法来估计一国出口的国外增加值份额，是更好地理解这些问题的第一步。

除了涉及垂直专业化理论的国际贸易文献，本章也与投入产出文献相关。值得一提的是，Chen 等(2004)和 Lau 等(2007)这两篇文章最早设计出中国的“非竞争型”投入产出模型(即分别考虑一国进口的和国内生产的投入品)，并且

---

[22] 全球 130 个国家约有 3 500 个出口加工区(EPZs)(WTO and IDE-JETRO, 2011)。

明确包含加工贸易。然而，这些论文并没有以一种系统的方式来分别推断加工贸易生产和其他最终需求生产的投入产出系数。因此其他研究者很难重复他们的估计过程，或者将他们的方法应用到其他国家。他们关注中美双边贸易差额，但是并没有把它与国际贸易文献的垂直专业化联系起来。此外，他们使用中国1995年和2002年汇总的投入产出表进行分析，这些投入产出表只有21个制造业部门。而我们的研究使用80多个制造业部门，对中国出口的国外增加值和国内增加值做出一个更新的分类估计。最后，在估计中国国家统计局公布的竞争型投入产出表的进口使用矩阵时，他们做了一个假设：在每个行业内，用于资本形成、中间品投入和最终消费的进口投入和国内投入的组合是一样的。通过改进Dean等(2007)提出的方法，将中国的加工贸易进口统计与联合国广泛经济类别(BEC)分类结合，我们放松了这个假设。

本章后续部分安排如下：第二部分提出一个概念性框架，用以在加工贸易普遍存在时，估算一国出口的国内和国外增加值份额。它还引入一个数学计算过程，系统地推断一组新公式需要的投入产出系数，该系数通常不能从传统的投入产出表得到。第三部分给出对中国出口的估计结果。第四部分给出中国对贸易伙伴出口的国内增加值占比。第五部分为结论。

## 2　概念性框架和估计方法

### 2.1　未考虑加工出口的特殊性时

我们首先讨论，在一国不从事加工贸易时，如何计算该国出口的国内和国外增加值。根据投入产出文献，我们采用Hummels等(2001)和Yi(2003)的方法。这样，我们指出国内增加值和垂直专业化这两个概念之间的明确联系㉓。

当分别计算进口中间投入和国内生产的中间投入时，增加值投入产出表可以写成如下形式㉔：

$$A^{D}X + Y^{D} = X \tag{5.1}$$

$$A^{M}X + Y^{M} = M \tag{5.2}$$

$$uA^{D} + uA^{M} + A_{v} = u \tag{5.3}$$

㉓　我们使用术语“国内增加值”和“国内含量”，它们的意思相同。“外国增加值”“外国含量”和“垂直专业化”的意思相同。

㉔　在投入产出文献中，这种模型被称为“非竞争型”模型。HIY虽然没有明确地进行系统性说明，但直接暗指里昂惕夫逆矩阵，而Chen等(2004)只涉及前两个方程。一个设定完整的模型既有助于更好地理解垂直专业化和国内含量之间的联系，也便于和下文的加工贸易模型比较。

其中，$A^{\mathrm{D}}=[a_{ij}^{\mathrm{D}}]$是国内产品的一个$n\times n$阶直接投入系数矩阵。$A^{\mathrm{M}}=[a_{ij}^{\mathrm{M}}]$是进口产品的一个$n\times n$阶直接投入系数矩阵。$Y^{\mathrm{D}}$是国内生产的产品的一个$n\times 1$阶最终需求向量，包括资本形成总额的使用、最终私人消费和最终公共消费以及总出口。$Y^{\mathrm{M}}$是进口产品的一个$n\times 1$阶最终需求向量，包括资本形成总额的使用、最终私人消费和最终公共消费。$X$是一个$n\times 1$阶的总产出向量。$M$是一个$n\times 1$阶进口向量。$A_v=[a_j^v]$是部门$j$的增加值在总产出中的比率，它是一个$1\times n$阶向量。$u$是一个$1\times n$阶单位向量；$i$和$j$表示部门，上标“D”和“M”分别表示国内生产的产品和进口产品。

等式(5.1)和(5.2)分别是国内生产的产品和进口产品的横向平衡条件。等式(5.1)的第$k$行是指，国内生产的产品$k$的总量应该等于，经济体用作中间品和最终品的产品$k$的销售量之和(最终销售包括产品$k$的国内消费、资本形成和出口)。等式(5.2)的第$h$行是指，产品$h$的总进口应该等于，销售给经济体所有使用者的产品$h$的总和，包括所有部门的中间投入、国内最终消费和资本形成。等式(5.3)是纵向平衡条件，也是投入产出系数的加总约束条件。这意味着任何部门$k$的总产出$X$必须等于，部门$k$的直接增加值与国内生产的中间投入品的成本和进口中间投入的成本之和。

根据等式(5.1)，我们得到[25]：

$$X=(I-A^{\mathrm{D}})^{-1}Y^{\mathrm{D}} \tag{5.4}$$

$(I-A^{\mathrm{D}})^{-1}$是著名的“里昂惕夫逆矩阵”，指的是国内中间产品需求系数矩阵。我们定义一个国内增加值比率向量$\mathrm{DVS}=\{dvs\}_j$，它是一个$1\times n$阶向量，指国内产品的最终需求增加一个单位所产生的国内增加值($\Delta Y^{\mathrm{D}}=u^{\mathrm{T}}$)：

$$\mathrm{DVS}=\frac{\hat{A}_v\Delta X}{\Delta Y^{\mathrm{D}}}=\hat{A}_v(I-A^{\mathrm{D}})^{-1}=A_v(I-A^{\mathrm{D}})^{-1} \tag{5.5}$$

其中，$\hat{A}_v$是一个对角线元素为$a_j^v$的$n\times n$阶对角矩阵。等式(5.5)表明，一个投入产出行业的国内含量，是所有国内中间品需求的系数矩阵相应列，按照每个行业的直接增加值系数加权之后的和。因为标准模型假定，用于出口和用于国内销售的产品的生产技术是相同的，所以最终需求的国内含量份额和总出口的国内含量份额相等。因此，等式(5.5)也是计算各行业总出口的国内含量份额的公式。

定义一个国产产品最终需求的国外含量(或国外增加值)份额向量FVS=

[25] $(I-A^{\mathrm{D}})$必须为满秩矩阵。

$u-$DVS。利用等式(5.3)，可以证明：

$$\mathrm{FVS}=u-A_v(I-A^{\mathrm{D}})^{-1}=uA^{\mathrm{M}}(I-A^{\mathrm{D}})^{-1} \tag{5.6}$$

<table>
<tr><td colspan="2" rowspan="3"></td><td rowspan="2"></td><td colspan="2">中间使用</td><td colspan="2"></td></tr>
<tr><td>用于国内使用和一般贸易出口的产品</td><td>用于加工出口的产品</td><td>最终使用<br>$(C+I+G+E)$</td><td>总产出或总进口</td></tr>
<tr><td>$DIM$</td><td>$1, 2, \cdots, N$</td><td>$1, 2, \cdots, N$</td><td>1</td><td>1</td></tr>
<tr><td rowspan="2">国内产品中间投入</td><td>用于国内使用和一般贸易出口的产品$(D)$</td><td>$1\cdots N$</td><td>$Z^{\mathrm{DD}}$</td><td>$Z^{\mathrm{DP}}$</td><td>$Y^{\mathrm{D}}-E^{\mathrm{P}}$</td><td>$X-E^{\mathrm{P}}$</td></tr>
<tr><td>用于加工出口的产品$(P)$</td><td>$1\cdots N$</td><td>0</td><td>0</td><td>$E^{\mathrm{P}}$</td><td>$E^{\mathrm{P}}$</td></tr>
<tr><td colspan="2">进口产品中间投入</td><td>$1\cdots N$</td><td>$Z^{\mathrm{MD}}$</td><td>$Z^{\mathrm{MP}}$</td><td>$Y^{\mathrm{M}}$</td><td>$M$</td></tr>
<tr><td colspan="2">增加值</td><td>1</td><td>$V^{\mathrm{D}}$</td><td>$V^{\mathrm{P}}$</td><td colspan="2"></td></tr>
<tr><td colspan="2">总产出</td><td>1</td><td>$X-E^{\mathrm{P}}$</td><td>$E^{\mathrm{P}}$</td><td colspan="2"></td></tr>
</table>

**图 5.1　加工贸易单列的投入产出表**

对于每一个行业来说，这是总的中间进口需求系数矩阵一列的和。结果表明，它与 Hummels 等(2001)计算垂直专业化的公式相同。换句话说，垂直专业化和国外含量的概念是相同的。

### 2.2　存在加工贸易时，出口的国内含量

现在我们讨论加工出口普遍存在的情况。值得注意的是，这些出口使用的进口投入与国内最终销售(和一般贸易出口)使用的进口投入的强度不同。从概念上讲，我们希望能够分别跟踪加工出口与国内最终销售和一般贸易出口的投入产出系数。因此，我们在这个部分忽略了这样一个事实，即我们并不能直接得到这些投入产出系数。我们将在下文提出估计这些系数的方法。图 5.1 给出了一个单独考虑加工出口的投入产出表。

我们使用上标“P”和“D”分别代表加工出口与国内销售和一般贸易出口。这个扩展的投入产出模型可以由下列等式表示：

$$\begin{bmatrix} I-A^{\mathrm{DD}} & -A^{\mathrm{DP}} \\ 0 & I \end{bmatrix}\begin{bmatrix} X-E^{\mathrm{P}} \\ E^{P} \end{bmatrix}=\begin{bmatrix} Y^{\mathrm{D}}-E^{\mathrm{P}} \\ E^{\mathrm{P}} \end{bmatrix} \tag{5.7}$$

$$A^{\mathrm{MD}}(X-E^{\mathrm{P}})+A^{\mathrm{MP}}E^{\mathrm{P}}+Y^{\mathrm{M}}=M \tag{5.8}$$

$$uA^{\mathrm{DD}}+uA^{\mathrm{MD}}+A_v^{\mathrm{D}}=u \tag{5.9}$$

$$uA^{\mathrm{DP}}+uA^{\mathrm{MP}}+A_v^{\mathrm{P}}=u \tag{5.10}$$

这些等式是前述模型的一般形式。加工贸易单列之后,等式(5.7)和(5.8)是等式(5.1)和(5.2)的一般形式,等式(5.9)和(5.10)是等式(5.3)的一般形式。等式(5.9)和(5.10)是投入产出系数的加总约束条件。

求解下面的等式:

$$\begin{bmatrix} X-E^{\mathrm{P}} \\ E^{\mathrm{P}} \end{bmatrix}=\begin{bmatrix} I-A^{\mathrm{DD}} & -A^{\mathrm{DP}} \\ 0 & I \end{bmatrix}^{-1}\begin{bmatrix} Y^{\mathrm{D}}-E^{\mathrm{P}} \\ E^{\mathrm{P}} \end{bmatrix} \tag{5.11}$$

一般化的里昂惕夫逆矩阵可以计算如下:

$$B=\begin{bmatrix} I-A^{\mathrm{DD}} & -A^{\mathrm{DP}} \\ 0 & I \end{bmatrix}^{-1}=\begin{bmatrix} B^{\mathrm{DD}} & B^{\mathrm{DP}} \\ B^{\mathrm{PD}} & B^{\mathrm{PP}} \end{bmatrix}=\begin{bmatrix} (I-A^{\mathrm{DD}})^{-1} & (I-A^{\mathrm{DD}})^{-1}A^{\mathrm{DP}} \\ 0 & I \end{bmatrix} \tag{5.12}$$

把等式(5.12)代入等式(5.11),可以得到:

$$X-E^{\mathrm{P}}=(I-A^{\mathrm{DD}})^{-1}(Y^{\mathrm{D}}-E^{\mathrm{P}})+(1-A^{\mathrm{DD}})^{-1}A^{\mathrm{DP}}E^{\mathrm{P}} \tag{5.13}$$

把等式(5.13)代入等式(5.8),得到总的进口中间投入需求:

$$M-Y^{\mathrm{M}}=A^{\mathrm{MD}}(I-A^{\mathrm{DD}})^{-1}(Y^{\mathrm{D}}-E^{\mathrm{P}})+A^{\mathrm{MD}}(1-A^{\mathrm{DD}})^{-1}A^{\mathrm{DP}}E^{\mathrm{P}}+A^{\mathrm{MP}}E^{\mathrm{P}} \tag{5.14}$$

它由三个部分组成:第一部分是国内销售和一般贸易出口的总进口,第二部分和第三部分分别是加工出口的间接进口和直接进口。

我们可以分别计算每个行业的加工出口和一般贸易出口的垂直专业化(VS)或者国外份额:

$$\begin{vmatrix} \mathrm{VSS^D} \\ \mathrm{VSS^P} \end{vmatrix}^{\mathrm{T}}=\begin{vmatrix} uA^{\mathrm{MD}}(I-A^{\mathrm{DD}})^{-1} \\ uA^{\mathrm{MD}}(1-A^{\mathrm{DD}})^{-1}A^{\mathrm{DP}}+uA^{\mathrm{MP}} \end{vmatrix}^{\mathrm{T}} \tag{5.15}$$

某个特定行业的国外含量的份额之和是加工出口 $sP$ 和非加工出口 $uTsP$ 份额的加权和,其中,$s$ 和 $u$ 都是 $1\times n$ 阶向量:

$$\overline{\mathrm{VSS}}=(u-s^{\mathrm{P}},\ s^{\mathrm{P}})\begin{vmatrix} \mathrm{VSS^D} \\ \mathrm{VSS^P} \end{vmatrix} \tag{5.16}$$

一国总出口的国外(或者国外增加值)份额为：

$$\mathrm{TVSS} = uA^{\mathrm{MD}}(I - A^{\mathrm{DD}})^{-1}\frac{E - E^{\mathrm{P}}}{\mathrm{te}} + u(A^{\mathrm{MD}}(1 - A^{\mathrm{DD}})^{-1}A^{\mathrm{DP}} + A^{\mathrm{MP}})\frac{E^{\mathrm{P}}}{\mathrm{te}} \tag{5.17}$$

其中，te 是一个标量，指的是一国的总出口。等式(5.16)在等式(5.7)的基础上进行了一般化，用来计算行业层面的垂直专业化。等式(5.17)扩展了由 Hummels et al(2001，第 80 页)提出的公式，用于计算国家层面的垂直专业化份额。特别地，当 $A^{\mathrm{DD}} = A^{\mathrm{DP}}$ 和 $A^{\mathrm{MD}} = A^{\mathrm{MP}}$ 时，或者当 $E^{\mathrm{P}}/\mathrm{te} = 0$ 时，等式(5.18)就变成计算垂直专业化的 HIY 公式。

同理，我们可以分别计算行业层面的加工出口和一般贸易出口的国内含量份额：

$$\begin{aligned}\begin{vmatrix}\mathrm{DVS}^{\mathrm{D}} \\ \mathrm{DVS}^{\mathrm{P}}\end{vmatrix}^{\mathrm{T}} &= \bar{A}_v B = (A_v^{\mathrm{D}} \quad A_v^{\mathrm{P}})\begin{bmatrix}(I - A^{\mathrm{DD}})^{-1} & (I - A^{\mathrm{DD}})^{-1}A^{\mathrm{DP}} \\ 0 & I\end{bmatrix} \\ &= \begin{vmatrix}A_v^{\mathrm{D}}(I - A^{\mathrm{DD}})^{-1} \\ A_v^{\mathrm{D}}(I - A^{\mathrm{DD}})^{-1}A^{\mathrm{DP}} + A_v^{\mathrm{P}}\end{vmatrix}^{\mathrm{T}}\end{aligned} \tag{5.18}$$

某个特定行业的国内含量的份额之和是下面两项的加权和：

$$\overline{\mathrm{DVS}} = (u - s^{\mathrm{P}},\ s^{\mathrm{P}})\begin{vmatrix}\mathrm{DVS}^{\mathrm{D}} \\ \mathrm{DVS}^{\mathrm{P}}\end{vmatrix} \tag{5.19}$$

一国总出口的国内含量份额如下：

$$\mathrm{TDVS} = A_V^{\mathrm{D}}(I - A^{\mathrm{DD}})^{-1}\frac{E - E^{\mathrm{P}}}{\mathrm{te}} + (A_V^{\mathrm{D}}(1 - A^{\mathrm{DD}})^{-1}A^{\mathrm{DP}} + A_V^{\mathrm{P}})\frac{E^{\mathrm{P}}}{\mathrm{te}} \tag{5.20}$$

当 $A^{\mathrm{DD}} = A^{\mathrm{DP}}$ 和 $A_v^{\mathrm{D}} = A_v^{\mathrm{P}}$，或者 $E^{\mathrm{P}}/\mathrm{te} = 0$ 时，等式(5.20)就变成等式(5.5)的 HIY 公式。可见，我们可以很容易地验证，加工出口和一般贸易出口的国内和国外含量份额之和是 1。

### 2.3　估计问题

我们可以用等式(5.18)—(5.20)来计算一国各行业的加工出口和一般贸易出口以及总出口的国内含量份额。然而，统计部门通常只提供传统的投入产出矩阵 $A$，有时是 $A^{\mathrm{M}}$，但却没有单独的 $A^{\mathrm{DP}}$、$A^{\mathrm{DD}}$、$A^{\mathrm{MP}}$ 和 $A^{\mathrm{MD}}$。因此，有必要根据可获得的信息，提出一种方法来估计这些矩阵。在这一部分，我们结合贸易统计数据和传统投入产出表的信息，通过一个二次规划模型来完成这些矩阵估计。

基本思想是：首先，使用标准投入产出表的信息来确定行业层面的总进口/总出口；其次，使用贸易统计信息来确定各部门加工出口和一般贸易出口的相对比例；最后，我们通过这些数据将国民经济分解为加工部门和非加工部门，每个部门都有自己的投入产出结构。第一步（使用投入产出表的信息来确定行业层面的总进口/总出口）有助于确保官方投入产出账户始终满足平衡条件，而分解成加工账户和非加工账户的投入产出表与官方发布的投入产出表一致。第二步（使用贸易统计数据来确定各部门加工出口和一般贸易出口的相对比例）有助于确保新估计的投入产出表与官方贸易统计反映的贸易结构一致。

下面的数据可以从标准的投入产出表得到，它们在模型中是常量。

$X_i$：部门 $i$ 的总产出；

$z_{ij}$：部门 $i$ 的产品被部门 $j$ 用作中间投入；

$v_j$：部门 $j$ 的增加值；

$m_i$：部门 $i$ 的产品总进口；

$y_i$：部门 $i$ 的产品减去出口后的最终总需求。

通过结合从投入产出表观察到的数据和从贸易统计数据观察到的加工贸易份额[26]，我们可以得到以下值：

$m_i^p$：部门 $i$ 进口的中间投入用于生产加工出口的产品；

$m_i^d$；部门 $i$ 进口的中间投入用于生产国内销售的产品和一般贸易出口的产品；

$e_i^n$：部门 $i$ 的一般贸易出口；

$e_i^p$：部门 $i$ 的加工出口。

结合中国海关进口统计和联合国 BEC 分类，我们可以区分进口投入是用作中间产品还是最终产品，正如 Dean 等（2007）所描述的那样。3.1 节给出并讨论了数据源的分解结果和实证估计用到的实际数据。国内最终需求参数和进口最终需求参数可以从上述讨论的观测数据推断出来。

$y_i^m$：部门 $i$ 进口产品的最终需求（即 $m_i - m_i^p - m_i^d$）；

$y_i^d$：部门 $i$ 国内生产的产品的最终需求（即 $y_i - y_i^m$）。

---

[26] 中国海关公布 8 位税则号的加工出口和一般贸易出口数据。在中国海关的统计数据中，加工贸易包括贸易方式“加工和装配”（14）和“进口材料加工”（15）。这些统计数据比较准确，因为他们涉及由海关集中监控的免税和增值税退税。

我们作如下定义：

$z_{ij}^{dd}$：部门 $j$ 用于国内销售和一般贸易出口的国内生产的中间产品 $i$；

$z_{ij}^{dp}$：部门 $j$ 用于加工出口的国内生产的中间产品 $i$；

$z_{ij}^{md}$：部门 $j$ 用于国内销售和一般贸易出口的进口中间产品 $i$；

$z_{ij}^{mp}$：部门 $j$ 用于加工出口的进口中间产品 $i$；

$v_j^d$：行业 $j$ 的国内产品和一般贸易出口产品的直接增加值；

$v_j^p$：行业 $j$ 的加工出口产品的直接增加值。

然后，扩展的投入产出模型的投入产出系数就可以写成：

$$A^{DD}=[a_{ij}^{dd}]=\left[\frac{z_{ij}^{dd}}{x_j-e_j^p}\right],\quad A^{MD}=[a_{ij}^{md}]=\left[\frac{z_{ij}^{md}}{x_j-e_j^p}\right]$$

$$A_v^{D}=[a_j^{vd}]=\left[\frac{v_j^d}{x_j-e_j^p}\right],\quad A^{DP}=[a_{ij}^{dp}]=\left[\frac{z_{ij}^{dp}}{e_j^p}\right]$$

$$A^{MP}=[a_{ij}^{mp}]=\left[\frac{z_{ij}^{mp}}{e_j^p}\right],\quad A_v^{P}=[a_j^{vp}]=\left[\frac{v_j^p}{e_j^p}\right]$$

为得到这些不可观测的投入产出系数，我们需要估计行业内交易 $[z_{ij}^{dd}]$，$[z_{ij}^{dp}]$，$[z_{ij}^{md}]$ 和 $[z_{ij}^{mp}]$，同样也要估计部门层面的增加值 $[v_j^d]$ 和 $[v_j^p]$，它们满足下列投入产出恒等式和加总约束条件：

$$\sum_{j=1}^{K}(z_{ij}^{dd}+z_{ij}^{dp})=x_i-e_i^p-e_i^n-y_i^d \tag{5.21}$$

$$\sum_{j=1}^{K}(z_{ij}^{md}+z_{ij}^{mp})=m_i-y_i^m \tag{5.22}$$

$$\sum_{j=1}^{K}(z_{ij}^{dd}+z_{ij}^{md})+v_j^d=x_j-e_j^p \tag{5.23}$$

$$\sum_{i=1}^{K}(z_{ij}^{dp}+z_{ij}^{mp})+v_j^p=e_j^p \tag{5.24}$$

$$\sum_{j=1}^{K}z_{ij}^{md}=m_i^d \tag{5.25}$$

$$\sum_{j=1}^{K}z_{ij}^{mp}=m_i^p \tag{5.26}$$

$$\sum_{j=1}^{K}(z_{ij}^{dd}+z_{ij}^{dp})=\sum_{j=1}^{K}z_{ij}-(m_i^d+m_i^p) \tag{5.27}$$

$$z_{ij}^{dd}+z_{ij}^{dp}+z_{ij}^{md}+z_{ij}^{mp}=z_{ij} \tag{5.28}$$

$$v_j^d+v_j^p=v_j \tag{5.29}$$

这九组约束条件的经济学含义简单明了。等式(5.21)和(5.22)是扩展的投入产出账户的行之和的恒等式。它们表示部门 $i$ 的总产出必须等于该部门国内中间产品、最终需求和出口(包括加工出口和一般贸易出口)之和。同样,总进口必须等于进口的中间投入加上到达最终用户的进口产品。等式(5.23)和(5.24)是扩展的投入产出账户的列之和的恒等式。它们将部门 $j$ 的加工出口贸易定义为,国内中间投入和进口中间投入与生产加工出口使用的初级要素之和。以上四个约束条件分别对应于扩展的投入产出模型的等式(5.7)—(5.10)。等式(5.25)—(5.29)是一组加总约束条件,它们确保模型的解跟产业间贸易和产业内贸易的官方统计数据一致。

结合官方统计数据与一些合理假设(将在后面详细说明),我们可以初步预测那些未被观察到的产业内贸易和产业间贸易的增加值。这些初始值可能无法满足所有的加总约束条件,因此需要作一定调整。我们将这个估计问题转换为一个最小化以下目标函数的条件最优化问题:

$$\min S=\sum_{i=1}^{K}\sum_{j=1}^{K}\frac{(z_{ij}^{dd}-z_{0ij}^{dd})^2}{z_{0ij}^{dd}}+\sum_{i=1}^{K}\sum_{j=1}^{K}\frac{(z_{ij}^{dp}-z_{0ij}^{dp})^2}{z_{0ij}^{dp}}+\sum_{i=1}^{K}\sum_{j=1}^{K}\frac{(z_{ij}^{md}-z_{0ij}^{md})^2}{z_{ij}^{md}}$$
$$+\sum_{i=1}^{K}\sum_{j=1}^{K}\frac{(z_{ij}^{mp}-z_{0ij}^{mp})^2}{z_{0ij}^{mp}}+\sum_{j=1}^{K}\frac{(v_j^d-v_{0j}^d)^2}{v_{0j}^d}+\sum_{j=1}^{K}\frac{(v_j^p-v_{0j}^p)^2}{v_{0j}^p}\qquad(5.30)$$

其中,$z$ 和 $v$ 是待估计变量,下标有 0 的变量表示初始值。因为这九组线性约束(等式(5.21)—(5.29)的右边)中的所有参数都可以直接或间接从官方统计资料获得,所以模型的解是一个凸集,而且在线性约束的所有参数都保持为常数时,模型解相对于初始值的变化将会相对稳定。

等式(5.31)按部门 $j$ 中投入 $i$ 的使用比例来分配 $m_i^d$ 和 $m_i^p$,可以得到 $z_{ij}^{md}$ 和 $z_{ij}^{mp}$ 的初始值:

$$z_{0ij}^{mp}=\frac{z_{ij}(e_j^p/x_j)}{\sum_k^N z_{ij}(e_k^p/x_k)}m_i^p,\quad z_{0ij}^{md}=\frac{z_{ij}(x_j-e_j^p)/x_j}{\sum_k^N z_{ik}(x_k-e_k^p)/x_k}m_i^d\qquad(5.31)$$

从部门 $i$ 到部门 $j$ 的部门间中间投入总量在一般贸易和加工贸易中的分解,依据它们在总产出中的比例。总的中间投入与通过等式(5.31)估计的进口中间投入之间的差额,就是国内生产的中间投入的初始值,如等式(5.32)和(5.33)所示:

$$z_{0ij}^{dd}=z_{ij}\frac{(x_j-e_j^p)}{x_j}-z_{0ij}^{md}\qquad(5.32)$$

$$z_{0ij}^{dp}=z_{ij}\frac{e_j^p}{x_j}-z_{0ij}^{mp} \tag{5.33}$$

部门 $j$ 生产的用于加工出口的直接增加值的初始值 $v_{0j}^p$，一般设定为等式(5.24)的残差。然而，我们将最小值设定为，部门劳动补偿下降与加工出口占部门总产出的比例的乘积之和。换言之，初始值 $v_{0j}^p$ 被设定为等式(5.24)的残差和最小值之间的较大者。国内销售和一般贸易出口的直接增加值的初始值 $v_{0j}^d$ 被设定为 $v_j$(来自投入产出表)与 $v_{0j}^p$ 的差。

我们利用备选初始值进行一些敏感度检验。结果显示它们没有实质性改变我们的基本结论。我们在 GAMS(Brooke et al.，2005)中应用该规划模型；相关计算机程序和数据文件可以在作者和 USITC 的网站下载。

## 3　估计结果

我们首先说明数据来源，然后在总量、部门、企业所有权和主要目的国等层面，给出对中国出口的国内份额和国外份额的估计结果并讨论。

### 3.1　数据

产业间贸易和(直接)增加值数据来自中国国家统计局(NBS)发布的 1997 年、2002 年和 2007 年的中国基准投入产出表，但是详细的 1997 年、2002 年和 2007 年出口和进口数据则来自中国海关总署。贸易统计数据首先从 8 位 HS 编码汇总到中国的投入产出行业，然后再用于计算加工出口在每一个投入产出行业的份额。通过改进 Dean 等(2007)的方法，根据加工进口产品和一般进口产品在贸易统计数据中的差别和 UNBEC 分类方法，我们将一种商品分类中的所有进口产品分成三个部分：

(i) 生产加工出口产品的中间投入；

(ii) 用于一般贸易出口和国内最终销售产品生产的中间投入；

(iii) 用于总资本形成和最终消费的中间投入。

将 1996—2008 年间的这些贸易统计数据以其在中国进口总额的占比和加工出口贸易的占比一起列示于表 5.1。从表 5.1 可以看出，加工出口使用的进口投入呈下降趋势，而一般贸易和国内最终销售使用的进口投入则呈上升趋势。[27]

[27] 表 5.1 对应的部门层面数据被用于决定等式(5.21)—(5.26)的参数。等式(5.27)—(5.29)的其他参数可以从中国官方公布的基准投入产出表直接获得。

**表 5.1　估计所用的主要贸易比例参数(1997—2008 年)**

| | 进口中间品(%) | | 进口资本品(%) | | 进口的最终消费品(%) | 加工出口占出口总额的比重(%) |
|---|---|---|---|---|---|---|
| | 加工出口 | 一般使用 | 加工出口 | 一般使用 | | |
| 年份 | 1 | 2 | 3 | 4 | 5 | 6 |
| 1996 | 46.2 | 26.8 | 16.7 | 8.1 | 2.2 | 56.0 |
| 1997 | 51.2 | 28.2 | 12.1 | 7.3 | 1.3 | 55.1 |
| 1998 | 50.7 | 28.2 | 9.7 | 10.0 | 1.4 | 57.4 |
| 1999 | 43.6 | 35.0 | 8.2 | 11.2 | 2.0 | 57.3 |
| 2000 | 39.4 | 41.2 | 8.5 | 9.1 | 1.8 | 55.7 |
| 2001 | 36.6 | 41.2 | 8.7 | 11.6 | 1.9 | 55.9 |
| 2002 | 38.0 | 39.1 | 10.2 | 11.0 | 1.8 | 55.9 |
| 2003 | 35.0 | 41.8 | 10.7 | 10.8 | 1.6 | 56.0 |
| 2004 | 34.7 | 43.0 | 11.8 | 8.9 | 1.5 | 56.3 |
| 2005 | 36.1 | 43.6 | 10.6 | 8.1 | 1.5 | 55.6 |
| 2006 | 35.3 | 44.2 | 9.8 | 8.9 | 1.7 | 53.6 |
| 2007 | 32.7 | 47.3 | 9.0 | 7.6 | 3.3 | 50.1 |
| 2008 | 27.5 | 53.5 | 8.1 | 7.2 | 3.7 | 48.1 |

资料来源:作者的计算是根据中国海关贸易统计和 UNBEC 分类表。

“一般使用”是指“一般贸易出口和国内销售”。UNBEC 分类将每个六位 HS 编码产品归类于三大类型之一:“中间投入”“资本品”和“最终消费品”。对于前两类产品,我们进一步将进口品分解为两个子类型:报关的“加工进口品”被用于生产加工出口,它按规定不得被销售给任何国内用户,剩余的进口品则被分类为一般使用。资本品则是传统投入产出模型中的最终消费品的一部分(1—5 栏之和为 100%)。但是这种分类可能低估出口中的进口含量。因此,我们还尝试将一部分资本品分类为当年使用的投入。我们将在 3.2 部分讨论这个问题。

我们将在网上附录报告三个基准年份(1997 年、2002 年和 2007 年)的每个投入产出行业的贸易比例参数。通过中国官方详细的贸易统计数据(8 位 HS 编码)直接计算的这些数据,对于理解中国总出口中的国内含量和国外含量估计,特别是跨部门的异质性和变化,非常重要。我们的估计结果反映了这些参数。

### 3.2　总出口中的国内含量和国外含量

表 5.2 给出了 1997 年、2002 年和 2007 年中国总出口的国外增加值和国内增加值份额。为了作对比，我们把忽略了加工贸易的 HIY 法的结果也列出来。中国货物贸易出口额的国内增加值比重在 1997 年为 54%，而在 2007 年为 60.6%。对于制造业产品，这些估计值略低，但是增长趋势更明显：从 1997 年的 50.0%提高到 2007 年的 59.7%。一般来说，估计出的国内直接增加值占比不到全部国内增加值的一半。但是，估计出的国外间接增加值占比相当小；国外含量的大部分来自直接进口的国外投入，以 1997 年和 2007 年为甚。国外间接增加值随时间增长，并且在 2007 年达到中国直接进口的国外投入的 1/4 左右，这表明国外部分的简单加工和装配比例在下降，更多的进口中间品被用作生产出口品的其他中间投入品。

**表 5.2　总出口中的国内增加值和国外增加值占比(%)**

| | 一般贸易出口 HIY 方法 | | | 加工贸易出口 KWW 方法 | | |
|---|---|---|---|---|---|---|
| | 1997 年 | 2002 年 | 2007 年 | 1997 年 | 2002 年 | 2007 年 |
| **全部商品** | | | | | | |
| 全部国外增加值 | 17.6 | 25.1 | 28.7 | 46.0 | 46.1 | 39.4 |
| 国外直接增加值 | 8.9 | 14.7 | 13.7 | 44.4 | 42.5 | 31.6 |
| 全部国内增加值 | 82.4 | 74.9 | 71.3 | 54.0 | 53.9 | 60.6 |
| 国内直接增加值 | 29.4 | 26.0 | 20.3 | 22.2 | 19.7 | 17.1 |
| **仅工业制成品** | | | | | | |
| 全部国外增加值 | 19.0 | 26.4 | 27.1 | 50.0 | 48.7 | 40.3 |
| 国外直接增加值 | 9.7 | 15.6 | 16.3 | 48.3 | 45.1 | 32.4 |
| 全部国内增加值 | 81.1 | 73.6 | 72.9 | 50.0 | 51.3 | 59.7 |
| 国内直接增加值 | 27.5 | 24.6 | 24.6 | 19.6 | 18.1 | 16.5 |

注：HIY 法是指使用 Hummels 等(2001)的方法进行估计。KWW 法是指使用本章提出的考虑了加工出口的特殊性的方法进行估计。

资料来源：作者的估计基于中国国家统计局公布的中国 1997 年、2002 年和 2007 年基准投入产出表，以及中国海关的中国官方贸易统计数据。

相对于 HIY 法的估计结果，我们的方法得到了中国总出口中一个高得多的国外增加值比例和不同的时间趋势。具体来说，HIY 法的估计结果给出全部商品出口的国外含量(全部垂直专业化)占比从 1997 年的 17.6%增加至 2007 年的 28.7%，同期，制造业出口的国外增加值比重仅从 19.0%增加到 27.1%。而我们的估计结果显示了截然相反的趋势，即，全部商品出口的国外增加值比重从 1997 年的 46%下降至 2007 年的 39.4%，而制造业出口的国外增加值比重更是戏剧性地从 1997 年的 50%降至 2007 年的 40.3%。这种下降趋势主要发生在 2002—

2007年期间,当时正是中国加入WTO后的第一个五年。我们的估计结果表明HIY法似乎错误地估计了中国出口的国内含量和国外含量的水平和趋势。这些显著差异表明考虑加工出口和一般出口的差别的重要性。

我们的方法和HIY法之间的差别是什么?至少有三个因素驱动中国总出口的国外含量占比变化,它们包括:

(1)加工出口、一般贸易出口和国内销售使用的进口中间投入的相对比例;

(2)加工出口在总出口中的比例;

(3)出口的部门组成。

因为加工出口大量更多地使用进口投入品,并且加工出口占中国总出口的一大半,所以HIY指标大大低估了国外含量在中国出口中的真实份额。这也解释了为什么我们的方法估算的国内含量份额远低于HIY指标。另外,因为出口企业(既包括从事一般贸易出口的企业,又包括从事加工出口的企业)逐渐增加来自中国国内的中间投入品,包括将其上游生产转移到中国的跨国公司,所以中国出口的国内含量占比逐年升高。这一过程可能受益于中国加入了WTO。然而,因为国内含量占比相对较低的行业的出口通常增长得更快,所以一国总出口的组成可能会发挥抵消作用,减缓国内增加值占比的增长。伴随着中国政府从2006年底起缩小外商投资企业与国内企业之间的政策待遇差距,以及加工出口和一般贸易出口之间的政策待遇差距,中国出口的国内含量比例将来还会继续上升。

加工出口和一般贸易出口的国内增加值(DVA)比例的估计值(见表5.3)证实了我们的解释。1997—2007年间,国内销售和一般贸易出口使用的全部国外增加值的比例增长超过了10%。然而我们发现,加工出口使用更多国内投入品,国内增加值的占比从1997年的20.7%增加到2007年的37.0%,增加了近16.3%。因为加工出口在2007年仍然占中国总出口的50%以上,所以中国总出口的国内增加值比例在这10年也一直上升。由此可见在这两种出口方式中,国内增加值的占比差距很大,而且在短时间内不可能消失。

**表5.3 国内增加值和国外增加值:加工贸易出口与一般贸易出口(占总出口中的百分比)**

| | 一般贸易出口 | | | 加工贸易出口 | | |
|---|---|---|---|---|---|---|
| | 1997年 | 2002年 | 2007年 | 1997年 | 2002年 | 2007年 |
| **全部商品** | | | | | | |
| 全部国外增加值 | 5.2 | 10.4 | 16.0 | 79.0 | 74.6 | 62.7 |
| 国外直接增加值 | 2.0 | 4.2 | 5.0 | 78.6 | 73.0 | 58.0 |
| 全部国内增加值 | 94.8 | 89.6 | 84.0 | 21.0 | 25.4 | 37.3 |
| 国内直接增加值 | 35.1 | 31.9 | 23.4 | 11.7 | 10.1 | 10.9 |

续表

| | 一般贸易出口 | | | 加工贸易出口 | | |
|---|---|---|---|---|---|---|
| | 1997年 | 2002年 | 2007年 | 1997年 | 2002年 | 2007年 |
| **仅工业制成品** | | | | | | |
| 全部国外增加值 | 5.5 | 11.0 | 16.4 | 79.4 | 75.2 | 63.0 |
| 国外直接增加值 | 2.1 | 4.5 | 5.2 | 79.0 | 73.6 | 58.3 |
| 全部国内增加值 | 94.5 | 89.0 | 83.6 | 20.7 | 24.8 | 37.0 |
| 国内直接增加值 | 31.5 | 29.5 | 22.4 | 11.7 | 10.0 | 10.9 |

资料来源：作者根据中国国家统计局公布的中国1997年、2002年和2007年基准投入产出表以及中国海关的中国官方贸易统计数据做出估计。

我们做了几个稳健性检验，考察我们的主要结果对备选方法的敏感性。备选方法重新设定变量初始值和进口比例参数。第一，根据加工出口和其他最终需求在某部门总产出的比例，为它们分配该部门的可观察的直接增加值，即 $v_{0j}^p$ 和 $v_{0j}^d$ 的初始值。第二，如果等式(5.24)的残差为正，那么用这个残差为 $v_{0j}^p$ 赋初始值；如果残差为负，则用前面的替代方法。第三，当我们将进口品按不同的使用者分配时，我们使用的是三年平均值（去年、今年和明年），而不是一年的统计值。第四，我们对资本品分别尝试0%和10%的折旧率，发现折旧率改变使主要结果只产生很小变化。特别值得一提的是，国内含量在总出口中的占比呈现增长趋势，这个趋势对于以上变化表现出稳健性。

### 3.3　不同所有权企业的出口中的国内含量

因为外商投资企业的出口占中国出口超过一半，所以它们出口的国内含量占比就备受关注。但是因为没有单独的按企业所有权编制的投入产出表信息，所以我们不能将一个部门和贸易方式（加工贸易出口或一般贸易出口）中的外资企业和本地企业区分开。作为替代，我们通过外资企业总出口中的国内含量占比，得出一个估计值。通过构造，不同所有权的企业之间的差别被全部归因于它们对部门内的加工出口的依赖程度，以及它们的总出口的部门组成差异（两者都可以直接从海关贸易统计中观察到）。

表5.4列示了不用所有权企业的国内含量占比的估计值。该结果显示：外商独资企业出口的国内增加值占比最低，但其增长较快（从2002年的33.4%增至2007年的44.1%）。紧随其后的是中外合资企业（2002年和2007年占比都在44%左右）。中国民营企业出口的国内含量占比最高（2002年和2007年分别为83.9%和80.8%），而国有企业的占比在中间位置（2002年和2007年都在70%左

右）。值得注意的是，这些估计是根据目前可得到的信息做出的最好猜测；如果按企业所有权编制的投入产出表出现，那么就会得到更好的估计。

**表 5.4　不同所有权企业出口的国内增加值占比（%）（2002 年和 2007 年）**

| | SPET | 非加工贸易 | | 加工贸易 | | 加权和 | | SFT |
|---|---|---|---|---|---|---|---|---|
| | | 直接 DVA | 全部 DVA | 直接 DVA | 全部 DVA | 直接 DVA | 全部 DVA | |
| **2002 年** | | | | | | | | |
| 外商独资企业 | 87.5 | 34.9 | 90.1 | 9.8 | 25.3 | 13.0 | 33.4 | 28.9 |
| 合资企业 | 70.5 | 31.2 | 89.4 | 9.9 | 24.5 | 16.2 | 43.6 | 22.9 |
| 国有企业 | 32.2 | 32.1 | 89.6 | 10.7 | 26.4 | 25.2 | 69.3 | 38.1 |
| 集体企业 | 27.4 | 29.9 | 89.6 | 10.8 | 28.2 | 24.7 | 72.8 | 5.8 |
| 民营企业 | 9.0 | 30.7 | 89.6 | 10.7 | 26.3 | 28.9 | 83.9 | 4.3 |
| 全部企业 | 55.7 | 31.8 | 89.3 | 10.1 | 26.1 | 19.7 | 53.9 | 100.0 |
| **2007 年** | | | | | | | | |
| 外商独资企业 | 83.0 | 23.8 | 83.8 | 11.4 | 36.0 | 13.5 | 44.1 | 38.1 |
| 合资企业 | 59.5 | 23.0 | 83.6 | 10.4 | 38.7 | 15.5 | 56.9 | 17.7 |
| 国有企业 | 25.8 | 23.4 | 83.4 | 10.0 | 39.5 | 20.0 | 72.1 | 18.9 |
| 集体企业 | 24.0 | 22.4 | 83.1 | 8.9 | 42.0 | 19.1 | 73.3 | 4.0 |
| 民营企业 | 9.6 | 23.5 | 84.9 | 9.8 | 42.0 | 22.2 | 80.8 | 21.3 |
| 全部企业 | 50.0 | 23.5 | 83.9 | 10.5 | 38.7 | 17.1 | 60.6 | 100.0 |

注：SPET：加工贸易出口在总出口中的比重。

SFT：不同所有制企业的出口在中国总出口中的比重。

投入产出结构被假定为在所有类型企业之间对于一个部门内的一种给定贸易方式是相同的。不同类型企业的国内增加值差异仅仅是由于部门组成的不同和对加工出口的依赖程度不同。

资料来源：作者根据中国国家统计局公布的中国 2002 年和 2007 年基准投入产出表和中国海关的中国官方贸易统计数据进行估计。

该表最显著的特征是外资企业出口的国内含量占比一直上升，它从 2002 年到 2007 年增加了超过 10%。这意味着国内含量占比的增加，主要归因于外资加工贸易出口商越来越多地从中国采购中间投入品。这可能也与越来越多的跨国企业将其上游生产转移到中国有关。

### 3.4　不同部门的国内含量

为了一窥部门层面的贸易模式，表 5.5 和表 5.6 按照国内含量占比升序分别列示了 2002 年和 2007 年中国行业出口的增加值分解，加工贸易和外资企业在各部门出口中的占比，以及中国商品出口的部门占比。因为 2002—2007 年部门分类是一致的（但在1997—2002年间不一致），所以我们选择2002年和2007年来展示部门层面的结果。

**表5.5　不同制造业部门出口的国内增加值占比（2002年）**

| 行业分类 | 增加值分解（%） | | | 在加工贸易中的占比（%） | 在FIE中的占比（%） | 在商品贸易中的占比（%） |
|---|---|---|---|---|---|---|
| | 非加工贸易 | 加工贸易 | 加权和 | | | |
| 电信设备 | 87.5 | 5.3 | 12.5 | 91.2 | 88.4 | 3.2 |
| 造船 | 82.3 | 14.7 | 17.5 | 95.8 | 21.0 | 0.6 |
| 电子计算机设备 | 83.6 | 18.7 | 19.3 | 99.1 | 89.7 | 7.0 |
| 文化和办公设备 | 79.7 | 19.3 | 23.3 | 93.4 | 71.6 | 4.3 |
| 家电设备 | 88.2 | 6.8 | 23.9 | 79.1 | 56.9 | 1.9 |
| 家用视听设备 | 82.5 | 21.3 | 27.0 | 90.6 | 62.3 | 5.2 |
| 印刷、复制或记录媒介 | 91.1 | 19.7 | 31.9 | 83.0 | 62.7 | 0.3 |
| 塑料 | 84.4 | 10.3 | 36.6 | 64.5 | 51.2 | 2.4 |
| 电子元器件 | 84.6 | 32.8 | 38.1 | 89.7 | 87.5 | 3.4 |
| 钢铁冶炼 | 89.0 | 12.8 | 44.3 | 58.8 | 86.1 | 0.0 |
| 发电机 | 85.2 | 32.0 | 44.3 | 76.8 | 55.8 | 0.9 |
| 其他电信设备 | 97.8 | 36.0 | 45.3 | 84.9 | 84.9 | 1.8 |
| 橡胶 | 90.6 | 12.2 | 48.9 | 53.1 | 44.4 | 1.6 |
| 有色金属延压 | 86.2 | 7.5 | 49.3 | 46.9 | 48.7 | 0.4 |
| 测量仪表 | 85.8 | 32.9 | 49.5 | 68.6 | 51.8 | 1.8 |
| 纸和纸制品 | 90.8 | 12.4 | 51.5 | 50.7 | 57 | 0.5 |
| 家具 | 88.3 | 12.5 | 52.5 | 47.2 | 56.8 | 1.7 |
| 文化、教育和体育用品 | 87.5 | 38.2 | 52.7 | 70.6 | 56.3 | 3.3 |
| 有色金属冶炼 | 88.9 | 10.6 | 53.6 | 45.0 | 17.4 | 0.8 |
| 铁合金冶炼 | 83.6 | 13.0 | 54.8 | 40.8 | 13.1 | 0.2 |
| 合成材料 | 80.5 | 37.1 | 55.2 | 58.3 | 65.4 | 0.3 |
| 炼油与核燃料 | 79.4 | 5.5 | 55.7 | 32.1 | 24.9 | 0.8 |
| 金属制品 | 90.3 | 10.2 | 55.7 | 43.2 | 45.6 | 4.4 |
| 其他运输设备 | 86.0 | 12.7 | 55.8 | 41.2 | 50.5 | 1.2 |
| 其他机电设备 | 88.4 | 40.1 | 56.2 | 66.8 | 60.1 | 5.6 |
| 特殊化工产品 | 82.9 | 31.4 | 58.7 | 46.9 | 48.4 | 0.8 |

续表

| 行业分类 | 增加值分解(%) | | | 在加工贸易中的占比(%) | 在 FIE 中的占比(%) | 在商品贸易中的占比(%) |
|---|---|---|---|---|---|---|
| | 非加工贸易 | 加工贸易 | 加权和 | | | |
| 其他制造业产品 | 89.2 | 31.3 | 59.0 | 52.2 | 37.6 | 1.7 |
| 毛纺品 | 91.1 | 8.8 | 60.1 | 37.8 | 42.6 | 0.3 |
| 油漆、印刷油墨、颜料及相似产品 | 83.5 | 8.3 | 61.6 | 29.1 | 44.4 | 0.4 |
| 机动车 | 89.6 | 10.0 | 61.6 | 35.2 | 48.2 | 0.8 |
| 玻璃及其制品 | 86.8 | 16.5 | 63.6 | 33.0 | 48.8 | 0.5 |
| 皮革、皮毛及相关产品 | 91.9 | 40.4 | 63.9 | 54.3 | 50.3 | 4.5 |
| 日用化学品 | 85.3 | 26.8 | 64.1 | 36.3 | 43.6 | 0.4 |
| 衣服 | 91.3 | 34.3 | 65.6 | 45.1 | 39.2 | 7.0 |
| 化学纤维 | 80.2 | 9.2 | 65.7 | 20.5 | 29.2 | 0.0 |
| 其他特殊工业设备 | 89.3 | 32.0 | 66.4 | 39.9 | 44.0 | 1.3 |
| 锅炉、发动机和涡轮机 | 85.9 | 13.1 | 66.5 | 26.7 | 28.4 | 0.4 |
| 其他工业机器 | 90.1 | 38.6 | 67.6 | 43.7 | 43.7 | 3.5 |
| 炼铁 | 86.8 | 11.0 | 68.8 | 23.7 | 3.0 | 0.1 |
| 铁路运输设备 | 83.9 | 14.6 | 70.1 | 19.9 | 5.9 | 0.1 |
| 木材、竹子、藤条、棕榈及秸秆制品 | 87.8 | 11.3 | 72.8 | 19.6 | 45.6 | 1.0 |
| 针织和编织面料和制品 | 90.6 | 34.7 | 72.9 | 31.6 | 34.2 | 5.8 |
| 农、林、牧、渔业机器 | 85.7 | 13.9 | 72.9 | 17.8 | 20.8 | 0.1 |
| 农药 | 77.0 | 11.5 | 72.9 | 6.3 | 14.4 | 0.2 |
| 麻纺织品 | 89.5 | 11.7 | 74.3 | 19.5 | 19.5 | 0.3 |
| 纺织产品 | 90.1 | 28.9 | 75.5 | 24.0 | 31.8 | 1.4 |
| 棉纺织品 | 91.8 | 35.6 | 75.7 | 28.7 | 28.8 | 3.3 |
| 耐火产品 | 90.5 | 15.4 | 76.2 | 19.1 | 49.8 | 0.1 |
| 金属加工机器 | 87.2 | 18.8 | 78.1 | 13.3 | 27.0 | 0.2 |
| 医药 | 90.2 | 24.3 | 79.1 | 16.9 | 28.7 | 0.7 |
| 陶瓷 | 88.2 | 14.8 | 79.8 | 11.4 | 33.1 | 0.7 |
| 其他非金属矿产品 | 90.4 | 16.7 | 80.1 | 14.0 | 35.7 | 0.4 |
| 化肥 | 84.4 | 9.7 | 81.1 | 4.5 | 21.7 | 0.1 |

续表

| 行业分类 | 增加值分解(%) | | | 在加工贸易中的占比(%) | 在 FIE 中的占比(%) | 在商品贸易中的占比(%) |
|---|---|---|---|---|---|---|
| | 非加工贸易 | 加工贸易 | 加权和 | | | |
| 基本化工原料 | 87.1 | 43.7 | 82.0 | 11.7 | 18.8 | 2.0 |
| 轧钢 | 90.2 | 40.5 | 82.3 | 16.0 | 16.8 | 0.3 |
| 水泥、石灰及石膏 | 91.0 | 20.3 | 86.0 | 7.0 | 77.7 | 0.1 |
| 炼焦 | 91.4 | 13.2 | 89.4 | 2.6 | 5.3 | 0.3 |
| 所有商品 | 89.6 | 25.4 | 53.9 | 55.7 | 51.8 | 92.5 |

注：中国 2002 年和 2007 年的基准投入产出表分别包含 84 个和 90 个产品制造部门，而且它们都与中国的经济活动 4 位目分类一致(GB/T 4754-2002)。这种一致性使我们能够在该表中将这两个年份的估计值集中到 77 个一致的产品制造部门。

资料来源：作者的估算。

**表 5.6　不同制造业部门出口的国内增加值占比(2007 年)**

| 行业分类 | 增加值分解(%) | | | 在加工贸易中的占比(%) | 在 FIE 中的占比(%) | 在商品贸易中的占比(%) |
|---|---|---|---|---|---|---|
| | 非加工贸易 | 加工贸易 | 加权和 | | | |
| 家庭视听设备 | 75.9 | 29.6 | 32.6 | 93.4 | 79.1 | 2.5 |
| 电子计算机设备 | 75.7 | 33.0 | 33.9 | 97.9 | 93.3 | 11.3 |
| 文化及办公设备 | 74.1 | 33.1 | 36.5 | 91.7 | 86.4 | 1.6 |
| 其他电子及通信设备 | 68.0 | 34.7 | 39.7 | 84.8 | 81.6 | 1.4 |
| 电信设备 | 75.2 | 35.3 | 43.6 | 79.3 | 83.6 | 5.9 |
| 造船 | 83.9 | 39.1 | 43.8 | 89.4 | 46.5 | 1.1 |
| 炼油和核燃料 | 68.7 | 20.1 | 44.4 | 50.1 | 27.3 | 0.7 |
| 测量仪表 | 80.0 | 37.8 | 45.8 | 81.2 | 73.3 | 2.5 |
| 合成材料 | 76.4 | 34.0 | 47.7 | 67.7 | 66.1 | 0.6 |
| 家用电器 | 82.0 | 35.6 | 51.8 | 65.1 | 61.7 | 2.7 |
| 其他电器设备 | 80.3 | 33.7 | 52.1 | 60.5 | 65.9 | 4.9 |
| 橡胶 | 81.8 | 27.0 | 53.4 | 51.8 | 41.9 | 1.7 |
| 塑料 | 80.8 | 31.1 | 55.1 | 51.7 | 54.7 | 1.7 |
| 文化、教育和体育用品 | 83.0 | 45.6 | 58.4 | 66.0 | 64.9 | 2.1 |
| 特殊化学产品 | 76.7 | 34.0 | 61.6 | 35.3 | 51.2 | 0.8 |
| 化学纤维 | 76.4 | 51.9 | 62.6 | 56.2 | 48.7 | 0.3 |
| 其他特殊工业设备 | 82.5 | 43.0 | 65.2 | 43.8 | 54.7 | 2.7 |

续表

| 行业分类 | 增加值分解(%) | | | 在加工贸易中的占比(%) | 在FIE中的占比(%) | 在商品贸易中的占比(%) |
|---|---|---|---|---|---|---|
| | 非加工贸易 | 加工贸易 | 加权和 | | | |
| 发电机 | 80.3 | 51.2 | 66.6 | 47.2 | 50.3 | 0.7 |
| 铁路运输设备 | 77.7 | 54.1 | 69.0 | 37.0 | 12.2 | 0.1 |
| 皮革、皮毛、软毛及相关产品 | 90.4 | 40.4 | 69.2 | 42.5 | 46.0 | 2.4 |
| 纸及纸制品 | 85.5 | 57.6 | 69.2 | 58.4 | 62.8 | 0.4 |
| 金属产品 | 85.1 | 39.7 | 70.1 | 32.9 | 49.5 | 4.4 |
| 锅炉、发动机和涡轮机 | 81.6 | 38.7 | 70.6 | 25.6 | 37.8 | 0.5 |
| 有色金属压延 | 78.6 | 56.1 | 71.2 | 32.7 | 41.4 | 1.0 |
| 其他制造业产品 | 86.5 | 48.1 | 72.3 | 36.8 | 41.5 | 1.6 |
| 油漆、印刷墨水、颜料及相似产品 | 76.5 | 56.8 | 72.6 | 20.1 | 47.3 | 0.3 |
| 农药 | 73.9 | 53.6 | 72.9 | 4.8 | 19.5 | 0.1 |
| 日用化学品 | 80.8 | 58.4 | 73.3 | 33.5 | 55.5 | 0.3 |
| 有色金属冶炼 | 76.2 | 56.4 | 73.3 | 14.6 | 19.6 | 0.8 |
| 其他运输设备 | 81.0 | 54.9 | 73.9 | 27.8 | 46.5 | 0.9 |
| 基本化学原材料 | 80.8 | 42.5 | 74.9 | 15.6 | 26.4 | 1.9 |
| 机动车 | 84.0 | 47.4 | 75.3 | 23.7 | 42.0 | 2.0 |
| 农、林、牧、渔业机器 | 80.6 | 57.7 | 75.6 | 21.9 | 32.7 | 0.1 |
| 其他工业机器 | 83.6 | 56.2 | 75.6 | 29.0 | 49.9 | 3.4 |
| 炼铁 | 75.9 | 50.6 | 75.6 | 1.1 | 24.3 | 0.1 |
| 铁合金冶炼 | 75.7 | 53.3 | 75.6 | 0.4 | 8.8 | 0.4 |
| 家具 | 86.7 | 56.1 | 76.2 | 34.2 | 56.0 | 2.0 |
| 印刷、复制或记录媒介 | 86.4 | 61.0 | 76.5 | 39.0 | 44.4 | 0.2 |
| 玻璃及其制品 | 83.3 | 59.0 | 76.7 | 27.2 | 46.4 | 0.6 |
| 毛纺品 | 89.4 | 57.9 | 76.9 | 39.8 | 46.8 | 0.2 |
| 金属加工机器 | 81.2 | 56.8 | 77.3 | 16.0 | 36.4 | 0.3 |
| 轧钢 | 80.0 | 52.9 | 77.8 | 8.3 | 22.6 | 3.8 |
| 化肥 | 81.0 | 57.3 | 77.9 | 13.2 | 9.5 | 0.3 |
| 棉纺织品 | 88.0 | 45.8 | 78.9 | 21.5 | 26.1 | 2.1 |

续表

| 行业分类 | 增加值分解(%) | | | 在加工贸易中的占比(%) | 在FIE中的占比(%) | 在商品贸易中的占比(%) |
|---|---|---|---|---|---|---|
| | 非加工贸易 | 加工贸易 | 加权和 | | | |
| 衣服 | 89.5 | 53.9 | 79.0 | 29.7 | 36.9 | 4.6 |
| 医药 | 87.6 | 37.5 | 80.3 | 14.5 | 32.3 | 0.8 |
| 木、竹子、藤、棕榈及草制品 | 84.6 | 58.4 | 80.4 | 16.1 | 33.1 | 1.0 |
| 炼钢 | 80.8 | 51.7 | 80.8 | 0.2 | 7.1 | 0.3 |
| 陶瓷品 | 83.4 | 58.2 | 82 | 5.2 | 29.9 | 0.5 |
| 纺织品 | 88.4 | 54.9 | 82.4 | 18.1 | 35.1 | 1.8 |
| 针织和编织面料及制品 | 88.2 | 51.6 | 82.5 | 15.6 | 25.7 | 5.7 |
| 其他非金属矿物品 | 86 | 56.6 | 83 | 10.1 | 25.1 | 0.5 |
| 麻纺织品 | 86.6 | 56.8 | 83.9 | 9.0 | 14.7 | 0.2 |
| 耐火材料 | 86.6 | 55.1 | 84.7 | 5.8 | 51.6 | 0.1 |
| 水泥、石灰及石膏 | 89.0 | 52.9 | 88.4 | 1.7 | 29.6 | 0.1 |
| 炼焦 | 89.6 | — | 89.6 | 0.0 | 11.4 | 0.3 |
| 所有商品 | 84.0 | 37.3 | 60.6 | 50.1 | 55.7 | 96.0 |

注：中国2002年和2007年的基准投入产出表分别包含84个和90个产品制造部门，而且它们都与中国的经济活动4位目分类一致(GB/T 4754-2002)。这种一致性使我们能够在该表中将这两个年份的估计值集中到77个一致的产品制造部门。

资料来源：作者的估算。

表5.6所列的57个制造业中，2002年有15个行业出口的国内增加值占比低于50%，这些行业的出口额占当年中国商品出口近35%。值得注意的是，许多低国内增加值行业可能被贴上高复杂度的标签，例如，电信设备、电子计算机、测量仪器或电子设备。这些行业的一个共同特征是，加工出口占其总出口的比例高于2/3(并且外资企业发挥着压倒性作用)。2007年，国内含量占比低于50%的行业数量减少至10个，这些行业占中国总出口的比例降至32%。

表5.6接下来的18个行业的国内增加值占比取值在51%—65%之间，它们的出口额占2002年中国商品出口总额的28%。许多劳动密集型部门属于这一组，例如家具、玩具和体育用品、皮革、毛皮、软毛及相关产品。

剩下的24个行业的国内增加值占比较高。2002年，作为一个整体，它们的出口额在中国商品出口总额中的占比略低于30%。服装是中国最大的劳动密集型出口行业，单独占2002年中国商品出口总额的7%，以66%的国内含量占比处于该集团的顶部。表 5.6 最下面的 12 个行业的国内增加值占比超过 75%，但 2002 年它们的出口额只在中国商品出口总额中占 10%。

国内增加值高比重的行业在中国出口贸易总额中的占比从 2002 年到 2007 年明显上升。国内增加值超过 75%的行业数量从 2002 年的 12 个增加到 2007 年的 25 个(对照表 5.5 和表 5.6)，而且它们的出口在中国出口贸易总额中的比例同样从 2002 年的 10%增加到 2007 年的 30%。在这些国内增加值高比重的行业，除了传统的劳动密集型产业，例如家具、纺织和服装以外，我们开始看到资本密集型产业和技术密集型产业，例如汽车、工业机械和轧制钢(这些产业占国内增加值高比重部门出口的近 1/3)。这一现象可能反映了中国的产业升级。

## 4　中国对贸易伙伴出口中的国内增加值份额

通过假设任一给定部门的同一种贸易方式的国内增加值占比对所有目的国和地区都一样，我们可以进一步估算中国对各主要贸易伙伴出口的国内增加值占比。但是应当注意的是，这种方法因为目的地而产生的差异，完全归因于中国对各贸易伙伴的出口结构(部门构成)。表 5.7 以升序方式列示了 2002 年中国对各主要贸易伙伴的商品出口总额中的国内增加值占比。

**表 5.7　中国对主要贸易伙伴出口的全部国内增加值占比(%)(2002 年和 2007 年)**

| 国家/地区 | 加工贸易出口在出口总额中的比重 | | 非加工贸易 | | 加工贸易 | | 加权和 | | 在对全球出口总额中的比重 | |
|---|---|---|---|---|---|---|---|---|---|---|
| | 2002 年 | 2007 年 | 2002 年 | 2007 年 | 2002 年 | 2007 年 | 2002 年 | 2007 年 | 2002 年 | 2007 年 |
| 中国香港 | 74.0 | 77.4 | 89.8 | 83.0 | 26.3 | 35.3 | 42.8 | 46.0 | 17.5 | 14.3 |
| 美国 | 67.2 | 61.7 | 89.2 | 84.6 | 24.3 | 38.2 | 45.5 | 56.0 | 21.6 | 19.1 |
| 新加坡 | 62.7 | 59.7 | 88.7 | 83.4 | 24.3 | 33.0 | 48.3 | 53.3 | 2.1 | 2.1 |
| 中国台湾 | 59.6 | 50.7 | 89.3 | 81.9 | 27.1 | 34.9 | 52.2 | 58.0 | 2.0 | 1.9 |
| 马来西亚 | 57.6 | 52.0 | 90.4 | 84.0 | 25.5 | 33.5 | 53.0 | 57.7 | 1.5 | 1.5 |
| 日本 | 59.2 | 56.4 | 90.7 | 85.4 | 27.6 | 40.5 | 53.3 | 60.1 | 15.0 | 8.4 |
| EU15 | 54.8 | 50.9 | 89.4 | 84.0 | 23.6 | 37.2 | 53.4 | 60.2 | 14.9 | 18.3 |
| 泰国 | 48.1 | 38.8 | 88.3 | 82.0 | 22.9 | 38.7 | 56.8 | 65.2 | 0.9 | 1.0 |
| 其余 OECD 国家 | 46.9 | 38.5 | 89.7 | 85.4 | 25.4 | 40.3 | 59.5 | 68.0 | 1.7 | 2.1 |
| 韩国 | 45.4 | 43.2 | 90.4 | 83.5 | 27.1 | 37.0 | 61.6 | 63.4 | 4.8 | 4.7 |
| 澳大利亚/新西兰 | 41.6 | 42.8 | 89.3 | 84.4 | 23.0 | 38.6 | 61.7 | 64.8 | 1.6 | 1.7 |

续表

| 国家/地区 | 加工贸易出口在出口总额中的比重 | | 非加工贸易 | | 加工贸易 | | 加权和 | | 在对全球出口总额中的比重 | |
|---|---|---|---|---|---|---|---|---|---|---|
| | 2002年 | 2007年 | 2002年 | 2007年 | 2002年 | 2007年 | 2002年 | 2007年 | 2002年 | 2007年 |
| 墨西哥 | 42.1 | 49.1 | 89.6 | 84.2 | 26.6 | 35.8 | 63.1 | 60.4 | 0.9 | 0.9 |
| 菲律宾 | 37.6 | 38.2 | 89.1 | 83.5 | 25.2 | 33.8 | 65.1 | 64.5 | 0.6 | 0.6 |
| EU12 | 36.5 | 50.8 | 90.2 | 83.4 | 22.9 | 35.8 | 65.7 | 59.2 | 1.5 | 1.9 |
| 巴西 | 35.0 | 36.7 | 89.4 | 83.2 | 27.1 | 37.7 | 67.6 | 66.5 | 0.5 | 0.9 |
| 印度 | 24.0 | 27.0 | 89.3 | 81.7 | 21.5 | 38.6 | 73.1 | 70.1 | 0.8 | 2.0 |
| 其余拉丁美洲/加勒比海国家 | 20.3 | 24.2 | 89.2 | 83.4 | 23.1 | 38.1 | 75.8 | 72.5 | 1.6 | 2.4 |
| 印度尼西亚 | 20.7 | 23.4 | 89.4 | 83.3 | 25.8 | 36.1 | 76.2 | 72.2 | 1.1 | 1.1 |
| 中东/北非 | 19.4 | 18.2 | 89.3 | 83.9 | 21.9 | 38.8 | 76.3 | 75.6 | 3.6 | 4.8 |
| 东欧/中亚 | 18.9 | 16.6 | 89.4 | 85.0 | 26.3 | 39.2 | 77.5 | 77.4 | 0.9 | 2.8 |
| 其余亚洲国家 | 17.2 | 18.9 | 88.6 | 83.5 | 27.0 | 41.6 | 77.9 | 75.6 | 2.2 | 2.6 |
| 撒哈拉以南非洲 | 15.5 | 16.1 | 89.6 | 83.9 | 22.1 | 38.8 | 79.2 | 76.6 | 1.4 | 2.1 |
| 俄罗斯 | 15.5 | 16.9 | 90.9 | 85.6 | 30.4 | 39.3 | 81.5 | 77.8 | 1.1 | 2.4 |
| 全球 | 55.7 | 50.0 | 89.6 | 84.0 | 25.4 | 37.3 | 53.9 | 60.6 | 100.0 | 99.9 |

注:投入产出结构被假定为在所有类型企业之间对于一个部门内的一种给定贸易方式是相同的。不同类型企业的国内增加值差异,仅仅是由于部门组成的不同和对加工出口的依赖程度差异。

资料来源:作者根据中国国家统计局公布的中国2002年和2007年基准投入产出表和中国海关的中国官方贸易统计数据估算。

2002年和2007年,中国香港、美国、新加坡、中国台湾和马来西亚都位于表5.7的顶部,中国对主要贸易伙伴出口的国内增加值比重小于等于60%。值得注意的是,中国对发展中国家和地区出口趋向于比对OECD国家和地区出口体现出更高的国内增加值比重。虽然这一模式似乎反映了Manova和Zhang(2012)的发现,即中国的出口价格在低收入国家和地区有下降趋势,但是我们的数据和方法不允许我们去估计出口至特定目的地的某个产品的国内增加值。

虽然中国对高收入国家和地区出口的国内增加值占比在2002—2007年间上升,但是对发展中国家和地区却是下降的。这意味着更多当地投入品逐渐地被用于生产对高收入国的出口产品,而对发展中国家和地区的出口则呈现相反趋势。

## 5　结束语

生产的跨国分工可以降低生产成本，并使资源得到更有效配置，但同时也在总出口和国内增加值之间形成了差距。因为加工贸易出口跟一般贸易出口在使用进口投入上有着不同倾向，所以在估算一国出口的国内增加值占比时必须考虑这种差异。

本章，我们在分解出加工贸易出口的情况下，提出了估算一国出口的国内增加值和国外增加值份额的总体框架。著名核算方法 Hummels 等(2001)作为一个特例，可以嵌入本章提出的公式。如果可以得到单独的加工贸易出口和一般贸易出口的投入产出表，那么我们的公式就可以直接应用。

因为新方法要求的一些投入产出系数还不能从传统投入产出表获得，所以我们提出一种易于复制的数学推导过程，根据详细的贸易统计数据(分别记录加工贸易出口和一般贸易出口)和传统投入产出表，来估算这些系数。这种方法应该适用于越南、墨西哥和其他大规模参与加工贸易出口的发展中国家。

通过将我们的方法应用于中国的数据，我们发现了一些有意思的模式。首先，中国制造业出口的国外含量比例在 1997—2002 年间接近 50%，一直是用 HIY 公式计算结果的两倍。第二，国内含量占比在 2002—2007 年间从 51%增至 60%，该过程对应着中国入世之后的头五年。我们还发现部门间的异质性：那些可能被贴上高复杂度或高技术标签的行业，例如计算机、电子设备和电信设备，出口的国内含量比例明显过低。而许多低技能、相对劳动力密集型部门，例如服装制造业出口的国内含量占比很高。最后，我们发现外商投资企业(包括外商独资企业和中外合资企业)出口的国内含量占比相当低，这是因为它们倾向于更多地从事加工贸易出口，并且在国内增加值占比较低的部门占有较大市场份额。

未来的研究可以改进这一章的估算。第一，我们根据传统投入产出表和相关比例假设，对行业层面加工出口的直接国内增加值赋初始值。但是如果能够获得企业层面的调查数据，这些数据分别追踪加工贸易出口和一般贸易出口的直接增加值，并且提供进口中间投入品跨部门分配的信息，那么我们就可以提高估算的准确性。第二，因为投入产出表有内在局限性，即假设投入产出系数是固定的(这是假设的里昂惕夫技术的本质)，而不是允许其随价格变化而变化。如果相关投入产出表每年都可以获得，那么投入产出系数的变化就可以被记录下来。如果只能得到年度间隔较大的投入产出表(例如每五年发布一次)，这也是发展中国家的实际情况，那么以过去的投入产出表对出口的国内增加值占比进行估算就会有问题，特别是在存在大的冲击使投入产出参数产生大的变化（但变化是观察不到的）的年份。

本章没有直接探讨出口的国内含量占比发生变化的原因和结果。这些问题将会是未来研究取得丰硕成果的领域。

## 参考文献


Banister, J., "Manufacturing Employment in China," *BLS Monthly Labor Review* (July), 2005.

Brooke, A., D.Kendrick, A.Meeraus and R.Raman, *Gams: User's Guide*, GAMS Development Cooperation. Washington, DC, 2005.

Chen, X., L.Cheng, K.C.Fung and L.J.Lau, "The Estimation of Domestic Value-Added and Employment Induced by Exports: An Application to Chinese Exports to the United States," *Working Paper*, Stanford University, 2004.

Chinn, M. D., Supply Capacity, " Vertical Specialization and Tariff Rates: The Implications for Aggregate US Trade Flow Equations," *NBER Working Paper* 11719, 2005.

Dean, J.M., K.C.Fung and Z.Wang, "Measuring the Vertical Specialization in Chinese Trade," Office of Economics Working Paper 2007-01-A, US International Trade Commission, 2007.

Goh, A.-T., and J.Olivier, "International Vertical Specialization, Imperfect Competition and Welfare," Working Paper, HEC School of Management(France), 2004.

Hummels, D., J.Ishii and K.Yi, "The Nature and Growth of Vertical Specialization in World Trade," *Journal of International Economics* 54, 2001.

Koopman, R., Z.Wang and S.-J.Wei, "How Much Chinese Exports Is Really Made in China: Assessing Foreign and Domestic Value Added in Gross Exports," *NBER Working Paper* 14109, 2008.

Koopman, R., Z.Wang and S.-J.Wei, "Estimating Domestic Content in Exports when Processing Trade Is Pervasive," *Journal of Development Economics* 99(1), 2012.

Krugman, P., Trade and Wages, Reconsidered. Brookings Papers on Economic Activity. URL: http://www.brookings.edu.

Lau, L.J., X.Chen, L.K.Cheng, K.C.Fung, Y.Sung, C.Yang, K.Zhu, J.Pei and Z.Tang, "Non-Competitive Input-Output Model and Its Application: An Examination of the China-US Trade Surplus," *Social Sciences in China* 2007(5), 2007.

Lawrence, R., *Blue Collar Blues: Is Trade to Blame for Rising US Income Inequality*, Policy Analyses in International Economics, Peter G.Peterson Institute for International Economics, Washington, DC, Volume 85, 2008.

Linden, G., K.L, Kraemer and J.Dedrick, "What Captures Value in a Global Innovation System?" The Paul Merage School of Business, UC Irvine, Working Paper, 2007.

Manova, K., and Z.Zhang, "Export Prices across Firms and Destinations," *Quarterly*

*Journal of Economics* 127(1), 2012.

National Research Council, *Analyzing the US Content of Imports and the Foreign Content of Exports*, Committee on Analyzing the US Content of Imports and the Foreign Content of Exports, Center for Economics, Governance, and International Studies, Division of Behavioral and Social Sciences and Education, Washington, DC: The National Academies Press, 2006.

Rodrik, D., "What's So Special about China's Exports?" *China & World Economy* 14(5), 2006.

Schott, P., "The Relative Sophistication of Chinese Exports," *Economic Policy* 53, 2008.

Varian, H.R., "An iPod Has Global Value, Ask the(Many) Countries That Make It," *New York Times*, 28 June, 2007.

Wang, Z., and S.-J. Wei., "What Accounts for the Rising Sophistication of China's Exports?" NBER Working Paper 13771, Feb. 2008.

WTO and IDE-JETRO, "Trade Patterns and Global Value Chains in East Asia: FromTrade in Goods to Trade in Tasks," Report, World Trade Organization, Geneva, 2011.

Xu, B., "Measuring China's Export Sophistication," Working Paper, China Europe International Business School, 2007.

Yi, K.-M., "Can Vertical Specialization Explain the Growth of World Trade?" *Journal of Political Economy* 111(1), 2003.

(张娟、杨雯、欧阳加贝译,叶作义、张娟校)

# 第六章

# 墨西哥制成品出口中的国内含量和国外含量[28]

胡斯蒂诺·德·拉·克鲁茨　罗伯特·库普曼　王直　魏尚进

制成品出口在原保税加工出口计划及临时加工出口计划下涉及了生产品的进口含量，本章提供了墨西哥制成品出口中国外和国内含量的估计方法。我们使用了近来可获得的保税加工企业的投入产出表，修改并应用了 Koopman 等(2011)中所发展而来的方法。我们也应用了 Koopman 等(2011)中所暗含的传统的方法，并比对新旧两种方法下获得的结果。除了通过使用出口提升项目中的数据之外，还使用近来可获得的保税加工出口计划产业投入产出表，测量垂直专业化，这是关于墨西哥的第一个研究。平均而言，墨西哥的制成品出口中国外含量份额约占 66%。80%的国内制成品出口企业的外资含量占到 50%或更多。这些制成品包括电脑装备、影音装备、通信设备、半导体以及其他电子组件和电器设备。

## 1　引言

墨西哥的国际贸易额(商品的进口加上出口)从 1990 年的 823 亿美元增加到 2011 年的 7 005 亿美元，增长的幅度为 751.2%。北美自由贸易协定(NAFTA)于 1994 年 1 月 1 日生效，扮演了很重要的角色。在北美自由贸易协定尚未生效的 1993 年，美国和墨西哥的双边总贸易额为 789 亿美元，而 2011 年的双边总贸易

[28]　作者非常感激 Hubert Escaith, Ted H.Moran, Ralph Watkins, Ruben Mata, Hugh Arce, Christine McDaniel 和 Ricardo Rojas 所给予的评论以及 Eric Cardenas 和 Natalia Buniewicz 的协助研究。对于 José Arturo Blancas Espejo, Rodolfo Daude Balmer, Ernesto Garcia Zuniga 和 Jaime A.等 Llata(墨西哥国家统计和地理研究所)所提供的数据以及投入产出表表示由衷的感激。本章的观点仅代表作者本人，而与美国国际贸易委员会以及其他作者所附属的机构无关。

额为 4 226 亿美元,增长的幅度为 435.4%(见图 6.1)。相对来说,美国进口产品中墨西哥所占的份额同样从 1993 年的 6.7%增加到 2011 年的 12.0%。2011 年墨西哥和加拿大在美国进口产品中所占份额为 26.5%。美国是墨西哥最大的贸易伙伴,而墨西哥是美国仅次于加拿大和中国的第三大贸易伙伴。在 2011 年,美国产品在墨西哥总进口中所占份额为 49.7%,在其出口中所占比例为 78.6%。贸易额剧烈增加,而美国在墨西哥的贸易中的相对优势并没有改变很多。1993 年,它们的比例分别为 69.3%和 82.7%。

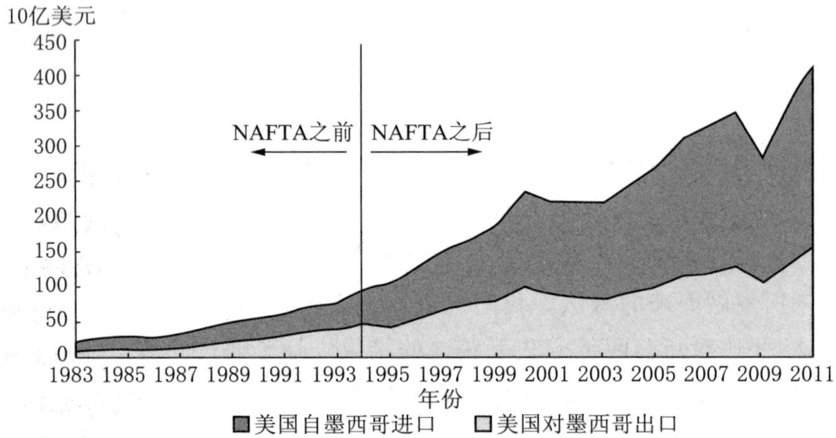


资料来源:美国商务部。

**图 6.1　美国—墨西哥商品贸易**

### 1.1　生产分割化及其经济效应

跨境生产分享或垂直专业化相对增加了其在世界贸易中的重要性,被认为是 GDP 中贸易份额增长过快的原因(Yi, 2003)。作为出口中国外增加值或外国含量的一种测量方法,正如 Feenstra(1998), Feenstra 和 Hanson(2004)以及 Johnson 和 Noguera(2012)所述那样,垂直专业化扭曲了 GDP 中出口含量的贸易数据。最近国际经济学文献表明垂直专业化在工资不平等、就业和经济周期,以及税收和汇率改变的传递效应方面有重要的经济效应。此外,对于贸易、贸易便利化、投资和知识产权政策之间的关系,以及贸易与竞争政策的关系等,都有政策意义。

关于工资不平等问题,Feenstra(1998, 2008), Feenstra 和 Hanson(1999, 2004), Krugman(2008)和 Ebenstein 等人(2009)都指出全球生产分工、外包或中间投入品贸易对于美国或别国在熟练工人和非熟练工人之间工资差异的解释具有潜在的重要性。特别是,Feenstra 和 Hanson(1999)发现,在 1979 年到 1990

年这一时间段，外包可解释美国非生产工人的相对工资的15%比例的增长。投入贸易或垂直专业化抑制了非熟练工人的需求，而提高了熟练工人的相对需求和工资。有关墨西哥例子的证据表明，跨国外包有利于一国的熟练工人的相对工资的增长(Feenstra & Hanson, 1997)[29]。

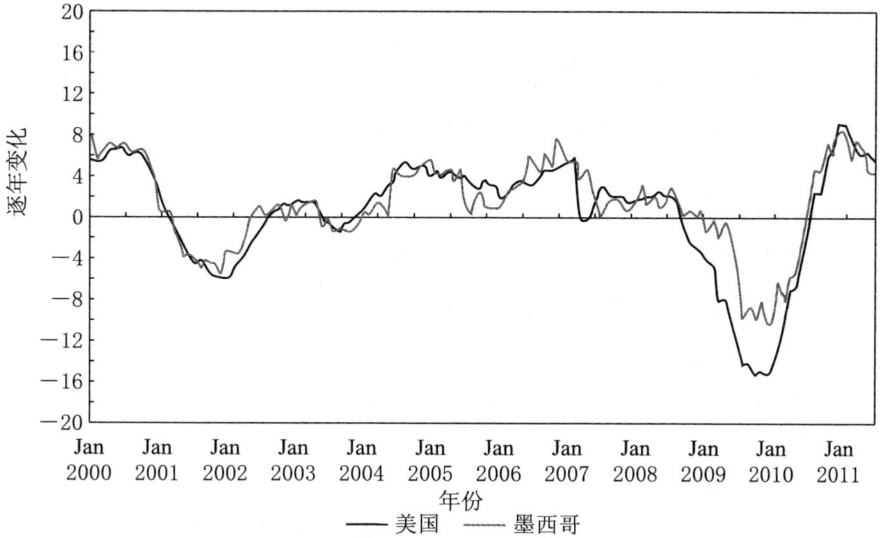


注：这些指数间的相关系数是0.92。
资料来源：美国联邦储备局和墨西哥中央银行。

**图6.2　美国和墨西哥制造业生产(2000—2010年)**

生产共享有可能使商业周期同步，并增加经济波动的波动率和严重程度。Burstein等(2008)(在多国的背景之下)和lópez(2007)(小的开放经济体)研究表明，生产分工可使生产周期同步化。lópez的生产周期模型传导机制是生产分享化，其成功地复制了墨西哥的保税加工企业或生产分享的制造业部门的真实的商业统计。从实证角度来说，Herrera-Hernandez(2004)和Chiquiar和Ramos-Francia(2005)研究表明，北美自由贸易区成立之后，美墨两国的制造业部门逐渐形成同步化的趋势。在2000年到2011年(见图6.2)这一阶段，看起来确实如此。而且，Bergin等(2009 a, b)分别从理论和实证方面表明与美国生产分享有关的墨西哥组装工厂在就业方面存在波动。而这一波动等同于其在美国所对应的工厂所遭遇波动冲击的二倍。Feenstra(2008)补充了一事实：

[29] Verhoogen(2008)使用贸易与质量的升级解释墨西哥所存在的工资不平等递增的现象，以及Hanson和Harrison(1999)以及Chiquiar(2008)是用贸易自由化解释这一现象的。

组装工厂波动性越来越大意味着美国本质上在出口一些引起经济周期的产品,或精确来说,正在出口由需求的冲击而引起周期性波动的产品。

关于垂直专业化和经济周期的严重程度问题,Yi(2009)通过分析近来全球贸易的衰退表明,垂直专业化可以扩大贸易效应,以至于全球贸易在2008年的第四季度的衰败几乎同时突然发生,且衰败很严重。Yi给出的解释是基于美国出口和进口之间的联系。如当美国进口下降时,这会导致用于其制成品进口的中间品的出口同样下降。在这一例子中,当垂直专业化把一国进口与之出口相联系的时候,会产生乘数效应。

关于关税问题,Yi(2003)在先前的论文中已经阐述过,即由于垂直专业化,关税减让在进口价格上存在放大效应。从实证角度来看,Feenstra(2008)用世贸组织的信息技术协定的有关证据证实了这一点。高科技产品的关税从1997年到1999年被消除,Feenstra估计了关税传递的系数是22.6。这表明信息技术协定下关税减让在美国进口价格下降时会存在放大效应。相比较而言,生产分享下的汇率的传递效应从实证和理论方面来说都似乎相对较小,这导致可以保持低价格[30]。中美之间的贸易是离岸外包的重要来源,Bergin和Feenstra(2008)估计,由于两者贸易额的增加,汇率的传递效应会降低1/5。此外,Ghosh(2008)提供了一理论模型。该模型中,有生产分享贸易中的汇率传递效应低于标准贸易。Feenstra(1989)在没有考虑生产分享的条件下,证明关税和汇率的传递对称性。

### 1.2 保税加工出口计划

保税加工出口计划始于20世纪60年代中期,由许多工厂和一些生产电视和塑料制品的工人们组成(INEGI, 2007; Truett & Truett, 1984)。然而,直到20世纪80年代墨西哥政府在外商引资上放开了限制(Bergin et al., 2009 a; OECD, 1996; Truett & Truett, 1984, 1993, 2007),这类企业才大量地增加。目前,保税加工出口计划下的企业似乎与美国制造业部门高度融合。大多数的加工型企业都是美国所属,但是设在日本、韩国以及德国的企业也是重要的组成部分。在美国和墨西哥的法律之下,边境加工厂都享受到特惠待遇。根据该法律,美国的企业仅仅在外国增加值上支付关税,而只要墨西哥边境加工厂的输出

---

[30] 若不考虑垂直专业化现象的存在,现今大多数的文献假设汇率的传递效应会从0.5一直下降到0.2(Campa & Goldberg, 2006)。

品出口到美国，其进口关税就会为零。然而，随着北美自由贸易区的实施，给予边境加工厂的特殊关税待遇会自动结束。

考虑到边境加工体制在墨西哥35年多来一直是创造就业、出口和外汇的重要力量，在2002年，墨西哥政府建立了行业发展规划（PROSECs）以维持墨西哥制造业部门的竞争力，无论产品是否出口（WTO，2008）。行业发展规划允许参与的企业以0%或5%的速率进口符合条件的非北美自由贸易协定的投入品和资本设备（Gantz，2004）。边境加工厂的制成品并不一定要出口，而是被允许在墨西哥售卖或者出口。此外，边境加工厂的出口产品都免于征收增值税，而且在遵守某些规定的情况下，所得税和资产税也已经取消（Baker & McKenzie，2006）。因此，北美自由贸易协定加快了边境加工厂的成长速度，截至2006年，大约有2 810个加工出口区及服务业厂商，以及120万个工人。此外，Bergin等（2009a）指出，在1994年到2005年间，产业的实际增加值大约增加了3倍。

### 1.3　PITEX，IMMEX及其他计划

临时进口以生产出口货物的计划（后面统称PITEX计划）于1990年成立。它是墨西哥第二大重要出口提升计划。这个计划是为那些已经在墨西哥建厂，而产品在国内市场和国外市场销售的企业而设计的，同时也给予它们财政和行政方面的好处。例如，只要制成品是出口的，那么中间品和机械品的进口是零关税（USITC，1998b）。PITEX计划中的一个益处在于允许外国投资者以汽车产业的国内供应商的身份进行登记（USITC，1998b）。而且，计划除了特殊行政、财政和金融益处之外，还包括针对出口产品中进口投入占很大比例的企业的退税计划（OECD，1996）。然而，PITEX计划下的企业要承担保税加工出口公司（maquiladora firms）免于支付的税（USITC，1998b）。在2006年，PITEX计划的企业的数目达到了3 620个，包括所有的汽车装配工厂以及其大部分的零件供应商。他们倾向于在墨西哥内部设厂，因为大部分销售是进入国内市场，而保税加工出口计划下的厂商倾向于在边境诸州设厂。2006年，PITEX计划和保税加工出口计划下的厂商雇佣的员工约占到了墨西哥总制造业人数的60%。

2006年11月23日，墨西哥政府将保税出口加工计划和PITEX计划合并为一种新的提升出口的计划，叫做出口制造加工和服务政策（IMMEX）[31]，并由墨西

---

[31] 参见《墨西哥部分税收优惠政策》，文章来源：驻墨西哥经商参处，http://mx.mofcom.gov.cn/article/ddfg/sshzhd/201408/20140800714457.shtml。

哥经济部管理。新的计划简化了企业出口投入、原材料、零部件以及机器设备零关税的申请程序(只要这些制成品都是用于出口)。这个计划下的企业同样享有一些关税豁免的政策。除了这个计划之外，墨西哥还有其他关税、关税减让以及行政便利的计划促进出口，包括"高额出口公司优惠政策方案"(EMPRESAS ALTAMENTE EXPORTADORA, ALTEX)和"外贸公司"(ECEX)计划。2006年末，高额出口公司优惠政策方案计划所包含的企业达到了2 644家企业，外贸公司计划所包含的企业达到了340家。2002年到2006年间，有46 989家出口商通过了墨西哥政府的进口退税计划(WTO, 2008)。

通过保税加工出口计划，PITEX计划以及其他计划的墨西哥加工出口强调了国内和国外出口真实增加值估计的重要性。我们利用Koopman等(2011)开发的方法的一种变体测量这些增加值。这个测量方法考虑了用于加工出口产业的实际投入产出表。相比较而言，Koopman等人在测算中国出口产品的国内增加值时，使用了优化算法估计加工出口部门的结构。出于比较的目的，我们同时使用了原始方法进行了演算。在这两个方法中，假设其他的出口提升计划，包括临时加工出口计划(PITEX)与加工出口计划企业都具有相同的投入产出系数。据我们所知，本章是关于墨西哥的第一次研究，利用最近可获得的保税加工区投入产出表，以及出口促进计划(保税加工区和PITEX)的贸易数据来衡量垂直专业化。迄今为止，墨西哥加工出口的大部分研究仅仅使用加工出口企业的贸易数据。我们的研究结果表明，随着近来墨西哥制造业出口的国内增加值份额的增加，墨西哥的工业战略使其已嵌入到了全球供应链之中——尽管只是在一些行业中。

估计的测量结果显示墨西哥制造业出口的平均国内增加值约为34%。占国家制造业出口80%的41个行业(NAICS三位编码总共75个产业)的国内增加值含量少于50%。这些行业包括电脑和外部设备、音频和视频设备、通信设备、半导体以及其他的电子部件和电子设备等等。在本章余下的部分中，第二部分描写数据和方法，第三部分是估计的结果，第四部分是总结。

## 2 数据和估计方法

### 2.1 2003年墨西哥的投入产出表和贸易数据

2003年墨西哥统计机构——墨西哥国家统计局(INEGI)研制的投入产出表是墨西哥迄今最好的一个投入产出表，有255个四位编码的NAICS部门。一个显著的特征是有保税加工出口企业的特定的投入产出表。这个表包括2002年墨西哥根据 NAICS 划分的国家所生产的商品和服务，从国内市场所购买的投入品以及从其他世界各国所进口的产品。

墨西哥 1996—2006 年期间的海关 8 位编码水平上的贸易数据是从世界贸易总览(World Trade Atlas)上获得的，可以获得保税加工出口计划和 PITEX 计划下的企业按照来源国和目的国的进口和出口数据。墨西哥国家统计局记录了保税加工出口计划下企业的贸易数据，但没有记录 PITEX 计划的企业数据。这一点很重要。因为不包含临时出口加工企业的数据分析墨西哥加工行业可能会忽略一些重要的信息。而且，由于北美自由贸易协定的实施以及其他优惠协议，美国生产分享化的数据或海关第 98 章下的美国进口数据都有可能被低估了(Burstein et al., 2008)。世界贸易总览贸易数据都是来自墨西哥政府，然而，价值都大于美国商业局所报道的价值，其高估程度约为 10%—12%(美国商业局，2000，2001)。

### 2.2　贸易统计

2006 年，制成品出口总额为 1 956 亿美元。保税加工出口计划和临时出口加工计划下制成品的出口约占出口总额的 85.4%，但在往年这个比例更加大。例如，2000 年的时候，比例是 93.5%(见表 6.1)。2006 年，保税加工出口计划和临时出口加工计划企业的进口占其出口的比例是 69.8%，假设从这些企业出口的价值为 1 美元，那么其进口的零部件价值 69.8 美分。2006 年，这些进口中处于领先的供应商分别是美国(51%)，中国(12.2%)，以及日本(8.2%)(见表 6.2)。历史上，美国的供应商上处于统治地位，而在近几年，中国、日本、韩国、中国台湾、马来西亚以及新加坡的供应商也获得了一定市场份额。墨西哥加工出口的目的国是美国，出口占比约为总额的 90%，紧接着是加拿大，出口约占 2%(见表 6.3)。

2006 年，墨西哥的保税加工出口总共为 1 119 亿美元，以海关二位编码水平来算的话，包括电器机械类(49.0%)、机械类(18.4%)、汽车及汽车的零件(6.2%)、医疗仪器(6.1%)、家具及床上用品(4.2%)、针织和非针织衣料(4.2%)以及塑料(1.8%)。这些产品组合占总额的 90%。同样地，同一年，墨西哥临时出口加工计划下的企业出口 623 亿美元，包括汽车和汽车零件(48.7%)、机械装置(12.3%)、电力机械(6.4%)、钢铁(3.2%)、饮料(3.1%)、钢铁产品(3.0%)、蔬菜(2.9%)以及医疗器具(2.1%)，加总起来，比例占了总体的 82.0%。

**表 6.1　1996—2006 年墨西哥的加工制造业出口(%)**

| 年份 | A | B | C | D |
|---|---|---|---|---|
| 1996 | 86.7 | 61.9 | 71.6 | 28.4 |
| 1997 | 89.0 | 58.9 | 69.2 | 30.8 |
| 1998 | 91.3 | 58.9 | 69.6 | 30.4 |
| 1999 | 93.0 | 59.6 | 68.6 | 31.4 |
| 2000 | 93.5 | 59.9 | 70.3 | 29.7 |
| 2001 | 92.7 | 57.1 | 68.0 | 32.0 |
| 2002 | 91.5 | 56.3 | 67.8 | 32.2 |
| 2003 | 89.9 | 55.1 | 68.0 | 32.0 |
| 2004 | 87.9 | 54.7 | 70.3 | 29.7 |
| 2005 | 85.7 | 53.2 | 70.8 | 29.2 |
| 2006 | 85.4 | 52.7 | 69.8 | 30.2 |

注：A：加工出口占总出口的份额[100×(PE/TE)]。B：加工进口占总进口的份额[100×(PM/TM)]。C：加工进口占加工出口的比例[100×(PM/PE)]。D：加工贸易顺差占加工出口的份额[100×(PE－PM)/PE)]。加工制造业指代保税加工计划项目和 PITEX 计划下的进口和出口。数据仅包括 HS 编码的 28—92。

资料来源：世界贸易资料库。

**表 6.2　2006 年墨西哥主要市场的加工出口中的总进口额(%)**

| 市　场 | 2000 年 | 2001 年 | 2002 年 | 2003 年 | 2004 年 | 2005 年 | 2006 年 |
|---|---|---|---|---|---|---|---|
| 美　国 | 80.8 | 74.5 | 69.6 | 68.7 | 60.3 | 55.7 | 51.0 |
| 中　国 | 1.1 | 2.0 | 3.7 | 6.6 | 9.3 | 10.0 | 12.2 |
| 日　本 | 3.7 | 5.9 | 6.9 | 5.4 | 6.6 | 7.8 | 8.2 |
| 德　国 | 2.8 | 2.6 | 2.2 | 2.3 | 2.3 | 2.7 | 2.8 |
| 加拿大 | 1.4 | 1.6 | 1.5 | 1.3 | 1.6 | 1.7 | 1.8 |
| 加　总 | 89.8 | 86.6 | 83.9 | 84.3 | 80.1 | 77.9 | 76.0 |
| 剩　余 | 10.2 | 13.4 | 16.1 | 15.7 | 19.9 | 22.1 | 24.0 |
| 总　计 | 100.0 | 100.0 | 100.0 | 100.0 | 100.0 | 100.0 | 100.0 |

注：加工出口中的进口额指代 PITEX 计划和保税加工出口计划下的进口。数据包括 HS 编码的 1—99。

资料来源：世界贸易数据库。

**表 6.3　2000—2006 年墨西哥主要市场的加工总出口(%)**

| 市　场 | 2000 年 | 2001 年 | 2002 年 | 2003 年 | 2004 年 | 2005 年 | 2006 年 |
|---|---|---|---|---|---|---|---|
| 美　国 | 92.4 | 92.3 | 92.4 | 92.8 | 92.8 | 90.2 | 89.1 |
| 加拿大 | 2.1 | 2.0 | 1.9 | 1.8 | 1.4 | 1.9 | 2.1 |

续表

| 市　场 | 2000 年 | 2001 年 | 2002 年 | 2003 年 | 2004 年 | 2005 年 | 2006 年 |
|---|---|---|---|---|---|---|---|
| 德　国 | 1.0 | 1.0 | 0.7 | 1.0 | 0.9 | 1.3 | 1.4 |
| 哥伦比亚 | 0.1 | 0.2 | 0.2 | 0.2 | 0.2 | 0.6 | 0.8 |
| 荷　兰 | 0.3 | 0.3 | 0.4 | 0.4 | 0.3 | 0.4 | 0.5 |
| 加　总 | 95.8 | 95.7 | 95.6 | 96.2 | 95.7 | 94.5 | 93.9 |
| 剩　余 | 4.2 | 4.3 | 4.4 | 3.8 | 4.3 | 5.5 | 6.1 |
| 总　计 | 100.0 | 100.0 | 100.0 | 100.0 | 100.0 | 100.0 | 100.0 |

注:加工出口指代 PITEX 计划和保税加工出口计划下的出口。数据包括 HS 编码的 1—99。

资料来源:世界贸易数据库。

### 2.3　估计方法

Hummels 等(2001)(今后用 HIY 表示)提出了垂直专业化的概念或一国贸易的国外含量或国外增加值,并把它作为“出口中的进口含量,或等价地说成是,包含于出口的国外增加值”。他们提出了一个公式,完全基于一国的投入产出表计算增加值的份额。HIY 公式适用所需要的一个关键假设是用于出口的产品和用于国内销售的产品的进口投入品的使用强度是相同的。

然而,Koopman 等(2011)的文章指出,这样一个假设与加工出口产品的存在是相违背的,并表明 HIY 公式会在一定程度上导致一国出口产品中外国增加值的低估。这一点尤其的重要。偏好加工贸易的政策会导致加工出口产品与国内最终销售产品及一般出口产品的进口中间投入强度显然是有差异的。他们开发了一个公式,可用于从事大量关税或税收优惠加工贸易的经济体国内和国外含量的测算,例如中国、墨西哥和越南。他们同样证明了 HIY 所提及的国内含量概念和垂直专业化的概念是有显著的联系的。

这里所应用的对保税加工出口企业使用投入产出表的方法是由 De La Cruz 等(2011)提出。这个方法是基于 Koopman 等(2011)(后文叫作 KWW)的文章。它意味着用单个国家一年的投入产出表和不同年份与不同贸易伙伴详细的双边出口数据,能分别计算出加总水平上分别与不同贸易伙伴在不同年份的国内和国外增加值份额。由于在行业(部门)水平上国内和国外含量份额相同,这种计算上的变化仅仅来源于出口组成随着时间和不同贸易伙伴的变化而产生的变化。

**表 6.4　墨西哥出口制造业的国内增加值和国外增加值:NAICS 三位编码与四位编码(占制造业出口总额的百分比)**

| | HIY 公式 | | | KWW 公式 | | | | | |
|---|---|---|---|---|---|---|---|---|---|
| | | | | 下限[a] | | | 上限[b] | | |
| | 2000 年* | 2003 年 | 2006 年* | 2000 年* | 2003 年 | 2006 年* | 2000 年* | 2003 年 | 2006 年* |
| 基于 NAICS 三位编码投入产出表 | | | | | | | | | |
| 国外总增加值 | 47.1 | 48.9 | 48.2 | 54.2 | 55.0 | 55.1 | 72.1 | 70.5 | 68.1 |
| 国外直接增加值 | 42.1 | 44.0 | 43.3 | 51.0 | 51.8 | 51.9 | 70.5 | 68.9 | 66.3 |
| 国内总增加值 | 52.9 | 51.1 | 51.8 | 45.8 | 45.0 | 44.9 | 27.9 | 29.5 | 31.9 |
| 国内直接增加值 | 28.7 | 28.0 | 28.0 | 24.3 | 24.1 | 23.5 | 15.6 | 16.7 | 17.6 |
| 基于 NAICS 四位编码投入产出表 | | | | | | | | | |
| 国外总增加值 | 46.9 | 46.6 | 46.3 | 54.5 | 52.4 | 52.5 | 70 | 66.2 | 63.8 |
| 国外直接增加值 | 41.9 | 42.4 | 42.1 | 51.5 | 49.9 | 49.9 | 68.4 | 64.5 | 61.9 |
| 国内总增加值 | 53.1 | 53.4 | 53.7 | 45.5 | 47.6 | 47.5 | 30.0 | 33.8 | 36.2 |
| 国内直接增加值 | 28.4 | 32.4 | 32.1 | 23.7 | 28.8 | 28.2 | 17.2 | 20.3 | 21.1 |

注:a 仅保税加工计划下的出口计为加工出口,而 PITEX 计划下的出口计作一般出口。b 两个计划下的出口计为加工贸易。

HIY 方法即使用 Hummels 等(2001)里面的方法进行估计。KWW 方法即使用 Koopman 等(2008)里面的方法进行估计。2000 年*和 2006 年的估计为初步的,因为它们使用 2000 年和 2006 年的出口作为权重,但行业国内/国外增加值是从 2003 年投入产出表(是最新可获得的)计算而来。

资料来源:作者的估计。

## 3　估计结果

从 NAICS 的三位编码和四位编码产业的投入产出表加总,分别对 2000 年、2003 年和 2006 年墨西哥除了食品行业的制造业出口中国内和国外增加值进行分解,结果见表 6.4。由于 PITEX 计划与保税加工出口计划出口中使用进口中间品的强度不同,所以汇报两个估计结果:其中一个 PITEX 计划中的出口被视为一般出口,而另一个则被视为加工贸易出口。为了比较,HIY 公式所忽略的加工贸易的结果也在表格中给出来。

KWW 估计显示:从 NAICS 的三位编码产业的投入产出表加总可以得出,当保税加工出口计划下的出口被看作加工出口时,2000 年墨西哥制造业出口中国内增加值份额为 45.8%,2003 年占比 45%,2006 年占比 44.9%。如果 PITEX 计划下的出口也被看作是加工出口时,同年增加值份额都会依次下降为 28%、30%以及 32%(见表 6.4)。如果以 4 位编码 NAICS 投入产出表进行加总的话,当保税加工出口计划和 PITEX 计划下的出口都被看作是加工出口时,数值会稍微高一点：30%、34%以及36%；当PITEX计划下的出口被视为一般出口时，占比分别为：45.5%、47.6%，以及47.5%。总之，国内直接增加值要少于国内增加值总额的2/3。然而，国外间接增加值（国外增加值总额减去国外直接增加值）相当小，这表明大多国外含量都是来源于直接进口的外国投入品，并用于进一步的加工与组装。然后，这些产品作为制成品再出口到世界市场（很大一部分是美国）。如果只有保税加工企业贸易被视为加工贸易时，国外间接增加值的上限估计就会小于其下限估计，这表明把保税加工出口计划和PITEX计划下的企业贸易作为加工贸易是合理的做法。因此，我们将着重讨论KWW上限估计的结果，但在必要的时候会提及下限估计。

相对于HIY估计结果，KWW计算的墨西哥出口总量中国外增加值份额会偏高，并随着时间推移表现不同的趋势。确切来说，从四位编码NAICS投入产出表加总数据方面考虑，HIY方法的估计结果表明数据中国外含量（总垂直专业化指数）几乎不存在趋势（2000年、2003年、2006年分别是47%、47%、46%）。然而，当保税加工出口和暂时加工出口都被视为加工出口时，KWW估计显示墨西哥出口的制造业中外国含量从2000年的70%平稳地下降到2006年的64%（如果以三位编码的NAICS投入产出表方式加总的话，数据从72%降到68%）。这表明墨西哥出口的制造业中国内含量相当低，但是在2000—2006年间是在增加的。

总的来说，HIY方法似乎对于墨西哥制造业出口的国内含量和国外含量的水平和趋势的估计不准确（见表6.4）。结果也揭示了另外一个有趣的事实：贸易体系加总（是否区分加工贸易和一般贸易）的差异远远大于基于更细部门分类所带来的差异。使用HIY公式测量三位或四位NAICS的国内或国外含量的差异约为2%，而使用KWW方法测量的差异是其两倍（对比表6.4面板数据中的上限和下限）。但两者的差异小于4%，远远小于基于HIY和KWW公式估计时的差异（比较表6.4的第一、第二、第三板块）。如果把PITEX贸易视为加工出口贸易，也会影响估计结果。这表明是否考虑加工贸易很重要。使用中国的数据所得到的发现与Koopman等（2001）的研究相一致。

### 3.1　重要制造业部门的估计

平均来说，墨西哥制造业出口在NAICS三位编码水平上国内增加值为29.5%，四位编码水平上国内增加值为33.8%（见表6.5和表6.6）。在表6.5的19个制造行业中，12个国内增加值少于50%，其中包括2003年89.3%的墨西哥制造业出口。

表 6.5　2003 年墨西哥制造业出口的国内增加值(根据 NAICS 三位编码)(国外增加值以降序分类)

| 三位编码 | 行业名 | 制成品总出口 | A | 非加工 | | 加工 | | 加权和 1[a] | | B | 加权和 2[b] | | E |
|---|---|---|---|---|---|---|---|---|---|---|---|---|---|
| | | | | C | D | C | D | C | D | | C | D | |
| 334 | 电脑及电子产品 | 35 103 | 21.4 | 28.8 | 71.2 | 86.0 | 14.0 | 77.4 | 22.6 | 84.9 | 85.0 | 15.0 | 98.4 |
| 336 | 交通设备 | 43 393 | 26.5 | 31.2 | 68.8 | 75.3 | 24.7 | 46.2 | 53.8 | 34.1 | 73.8 | 26.2 | 96.6 |
| 335 | 电子设备器具组件 | 15 804 | 9.6 | 23.5 | 76.5 | 75.7 | 24.3 | 66.5 | 33.5 | 82.4 | 72.4 | 27.6 | 93.7 |
| 339 | Misc. | 7 809 | 4.8 | 16.1 | 84.0 | 71.7 | 28.3 | 60.3 | 39.7 | 79.6 | 67.0 | 33.0 | 91.5 |
| 333 | 机械装置 | 5 068 | 3.1 | 23.1 | 76.9 | 76.7 | 23.4 | 44.6 | 55.4 | 40.1 | 65.6 | 34.4 | 79.4 |
| 315 | 服装 | 6 784 | 4.1 | 21.5 | 78.5 | 65.3 | 34.7 | 52.9 | 47.1 | 71.6 | 63.6 | 36.4 | 96.1 |
| 314 | 纺织产品 | 676 | 0.4 | 24.9 | 75.1 | 72.5 | 27.5 | 44.3 | 55.7 | 40.9 | 61.9 | 38.1 | 77.7 |
| 332 | 金属制品 | 3 502 | 2.1 | 20.9 | 79.1 | 72.1 | 27.9 | 45.9 | 54.1 | 48.9 | 61.3 | 38.7 | 78.9 |
| 337 | 家具及相关产品 | 1 652 | 1.0 | 16.2 | 83.8 | 67.2 | 32.8 | 50.7 | 49.3 | 67.7 | 59.9 | 40.1 | 85.7 |
| 323 | 印刷及相关活动 | 289 | 0.2 | 20.7 | 79.3 | 64.9 | 35.1 | 55.6 | 44.4 | 79.0 | 57.6 | 42.4 | 83.5 |
| 326 | 塑料及橡胶产品 | 2 074 | 1.3 | 27.6 | 72.4 | 66.2 | 33.8 | 47.0 | 53.0 | 50.3 | 56.1 | 43.9 | 73.8 |
| 316 | 皮革及类似产品 | 512 | 0.3 | 20.2 | 79.8 | 72.1 | 27.9 | 35.7 | 64.3 | 29.9 | 53.9 | 46.1 | 65.0 |
| 331 | 原生金属 | 3 239 | 2.0 | 19.4 | 80.6 | 64.4 | 35.6 | 22.4 | 77.6 | 6.7 | 45.4 | 54.6 | 57.8 |
| 322 | 纸 | 790 | 0.5 | 26.3 | 73.7 | 67.3 | 32.7 | 40.6 | 59.4 | 34.9 | 45.0 | 55.0 | 45.6 |
| 327 | 非金属矿物制品 | 1 929 | 1.2 | 9.7 | 90.3 | 64.3 | 35.7 | 21.1 | 78.9 | 20.8 | 43.2 | 56.8 | 61.3 |
| 313 | 纺织品 | 729 | 0.4 | 29.9 | 70.1 | 54.8 | 45.2 | 39.2 | 60.8 | 37.5 | 43.0 | 57.0 | 52.8 |
| 321 | 木制品 | 212 | 0.1 | 7.9 | 92.1 | 58.1 | 41.9 | 24.8 | 75.2 | 33.7 | 40.3 | 59.7 | 64.6 |
| 325 | 化学品 | 6 891 | 4.2 | 15.6 | 84.4 | 66.4 | 33.6 | 17.8 | 82.2 | 4.4 | 33.8 | 66.2 | 35.8 |
| 324 | 石油和煤炭产品 | 855 | 0.5 | 8.1 | 91.9 | 79.1 | 20.9 | 8.8 | 91.2 | 1.0 | 10.1 | 89.9 | 2.9 |
| 总计 | 除食品外的制成品 | 137 312 | 83.7 | 19.9 | 80.1 | 76.8 | 23.2 | 55.0 | 45.0 | 56.0 | 70.5 | 29.5 | 89.0 |

注:A:墨西哥商品出口百分比;B:产业出口中保税加工出口的比例;C:总 FVA; D:总 DVA; E:产业出口中暂时出口计划和保税加工出口计划下的出口比例。a 仅保税加工出口计划下的出口计为加工出口,而临时出口计划下的出口视为一般出口。b 保税加工出口计划和临时出口计划的出口都被视为加工贸易。

资料来源:作者的估计。

表 6.6　2003 年墨西哥制造业出口的国内增加值(根据 NAICS 四位编码)(国外增加值以降序分类)

| 四位编码 | 行业名称 | 制成品总出口 | A | 非加工 | | 加工 | | 加权和 1[a] | | B | 加权和 2[b] | | E |
|---|---|---|---|---|---|---|---|---|---|---|---|---|---|
| | | | | C | D | C | D | C | D | | C | D | |
| 3341 | 电脑及外围设备 | 11 261 | 6.9 | 36.1 | 63.9 | 91.5 | 8.5 | 77.0 | 23.0 | 73.9 | 90.9 | 9.1 | 98.9 |
| 3343 | 影音设备 | 8 962 | 5.5 | 31.0 | 69.0 | 86.9 | 13.2 | 84.3 | 15.7 | 95.4 | 86.5 | 13.5 | 99.3 |
| 3342 | 通讯设备 | 4 460 | 2.7 | 20.7 | 79.3 | 85.1 | 14.9 | 83.2 | 16.8 | 97.1 | 84.0 | 16.0 | 98.3 |
| 3344 | 半导体及电子组件 | 7 276 | 4.4 | 19.7 | 80.3 | 84.8 | 15.3 | 75.0 | 25.0 | 85.0 | 83.6 | 16.4 | 98.3 |
| 3333 | 商用及服务产业机械 | 580 | 0.4 | 32.0 | 68.0 | 84.7 | 15.3 | 46.7 | 53.3 | 27.8 | 81.4 | 18.7 | 93.6 |
| 3325 | 硬件 | 747 | 0.5 | 18.0 | 82.0 | 79.1 | 20.9 | 68.6 | 31.4 | 82.8 | 77.2 | 22.9 | 96.9 |
| 3353 | 电子设备 | 5 820 | 3.5 | 15.9 | 84.1 | 76.9 | 23.1 | 66.9 | 33.1 | 83.6 | 75.3 | 24.7 | 97.4 |
| 3345 | 航海测量及电子医疗 | 2 600 | 1.6 | 23.6 | 76.4 | 77.2 | 22.8 | 63.8 | 36.2 | 75.0 | 74.6 | 25.4 | 95.1 |
| 3359 | 其他电子设备及组件 | 6 278 | 3.8 | 25.9 | 74.1 | 78.0 | 22.0 | 68.7 | 31.3 | 82.2 | 74.1 | 25.9 | 92.5 |
| 3346 | 光学器件 | 544 | 0.3 | 16.2 | 83.8 | 80.2 | 19.8 | 58.3 | 41.7 | 65.8 | 73.6 | 26.4 | 89.7 |
| 3363 | 摩托车组件 | 21 708 | 13.2 | 26.8 | 73.2 | 76.1 | 23.9 | 57.5 | 42.5 | 62.3 | 73.4 | 26.7 | 94.5 |
| 3391 | 医疗器具及设备 | 3 561 | 2.2 | 18.0 | 82.0 | 74.4 | 25.6 | 69.1 | 31.0 | 90.5 | 73.0 | 27.0 | 97.5 |
| 3366 | 轮船组件 | 107 | 0.1 | 4.0 | 96.0 | 72.8 | 27.2 | 37.0 | 63.0 | 47.9 | 72.0 | 28.0 | 98.9 |
| 3379 | 其他相关家具产品 | 515 | 0.3 | 25.9 | 74.1 | 73.0 | 27.0 | 66.1 | 33.9 | 85.4 | 71.3 | 28.8 | 96.3 |
| 3351 | 电灯设备 | 1 413 | 0.9 | 16.2 | 83.8 | 73.7 | 26.4 | 64.8 | 35.2 | 84.7 | 66.9 | 33.1 | 88.3 |
| 3313 | 铝及铝制品 | 82 | 0.0 | 20.1 | 79.9 | 73.3 | 26.7 | 41.2 | 58.8 | 39.6 | 66.6 | 33.4 | 87.5 |
| 3352 | 家用器具 | 2 293 | 1.4 | 29.7 | 70.3 | 69.3 | 30.8 | 60.8 | 39.2 | 78.7 | 65.7 | 34.3 | 91.1 |
| 3151 | 针织服装 | 32 | 0.0 | 18.3 | 81.7 | 71.5 | 28.5 | 52.9 | 47.1 | 65.0 | 65.1 | 34.9 | 88.0 |
| 3361 | 摩托车 | 6 657 | 4.1 | 33.2 | 66.8 | 64.8 | 35.2 | 33.2 | 66.8 | 0.0 | 64.8 | 35.2 | 99.9 |
| 3152 | 服装裁剪 | 6 633 | 4.0 | 22.4 | 77.6 | 64.6 | 35.4 | 52.7 | 47.3 | 71.9 | 63.1 | 36.9 | 96.5 |
| 3331 | 农业建筑矿物机械 | 426 | 0.3 | 20.4 | 79.6 | 76.7 | 23.3 | 48.4 | 51.6 | 49.7 | 63.1 | 36.9 | 75.8 |
| 3339 | 其他机械器具 | 1 685 | 1.0 | 21.1 | 78.9 | 72.2 | 27.8 | 48.7 | 51.3 | 54.0 | 63.1 | 36.9 | 82.2 |
| 3336 | 引擎涡轮能量转化器 | 1 308 | 0.8 | 25.7 | 74.3 | 72.1 | 27.9 | 37.0 | 63.0 | 24.4 | 62.7 | 37.3 | 79.7 |
| 3149 | 其他纺织产品 | 484 | 0.3 | 25.9 | 74.1 | 71.5 | 28.5 | 44.1 | 55.9 | 40.0 | 62.4 | 37.6 | 80.0 |
| 3364 | 航空产品和组件 | 1 176 | 0.7 | 9.6 | 90.4 | 74.2 | 25.8 | 33.1 | 66.9 | 36.3 | 62.4 | 37.6 | 81.8 |
| 3272 | 镜片产品 | 852 | 0.5 | 13.4 | 86.6 | 71.9 | 28.1 | 25.5 | 74.5 | 20.6 | 62.1 | 38.0 | 83.1 |

续表

| 四位编码 | 行业名称 | 制成品总出口 | A | 非加工 | | 加工 | | 加权和 1[a] | | B | 加权和 2[b] | | E |
|---|---|---|---|---|---|---|---|---|---|---|---|---|---|
| | | | | C | D | C | D | C | D | | C | D | |
| 3329 | 其他金属制品 | 1 485 | 0.9 | 22.3 | 77.8 | 74.5 | 25.5 | 51.9 | 48.1 | 56.7 | 62.1 | 37.9 | 76.4 |
| 3399 | 其他制成品 | 4 248 | 2.6 | 15.7 | 84.3 | 68.6 | 31.4 | 52.9 | 47.1 | 70.4 | 61.4 | 38.6 | 86.5 |
| 3334 | 通风加热空调设备 | 669 | 0.4 | 26.6 | 73.4 | 71.7 | 28.3 | 50.8 | 49.3 | 53.6 | 61.3 | 38.7 | 77.0 |
| 3322 | 餐具 | 222 | 0.1 | 17.3 | 82.7 | 73.1 | 26.9 | 31.3 | 68.7 | 25.2 | 60.0 | 40.1 | 76.5 |
| 3141 | 纺织产品 | 192 | 0.1 | 24.2 | 75.9 | 73.1 | 26.9 | 45.2 | 54.8 | 43.0 | 59.4 | 40.6 | 71.9 |
| 3261 | 塑料产品 | 1 586 | 1.0 | 28.5 | 71.5 | 66.6 | 33.4 | 49.4 | 50.6 | 55.0 | 58.6 | 41.4 | 79.1 |
| 3231 | 印刷及相关产品 | 289 | 0.2 | 21.1 | 78.9 | 64.8 | 35.2 | 55.9 | 44.1 | 79.6 | 57.6 | 42.4 | 83.5 |
| 3372 | 室内家具 | 923 | 0.6 | 19.6 | 80.4 | 62.1 | 37.9 | 46.0 | 54.0 | 62.2 | 54.9 | 45.1 | 83.2 |
| 3311 | 钢铁合金 | 1 239 | 0.8 | 19.4 | 80.7 | 65.7 | 34.3 | 19.8 | 80.2 | 1.0 | 54.1 | 45.9 | 75.0 |
| 3159 | 服装饰品 | 119 | 0.1 | 16.4 | 83.6 | 64.5 | 35.5 | 45.8 | 54.2 | 61.1 | 53.5 | 46.5 | 77.2 |
| 3161 | 皮革制品 | 109 | 0.1 | 16.4 | 83.6 | 77.0 | 23.0 | 20.2 | 79.8 | 6.4 | 53.3 | 46.7 | 60.8 |
| 3169 | 其他皮革类似产品 | 140 | 0.1 | 19.9 | 80.1 | 60.6 | 39.4 | 38.8 | 61.2 | 46.5 | 53.3 | 46.7 | 82.1 |
| 3162 | 鞋类 | 263 | 0.2 | 20.7 | 79.3 | 76.4 | 23.6 | 37.7 | 62.3 | 30.7 | 52.7 | 47.3 | 57.5 |
| 3371 | 家庭办公家具厨房橱柜 | 214 | 0.1 | 14.6 | 85.4 | 65.9 | 34.1 | 39.6 | 60.5 | 48.7 | 51.1 | 48.9 | 71.3 |
| 3327 | 螺丝螺母螺栓等 | 61 | 0.0 | 16.4 | 83.6 | 63.6 | 36.4 | 40.9 | 59.1 | 51.9 | 50.9 | 49.1 | 73.1 |
| 3324 | 锅炉油箱集装箱 | 126 | 0.1 | 23.6 | 76.4 | 66.5 | 33.5 | 34.2 | 65.8 | 24.7 | 49.9 | 50.1 | 61.2 |
| 3133 | 纺织织物及涂料 | 100 | 0.1 | 26.3 | 73.7 | 71.7 | 28.4 | 47.1 | 52.9 | 45.9 | 49.3 | 50.7 | 50.8 |
| 3212 | 单板胶合板实木产品 | 55 | 0.0 | 13.9 | 86.1 | 69.0 | 31.0 | 20.6 | 79.4 | 12.2 | 48.5 | 51.5 | 62.8 |
| 3259 | 其他化学产品 | 835 | 0.5 | 22.4 | 77.6 | 70.6 | 29.4 | 28.4 | 71.6 | 12.4 | 48.0 | 52.0 | 53.1 |
| 3326 | 丝类产品 | 509 | 0.3 | 21.0 | 79.0 | 54.6 | 45.4 | 23.5 | 76.5 | 7.4 | 47.9 | 52.1 | 80.3 |
| 3211 | 木材防腐材料 | 3 | 0.0 | 4.4 | 95.6 | 65.9 | 34.1 | 13.1 | 86.9 | 14.1 | 47.4 | 52.6 | 70.0 |
| 3262 | 橡胶制品 | 487 | 0.3 | 26.9 | 73.1 | 62.8 | 37.2 | 38.8 | 61.2 | 33.1 | 47.1 | 52.9 | 56.4 |
| 3222 | 加工纸制品 | 695 | 0.4 | 25.2 | 74.8 | 67.2 | 32.8 | 41.7 | 58.3 | 39.2 | 46.4 | 53.7 | 50.3 |
| 3369 | 其他交通产品 | 31 | 0.0 | 32.8 | 67.2 | 56.2 | 43.8 | 38.8 | 61.3 | 25.5 | 45.8 | 54.2 | 55.7 |
| 3332 | 机械工业 | 146 | 0.1 | 14.6 | 85.4 | 62.0 | 38.0 | 32.7 | 67.3 | 38.1 | 43.0 | 57.0 | 59.8 |
| 3312 | 铁制材料 | 620 | 0.4 | 22.3 | 77.7 | 54.3 | 45.7 | 26.1 | 73.9 | 11.9 | 41.9 | 58.1 | 61.3 |

续表

| 四位编码 | 行业名称 | 制成品总出口 | A | 非加工 | | 加工 | | 加权和 1[a] | | B | 加权和 2[b] | | E |
|---|---|---|---|---|---|---|---|---|---|---|---|---|---|
| | | | | C | D | C | D | C | D | | C | D | |
| 3219 | 木产品 | 154 | 0.1 | 13.7 | 86.3 | 56.8 | 43.2 | 31.7 | 68.3 | 41.9 | 41.7 | 58.3 | 65.1 |
| 3323 | 建筑材料 | 250 | 0.2 | 22.1 | 77.9 | 48.4 | 51.6 | 30.6 | 69.4 | 32.5 | 41.5 | 58.5 | 73.8 |
| 3335 | 金属制品 | 255 | 0.2 | 18.2 | 81.8 | 63.2 | 36.8 | 21.2 | 78.8 | 6.6 | 40.6 | 59.4 | 49.8 |
| 3252 | 树脂合成橡胶人工纤维 | 1 145 | 0.7 | 25.9 | 74.1 | 58.2 | 41.9 | 26.3 | 73.7 | 1.1 | 40.5 | 59.6 | 45.1 |
| 3315 | 铸制品 | 30 | 0.0 | 15.1 | 84.9 | 60.1 | 39.9 | 18.4 | 81.6 | 7.3 | 38.9 | 61.1 | 52.9 |
| 3132 | 布类产品 | 514 | 0.3 | 29.1 | 70.9 | 44.8 | 55.2 | 35.8 | 64.2 | 42.4 | 38.8 | 61.2 | 61.5 |
| 3314 | 除铝有色金属 | 1 267 | 0.8 | 16.2 | 83.8 | 74.4 | 25.6 | 20.7 | 79.3 | 7.7 | 38.1 | 61.9 | 37.6 |
| 3365 | 铁路机车车辆制造 | 202 | 0.1 | 40.1 | 59.9 | 37.1 | 63.0 | 39.5 | 60.5 | 19.3 | 37.5 | 62.5 | 85.6 |
| 3131 | 纤维纱线 | 115 | 0.1 | 32.6 | 67.4 | 62.5 | 37.5 | 35.1 | 64.9 | 8.4 | 37.2 | 62.8 | 15.5 |
| 3362 | 汽车及挂车 | 13 512 | 8.2 | 6.4 | 93.6 | 36.7 | 63.3 | 7.5 | 92.5 | 3.5 | 36.7 | 63.3 | 99.8 |
| 3251 | 基本化工材料 | 1 561 | 1.0 | 12.0 | 88.0 | 53.5 | 46.5 | 13.8 | 86.3 | 4.2 | 33.8 | 66.2 | 52.5 |
| 3221 | 纸质材料 | 94 | 0.1 | 29.4 | 70.6 | 67.0 | 33.0 | 30.6 | 69.4 | 3.2 | 33.5 | 66.5 | 10.8 |
| 3273 | 水泥和水泥制品 | 121 | 0.1 | 7.1 | 92.9 | 63.0 | 37.1 | 22.5 | 77.5 | 27.6 | 33.1 | 66.9 | 46.6 |
| 3279 | 其他非金属矿物制品 | 313 | 0.2 | 16.7 | 83.3 | 60.1 | 39.9 | 28.8 | 71.2 | 28.0 | 32.3 | 67.7 | 36.1 |
| 3271 | 黏土制品及耐火材料 | 609 | 0.4 | 9.1 | 91.0 | 52.7 | 47.3 | 16.6 | 83.5 | 17.2 | 30.9 | 69.1 | 50.2 |
| 3254 | 医药制品 | 1 510 | 0.9 | 11.8 | 88.3 | 60.7 | 39.3 | 13.4 | 86.6 | 3.3 | 28.7 | 71.4 | 34.5 |
| 3321 | 锻压产品 | 103 | 0.1 | 19.4 | 80.6 | 57.6 | 42.4 | 24.1 | 75.9 | 12.4 | 27.0 | 73.0 | 19.8 |
| 3255 | 油漆涂料黏合剂 | 902 | 0.6 | 24.4 | 75.6 | 60.6 | 39.4 | 25.5 | 74.5 | 3.3 | 25.7 | 74.3 | 3.8 |
| 3256 | 肥皂化合物材料 | 841 | 0.5 | 18.4 | 81.6 | 74.2 | 25.8 | 20.9 | 79.1 | 4.4 | 25.2 | 74.8 | 12.2 |
| 3328 | 雕刻热制品 | 0 | 0.0 | 20.4 | 79.6 | 57.1 | 42.9 | — | — | 0.0 | 21.1 | 78.9 | 2.0 |
| 3253 | 农药化肥及其他化工品 | 95 | 0.1 | 21.2 | 78.8 | 17.6 | 82.4 | 21.1 | 78.9 | 3.7 | 20.2 | 79.9 | 29.6 |
| 3274 | 石灰及石膏材料 | 35 | 0.0 | 11.7 | 88.3 | 36.0 | 64.0 | 11.7 | 88.3 | 0.2 | 11.8 | 88.2 | 0.5 |
| 3241 | 石油煤炭产品 | 855 | 0.5 | 8.0 | 92.0 | 79.1 | 20.9 | 8.7 | 91.3 | 1.0 | 10.0 | 90.0 | 2.9 |
| 总计 | 除食品产类外的制成品 | 137 312 | 83.7 | 19.9 | 80.1 | 72.0 | 28.0 | 52.4 | 47.6 | 55.7 | 66.2 | 33.8 | 89.0 |

注：A：墨西哥商品出口百分比；B：产业出口中保税加工出口的比例；C：总 FVA；D：总 DVA；E：产业出口中暂时出口计划和保税加工出口计划下的出口比例。a 仅保税加工出口计划下的出口计为加工出口，而临时出口计划下的出口视为一般出口。b 保税加工出口计划和临时出口计划的出口都被视为加工贸易。

资料来源：作者的估计。

相似地，表6.6所报告的75个产业，有41个产业的国内含量少于50%，代表了79.5%的国家制造业出口。增加值最低的产业是：电脑耗材及周边设备；影音设备；通信设备；半导体及其他电子组件；商业及电影服务产业制造业零部件；硬件和电子设备。接下来的21个产业的国内含量或国内增加值的比重高于50%，但小于65%，其占总制造业出口的15.3%。这些国内增加值比例居中的产业包括：机动车辆车身及拖车、光纤、纱线以及螺纹铣刀、铁路用车制造业、有色金属生产、面料以及金属机械制造。

余下的13个产业的增加值高于65%，但仅占制造业出口总量的5.1%。增加值比重处于领先地位的产业包括：增加值比重高达90%的石油和煤产品，比重为88.2%的石灰石膏产品，以及比重达79.9%的杀虫剂、农药及其他的农用化学品。

墨西哥PITEX计划下的制造业出口贸易如果被视作加工贸易对我们在各产业的计算产生了影响。这一点对于交通设备产业（NAICS 336）尤其重要。但相对来说，对电子产业部门的影响较小（NAICS 334和335）。考虑到墨西哥汽车产业与美国生产共享安排的主导地位，这一点不必惊讶（临时出口计划中交通设备占墨西哥出口的比例超过60%，而在保税加工出口计划下仅占34%）。2003年这三个国内增加值比重最低的NAICS的产业占墨西哥制造业总出口的70%。这意味着墨西哥制造业贸易高度集中于一些加工出口比例高的产业：介于72%—85%之间且国内含量低于27%（见表6.5）。

相似地，产业内有存在一些明显的差异。例如，交通运输产业的两个部门——在NAICS的四位编码下——机动车辆和机身拖车（PITEX计划中出口比例分别是100%和96%）的出口显示出不同的国内含量：机身和拖车的国内增加值比例是63%，而机车比例是35%（见表6.6）。同时，在计算机和电子产品行业（其出口主要是在保税加工出口计划下），通信设备、音频和视频设备、半导体和其他电子元件制造，以及计算机和外围设备的出口显示，平均国内含量为14%。相比之下，在计算机和电子产品行业中的导航、测量、电子医疗和控制仪器中，国内增加值比例为25%。电子设备、器械以及组件的产业（也大多数是保税加工出口计划出口）的差异并不显著。例如，电子设备及其他电子设备组件制造业的出口的国内增加值平均为25%，而电子灯光器具和家用电器的增加值平均为34%。这表明大多保税加工出口计划的企业的国内增加值较低，而这些PITEX计划下的企业，如汽车和机械行业，其国内含量相对较高。

### 3.2 重要市场的出口

2006年，墨西哥出口到美国的贸易量占总量的86.4%，美国是墨西哥制造业出口的主要市场(De La Cruz et al., 2011)。尽管该比例在2003到2006年期间一直下降,但美国作为墨西哥制造业出口的市场仍扮演重要的角色。紧接着是加拿大,占墨西哥制造业出口总额的2%。墨西哥制造业出口到美国和加拿大的大多是加工贸易出口,其占比超过了87%。尽管墨西哥加工贸易出口的国内增加值份额在增加,但相对来说仍然很低,2006年美国为34.3%,加拿大为36.8%。保税加工出口计划和PITEX计划下的墨西哥贸易伙伴和其制造业出口表明在2006年这两个计划对于加拿大和美国都很重要。但是其中PITEX计划对于巴西、欧盟和日本尤其重要。保税加工出口计划下企业出口到美国的份额依然是60%,而PITEX计划的比例从2000年的35%下降到2006年的27%。

### 3.3　墨西哥和中国的对比

平均来说,墨西哥制造业出口的国内增加值约占34%(见表6.6)。这个比例相对于中国的51%较低(Koopman et al., 2011)。两国国内含量低的产业包括电脑,附件及其电信通信设备。两国的一些国内增加值较高的行业都比较相似,如机动车辆、水泥等。

墨西哥的电脑加工贸易的国内含量(8.5%,见表6.6)比中国(18.7%, Koopman et al., 2001)低,这表明墨西哥有一定的信息和通信技术的一体化,但一体化程度不及中国。墨西哥改善了瓜达拉哈拉城的国内企业、国外企业、高校体系之间的伙伴关系,以创建国家的"硅谷"。此外,该国正缓慢地转移到软件发展和信息技术服务领域的全球价值链上。墨西哥通信设备产业的国内增加值为14.9%,电子组件为15.3%,仅仅是中国这些产业增加值比例的一半(中国的通信设备产业和电子组件产业的国内增加值分别为36.0%、32.8%)。墨西哥国内增加值高的加工产业是铁路机车车辆制造业(63.0%),杀虫剂及肥料和其他农用化学品(82.4%),这些产业的增加值超过中国这些产业增加值(分别为14.6%、16.5%)的2倍。

依据目的国或地区对制造业出口的国内增加值的估计表,表明墨西哥和中国出口到美国的国内含量很相近。墨西哥是44.7%—50%(De La Cruz et al., 2011),中国是45.5%(Koopman et al., 2011)。而且,平均来说,墨西哥出口到日本和巴西的国内增加值(68.9%)高于中国(60.5%)。尤其是,两国在出口到余下拉丁美洲各国以及加勒比海地区的制造业国内增加值相对来说都比较高:墨西哥是77.7%,而中国是75.8%。

### 3.4 含量份额估计的比较

正如以上描述的那样，这章的估计方法是使用“真实的”投入产出核算，该账户分别记录墨西哥经济体的加工出口和其他生产交易，其他国家很少存在。墨西哥的统计机构——墨西哥国家统计和地理研究(INEGI)——基于经济调查，编纂了一个 2003 年作为基准的投入产出表。这个投入产出表有墨西哥的国内以及保税加工出口企业的独立账户。投入产出表包括墨西哥 2002 年 NAICS 按照 3 位和 4 位编码划分的商品和服务的国内生产数据，国内和保税加工出口企业购买的投入以及它们从世界其他各国的进口数据。为方便起见，表 6.7 总结了直接从这个特殊墨西哥 IO 表中以 NAICS 三位编码水平计算的“真实”国内和国外内容含量份额。它提供了一个参照基准检验 Koopman 等(2001)所提及的估计方法的性能。因此，从世界贸易统计总览得到的保税加工出口企业的进口和出口数据以及墨西哥 2003 年加总的投入产出表中，我们可以实行同样的二次最优化模型，生成正如 Koopman 等(2001)所述的国内含量和国外含量的估计结果。表 6.8 展示了墨西哥制造业出口的国内和国外增加值份额的估算结果。表 6.8 的三个板块分别列举了一般出口、加工出口以及总出口的国内直接增加值、国内增加总值以及国外增加值。为了比较两种方法并定量评估每组增加值份额估计与“真实”增加值份额数据的差异程度(从有独立加工贸易账户的墨西哥投入产出表直接计算)，我们在表 6.8 的底部三行报告了三个指标。

总的来说，表 6.8 中标记为 B1 的行给出了估计份额与用墨西哥投入产出表(对制造业整体有独立加工贸易账户)直接计算的“真实”增加值份额之间的差异。不同增加值份额估计的误差似乎小于 3.5 个百分点。用来测量比例误差的第二个指标是关于“真实”增加值的平均绝对百分比误差(MAPE)。计算方式如下：

$$\mathrm{MAPE}=\frac{100\sum_{i=1}^{n}\mid s_i-s_{0_i}\mid}{\sum_{i=1}^{n}s_{0_i}}$$

其中，$s_i$ 代表测算的增加值，$s_{0_i}$ 代表 $i$ 产业的真实增加值。B2 所在行显示的是平均绝对百分误差指数。一般出口的误差范围是 4%至 17%，价格贸易出口的误差范围是 14%至 28%，总出口的误差范围是 12%至 15%。第三个指标是 B3 标签所在行，其所代表的是增加值估计份额和参考份额或“真实”增加值份额之间的相关系数。这些表明，尽管加工贸易出口的估计值与直接从有独立加工贸易账户的墨西哥投入产出表直接计算得出的真实份额的相关系数较低，但一般出口和总出口的估计值与真实份额高度相关。总的来说，用二次规划模型计

**表 6.7　2003 年墨西哥总出口的国内成分和国外成分(%)(从墨西哥投入产出表和一个分离的保税加工出口经济体账目直接计算得出)**

| NAICS代码 | 部门名称 | 一般出口 | | | | 加工出口 | | | | 加权和 | | | |
|---|---|---|---|---|---|---|---|---|---|---|---|---|---|
| | | 直接FVA | 直接DVA | 总FVA | 总DVA | 间接FVA | 间接DVA | 总FVA | 总DVA | 间接FVA | 间接DVA | 总FVA | 总DVA |
| 311 | 食品制造业 | 7.6 | 38.5 | 13.3 | 86.7 | 48.9 | 23.3 | 52.0 | 48.0 | 16.7 | 35.1 | 21.8 | 78.2 |
| 312 | 饮料烟草制品 | 7.2 | 42.4 | 13.0 | 87.0 | 8.8 | 19.2 | 19.6 | 80.4 | 7.3 | 41.2 | 13.4 | 86.6 |
| 313 | 纺织品 | 25.0 | 34.6 | 29.9 | 70.1 | 50.5 | 19.0 | 54.8 | 45.2 | 40.5 | 25.1 | 45.0 | 55.0 |
| 314 | 纺织产品 | 18.1 | 39.5 | 24.9 | 75.1 | 71.4 | 18.6 | 72.5 | 27.5 | 59.1 | 23.4 | 61.6 | 38.4 |
| 315 | 衣服制品 | 15.3 | 48.7 | 21.5 | 78.5 | 63.3 | 21.5 | 65.3 | 34.7 | 53.3 | 27.2 | 56.2 | 43.8 |
| 316 | 皮革及相关制成品 | 12.8 | 37.3 | 20.2 | 79.8 | 70.7 | 17.5 | 72.1 | 27.9 | 48.0 | 25.3 | 51.8 | 48.2 |
| 321 | 木制品 | 5.1 | 43.8 | 7.9 | 92.1 | 55.8 | 24.1 | 58.1 | 41.9 | 33.0 | 32.9 | 35.6 | 64.4 |
| 322 | 纸制品 | 19.0 | 33.3 | 26.3 | 73.7 | 65.6 | 20.0 | 67.3 | 32.7 | 45.3 | 25.8 | 49.4 | 50.6 |
| 323 | 印刷及相关制成品 | 14.2 | 40.3 | 20.7 | 79.3 | 63.4 | 19.6 | 64.9 | 35.1 | 48.6 | 25.8 | 51.6 | 48.4 |
| 324 | 石油及煤制成品 | 4.5 | 14.3 | 8.1 | 91.9 | 78.4 | 14.6 | 79.1 | 20.9 | 4.5 | 14.3 | 8.1 | 91.9 |
| 325 | 化学制成品 | 11.2 | 30.7 | 15.6 | 84.4 | 64.3 | 18.0 | 66.4 | 33.6 | 17.3 | 29.2 | 21.5 | 78.5 |
| 326 | 塑料及橡胶制成品 | 22.7 | 34.7 | 27.6 | 72.4 | 64.1 | 19.0 | 66.2 | 33.8 | 52.8 | 23.3 | 55.7 | 44.3 |
| 327 | 非金属矿物 | 5.9 | 54.5 | 9.7 | 90.3 | 62.2 | 20.3 | 64.3 | 35.7 | 27.8 | 41.2 | 31.0 | 69.0 |
| 331 | 初级铁制品 | 12.8 | 37.0 | 19.4 | 80.6 | 61.9 | 17.8 | 64.4 | 35.6 | 22.6 | 33.2 | 28.4 | 71.6 |
| 332 | 金属制成品 | 14.7 | 39.7 | 20.9 | 79.1 | 70.6 | 16.4 | 72.1 | 27.9 | 45.6 | 26.8 | 49.2 | 50.8 |
| 333 | 机械制成品 | 18.2 | 43.7 | 23.1 | 76.9 | 75.3 | 11.9 | 76.7 | 23.4 | 43.7 | 29.5 | 47.0 | 53.0 |
| 334 | 电脑及电子制成品 | 24.2 | 43.9 | 28.8 | 71.2 | 85.2 | 8.2 | 86.0 | 14.0 | 77.7 | 12.6 | 78.9 | 21.1 |
| 335 | 电子设备及组件 | 17.8 | 41.0 | 23.5 | 76.5 | 74.2 | 13.7 | 75.7 | 24.3 | 63.5 | 18.9 | 65.8 | 34.2 |
| 336 | 通讯设备制成品 | 24.8 | 35.6 | 31.2 | 68.8 | 74.3 | 16.5 | 75.3 | 24.7 | 45.8 | 27.5 | 49.9 | 50.1 |
| 337 | 家具及相关制成品 | 11.5 | 49.2 | 16.2 | 83.8 | 65.3 | 18.4 | 67.2 | 32.8 | 52.3 | 25.9 | 54.8 | 45.2 |
| 339 | 其他制成品 | 11.7 | 52.6 | 16.1 | 84.0 | 70.4 | 18.5 | 71.7 | 28.3 | 61.4 | 23.7 | 63.1 | 36.9 |
| | 总　　计 | 19.0 | 37.7 | 24.7 | 75.3 | 76.3 | 13.4 | 77.5 | 22.5 | 54.5 | 22.6 | 57.5 | 42.6 |

资料来源：作者估计。

表 6.8　2003 年墨西哥总出口的国内成分和国外成分(%)(通过数学程序模型对墨西哥投入产出表加总并得出估计)

| NAICS 代码 | 部门名称 | 一般出口 | | | | 加工出口 | | | | 加权和 | | | |
|---|---|---|---|---|---|---|---|---|---|---|---|---|---|
| | | 间接 FVA | 间接 DVA | 总 FVA | 总 DVA | 间接 FVA | 间接 DVA | 总 FVA | 总 DVA | 间接 FVA | 间接 DVA | 总 FVA | 总 DVA |
| 311 | 食品制成品 | 6.2 | 38.4 | 12.3 | 87.7 | 46.7 | 20.2 | 50.3 | 49.7 | 10.1 | 36.7 | 16.0 | 84.0 |
| 312 | 饮料烟草制品 | 12.4 | 42.4 | 17.5 | 82.5 | 54.9 | 22.6 | 57.7 | 42.3 | 14.1 | 41.6 | 19.1 | 81.0 |
| 313 | 纺织品 | 20.3 | 33.6 | 27.7 | 72.3 | 46.1 | 16.4 | 51.3 | 48.7 | 30.0 | 27.2 | 36.6 | 63.4 |
| 314 | 纺织产品 | 24.9 | 35.4 | 32.4 | 67.6 | 66.2 | 16.4 | 67.5 | 32.5 | 41.8 | 27.7 | 46.7 | 53.3 |
| 315 | 衣服制品 | 17.8 | 49.2 | 23.7 | 76.3 | 67.5 | 18.6 | 68.5 | 31.5 | 54.1 | 26.8 | 56.4 | 43.6 |
| 316 | 皮革及相关制成品 | 11.0 | 36.4 | 19.3 | 80.7 | 64.3 | 18.7 | 65.7 | 34.3 | 27.0 | 31.1 | 33.3 | 66.8 |
| 321 | 木制品 | 7.2 | 43.6 | 10.7 | 89.4 | 59.9 | 23.0 | 62.1 | 37.9 | 25.3 | 36.5 | 28.3 | 71.7 |
| 322 | 纸制品 | 11.8 | 33.1 | 19.9 | 80.1 | 57.6 | 17.0 | 59.6 | 40.4 | 27.8 | 27.5 | 33.7 | 66.3 |
| 323 | 印刷及相关制成品 | 14.8 | 40.5 | 20.9 | 79.2 | 54.9 | 20.2 | 56.6 | 43.4 | 46.5 | 24.5 | 49.1 | 50.9 |
| 324 | 石油及煤制成品 | 4.9 | 14.3 | 10.0 | 90.0 | 56.3 | 8.1 | 60.8 | 39.2 | 5.2 | 14.3 | 10.4 | 89.7 |
| 325 | 化学制成品 | 12.0 | 30.6 | 17.1 | 82.9 | 48.6 | 15.8 | 50.7 | 49.3 | 13.6 | 29.9 | 18.7 | 81.4 |
| 326 | 塑料及橡胶制成品 | 21.9 | 34.0 | 28.1 | 72.0 | 60.0 | 16.3 | 61.8 | 38.2 | 41.3 | 25.0 | 45.3 | 54.8 |
| 327 | 非金属矿物 | 7.6 | 53.6 | 11.8 | 88.2 | 45.6 | 27.6 | 47.9 | 52.1 | 15.5 | 48.2 | 19.3 | 80.7 |
| 331 | 初级铁制品 | 10.5 | 36.6 | 17.5 | 82.5 | 74.6 | 18.9 | 75.4 | 24.6 | 15.0 | 35.3 | 21.7 | 78.4 |
| 332 | 金属制成品 | 18.4 | 38.6 | 24.5 | 75.5 | 57.2 | 18.2 | 59.6 | 40.5 | 37.3 | 28.7 | 41.6 | 58.4 |
| 333 | 机械制成品 | 18.4 | 40.9 | 25.1 | 74.9 | 60.1 | 19.0 | 61.8 | 38.2 | 35.1 | 32.1 | 39.9 | 60.2 |
| 334 | 电机电子制成品 | 30.6 | 39.0 | 38.0 | 62.0 | 82.4 | 8.8 | 83.1 | 16.9 | 74.6 | 13.4 | 76.3 | 23.7 |
| 335 | 电子设备及组件 | 25.2 | 42.3 | 31.3 | 68.7 | 70.6 | 13.3 | 72.1 | 27.9 | 62.7 | 18.3 | 65.0 | 35.0 |
| 336 | 通讯设备制成品 | 24.8 | 34.6 | 31.6 | 68.4 | 83.8 | 16.1 | 83.8 | 16.2 | 45.1 | 28.2 | 49.6 | 50.4 |
| 337 | 家具及相关制成品 | 16.3 | 47.1 | 21.2 | 78.8 | 57.9 | 21.4 | 59.6 | 40.4 | 44.5 | 29.7 | 47.2 | 52.8 |
| 339 | 其他制成品 | 19.9 | 50.5 | 24.9 | 75.1 | 65.7 | 18.5 | 67.1 | 32.9 | 56.2 | 25.2 | 58.2 | 41.8 |
| | 总计 | 20.4 | 36.7 | 26.9 | 73.2 | 75.8 | 13.2 | 76.8 | 23.2 | 51.2 | 23.6 | 54.6 | 45.4 |
| B1 | 相比真实数据制成品加总误差 | 1.4 | −1.0 | 2.1 | −2.1 | −0.4 | −0.3 | −0.7 | 0.7 | −3.3 | 1.0 | −2.8 | 2.8 |
| B2 | 相比真实数据平均绝对百分误差 | 22.7 | 2.9 | 17.3 | 4.3 | 16.1 | 14.1 | 14.2 | 28.0 | 18.5 | 7.8 | 15.3 | 12.4 |
| B3 | 与真实数据的相关性 | 0.829 | 0.985 | 0.862 | 0.862 | 0.462 | 0.666 | 0.474 | 0.474 | 0.936 | 0.972 | 0.944 | 0.944 |

资料来源：作者估计。

算得出的估计以及从独立加工贸易账户的墨西哥投入产出表直接计算得出的真实份额在出口的加总或总值层面数值相近，但一些产业并非如此。这些产业包括：饮料及烟草制品类、石油及煤产品类、化工制造产业、非金属矿产业和机械制造业等。

## 4 结束语

垂直专业化现象在墨西哥非常普遍。与贸易全球化的趋势一致，在过去的十五年时间里，墨西哥的贸易以令人瞩目的速率增长，其制造业出口中超过85%都是生产分享运作。

在这一章，我们估计了2000年、2003年、2006年墨西哥制造业出口的国内和国外增加值份额。这个估计是使用Koopman等(2001)的方法并对其稍作修改而得到的。我们使用了专门为生产分享部门编纂的投入产出表，如2003年保税出口加工企业，而非通过最优化算法估计加工贸易出口部门的结构。这是第一个对此类型的研究，对于墨西哥，它除了使用来自出口提升计划的贸易数据(包括保税出口加工计划和PITEX计划)之外，还提供了使用投入产出表测量垂直专业化的方法。

估计结果表明，平均来说墨西哥的制造业出口国内增加值份额约占34%左右。增加值份额小于50%的产业大约占该国制造业出口的80%。低国内增加值产业包括计算机和外围设备、影音设备、通信设备、半导体和其他电子组件以及电气设备。增加值份额高达65%以上的产业仅占墨西哥制造业总出口的5.1%。增加值高并居于主导地位的产业是石油和煤炭产品企业，占90.0%；石灰和石膏产品，占88.2%；农药、化肥和其他农用化学品，占79.9%。

PITEX计划下墨西哥制造业出口若被视为加工贸易出口，其对于跨产业的计算结果会造成一定影响。特别是，它对运输设备行业产生了重大影响，其在PITEX下的出口占该行业墨西哥出口的60%以上，而保税出口加工计划下的出口仅占34%左右。这反映了美国生产分享化的安排在墨西哥汽车产业部门的主导地位。而且，此外，2003年国内增加值最低的前三大NAICS行业(运输设备和电子行业)占墨西哥制造业总出口的70%左右。这意味着墨西哥制造业贸易主要集中于一些加工出口比例高(介于72%—85%)而国内增加值比例低(低至27%)的产业。我们的结果也表明大多保税出口加工计划下的企业的国内增加值较低，例如电子产业。而处于PITEX计划下的企业，如机车和机械产业，相对来说，国内含量较高。墨西哥制造业出口到美国和加拿大的大多属于加工贸易出口，而美国是其迄今为止最大的单一国家出口市场。墨西哥2006年对美国的出口占其总出口的86.45%，而同年墨西哥对加拿大的出口仅占墨西哥出口总额的2%。

尽管墨西哥出口的国内增加值相对较低，但近些年一直在增加。这表明尽管墨西哥的行业政策温和以及只存在于其中的一些行业，但是已经镶嵌至全球供应链中。

## 参考文献

Baker & McKenzie, Doing Business in Mexico, Report, 2006. URL: http://www.bakernet.com/.

Bergin, R.P., and R.C.Feenstra, "Pass-Through of Exchange Rates and Competition between Floaters and Fixers," *Journal of Money Credit and Banking* 41(s1), 2008.

Bergin, R.P., R.C.Feenstra, and G.H.Hanson, "Offshoring and Volatility: Evidence from Mexico's Maquiladora Industry," *American Economic Review* 99(4), doi: 10.1257/aer.99.4.1664, 2009.

Bergin, R.P., R.C.Feenstra, and G.H.Hanson, Volatility Due to Offshoring: Theory and Evidence. University of California, Davis, Working Paper, Jan. 2009. URL: www.econ.ucdavis.edu/faculty/bergin/research/Offshoring_ and_Volatility_theory_web.pdf(accessed 29 May 2009).

Burstein, A., C.Kurz and L.Tesar, "Trade, Production Sharing, and the International Transmission of Business Cycles," *Journal of Monetary Economics* 55, 2008.

Campa, J.M., and L.S.Goldberg, "Pass Through of Exchange Rates to Consumption Prices: What Has Changed and Why?" NBER Working Paper 12547, 2006.

Chiquiar, D., Globalization, "Regional Wage Differentials and the Stolper—Samuelson Theorem: Evidence from Mexico," *Journal of International Economics* 74, 2008.

Chiquiar, D., and M.Ramos-Francia, "Trade and Business-Cycle Synchronization: Evidence from Mexican and US Manufacturing Industries," *North American Journal of Economics and Finance* 16, 2005.

De La Cruz, J., R.B.Koopman, Z.Wang, and S.-J.Wei, Estimating foreign-Value Added in Mexico's Manufacturing Exports, US International Trade Commission, Office of Economics Working Paper 2011-04A, 2011.

Ebenstein, A., A.Harrison, M.McMillan, and S.Phillips, "Estimating the Impact of Trade and Offshoring on American Workers Using the Current Population Surveys," NBER Working Paper 15107, 2009.

Feenstra, R.C., "Symmetric Pass-Through of Tariffs and Exchange Rates under Imperfect Competition: An Empirical Test," *Journal of International Economics* 27, 1989.

Feenstra, R.C., "Integration of Trade and Disintegration in the Global Economy," *Journal of Economic Perspectives* 12, 1998.

Feenstra, R.C., Offshoring in the Global Economy, The Ohlin Lectures, presented at the

Stockholm School of Economics, 17—18 September, 2008. URL: www.econ.ucdavis.edu/faculty/fzfeens/pdf/Feenstra_Ohlin_Lecture_2008.pdf.

Feenstra, R.C., and G.H.Hanson, "Foreign Direct Investment and Relative Wages: Evidence from Mexico's Maquiladoras," *Journal of International Economics* 42, 1997.

Feenstra, R.C, and G.H. Hanson, "The Impact of Outsourcing and High-Technology Capital on Wages: Estimates for the USA, 1979—1990," *The Quarterly Journal of Economics* 114, 1999.

Feenstra, R.C. and G.H. Hanson, "Global Production Sharing and Rising Inequality: A Survey of Trade and Wages," in *Handbook of International Trade* (eds. By E.K.Choi and J. Harringan), Oxford: Blackwell; Volume 1, 2004.

Feenstra, R.C., G.H. Hanson, and D. Swenson, "Offshore Assembly from the United States: Production Characteristics of the 9802 Program," in The Impact of International Trade on Wages(ed. R.C.Feenstra), University of Chicago Press and NBER, 2000, pp.85—128.

Gantz, A.D., NAFTA, Article 303, PROCEC and the New Maquiladora Regime in Mexico, in *The Auto Pact: Investment, Labour and the WTO*(ed. M.Irish), New York: Kluwer Law International, 2004.

Ghosh, A., "Implications of Production Sharing on Exchange Rate Pass-Through," *International Journal of Finance and Economics* 14(4), 2008.

Hanson, G.H., and A.Harrison, "Trade, Technology, and Wage Inequality," *Industrial and Labor Relations Review* 52(2), 1999.

Hanson, G.H., R.Mataloni, and M.Slaughter, "Vertical Production Networks in Multinational Firms," *Review of Economics and Statistics* 87(4), 2005.

Herrera-Hernandez, J., "Business Cycles in Mexico and the United States: Do They Share Common Movements?" *Journal of Applied Economics* 7(2), 2004.

Hummels, D., J.Ishii, and K.-M.Yi, The Nature and Growth of Vertical Specialization in World Trade, Journal of International Economics 54, 2001.

INEGI, Industria maquiladora de Exportación, Estadísticas Económicas INEGI, Febrero, 2007.

Koopman, B.R., Z.Wang, and S.-J.Wei, "Estimating Domestic Content in Exports when Processing Trade Is Pervasive," *Journal of Development Economics* 99(1), 2011.

Johnson, R.C., and G.Noguera, "Accounting for Intermediates: Production Sharing and Trade in Value Added," *Journal of International Economics* 86(2), 2012.

Kose, M.A., and K.-M.Yi, "International Trade and Business Cycles: Is Vertical Specialization the Missing Link?" *American Economic Review* 91(2), 2001.

Kose, M.A., and K.-M.Yi., "Can the Standard Real Business Cycle Model Explain the Relation between Trade and Comovement?" *Journal of International Economics* 68(2), 2006.

Krugman, P., Trade and Wages, Reconsidered, Brookings Papers on Economic Activity, 2008. URL: http://www.brookings.edu/.López, J.J.(2007). Production Sharing and Real Business Cycles in a Small Open Economy.

Federal Reserve Bank of Dallas, Globalization and Monetary Policy Institute, Working Paper 5, December. URL: http://www.dallasfed.org/institute/wpapers/2007/0005.pdf(accessed 28 May 2009).

Nordas, K. H. International Production Sharing: A Case for a Coherent Policy Framework, WTO Discussion Papers 11, WTO Geneva, Switzerland, 2005.

OECD, *Trade Liberalisation Policies in Mexico*. Paris: Organization for Economic Co-operation and Development, 1996.

Truett, B.D., and L.J.Truett, "The Maquiladoras: Prospects for Mexico," *Journal of Economic Development* 9(2), 1984.

Truett, B.D., and L.J.Truett, "Maquiladora Response to US and Asian Relative Wage Rate Changes," *Contemporary Economic Policy* 11(1), 1993.

Truett, B.D., and L.J.Truett, "NAFTA and the Maquiladoras: Boon or Bane," *Contemporary Economic Policy* 25(3), 2007.

United States International Trade Commission, Production Sharing: US Imports under Harmonized Tariff Schedule Provisions 9802.00.60 and 9802.00.80, 1989—1992. USITC Publication 2729, February, 1994.

US Department of Commerce, Merchandise Trade Reconciliation: United States-Mexico-Canada 1996 1997. Report. Bureau of the Census, Economics and Statistics Administration, 2000. URL: http://www. census. gov/foreign-trade/aip/recon9697. pdf (accessed 17 June 2009).

US Department of Commerce, Merchandise Trade Reconciliation: United States-Mexico-Canada 1998—1999, Bureau of the Census, Economics and Statistics Administration, 2001. URL: http://www.census.gov/foreign-trade/aip/recon9899.pdf(accessed 17 June 2009).

USITC, The Use and Economic Impact of TSUS Items 806.30 and 807.00, United States International Trade Commission Publication 2053, Jan. 1998.

USITC, *Production Sharing: Use of US Components and Materials in Foreign Assembly Operations, 1994—1997*, United States International Trade Commission Publication 3146, Dec. 1998.

Verhoogen, E.A., "Trade, Quality Upgrading, and Wage Inequality in the Mexican Manufacturing Sector," *Quarterly Journal of Economics* 123(2), 2008.

WTO, Trade Policy Review: Mexico. Review ET/TPR/S/195/Rev.1, World Trade Organization. 2 May, 2008. URL: http://www.wto.org/english/tratop_e/tpr_e/tpr_e.htm(accessed 16 June 2009).

Yi, K.-M., "Can Vertical Specialization Explain the Growth of World Trade?" *Journal of Political Economy* 111(1), 2003.

Yi, K.-M., "The Collapse of Global Trade: the Role of Vertical Specialization," in *The Collapse of Global Trade, Murky Protectionism, and the Crisis: Recommendations for the G20* (eds. R.Baldwin and S.Evenett), London: VoxEU/CEPR, 2009, pp.45—48.

（张运婷、陈坤、江阳译，叶作义校）

# 第七章

# 引力链:当零部件贸易重要时,估计双边贸易流量

理查德·E.鲍德温　达丽娅·塔格里奥尼

贸易是基于销售总额来衡量的,而国内生产总值(GDP)是基于销售净额(即增加值)来计算的。过去二十年生产的迅速国际化意味着总贸易流量越来越偏离增值流量,这一事实对引力方程的估计具有重要影响。目前我们提供的经验事实表明,当标准引力方程应用于零部件贸易十分重要的双边贸易流动时,某些衡量指标表现不佳。我们还提供了一个简单理论基础来修正引力方程,这个修正的引力方程可用于解释国际供应链很重要情况下的贸易。

## 1　引言

贸易是基于销售总额来衡量的,而国内生产总值(GDP)是基于销售净额来衡量的。战后的第一个十年,这个差异相对来说并不重要。中间品贸易一直是很重要的,但它与最终产品贸易成比例。然而,过去二十年供应链的迅速国际化改变了这一趋势(Yi, 2003)。事实上,近几十年来这种贸易在发达国家和新兴经济体之间以及新兴国家之间蓬勃发展,尤其是在亚洲,这种现象被称为"亚洲工厂"(Factory Asia)。在欧洲以及美国与墨西哥之间同样存在类似的供应链(Kimura et al., 2007)。因此,总的贸易流越来越不能代表增值流。这一事实有重大的政策影响(Lamy, 2010),但是它对贸易经济学家所关注的标准工具——引力方程也同样有重要的影响。

基本观点非常简单。标准引力方程是由消费者支出方程推导出来的,相对价格用一般均衡约束来消除(Anderson, 1979; Bergstrand, 1985, 1989, 1990)。当今广泛使用的相应的计量经济学也是基于这一理论(Anderson & Van Wincoop, 2003)。这样的标准方程——用两个GDP、双边距离及其他控制变量进行的

双边贸易回归——能很好地解释消费品贸易。当消费者贸易占主导时，目的国的 GDP 就是消费者支出方程中需求变动的一个很好的代理变量；而原产国的 GDP 则是总供给的一个好的代理变量。相反，如果中间品贸易在国际贸易中占主导，用 GDP 做供给和需求的代理变量就不那么合适。

例如，考虑泰国从菲律宾进口的汽车零部件的决定因素。标准方程会使用泰国国内生产总值来解释泰国的进口需求。然而，部分潜在的需求是由泰国生产的汽车总量导致的，而不是汽车的增加值。只要本地与进口含量的比例没有变，增加值就是总产出的一个合理的代理变量，所以标准的回归可能会给出合理的结果。然而，对于生产网络正在崛起的地区，增加值将不是一个好的代理变量。

为什么错误地设定的变量这么重要？大量引力方程的研究集中在因国家组不同而不同的变量上，比如自由贸易协定、文化关联或移民网络。最近的相关研究采用固定效应控制质量变量的估计。这些研究没有质量变量的错误设定问题，所以不会受我们的批判的影响。然而，有一些最近的研究，尤其是与"距离难题"相关的研究，确实是采用 GDP 来作为生产和需求变量的代理变量，我们要强调的正是这些研究。

例如 Rauch(1999)，Brun 等(2005)，Berthelon 和 Freund(2008)，Jacks 等(2008)，他们将贸易流量变化分解为收入变化效应和贸易成本变化效应时，使用 GDP 作为质量变量；Anderson & Van Wincoop(2003)在一个估计中也使用 GDP 作为质量变量。由于大多数这些研究涉及许多国家和商品，质量变量的错误设定对结果的影响较小，如 Bergstrand 和 Egger(2010)。然而，更令人担忧的是那些关注零部件贸易的作者，如 Athukorala 和 Yamashita(2006)，Kimura 等(2007)，Yokota(2008)，Ando 和 Kimura(2009)。这些文献都使用消费者产品版本的引力模型来描述零部件贸易，因此存在质量变量的误设。

### 1.1 文献回顾

中间品贸易并不是什么新的东西，中间品一直以来对于美国和加拿大之间贸易很重要；例如，1965 年美国与加拿大之间的汽车协议，明确针对汽车和汽车零部件关税减免。如早期对欧洲共同体的研究表明，中间品贸易在西欧各国之间也一直占有重要地位(如 Dreze，1961；Verdoorn，1960；Balassa，1965，1966)。Grubel 和 Lloyd(1975)的著作中明确表示，产业内贸易主要是中间品，而不是最终产品，且中间品的重要性在早期一些著名理论家的研究中已经有体现。例如，Vanek(1963)提出 H-O 模型的一个扩展，它允许 H-O 模型有中间品贸易。

Ethier(1982)将他的产业内贸易模型建立在一个所有贸易都是中间品贸易的假设上。

由于现在有更好的数据和计算技术，中间品贸易更容易被识别和记录。在努力理解欧盟单一市场计划的影响的背景下，欧洲的学者专注于中间品贸易的作用。例如，Greenaway 和 Milner(1987)将这些列为"未解决的问题"，写着："越来越明显的是，产业内贸易中大部分都是零部件贸易，然而，目前建立的大部分模型都假定是最终品贸易。中间品贸易模型还需要进一步探索。"

继 1980 年新贸易理论的发展(Helpman & Krugman, 1985), 90 年代 Jones 和 Kierzkowski(1990), Hummels(1998)，以及最近的 Kimura(2007), Grossman 和 Rossi-Hansberg(2008)等人之后，这个问题再次引起关注。

传统的引力模型是在 19 世纪 60 年代发展起来的，用以解释工厂—消费者贸易(Tinbergen, 1962; Poyhonen, 1963; Linnemann, 1966)。这个概念是引力模型的第一个明确的微观基础的核心：Anderson(1979)的开创性论文。这为引力方程提供了一个当各国只生产一个差异化的产品时基于不变替代弹性偏好的引力模型的理论解释。Anderson 和 Van Wincoop(2003)用 Anderson(1979)理论来发展适当的计量经济学技术。后续理论改进主要集中在表明引力方程可以由许多不同的理论框架(包括垄断竞争和与异质公司的 melitz 贸易模型)推导出来。

关于引力方程应用于中间品贸易的研究更有限，这些包括 Egger(2004)和 Baldone(2007)等人。与本文最接近的是 Bergstrand 和 Egger(2010)。这些作者们建立了一个可计算的一般均衡模型，解释最终品、中间品和外国直接投资的双边贸易流。模型的校准和模拟提出了估算三种双边流动的近标准重力模型的理论基础。利用最终和中间货物贸易双边流量的大数据集以及双边 FDI 流量的数据集，他们估计了三个方程，并发现标准引力变量都具有预期的大小和幅度。

我们这篇文章的主要贡献在于实证：证明当应用于中间品很重要的贸易流的计算时，标准引力方程表现得并不好。而且，这种不好的结果与我们四个简单的理论模型的预测有关，四个理论模型提出了一个可用于中间品贸易的引力方程。注意，当我们用广泛的国家汇总数据来估计时，我们得到同样的结果，即标准方程结果很好。我们认为，我们的结果与 Bergstrand 和 Egger(2010)不同是基于这样一个事实：对于许多贸易流，中间品贸易与最终品贸易是成比例的，尤其是在发达国家之间的贸易。

### 1.2 本章的结构

本章从产生大量可验证假设的简单理论开始。然后基于这些假设和数据，我们发现正如简单理论认为的那样估计系数偏离标准结果。关键结果是在中间品占主导的双边贸易流中，反映消费者需求的标准经济质量变量表现不佳。最后，我们考虑为经济质量变量设定新的代理变量，证明使用错误的质量变量会导致其他系数的估计偏差。

## 2 理论

为了引入相关的概念，我们回顾一下源于 Baldwin 和 Taglioni(2007)的标准的引力方程。对差异化种类使用众所周知的 CES 偏好结构，$d$ 国对源自 $o$ 国的产品的消费：

$$v_{od} \equiv \left(\frac{p_{od}}{P_d}\right)^{1-\sigma} E_d,\ \sigma > 1 \tag{7.1}$$

其中，$v_{od}$是目标国 $d$ 的支出，$p_{od}$是 $d$ 国内部消费来自 $o$ 国的商品的价格，$P_d$ 是 $d$ 国的所有商品的 CES 价格指数，$\sigma$ 是各商品的替代弹性，$E_d$ 是 $d$ 国的消费者支出。

基于 $o$ 国的生产者利润最大化，$P_{od}=\mu_{od}m_o\tau_{od}$，$\mu_{od}$是最优价格加成，$m_o$ 是边际成本，$\tau_{od}$是双边贸易成本要素，例如：1 加从价税等于所有自然或者人为的壁垒。如果我们假定完全竞争和 Dixit-Stiglitz 垄断性竞争，这个加成对所有目标国一样。在这些情况下，价格变化可由“工厂价格”来描述，比如完全将贸易成本转嫁给目标国消费者。

这里我们单独考虑 Dixit-Stiglitz 垄断性竞争，所以加成始终是 $\sigma/(\sigma-1)$。这意味着当地消费者的价格是：

$$p_{oo}=\left(\frac{\sigma}{\sigma-1}\right)m_o\tau_{oo}$$

当我们假定内部贸易壁垒时，$\tau_{oo}$是统一的，这样，对所有的商品求和（为了方便，假定原产国产品对称），于是：

$$V_{od}=n_o p_{oo}^{1-\sigma}\ \frac{\tau_{od}^{1-\sigma}}{P_d^{1-\sigma}}E_d \tag{7.2}$$

$V_{od}$是 $o$ 国到 $d$ 国的双边贸易流的总值（以计价方式衡量）。$n_o$ 是 $o$ 国商品种类数量（根据 Dixit-Stiglitz-Krugman 模型，所有种类都在 $d$ 国销售）。

将这个支出函数（含最优价格）转化成引力方程，我们引入市场出清条件。供给与需求匹配，当方程 7.2，将所有目标国的贸易流量值求和（包括 $o$ 国卖给自己的部分），等于 $o$ 国的总产出。当没有国际外包部分时，一国的总产出即其 GDP，这里由 $Y_o$ 表示。这样，市场出清条件下有：

$$Y_o = n_o p_{oo}^{1-\sigma} \sum_d \tau_{od}^{1-\sigma} P_d^{\sigma-1} E_d$$

解这个方程，我们得到 $n_o p_{oo}^{1-\sigma} = Y_o / \Omega_o$，$\Omega_o$ 是通常的市场潜能指数（即伙伴国市场的大小，以及与距离相关的权重衡量，对距离远的国家给予较小的权重）；特别的：

$$\Omega_o \equiv \sum_d \tau_{od}^{1-\sigma} P_d^{\sigma-1} E_d$$

将这个代入方程 7.2，得到传统的引力方程：

$$V_{od} = \tau_{od}^{1-\sigma} E_d Y_o \frac{1}{P_d^{1-\sigma}} \frac{1}{\Omega_o} \tag{7.3}$$

这里，$P_d$ 是 $d$ 国的 CES 价格指数，$\Omega_o$ 是 $o$ 国市场潜能指数。通常将产品 $P_d^{1-\sigma}\Omega_o$ 定义为"多边贸易阻力"。然而，我们必须牢记，"多边贸易阻力"是两个众所周知、为人熟知且经常衡量的因素的组合。

在典型的引力方程中，$E_d$ 代替 $d$ 国的 GDP，$Y_o$ 是 $o$ 国的 GDP，$\tau$ 代理双边的距离。

### 2.1　零部件贸易很重要的贸易中的引力

为了进一步扩展引力方程以包含零部件贸易，我们需要一个明确强调中间品贸易的贸易模型。实践证明，用 Krugman 和 Venables（1996）的"垂直关联"模型非常方便，这个模型是直接针对中间品的。下面我们给出产生修正的引力方程的基本假设和处理。Krugman 和 Venables（1996）使用标准的新经济地理模型，所有的国家有两个部门（一个是瓦尔拉斯部门 $A$ 以及一个 Dixit-Stiglitz-Krugman 竞争部门 $M$）以及一个单独的主要要素：劳动 $L$。生产 $A$ 只需要 $L$，但是每个品种 $X$ 的生产需要 $L$ 和一个所有种类的 CES 合成物作为中间投入（即每种购买的商品要么是用来最终消费的，要么是用作中间品的）。按照 Krugman 和 Venables（1996），供给方的 CES 总量是与标准的 CES 消费总量是同构的。

一个典型消费者的间接效用函数是：

$$V=\frac{I}{P^C},\ P^C\equiv p_A^{1-\alpha}(P)^\alpha,\ P\equiv\left(\int_{i\in G}p_i^{1-\sigma}\mathrm{d}i\right)^{1/(1-\sigma)} \tag{7.4}$$

其中，$I$ 是消费者收入，$P^C$ 是理想的消费者价格指数，$p_A$ 是 $A$ 的价格，$\alpha$ 是 $M$ 部门商品的科布道格拉斯支出份额，$\sigma$ 是各类商品之间的替代弹性。$P$ 是 CES 价格指数，$p_i$ 是商品 $i$ 的消费者价格，$G$ 是可得的商品类集合。

一个典型国家的典型企业的成本函数是：

$$C[w,\ P,\ x]=(F+a_Xx)w^{1-\alpha}P^\alpha \tag{7.5}$$

其中，$x$ 是一个典型商品的产出，$F$ 和 $a_X$ 是成本参数，$w$ 是工资，$\alpha$ 是科布道格拉斯函数中间品投入的份额。

如上所述，出场定价(mill pricing)是在 Dixit-Stiglitz 垄断竞争模型中的最优价格。这样，结合替代弹性 $\sigma$ 恒等式，对于任一商品在消费和生产的使用，告诉我们所有商品的价格对于两种类型的消费者而言都是相同的。选择单位，到岸价格为：

$$p_{od}=\tau_{od}w_o^{1-\alpha}P_o^\alpha\quad \text{for all}\quad o,\ d \tag{7.6}$$

使用 Shepard 和 Hotelling 的(7.4)和(7.5)辅助定理，以及 $d$ 国购买者的总需求，我们可以得到与(7.2)类似的方程，除了 $E$ 的定义现在加入了消费者采购的中间品部分：

$$V_{od}=n_op_{oo}^{1-\sigma}\frac{\tau_{od}^{1-\sigma}}{P_d^{1-\sigma}}E_d,\ E_d\equiv\alpha(I_d+n_dC_d) \tag{7.7}$$

其中，$I_d$ 是 $d$ 国的消费者收入，$C_d$ 是一个典型国家商品的总成本。

如前所述，我们用市场出清来解决 $n_op_{oo}^{1-\sigma}$ 的内生性问题。在这个情况下，$o$ 国必须出售的价值是其 $M$ 部门产出的总价值(不仅是增加值)，在垄断竞争的自由进入假定下，销售价值等于总成本的价值，所以，市场出清的方程变为：

$$n_oC_o=n_op_{oo}^{1-\sigma}\sum\nolimits_d\tau_{od}^{1-\sigma}P_d^{1-\sigma}E_d,\ C_o\equiv C[w_o,\ P_o,\ x_o] \tag{7.8}$$

其中，成本函数 $C$ 在(7.5)已经给出，解(7.8)并将结果代入(7.7)得到一个调整的允许中间品贸易的引力方程，即：

$$V_{od}=\tau_{od}^{1-\sigma}E_dC_o\frac{1}{P_d^{1-\sigma}}\frac{1}{\Omega_o} \tag{7.9}$$

$E_d$ 在(7.7)已经定义了，$C_o$ 定义在(7.8)中，而且

$$\Omega_o \equiv \sum_d \tau_{od}^{1-\sigma} P_d^{\sigma-1} E_d$$

表达式(7.9)是考虑中间品贸易而调整的引力方程。关键的区别体现在质量变量的定义上，因为现在的购买是由消费者需求[收入是需求解释变量(demand shifters)]和中间品需求[总生产成本是需求解释变量(demand shifters)]共同决定的。

## 3　标准引力模型的分解

这一理论实践表明，对大多数进口是消费品的国家和时间段的引力估计与对中间产品贸易很重要的国家和时间段的引力估计应该存在一个关键差异。具体来说，在引力方程中使用原产国和目的国的国内总产值作为质量变量的标准做法不适合于双边贸易流，因为在双边流动中零部件是重要的。当然，如果消费者需求和生产者需求同步变动，就像在稳定状态下一样，那么 GDP 可能是消费者和生产者需求变动者的合理代表。但是，如果垂直专业化贸易的角色随着时间的推移而发生变化，那么 GDP 在替代潜在需求解释变量方面应该就不那么合适了。因此，我们预计，对于那些价值链贸易十分重要的国家来说，原产国和目的国的 GDP 的解释力将会降低。

这些观察产生了许多可验证的假设：

● 对于零部件贸易重要的国家，GDP 的估计系数应该更低，且会随着零部件贸易重要性的上升而下降。

● 随着垂直专业化贸易变得越来越重要，近年来的 GDP 估计应该会更低。

● 在贸易伙伴的国内生产总值失去解释力的情况下，第三国的需求能更好地解释双边贸易流。

例如，中国的进口可以由中国的 GDP 解释转变为用其对美国和欧盟的出口来解释。有两种方法来解释这一假定。第一，中国的进口是出口的函数，而不是其 GDP 的函数。第二，中国的进口是美国和欧盟 GDP 的函数而不是中国自己的 GDP 的函数，因为美国和欧盟的 GDP 是其从中国进口的重要决定因素。

为了验证这一猜想，我们对不同组的国家和地区从 1967—2007 年不同的面板的数据来估计标准引力模型，我们用混合横截面时间序列的数据来估计标准对数—线性引力方程，即：

$$\ln(V_{odt})=G+\alpha_1\ln\left(\frac{Y_{ot}}{\Omega_{ot}}\frac{E_{dt}}{P_{dt}^{1-\sigma}}\right)+\alpha_2\ln\tau_{odt}+\varepsilon_{odt} \tag{7.10}$$

一个关键的计量问题是：价格指数 $P_{dt}$ 以及市场潜能指数 $\Omega_{ot}$（包括回归中的其他独立变量，比如 $E$，$Y$ 和 $\tau$）是不可观测的。因此，忽略它们会导致严重的偏差。

如果计量经济学家们只对估计特定组的变量的影响感兴趣，比如距离或者关税，那么标准的解决办法是加入时变的特定国家固定效应。这消除了方程(7.10)中所有的都乘以 $\alpha_1$ 的变量。显然，在零部件贸易十分重要的情况下，我们不能用这种方法来研究将 GDP 作为经济质量指标的影响。因此，需要其他的方法来控制 $\Omega_{ot}$ 和 $P_{dt}$。

我们的基本规范清楚地介绍了 $\Omega_{ot}$ 和 $P_{dt}$。由于很难准确衡量 $\Omega_{ot}$ 和 $P_{dt}$，我们用固定效应规范来做稳健性检验。为了保证与固定效应规范的可比性，在关键方程中我们引入进口国与出口国的经济质量作为单一产品到方程中，其缺点是使得进口和出口国质量变量的常数项变得一样。特别的，衡量贸易伙伴国经济质量的产品是进口国 $D$ 的实际 GDP($P_{dt}$)和出口国 $o$ 的名义 GDP 除以 $\Omega_{ot}$ 代理变量，这个结构化的方法是由 Baier 和 Bergstrand(2001)首次介绍的。

$$\Omega_{ot}=\left(\sum_d GDP_{dt}(Dist_{od})^{1-\sigma}\right)^{1/(1-\sigma)}$$

$\Omega_{ot}$ 关系中的弹性值设定为 $\sigma=4$，这与实证文献中的估计有关[例如，Obstfeld and Rogoff(2001)；Carrere(2006)]。

转向贸易成本变量 $\tau$，我们引入标准贸易摩擦，包括双边距离的对数，是否邻近和共同语言等虚拟变量。对于稳健性，我们验证了附加的时变贸易摩擦，由成本、保险和运费(CIF)价格与离岸价(FOB)价格之比来度量，如 Bergstrand 和 Egger(2010)。

双边贸易流、CIF/FOB 价格比率的数据来自 UN Comtrade 数据库。GDP 来自世界银行发展指标。双边距离、邻近性和共同语言来自 CEPII 数据库。

由于我们主要是关注特定方向的贸易流而不是传统的双边贸易流的平均值，所以我们用简单的普通最小二乘法进行估计，有双边对聚类标准差。

### 3.1 实证研究

表 7.1 报告了对所有商品的引力方程的估计，还包括分别对中间品和最终品的估计。中间品和最终品按联合国广泛的经济类别分类(见表 7.2)。样本包含所有可得数据的国家和地区，即 187 个国家和地区。

**表 7.1 全部商品、中间品和最终消费品的双边流量,187 个国家和地区,2000—2007 年**

| 变量 | 全部商品 | | 中间品 | | 消费品 | |
|---|---|---|---|---|---|---|
| | (1) | (2) | (3) | (4) | (5) | (6) |
| $\ln(GDP_o GDP_d/\Omega_o P_d)$ | 0.860*** | 0.865*** | 0.898*** | 0.905*** | 0.791*** | 0.796*** |
| | (0.006) | (0.006) | (0.007) | (0.007) | (0.008) | (0.008) |
| $\ln(CIF/FOB)$ | −0.083 3*** | −0.079 8*** | −0.189*** | −0.184*** | −0.341*** | −0.338*** |
| | (0.013) | (0.013) | (0.015) | (0.015) | (0.017) | (0.017) |
| ln(距离) | −0.775*** | −0.777*** | −0.851*** | −0.855*** | −0.758*** | −0.760*** |
| | (0.019) | (0.019) | (0.022) | (0.022) | (0.025) | (0.025) |
| 相邻性 | 1.575*** | 1.565*** | 1.711*** | 1.697*** | 1.356*** | 1.347*** |
| | (0.105) | (0.105) | (0.119) | (0.119) | (0.127) | (0.127) |
| 共同语言 | 0.966*** | 0.972*** | 0.997*** | 1.005*** | 1.186*** | 1.192*** |
| | (0.046) | (0.046) | (0.052) | (0.052) | (0.059) | (0.059) |
| 常量 | −28.61*** | −28.74*** | −30.84*** | −31.03*** | −26.87*** | −27.02*** |
| | (0.359) | (0.363) | (0.400) | (0.404) | (0.456) | (0.459) |
| 时间虚拟变量 | | Yes | | Yes | | Yes |
| 观察值 | 62 875 | 62 875 | 62 875 | 62 875 | 58 468 | 58 468 |
| $R^2$ | 0.627 | 0.628 | 0.585 | 0.587 | 0.479 | 0.480 |

注:因变量:进口+再进口。标准差是通过国家对归集的。稳健标准差报告于括号中: *** p<0.01, ** p<0.05, * p<0.1。

资料来源:作者的计算。

**表 7.2 中间品和最终消费品的分类**

| 商品 | BEC 类别 |
|---|---|
| 中间商品 | 111 初级视频和饮料,主要用于工业<br>1 21 加工食品与饮料,主要用于工业<br>21 其他未列明的初级工业用品<br>22 其他未列明的加工工业用品<br>32 加工燃料和润滑油<br>42 生产资料的零部件(交通设备的除外)<br>53 交通设备的零部件 |
| 消费品 | 112 初级食品和饮料,主要用于家庭消费<br>1 22 加工食品与饮料,主要用于工业<br>51 客运汽车<br>6 其他未列明的消费品 |
| 其他 | 31 初级燃料与润滑油<br>41 生产资料,除了零部件<br>51 其他运输设备<br>7 其他 |

资料来源:商品贸易统计的经济大类。详情可查看:http://unstats.un.org/unsd/tradekb/Knowledgebase/Intermediate-Goods-in-Trade-Statistics。

系数的符号与预期一致，并且显著。所有的六个回归（所有的商品，除了有或者没有时间固定效应的中间品和消费品）的估计大致相同。质量变量的估计接近1。双边距离变量是负的并且是在预期的范围以内。贸易成本估计，即 *CIF/FOB* 比率，一直是负的，正如对子样本的预期一样，但是总样本的系数是正的。邻近性与语言的符号符合预期并且在通常范围以内。

表7.1的结果证实了 Bergstrand 和 Egger（2010）的发现，即对消费品和中间品的系数的估计是相同的。就其本身而论，我们对引力方程的错误估计的担忧是不恰当的。然而，如上所述，如果消费者和中间贸易在一段时间内大致成比例，那么 GDP 可以作为消费品和中间品的合理代理变量。对这些参数稳定性的真正考验将是在一个中间产品贸易的重要性正在显著上升的样本上。

为了验证这一点，我们转向一些国家和地区的子样本，在这些国家和地区中，我们预先预计中间贸易将非常重要，而且增长速度将超过消费贸易。具体来说，我们估计的引力模型如表7.1所示，不过是亚洲工厂国家之间的双边贸易（如日本、印度尼西亚、韩国、菲律宾和泰国）。为了度量参数的稳定性，本文将虚拟变量与质量变量交互。结果如表7.3所示，与 Bergstrand 和 Egger（2010）和表7.1有很大的区别。

**表7.3 亚洲的工厂国家所有商品的双边流量（1967—2008年）**

| 变　量 | 没有时间交互项 | | | 变质量系数 | |
|---|---|---|---|---|---|
| | (1) | (2) | (3) | (4) | (5) |
| $\ln(GDP_oGDP_d/\Omega_oP_d)$ | 0.725*** (0.009) | 0.725*** (0.028) | 0.764*** (0.026) | 0.425*** (0.055) | 0.504*** (0.051) |
| *年份1967—1986 | | | | 0.318*** (0.048) | 0.278*** (0.048) |
| *年份1987—1996 | | | | 0.177*** (0.027) | 0.164*** (0.032) |
| *年份1998—2002 | | | | 0.007 (0.015) | 0.002 74 (0.017) |
| ln(*distance*) | −0.258*** (0.057 0) | −0.258 (0.298) | | −0.041 4 (0.297) | |
| 是否相邻 | 0.188*** (0.068 2) | 0.188 (0.386) | | 0.167 (0.367) | |
| 殖民 | −0.487*** (0.101) | −0.487 (0.388) | | 0.069 5 (0.405) | |
| 共同的殖民者 | −0.620*** (0.116) | −0.620* (0.325) | | −0.296 (0.324) | |
| 常量 | −7.218*** (0.433) | −7.218*** (2.281) | −8.825*** (0.485) | −1.465 (2.279) | −2.632** (1.178) |

续表

| 变　量 | 没有时间交互项 | | | 变质量系数 | |
|---|---|---|---|---|---|
| | (1) | (2) | (3) | (4) | (5) |
| 观察值 | 1 722 | 1 722 | 1 722 | 1 722 | 1 722 |
| $R^2$ | 0.833 | 0.833 | 0.936 | 0.851 | 0.948 |
| 时间效应 | Yes | Yes | | | |
| 出口国 * 时间效应 | | | Yes | Yes | Yes |
| 进口国 * 时间效应 | | | Yes | Yes | Yes |
| 国家对效应 | | | Yes | Yes | Yes |
| 观察值 | 820 | 820 | 820 | 820 | 820 |
| | 0.932 | 0.932 | 0.978 | 0.934 | 0.978 |
| 群集的标准误差 | | Yes | Yes | Yes | Yes |

注:标准差是通过国家对归集的。稳定标准差报道于括号中: *** $p<0.01$, ** $p<0.05$, * $p<0.1$。亚洲工厂国家:日本、印度尼西亚、韩国、马来西亚和泰国。

资料来源:作者的计算。

基线回归(没有时间交互作用)显示了一个相当普遍的结果,即引力模型在亚洲工厂国家和地区并不适用。估计的质量变量系数相当低,约为0.7。然而,距离变量估计值为−0.26,远低于通常观察到的−0.7到−1.0。当我们考虑经济质量变量的时间相互作用项时,我们发现系数随时间变化而不稳定。当标准的控制变量包括进来后(见第4列),基准回归的估计系数是0.4,必须加上时期系数,亚洲工厂之前阶段的系数是0.3(Baldwin, 2006),1987—1996年这段时间是0.2,而1998年后是为0(而且不显著)。

为了更清楚地估计质量变量随时间的不稳定性,我们重新进行相同的回归,但允许年份交互项。结果如图7.1所示,展示了GDP系数的演变过程。质量弹性随时间而下降,在估计系数中有两个明显的断裂,分别是1985年和1998年。

这些结构变化的时间和方向与有关生产国际化的文献非常一致。根据许多研究,生产分解开始于1980年代中期,并在1990年代加速(Hummels et al., 1998)。其思想是,协调成本随着信息和通信技术(ICT)革命而下降,这使得生产阶段的空间捆绑成为可能(Baldwin, 2006)。信息通信技术革命分为两个阶段。互联网在20世纪80年代中期大规模普及,然后在90年代,随着各种与ICT相关的技术创新和广泛的放松管制,电信价格暴跌(Baldwin, 2011)。所有这些变化的结果是在地理上将不同制造阶段的分离变得越来越经济。以前为促进面对面协调而在步行距离内进行的生产阶段可以分散,而不会大大降低效率或及时性。

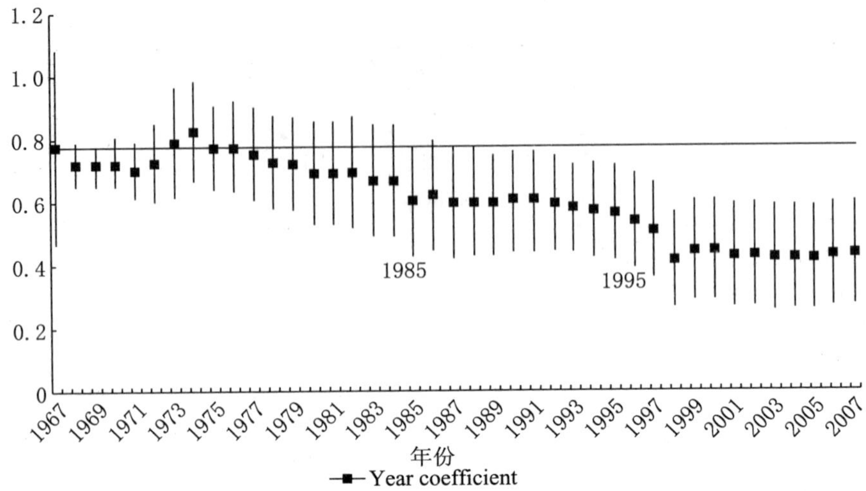


**图 7.1　工厂型亚洲国家的 GDP 系数**

有年份虚拟变量估计的 $\alpha$ 的系数。基本的估计在方程(7.9)中有详细说明。固定效应的估计在方程(7.10)中有详细说明。工厂型亚洲国家包括:日本、印度尼西亚、韩国、马来西亚和泰国。

就图 7.1 的结果而言,我们的观点是,随着贸易越来越集中于中间产品,正如我们的理论所表明的那样,GDP 成为贸易流动越来越差的决定因素。从估计的 GDP 弹性来看,20 世纪 80 年代中期和 90 年代中期的影响变化是明显的。更具体地说,1967 年至 1985 年,这些国家双边进口对国内生产总值的弹性是稳定的,系数约为 0.77。从 1985 年到 1997 年,该系数稳步下降至约 0.60,1998 年以后又进一步下降,接近 0.40。亚洲工厂国家不同时期的系数估计见表 7.3(4)和(5)列。

为了进行比较,我们还报告了各国之间双边贸易的时间与国内生产总值 GDP 的相互项结果,我们事先预计,双边贸易将以消费品和/或中间产品与最终产品贸易的稳定比例为主。为此,我们对欧盟 15 国、美国、加拿大、澳大利亚和新西兰之间双边贸易重新做表 7.3 的回归。由于供应链的国际化大多是区域性的,而非全球性的(微电子产品除外),我们预计,这些双边贸易流动标志着受亚洲工厂贸易的第二次分装的影响较小。表 7.4 所示的结果证实了我们的观点,即引力模型只适用于生产共享特别重要且增长迅速的双边贸易流。也就是说,正如我们的理论所预测的那样,我们发现贸易系数不会随着时间的推移而发生突变,而距离系数具有更接近于单位的弹性水平。第(4)和(5)列中的时间交互项都不显著,其他点的估计值都在预期范围内。

**表 7.4　对 EU15、美国、加拿大、澳大利亚和新西兰的估计(1967—2008 年)**

| 变　量 | 没有时间交互项 | | | 变质量系数 | |
|---|---|---|---|---|---|
| | (1) | (2) | (3) | (4) | (5) |
| $\ln(GDP_o GDP_d/\Omega_o P_d)$ | 0.659*** (0.009) | 0.659*** (0.025) | 0.632*** (0.027) | 0.725*** (0.058) | 0.703*** (0.034) |
| *年份 1967—1986 | | | | −0.040 8 (0.051) | −0.050 3 (0.044) |
| *年份 1987—1996 | | | | −0.037 6 (0.036) | −0.044 4 (0.032) |
| *年份 1998—2002 | | | | 0.013 2 (0.017) | 0.005 (0.014) |
| ln(*distance*) | −0.843*** (0.059) | −0.843*** (0.233) | | −0.688** (0.276) | |
| 常量 | −1.630** (0.726) | −1.630 (2.284) | −8.819*** (0.657) | −4.966 (3.733) | −10.72*** (0.917) |
| 时间效应 | Yes | Yes | | | |
| 出口国*时间效应 | | | Yes | Yes | Yes |
| 进口国*时间效应 | | | Yes | Yes | Yes |
| 国家对效应 | | | Yes | Yes | Yes |
| 观察值 | 8 020 | 8 020 | 8 020 | 8 020 | 8 020 |
| $R^2$ | 0.932 | 0.932 | 0.978 | 0.934 | 0.978 |
| 群集的标准误差 | | Yes | Yes | Yes | Yes |

注：标准差是通过国家对归集的。稳定标准差报道于括号中：*** $p<0.01$，** $p<0.05$，* $p<0.1$。

资料来源：作者的计算。

更准确地估计零部件贸易对质量估计影响这两组结果具有很强的启发性。在被广泛认为是由零部件贸易主导的数据上，我们发现质量变量系数的结构不稳定正朝着预期的方向移动。然而，在这种生产碎片化并不被广泛认为是重要的数据上，我们发现质量点估算随着时间的推移是稳定的。

为了更系统地探讨这一点，我们认为零部件贸易的重要性与全样本质量变量的点估计值之间关系较小。我们的基本主张是，贸易流的组成将影响经济质量变量的点估计，因为在质量变量方面，标准引力模型没有正确设定(mis-specified)。对这一假设最直接的检验是，将中间品占贸易总额的比例作为一种回归量，包括中间品本身，更重要的是，作为与经济质量变量的交互项。当然，对回归的一个部分的错误设定(mis-specification)对其他回归变量的点估计有影响，所以我们也考虑了该比值与其他主要回归变量的交互项。

有鉴于此，我们对2000—2008年187个国家和地区全部抽样重新估计了基本方程，考虑到与一个变量的相互作用，该变量为每一特定双边贸易流中中间产品占进口总额的份额。

这里的观点是，GDP作为衡量经济质量的指标，对于那些中间产品贸易占比相对较高的双边贸易而言，应该没有那么有效。通过估计对全样本的影响，我们避免了确定系数变化的确切来源的问题。我们用两种方法实现这个想法。

首先，我们估计了标准回归，但包括了中间产品在双边进口中所占的份额（表示为$M_d^{interm}/M_d$）。这一新的变量是单独包含的，并与右边其他的变量进行交互。表7.5报告了有关系数回归的结果。

**表7.5　与中间品占总进口比例的交互项，全部样本**

| 变　量 | (1) | (2) | (3) | (4) |
|---|---|---|---|---|
| $M_d^{interm}/M_d$ | 6.536***<br>(0.858) | 8.018***<br>(1.015) | 6.954***<br>(0.835) | 7.330***<br>(1.004) |
| $\ln(GDP_oGDP_d/\Omega_oP_d)$ | 1.031***<br>(0.010) | 1.027***<br>(0.010) | 1.064***<br>(0.010) | 1.058***<br>(0.010) |
| $*M_d^{interm}/M_d$ | −0.129***<br>(0.017) | −0.118***<br>(0.017) | −0.137***<br>(0.017) | −0.126***<br>(0.016) |
| $\ln(distance)$ | −1.173***<br>(0.018) | −1.051***<br>(0.037) | −1.011***<br>(0.019) | −0.954***<br>(0.037) |
| $*M_d^{interm}/M_d$ | | −0.232***<br>(0.059) | | −0.110*<br>(0.060) |
| $Contig_{od}$ | | | 1.350***<br>(0.101) | 0.967***<br>(0.246) |
| $*M_d^{interm}/M_d$ | | | | 0.625*<br>(0.369) |
| 共同语言 | | | 1.215***<br>(0.044) | 1.126***<br>(0.078) |
| $*M_d^{interm}/M_d$ | | | | 0.178<br>(0.119) |
| 常量 | −27.58***<br>(0.551) | −28.40***<br>(0.634) | −30.85***<br>(0.541) | −31.07***<br>(0.625) |
| 观察值 | 121 737 | 121 737 | 121 737 | 121 737 |
| $R^2$ | 0.604 | 0.604 | 0.621 | 0.621 |

注：$M_d^{interm}/M_d$是国家$d$的中间品进口占其总进口的比例。新的质量变量文中有定义。稳健的标准误差报告在括号里：*** $p<0.01$，** $p<0.05$，* $p<0.1$。

回归结果证实了我们的假定。结果中第 1 列回归单独引入比率，并只与质量变量进行交互。质量变量的系数和距离的系数是符合逻辑的，为 1.031 和 −1.173(均在 1%水平上显著)。比率本身的系数如预期是正的(与标准引力方程的预测相比，以中间品所占比例高为标志的双边贸易联系往往有太多的贸易)。比率与经济质量变量的交互系数为负，−0.129，这也与我们的假定一致(中间品比率越高，经济质量变量的估计越小)。在 1%的置信水平下，所有系数都显著不同于零。

其他各列报告了主回归的稳健性检验。引入与任何或者所有控制变量的交互项后，感兴趣的变量(质量系数、比例系数和质量与比例交互项系数)的定性结果是稳健的。这证实了基于样本先验分离的更通俗的检验。

有趣的是，交互项同样也是高度显著，且(2)中距离变量的系数为负，即距离对零部件贸易的影响更大。这个结果与我们的简化模型不一致，但与离岸贸易的许多文献一致。例如，当每一生产阶段之间产生贸易成本，而每一阶段的增加值却不大时，运输成本就变得更加重要。

第二个方法是用十分位数虚拟变量，这样进口中零部件的占比与质量变量点估计的关系可以更灵活，加入中间品的比率使得这一关系成为线性的。分位数方法使得交互项变成线性的。例如，它考虑到一个门槛效应的可能，假定只有当比率相对很大时这个交互才是显著的。更具体地，这个虚拟变量将中间品在总进口中的比率进行分类，即一个虚拟变量将双边贸易流分为中间产品占比低于 10%、10%到 20%等。结果见表 7.6。加入其他贸易决定因素的所有的结果都是稳健的。

**表 7.6　所有国家，2000—2007 年，通过中间品进口占比**

| 变　量 | $\left(\frac{GDP_o GDP_d}{\Omega_o P_d}\right)$ | ln(*distance*) | 常量 |
|---|---|---|---|
| 基数效应 | 0.985*** (0.018) | −1.105*** (0.018) | −26.29*** (0.898) |
| 基数效应 * $d2$ | −0.030 8 (0.021) | | |
| 基数效应 * $d3$ | 0.010 8 (0.021) | | |
| 基数效应 * $d4$ | −0.033 0 (0.020) | | |
| 基数效应 * $d5$ | −0.080 3*** (0.020) | | |

续表

| 变　量 | $\left(\frac{GDP_oGDP_d}{\Omega_oP_d}\right)$ | ln(*distance*) | 常量 |
|---|---|---|---|
| 基数效应 * $d6$ | $-0.103^{***}$<br>(0.021) | | |
| 基数效应 * $d7$ | $-0.090\,3^{***}$<br>(0.021) | | |
| 基数效应 * $d8$ | $-0.072\,3^{***}$<br>(0.022) | | |
| 基数效应 * $d9$ | $-0.118^{***}$<br>(0.024) | | |
| 基数效应 * $d10$ | $-0.074\,8^{***}$<br>(0.022) | | |
| 观察值 | 121 712 | | |
| $R^2$ | 0.610 | | |

注:通过增加中间进口在进口总额中所占的份额来对国家的双边进口进行十分位数分类。因此,$d10$ 表示中间品进口在总进口中占比最高的 10%的双边进口关系,而基数效应表示中间品在总进口中占比最低的 10%的双边进口关系。共同语言和接壤在这里没有报告。标准误差为国家对聚类标准差。稳健的标准误差报告于括号内:*** $p<0.01$, ** $p<0.05$, * $p<0.1$。

资料来源:作者的估计。

对于最关心的变量——经济质量变量,最低分类的系数是 0.985,与预期的非常接近,估计非常准确。我们看到,中间品比率低于 50%的分位的回归系数都是显著的。然而,对于较高的分位数,交互项的符号在 1%显著水平上都显著为

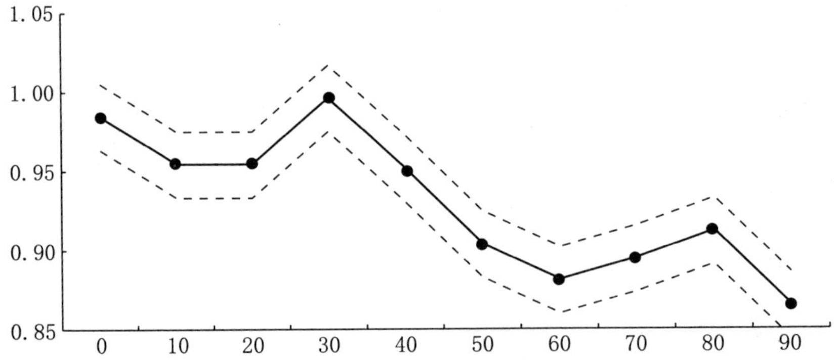


资料来源:作者的估计。

**图 7.2　用 $\ln(Y_{ot}/\Omega_{ot})(E_{dt}/P_{dt}^{1-\sigma})$ 测度的规模变量系数**

负。额外的效应使基准回归的点估计降低了大概 0.1。距离变量的系数是合理的，为－1.1，并且非常显著。表 7.6 中的结果表明确实存在门槛效应。我们发现标准引力模型在中间品比率不高的双边贸易中效果很好。而中间品贸易很重要的贸易流中，我们得到的质量系数显著地要小些。由于这一份额在大多数双边贸易中很小（生产分工是区域性的现象），这有助于解释之前提到的 Bergstrand 和 Egger(2010)的结果。

为了图形化地说明这一点，我们在图 7.2 中使用蜡烛图绘制了点估计和标准误差。在这里，质量系数的点估计被绘制成水平条，相关的标准误差显示在垂直条上。

## 4　当中间品很重要时质量代理变量的寻找

前文已经给了明显的证据，即在中间品很重要的贸易中，标准引力方程失效。这一理论表明完美的解决办法要求有总成本数据以创建一个中间品进口需求的变化指标。如果经济是合理竞争性的，总销售额会是总成本的一个好的代理变量。不幸的是，大部分国家这种数据是没有的，尤其是在生产碎片化（production fragmentation）非常重要的发展中国家。对于原产国的质量变量，理论建议我们使用总产出而不是增加值。同样这类数据并不是广泛可得的。

本节将介绍我们寻求一种实用的修正方法的结果，这种修正方法只依赖于广泛的国家可获得数据。基本的贡献是用第二节的理论来为经济质量变量构建代理变量以更好地反映对中间产品的需求取决于总产出而不是增加值这一事实。

### 4.1　解决经济质量代理变量

我们从目的地国家的质量变量开始。在第二节我们说明了总货物的双边流量是两类商品的加总，这两类商品分别为需求依赖于进口国的 GDP（比如说消费品）的商品和需求依赖于该部门购买相关中间产品的总成本的商品。理论认为，我们的经济质量指标应该是两个质量指标的线性组合，而不是对数线性组合[参照方程(7.9)和(7.7)]。

这表明了第一个方法是将中间产品的进口加到 GDP 中。这里的想法是利用总成本的直接定义即初始投入成本加上中间投入品的价值。对于任意给定的本土公司，其采购的部分中间品是来自于本土供应商，但是当在加总一国所有部门和公司时这类中间品将会被抵消，从而只剩下对当地生产要素的支付和进口中间品的支付。因此，我们的第一个务实的解决是通过下式来衡量目的地国家的需求解释变量：

$$E_d \equiv Y_d + \sum_{i \neq 0} V_{d,\,i}^{interm} \tag{7.11}$$

此式中 $V^{interm}$ 代表双边进口的中间品的价值。假如我们加总所有贸易伙伴，该方法可能包含部分要解释的双边流量（即从 $o$ 国到 $d$ 国的中间品）。为避免将要解释的贸易流量加至方程式的两边，我们为每对国家建立了一种排除了这对国家的双边贸易的测量方法。

对于与原产国相关的经济质量变量大小，我们试图去获取必须出售的产品的净产出。所推荐的方法是对理论的直接应用；它利用原产国制造业的增加值以及从除本国以外的其他所有来源购买的中间投入（由于缺乏数据）：

$$C_o \equiv AV_o^{manuf} + \sum_{i \neq 0} V_{i,\,o}^{interm} \tag{7.12}$$

请注意，我们对引力方程的设定使用了从 $o$ 国到 $d$ 国的出口，因此该式中的第二项不包含要解释的双边贸易流量。第二项包含的是 $o$ 国从所有国家的进口，而不是对其他国家的出口。

### 4.2 实证结果

为检验这些提出来的代理变量是否比 GDP 更有效，我们运行了如表 7.5 所报告的那些回归，但是用新的经济质量的代理变量替换标准的代理变量（比如 GDP）。其结果列示于表 7.7。

表 7.7 中的结果（与表 7.5 中的结果相比较）意味着我们的代理变量比 GDP 效果好。关键证据可以在栏（1）中看到。该栏包含中间产品在双边贸易总额中所占的比例本身和它与质量变量的交互项。这两种情况下的比例都缺乏显著性表明了我们的新代理变量比 GDP 在衔起（picking up）中间产品的需求和供给中做得更好。

有趣的是，栏（2）的回归意味着地理距离系数可能同样是误设的，其中该回归允许中间品的比例与距离之间的相互作用。当上面所提到的比例和地理距离的虚拟变量间的相互作用效果被计算出来，其结果显示距离估计系数平均有点下降，特别是对零部件尤其重要的贸易流量而言（也就是比例较高）。

这意味着距离对中间品占主导的双边贸易流量是更加重要了而不是更不重要。这一发现或许反映了一个众所周知的事实，即多数生产碎片化安排是区域性的，而非全球性的（零部件贸易比总体贸易更具地域性）。这个结果，不管多么有趣，都经不起规范中的微小变化。在回归(4)中，包含了比例与所有变量的交互项，距离的估计结果逐渐下降。事实上，似乎只有共同语言效应才会因中间产品比率特别高的贸易流动而被放大。

重要的是，我们应当注意到在所有的设定中比率对经济质量的相互作用项经常是不显著的。这意味着我们的新的质量代理变量在集聚包含中间品的真实的供给和需求变量中表现很好。

为了对称以及检查非线性相互作用项，我们在一个类似于表 7.6 的回归中使用我们新的质量代理变量。该想法是使用比例的十分位数虚拟变量来代替比例本身，以便在以不同程度的中间贸易为特点的双边贸易流中，相互作用非线性变化。结果如表 7.8 所示。

**表 7.7　用中间品比例的新的质量代理变量，所有国家，2000—2007 年**

| 变　　量 | (1) | (2) | (3) | (4) |
|---|---|---|---|---|
| $M_d^{interm}/M_d$ | 1.180 | 2.644 ** | 2.044 ** | 1.907 * |
| | (1.020) | (1.142) | (0.988) | (1.143) |
| $\mathrm{Ln}(GDP_o GDP_d/\Omega_o P_d)$ | 0.898 *** | 0.889 *** | 0.945 *** | 0.932 *** |
| | (0.012) | (0.011 6) | (0.012) | (0.012) |
| $*M_d^{interm}/M_d$ | −0.032 2 | −0.013 2 | −0.028 9 | −0.024 7 |
| | (0.020) | (0.020) | (0.020) | (0.020) |
| $\mathrm{Ln}(distance)$ | −1.080 *** | −0.929 *** | −0.908 *** | −0.838 *** |
| | (0.018) | (0.038) | (0.019) | (0.038) |
| $*M_d^{interm}/M_d$ | | −0.279 *** | | −0.131 * |
| | | (0.065) | | (0.067) |
| $Contig_{od}$ | | | 1.441 *** | 1.211 *** |
| | | | (0.092) | (0.224) |
| $*M_d^{interm}/M_d$ | | | | 0.356 |
| | | | | (0.354) |
| 共同语言 | | | 1.251 *** | 1.047 *** |
| | | | (0.047) | (0.088) |
| $*M_d^{interm}/M_d$ | | | | 0.385 *** |
| | | | | (0.143) |
| 常量 | −20.05 *** | −20.87 *** | −24.17 *** | −24.08 *** |
| | (0.623) | (0.687) | (0.610) | (0.685) |
| 观察值 | 87 258 | 87 258 | 87 258 | 87 258 |
| $R^2$ | 0.607 | 0.607 | 0.631 | 0.631 |

注：稳健的标准误差报告在括号里：*** $p<0.01$， ** $p<0.05$， * $p<0.1$。国家对效应和标准误差通过国家对聚集。$M_d^{interm}/M_d$ 是国家 $d$ 的中间品进口占其总进口的比例。新的质量变量文中有定义。

**表 7.8　用中间品十分位数的新质量代理变量，所有国家，2000—2007 年**

| 变　量 | $\mathrm{Ln}(E_d C_o/\Omega)$ | ln(*distance*) | 常量 |
|---|---|---|---|
| 基数效应 | 0.877***<br>(0.022) | −1.051***<br>(0.018) | −19.29***<br>(1.074) |
| 基数效应 * *d*2 | 0.040 2<br>(0.024) | | |
| 基数效应 * *d*3 | 0.036 5***<br>(0.025) | | |
| 基数效应 * *d*4 | 0.029 4<br>(0.024) | | |
| 基数效应 * *d*5 | −0.025 6<br>(0.024) | | |
| 基数效应 * *d*6 | −0.053 1**<br>(0.025) | | |
| 基数效应 * *d*7 | −0.039 0<br>(0.025) | | |
| 基数效应 * *d*8 | −0.030 6<br>(0.026) | | |
| 基数效应 * *d*9 | −0.065 2**<br>(0.028) | | |
| 基数效应 * *d*10 | 0.010 2<br>(0.027) | | |
| 观察值 | 87 251 | | |
| $R^2$ | 0.609 | | |

注：参见表 7.6 的说明。

为了解释我们的发现，回想一下，较高的十分位变量交互项的显著性证明了对以大量中间品贸易为特点的贸易流的效果不佳。因此表 7.8 中的结论表明我们的新代理变量比的效果更好。

具体来说，我们的经济“质量变量”和距离系数的基数效应是以非常合理的点估计的（分别为 0.88 和−1.1）。关键的是，只有一个十分位交互项是显著的并且它是正效应的而不是理论所显示的负效应。另外两个交互项是临界显著和负的，即第六和第十个分位数。

## 5　为什么不正确指定质量变量有影响

许多引力研究专注于在国家之间不同的变量上，比如自由贸易协定、文化联系或移民网络。最近的这类研究使用了将有固定效应的质量变量控制的估计量。这类研究没有质量变量错误设定的问题，因此也就不受我们的批判影响。

不过，正如在第一部分提到过的，有一些最近的研究，特别是有关“距离之谜”方面的，用作生产和需求变量的代理变量。这些研究正是我们要讲解的。

然而，由于这类研究大部分都涉及广泛的国家和商品，质量变量的错误设定对结果只有一个小的影响，正如 Bergstrand 和 Egger(2010)的发现所显示的以及我们用表 7.1 的结果所证实的一样。但更令人担忧的是，专注于零部件贸易的作者使用了这种方法。这些论文使用消费者—商品版本的引力模型，并因此错误设定了质量变量。

一旦这个方程被错误设定了——特别是如果标准的经济质量代理变量不能正确反映供求约束——我们就处于了遗漏变量偏差领域。首先是要去探究由该错误设定产生的偏差之本质。简单来说，我们假定 GDP 和地理距离不存在，并且将重点放在双向政策变量，例如，$d$ 国对从 $o$ 国进口的产品征收关税，用 $T_{od}$ 表示。因此，该估计的引力方程将具有如下结构：

$$\ln V_{odt} = const. + a_5 \ln T_{odt} + \varepsilon_{odt} \tag{7.13}$$

该式中假定误差项是独立同分布($iid$)的。

由于中间产品的供应是以总成本而不是 GDP 来衡量的，且那些必须出售的中间产品的供应取决于总产出而不是增值。这意味着真实的模型包含一个附加项，即：

$$\ln V_{odt} = a_0 + a_5 \ln T_{odt} + a_6 \ln Z_{odt} + \varepsilon_{odt} \tag{7.14}$$

该式中 $Z_{odt}$ 是以 GDP 为基础的质量变量与在式(7.7)中所规定的真实的质量变量。我们可以将 $Z_{odt}$ 表示成一个 $T_{odt}$ 的辅助回归函数：

$$\ln Z_{odt} = b_0 + b_1 \ln T_{odt} + u_{odt} \tag{7.15}$$

该式中假设 $u$ 是恒等分布。将该函数代入式(7.3)中，可以看到我们实际估计的是：

$$\ln V_{odt} = (a_0 + b_0 a_6) + (a_5 + a_6 b_1) \ln T_{odt} + (\varepsilon_{odt} + a_6 u_{odt}) \tag{7.16}$$

从该式中我们可以看出感兴趣的政策变量的系数将会一直存在偏差。而使其不存在偏差的唯一方法的关键点在于经济质量变量的错误设定和政策变量之间没有相关性。

那么什么类型的相关性是我们所期望的呢？回顾一下，经济质量变量的误测可以追溯到中间商品贸易的重要性。由于几乎所有的感兴趣的双边变量都是影响双边贸易流量的事物，因此感兴趣的变量同样影响中间产品的流量就似乎极有可能。只要其有影响，那么我们就知道了质量变量的误设同样会导致成对变量的偏差。

举例来说，我们假设关税阻碍整体贸易，但它们却尤其阻碍中间产品贸易（为了通常的有效保护率的原因，即关税是按贸易总值支付的，但其影响只落在增加值上）。在此情况下，我们可以预期低关税会鼓励两件事：贸易的整体增加和中间产品比例的增加。假如这样，错误设定的引力方程中的偏差就有可能是负的，因为政策变量跟遗漏变量是负相关的。此外，变量误设同样影响标准误设，这就可能导致偏差的推断（Wooldridge, 2003, Chapter 4）。

## 6 结束语

在本章中，我们提出了一些经验证据，证明标准引力模型在某些方面表现不佳，即当它应用于零部件贸易很重要的双边贸易流时。该章同样给出了一种简单的理论基础以改良引力方程，该改良的引力方程可适用于解释国际供应链很重要的贸易。最后，我们提出了一些可以使理论模型被用于实证应用的方法。

### 参考文献


Anderson, J., "The theoretical foundation for the gravity equation," *American Economic Review* 69, 1979.

Anderson, J., and E. van Wincoop, "Gravity with gravitas: a solution to the border puzzle," *American Economic Review* 93(1), 2003.

Anderson, J., and Y.V. Yotov, "The changing incidence of geography," *American Economic Review* 100(5), 2010.

Ando, M., and F.Kimura, "Fragmentation in East Asia: Further Evidence," ERIA Discussion Paper Series, DP-2009-20, October, 2009.

Athukorala, P., and N.Yamashita, "Production fragmentation and trade integration: east asia in a global context," *The North American Journal of Economics and Finance* 17(3), 2006.

Baier, S.L., and J. H. Bergstrand, "The Growth of World Trade: Tariffs, Transport Costs, and Income Similarity," *Journal of International Economics* 53(1), 2001.

Balassa, B., Economic Development and Integration Report, Centro de Estudios Monetarios Latinoamericanos, 1965.

Balassa, B., "Tariff reductions and trade in manufacturers among the industrial countries," *American Economic Review* 56(3), 1966.

Baldone, S., F.Sdogati and L.Tajoli, “On some effects of international fragmentation of production on comparative advantages, trade flows and the income of countries,” *The World Economy* 30(11), 2007.

Baldwin, R., Globalisation: The Great Unbundling(s), in *Globalisation Challenges For Europe*, Secretariat of the Economic Council, Finnish Prime Minister's Office, Helsinki, Chapter 1, 2006, pp.5—47.

Baldwin, R., “21st Century Regionalism: Filling the Gap between 21st Century Trade and 20th Century Trade Governance,” CEPR Policy Insight, No.56, 2011.

Baldwin, R., and D.Taglioni, “Trade effects of the euro: a comparison of estimators,” *Journal of Economic Integration* 22(4), 2007.

Bergstrand, J., “The gravity equation in international trade: some microeconomic foundations and empirical evidence,” *Review of Economics and Statistics* 67(3), 1985.

Bergstrand J., “Generalized Gravity Equation, Monopolistic Competition, and the Factor-Proportions Theory in International Trade,” *The Review of Economics and Statistics* 71 (1), 1989.

Bergstrand J., “The Heckscher-Ohlin-Samuelson Model, the Linder Hypothesis and the Determinants of Bilateral Intra-industry Trade,” *Economic Journal* 100(403), 1990.

Bergstrand, J., and P.Egger, “A general equilibrium theory for estimating gravity equations of bilateral FDI, final goods trade and intermediate goods trade,” in The Gravity Model in International Trade: Advances and Applications(eds. S. Brakmanm and P.Van Bergeijk), New York: Cambridge University Press, 2010.

Berthelon, M., and C.Freund, “On the conservation of distance in international trade,” *Journal of International Economics* 75(2), 2008.

Brun, J.-F., C.Carrère, P.Guillaumont and J. de Melo, “Has distance died? Evidence from a panel gravity model,” *World Bank Economic Review* 19(1), 2005.

Carrere, C., “Revisiting the Effects of Regional Trade Agreements on Trade Flows with Proper Specification of the Gravity Model,” *European Economic Review* 50(2), 2006.

Chaney, T., “Distorted Gravity: The Intensive and Extensive Margins of International Trade,” *American Economic Review* 98(4), 2008.

Coe, D., A.Subramanian and N.Tamirisa, “The missing globalization puzzle: evidence of the declining importance of distance,” IMF Staff Papers 1(54), 2007.

Deardorff, A., “Determinants of Bilateral Trade: Does Gravity Work in a Neoclassical World?” in *The Regionalization of the World Economy*, National Bureau of Economic Research, 1998, pp.7—32.

Dreze, J., Les exportations intra-CEE, en 1958 et la position Beige, Recherches Economiques de Louvain 27, 1961.

Eaton, J., and S.Kortum, “Technology, Trade, and Growth: A Unified Framework,” *European Economic Review* 45(7), 2001.

Egger, H., and P.Egger, “Outsourcing and Trade in a Spatial World,” CESifo Working Paper Series 1349, 2004.

Ethier, W.J., “The General Role of Factor Intensity in the Theorems of International

Trade," *Economics Letters* 10, 1982.

Evenett, S. J., and W. Keller, "On theories explaining the success of the gravity equation," *Journal of Political Economy* 110(2), 2002.

Feenstra, R., "Integration of trade and disintegration of production in the global economy," *Journal of Economic Perspectives* 12(4), 1998.

Fujita, M., P.Krugman and A.J.Venables, *The Spatial Economy: Cities, Regions, and International Trade*, Volume 1(1st edition), The MIT Press, 2001.

Greenaway, D., and C.Milner, "Intra-Industry Trade: Current Perspectives and nresolved Issues," *Weltwirtschaftliches Archiv* 123(1), 1987.

Grossman, G. M., and E. Rossi-Hansberg, "Trading tasks: a simple theory of offshoring," *American Economic Review* 98(5), 2008.

Grubel, H.G., and E.J.Lloyd, *Intra-industry Trade: The Theory and Measurement of International Trade in Differentiated Products*, London: Macmillan, 1975.

Grunwald, J., and K.Flamm, *The Global Factory: Foreign Assembly in International Trade*, Washington, DC: Brookings Institution, 1985.

Haddad, M., "Trade Integration in East Asia: The Role of China and Production Networks," World Bank Policy Research Working Paper 4160, March, 2007.

Harrigan, J., "Openness to trade in manufactures in the OECD," *Journal of International Economics* 40, 1996.

Helpman, E., and P. Krugman, *Market Structure and Foreign Trade*, Boston, MA: MIT Press, 1985.

Helpman, E., M.Melitz and Y.Rubinstein, "Estimating trade flows: trading partners and trading volumes," *The Quarterly Journal of Economics* 123(2), 2008.

Hummels, D., D.Rapoport and K.-M. Yi, "Vertical specialization and the changing nature of world trade," *Federal Reserve Bank of New York Economic Policy Review* June, 1998.

Jacks, D., C.Meissner and D.Novy, "Trade costs, 1870—2000," *American Economic Review* 98(2), 2008.

Jones, R., and H.Kierzkowski, "The Role of Services in Production and International Trade: A Theoretical Framework," in *The Political Economy of International Trade Jones* (eds. R.Jones and A.Krueger), Oxford: Blackwell, Chapter 3, 1990.

Kimura, F., Y.Takahashi and K.Hayakawa, "Fragmentation and parts and components trade: comparison between East Asia and Europe," *The North American Journal of Economics and Finance* 18(1), 2007.

Krugman P., Scale Economies, "Product Differentiation, and the Pattern of Trade," *The American Economic Review* 70(5), 1980.

Krugman, P., and A.Venables, "Integration, specialisation, and adjustment," *European Economic Review* 40, 1996.

Lamy, P., An urban legend about international trade. Speech, 5 June 2010. URL: http://other-news.info/index.php?p=3390.

Leamer, E.E., and R.M.Stern, *Quantitative International Economics*. Boston, MA: Allyn and Bacon, 1970.

Linnemann, H., *An Econometric Study of International Trade Flows*, Amsterdam: North-Holland, 1966.

Melitz, M.J., "The Impact of Trade on Intra-Industry Reallocations and Aggregate Industry Productivity," *Econometrica* 71(6), 2003.

Novy, D., "Trade costs in the first wave of globalization," *Explorations in Economic History* 47(2), 2010.

Obstfeld, M., and K.Rogoff, "The Six Major Puzzles in International Macroeconomics: Is There a Common Cause?" in *NBER Macroeconomics Annual 2000*, Volume 15, National Bureau of Economic Research, 2001, pp.339—412.

Ottaviano, G.I.P., T.Tabuchi and J.-F.Thisse, "Agglomeration and trade revisited," *International Economic Review* 43, 2002.

Poyhonen, P., "A tentative model for the volume of trade between countries," *Weltwirtschaftliches Archiv* 90, 1963.

Rauch, J., "Networks versus markets in international trade," *Journal of International Economics* 48, 1999.

Tinbergen, J., *Shaping the World Economy: Suggestions for an International Economics Policy*, New York: The Twentieth Century Fund, 1962.

Vanek, J., "Variable factor proportions and interindustry flows in the theory of international trade," *Quarterly Journal of Economics* 77(1), 1963.

Verdoorn, R., "The Intra-Block Trade of Benelux," in *Economic Consequence of the Size of Nations*(ed. E.Robinson), London: Macmillan, 1960.

Woolridge J., *Econometric Analysis Cross Section Panel. Boston*, MA: MIT Press, 2002.

Yi, K.-M., "Can vertical specialization explain the growth of world trade?" *The Journal of Political Economy* 111(1), 2003.

Yokota, K., "Parts and components trade and production networks in East Asia: a panel gravity approach," in Vertical Specialization and Economic Integration in East Asia(eds. D. Hiratsuka and Y.Uchida), Chosakenkyu-Hokokusho: IDEJETRO, Chapter 3, 2008.

（张运婷、陈坤、欧阳加贝译，叶作义校）

# 第八章

# 利用微观贸易数据提升增加值贸易核算：基于土耳其数据的实证[32]

纳迪姆·艾哈默德　索尼娅·阿劳若
亚历西亚·洛·图尔克　丹妮拉·马吉奥尼

## 1　引言

全球化的动态发展对经济和政策分析提出了新的挑战。贸易政策和资本管制的自由化，加上运输、通信和信息成本的减少，导致贸易成本显著降低，同时促进了企业近几十年的生产战略重新定位；生产过程朝着日益碎片化的方向发展，并将每个生产阶段分配到成本效益最高的区域进行。这种现象被称为国际生产分工(Jones & Kierzkowski，2001)[33]。

企业可以通过在国外设立子公司，将国家和地区的比较优势内部化，在企业内部实现生产的垂直分工。企业还可以直接将生产过程中某个阶段外包给国外的非附属公司，在企业外部实现垂直分工。无论在公司内部还是公司外部触手可及的地方，垂直分工都显著地改变了贸易模式。首先，因为中间产品和服务包含了很多后续生产阶段，所以产生了多次的跨境贸易。Miroudot 等人(2009)估计，在 2006 年，中间投入品贸易分别占商品和服务贸易总额的 56%和 73%；Yi (2003)指出，中间产品贸易的增长是唯一能解释为什么过去三十年中世界贸易增长速度远快于全球 GDP 的重要因素。其次，中间品贸易促进了专业化垂直分工，各国专门从事生产过程中非常具体的某一阶段。实际上，随着越来越多不同国家的公司或生产单位共同致力于单一最终产品的生产，"原产国"这一概念的

㉜　我们对土耳其人民以及土耳其国家统计局接受我们使用微观数据库来检验本章所提出的方法论表示感谢。

㉝　已有多种术语用来描述生产的国际分工化：全球价值链，国际供应链，国际碎片化增加值贸易链，跨国生产分工化，垂直分工化等等。本章亦应用了这些术语。

用处越来越受到怀疑。

这种现象引起许多人对常规贸易统计估计定义的质疑，通常而言，当商品或服务沿着生产链进行跨境贸易时，每次贸易统计都记录了其全部价值。换句话说，这是一种多重计算形式，有可能夸大贸易对一个经济体的经济重要性。根据由 Linden 等人（2009）进行的 Apple iPod 案例研究，最终在中国工厂组装完成的 iPod，中国的增值只占其出厂价的 10%。大部分组件（大约 iPod 出厂价值的 70%）是从日本进口的，其余大部分来自美国和韩国。然而，中国的出口数据记录了 iPod 最终产品的全部价值。Apple iPod 不是个例，许多来自其他国家的很多商品亦如是，根据 Koopman 等人（2008）的报告，他们估计，平均而言，中国出口的信息和通信技术设备中，外国贡献了 80%甚至更多的增加值[34]。

显而易见，多重计算掩盖了出口对国内增加值的贡献，也不利于该国鉴别真正拥有比较优势的产品。日益国际化的生产过程要求制定出新的贸易核算方法，能测量出贸易品中已经包含的增加值[35]。

实际上，在一些领域中，衡量增加值贸易可以带来新的视角，并可能对政策选择产生影响。

**全球贸易失衡。**即使考虑到中间部件和组件的贸易以及“任务交易（trade in task）”，也并未能改变一个国家与世界其他国家的总体贸易平衡，只是在贸易伙伴国之间重新分配贸易盈余和赤字。由于包含了外国投入的价值，当双边贸易余额以总额计量时，最终产品生产者的贸易赤字（或最终产品出口商的盈余）就被夸大了[36]。因此，真正的失衡也是由那些向最终生产国供应投入品的国家造成的。在持续的贸易赤字背景下，再平衡的压力与日俱增，由于对贸易失衡起源认识的不准确，存在着以全球价值链低端国家为目标的贸易保护主义风险。

**市场准入和贸易摩擦。**测度增加值贸易为今天对贸易真相的理解带来了新视角：竞争发生在企业间而非国家之间。企业在全球价值链中的竞争力意味着获得有竞争力的投入和技术。精细零部件的外部采购和离岸外包只能在没有歧视性、并且知识产权得到尊重的监管体系下进行。这种环境里最优的关税结构应是平稳的（很少或没有升级）、可靠的（供应链内的合同安排，特别是附属机构

---

[34] 相似的研究包括 Apple's iPhone（Xing & Detert，2010），Boeing 787 Dreamliner（Newhouse，2007），Mattel's Barbie doll（Tempest，1996）和 Nokia's N95 Smartphone（Ali-Yrkk? *et al.*，2011）。

[35] 通过使用瑞典的投入产出表，Isakson 和 Wajnblom（2011）发现 GDP 中一国的增加值贸易出口比总出口要低 18 个百分点，均包含中间进口品的价值（分别为 31%对 40%）。

[36] 参见 Maurer 和 Degain（2010）。Koopman 等（2008）发现中国的出口中国内的增加值含量平均约占 60%。

之间的合同安排，往往是长期的）。WTO 关于优惠贸易协定（preferential trade agreements，PTA）的文件《世界贸易报告 2011》表明，越来越多的优惠贸易协定超越了优惠关税，其协议中包含了许多具有监管性质的非关税领域。根据这份报告，所以全球生产网络可能正在促进这些“深度”PTA 的出现，因为对于生产网络而言，对一系列监管领域的良好管理要远比已经很低的关税更重要（WTO，2011）。

另外，在生产分工和全球价值链碎片化的大背景下，重商主义者式的“向邻居乞讨”策略可能会变成“向自己乞讨”的误算。如前所述，国内的增加值贸易不仅包括在出口中，也包括在进口中：一些产品和服务是中间产品，出口到国外，它们的增加值会在进口中返回到本国。因此，除了对国外生产者有影响之外，关税、非关税壁垒和反倾销权等贸易措施还可能会对国内生产者产生影响。例如，一项瑞典国家贸易委员会所做的关于欧洲制鞋业的研究表明，“亚洲制造”的鞋包含有约 50％到 80％的欧盟的增加值。在 2006 年，欧洲委员会对进口产自中国和越南的鞋类产品实施反倾销，其实受影响的还有欧盟本身。一项关于增加值条款的分析显示，事实上欧盟的增加值受制于其反倾销手段（国家贸易委员会，2007）。

**宏观经济冲击的影响。**2008 年至 2009 年的金融危机的特点是所有经济体的贸易同步崩溃。不同的作者已经讨论了全球价值链在信贷危机引起的市场需求短缺的传导作用。文献中特别强调了全球价值链的“牛鞭效应”[37]。当需求突然减少，企业推迟订单并减少库存，从而使需求的下降沿着供应链而放大，并可能造成上游企业生产停滞。更好地理解增加值贸易流可以为政策制定者提供预测宏观经济冲击影响的工具，并做出正确的政策应对。当仅考虑贸易总量时，任何有关贸易对短期需求影响的分析都可能存在偏差。2011 年 3 月发生在日本的自然灾难所造成的后果已经证明了这一点[38]。

**贸易与就业。**一些关于贸易自由化对劳动力市场影响的研究试图估计贸易中的“工作内容”。只有以增加值贸易为出发点，这种贸易自由化对劳动力市场影响的分析才是有联系的。增加值指标可以告诉我们在贸易中哪里创造了就业机会。将进口价值分解为每个经济体（包括本国）的贡献，可以了解谁从贸易中获益。上面给出的欧盟制鞋业的例子可以从工作机会方面来解释。从总体上看，传统的贸易论认为欧盟的鞋类零售商进口产自中国和越南制的鞋品导致了欧盟工作岗位的减少并转移到这些国家。但从增加值角度来看，必须考虑到欧

---

㊲ 参见 Escaith 等（2011）和 Lee 等（1997）。

㊳ 在这个案例中作为一个国际投入产出表的一个例子，参见 Escaith 等（2011）。

盟的增加值,欧盟的工人们确实在生产加工阶段失去了他们的工作岗位,但以增加值为基础的测量方法将凸显研发、设计、营销工作的重要贡献,这些活动因贸易而存在(事实是这种碎片化生产使得成本更低,从而使得欧盟的公司更有竞争力)。当比较优势适用于“任务”而不是“最终产品”时,内置于出口品中的劳动技能构成反映了参与国的相对发展水平。工业化国家倾向于专注于高技能任务,这些任务的报酬更高,占总增加值的份额更大。WTO 和 IDEJETRO 关于东亚的全球价值链的研究表明,中国专注于低技能类型的工作。相反,日本一直专精于中高技术劳动密集型产品出口,同时进口由低技能工人生产的产品。这项研究还表明韩国处于中间阶段(2006),但越来越接近日本的模式(WTO & IDE-JETRO, 2011)。

**贸易和环境。**用增加值衡量贸易流量为政策制定提供支持的另一个可能领域是:评估贸易对环境的影响。例如,对温室气体排放的担忧及其在气候变化中的作用引发了对贸易开放如何影响二氧化碳排放的研究。生产和消费的分离以及生产的国际碎片化,均需要以增加值贸易观点了解进口货物的生产地点,以及因贸易而产生的二氧化碳。经济合作与发展组织(OECD)的研究指出,工业活动的迁移可能严重影响基于消费和基于生产的二氧化碳排放量测量的差异(Ahmad & Wyckoff, 2003; Nakano et al., 2009)。

**贸易,增长和竞争力。**同样,竞争力指标例如“显性比较优势”会受到总贸易测量方法的影响。回到手机的例子中,传统的贸易数据表明中国在生产 iPhone 上具有比较优势,但增加值测量方法表明其比较优势是装配工作。考虑到增长战略和政策制定者在确定出口部门和促进产业政策方面的关切,对产业出口竞争力的分析中,不容忽视生产的碎片化和中间品贸易的作用。

使用投入产出(IO)表来测算国内出口在行业内的增加值已经很普遍,当直接和间接进口(嵌入国内投入)均包括在增值中时,投入产出(IO)表具有提供全面估算的巨大优势。但是,IO 表通常由国家统计局构建,作为确定经济体内行业间相互作用的工具,当用作分析工具时,基本假设是某一特定部门内公司的生产过程是同质的。然而,全球化生产过程的出现引发了对这一假设的质疑,例如在估算出口中的国内增值研究中,为出口市场生产商品或服务的公司与为国内市场生产同样的服务和商品的公司所使用的生产过程可能不同。因此,需要研究出能开发更详细投入产出表的方法,通过设计使得该表能充分反映这种异质性。

然而,推动这种发展需要时间,特别是在统计局内部资源紧张的情况下。但是,利用微观数据的其他方法可以为更简单的解决方案提供基础。

本章描述了使用土耳其企业级微观数据的这种方法。该方法提供了关于如何计算公司层面的进口系数的方法指南，并显示了贸易微观数据。例如，通过增加公司数据的粒度，把公司层面的贸易和商业活动信息进行匹配，能够改进 IO 表中指标的总体性质。

此外，本章还根据土耳其国家统计局提供的数据，使用公司层面的数据，批判性地评估了拟议方法的实施结果。

本章结构如下：第二节描述了增加值贸易（TVA）的概念以及怎样使用投入产出表来测量一国出口对国内增加值的贡献。第三节说明了目前总投入产出表的一些局限性以及计算增加值贸易时可能产生的偏误。第四节提出了一种编撰贸易微观数据指标的方法，这些指标可以由统计机构作为标准产出统计出来，并且可以用于投入产出表。还提供了研究中用于测试概述方法的数据，并记录了发现的主要限制因素，这些限制因素与贸易微观数据中的信息可得性息息相关。第五节评论了将公司层面指标纳入土耳其 IO 表的主要结论；第六节对研究方案做以总结。

## 2　增加值贸易：概念综述

在信息完备的完美世界中，有可能将每个产品分解为一个增加值链，并能够通过追踪整个生产链以确定增加值的来源。

从概念上讲（为简便起见，忽略税收和补贴），有可能将每一件特定的价值为 $V^p$ 的产品分解为国家 $i$ 为产品 $p$ 所生产的增加值 $VA^p$（直接的和间接的），总的价值可以表述为：

$$V^p = \sum_t VA_t^p \tag{8.1}$$

虽然这种表示相对简洁明了。但是当对整个行业或整个经济进行汇总时，可能会出现一些复杂情况，如以下示例所示。

考虑一个经济体 $i$，它只生产两种产品 $a$ 和 $b$ 用于出口，产品 $a$ 出口到经济体 $j$ 进行进一步加工，然后再重新进口到经济体 $i$ 用于生产 $b$。我们假设生产 100 个单位 $a$，价值 200，然后出口用于生产的 100 单位产品 $c$，价值 300，最后用于生产 100 单位 $b$，价值 400。为简单起见，让我们进一步假设每个单位的 $a$ 完全在国家 $i$ 生产；换句话说，没有直接或间接来自国外的中间投入品。我们同时假设，除了上面提到的中间品进口外，$b$ 的所有增加值也仅由经济体 $i$ 生产。

如果我们考虑全球生产链，至少在理论上是有可能的：100 单位的 $a$ 产生

200 单位的国内增加值，100 单位的 $b$ 产生 300 单位的国内增加值(其中 100 单位增加值是直接在加工 100 单位产品 $c$ 之后产生的，其中 200 单位增加值是间接的，反映一个事实：在每单位 $c$ 中含有生产 $a$ 时产生的 2 单位增加值，其中 $a$ 是生产 $c$ 的中间投入)。我们知道，在经济体 $i$ 中，总出口总值等于 600，这夸大了总贸易对经济的贡献；在这种背景下，简单地从产品层面合计的增加值贡献(由 $a$ 产生的直接和间接增加值和由 $b$ 产生的直接和间接的增加值)也将夸大贸易的重要性，因为通过 $a$ 和 $b$ 的销售，该经济体中产生的增加值仅仅是 300。这反映了通过生产 $b$ 产生的 300 个增值单位的事实，其中 200 单位增加值是隐含在产品 $a$ 中的，在产品 $a$ 中单独显示。

投入产出表旨在衡量经济体内商品和服务(包括进口)生产者与这些商品和服务(包括出口)用户之间的相互关系。在这种情况下，投入产出表可用于估计进口对生产任何出口商品(或服务)的贡献。例如，如果汽车制造商进口某些部件(例如底盘)，则直接进口贡献将是底盘价值与汽车总价值的比率。如果汽车制造商从国内制造商处购买其他零部件，而这些制造商又在生产过程中使用进口产品，那么这些进口产品必须包含在汽车的价值中。这些间接进口应纳入任何衡量进口对出口汽车生产贡献的统计数据。直接和间接进口总量被称为“嵌入式进口”(embodied imports)。

在投入产出表框架中，生产者和消费者的关系能被简单地描述成：

$$g = A \cdot g + y \tag{8.2}$$

其中，$g$ 表示经济体中 $n$ 个行业的产出的一个 $n \times 1$ 向量。$A$ 是描述行业之间相互关系的 $n \times n$ 矩阵(即里昂惕夫矩阵)，是行业 $j$ 的产出中，来自国内行业 $i$ 投入的比率。而 $y$ 是包括出口在内的国内生产的商品和服务(包括出口)的最终需求 $n \times 1$ 的向量。

假设由任何特定行业生产的商品都是同质的，总进口直接或间接包含在出口中，并且由额外生产诱发的额外国内活动可以这样计算：

$$\text{embodied imports} = m(1-A)^{-1} \times e \tag{8.3}$$

其中，$m$ 是一个 $1 \times n$ 向量，组分 $M_j$ 代表行业 $j$ 中的进口与产出比率，$e$ 是按行业划分的 $n \times 1$ 出口向量。

同样，我们可以通过用等值向量替换上面的进口向量 $m$ 来估算出口对增加值的总间接和直接贡献，该向量表示增加值与产出的比率($v$)，所以出口对经济总增加值的贡献等于：

$$v(I-A)^{-1} \times e \tag{8.4}$$

在整个经济层面，如果我们接受总量估计这样的事实，这种方法估算进口以及增加值效果都不错。回到之前的例子，该方法准确地记录了出口对增加值贡献的300单位。另外，政策制定者同样有兴趣了解特定部门直接或间接出口中的国内含量的贡献。在发达的工业化经济体中，全球国内生产总值（和就业）的很大一部分来自服务业，而国际贸易却仍然由货物贸易主导。通过识别生产可贸易商品的出口导向型部门（农业，制造业）的后向联系，我们能够绘制出国内增值创造的地图。通过直接和间接的部门增加值来分解国内含量表明，大部分价值间接来自服务部门。在确定国家竞争力的来源时，这种分解尤为重要，这些来源可能存在于传统统计中不被视为出口商的上游部门，或者不用来衡量出口生产对就业影响的那些部门。

由于进口往往本身包含了一些国内增值（重新进口），这就使得问题变得更复杂。当经济紧密地嵌入全球价值链时，这一数额可能很大。为了追踪这个价值，需要一个全球投入产出表：一个实际上将进口和出口重新分配到中间消费或最终国内需求（例如家庭和政府最终消费和资本形成）的表。

设 $G$ 为 $(nc)\times(nc)$ 的全球化投入产出表，其中 $c$ 是国家数量，$n$ 是行业数量。此外，表格结构为：1行到第 $n$ 行反映国家1的行业，$n+1$ 行到 $2n$ 行反映国家2的行业，依此类推。$v_i^k$ 是行业 $i$ 在国家 $k$ 生产的直接增加值，作为占它总产出的份额。行业 $j$ 在国家 $k$ 生产的全部直接和间接国内增加值表示成：

$$\sum v_i^k L_{(kn+i)(kn+j)} \tag{8.5}$$

$L_{ij}$ 是全球里昂惕夫逆转的第 $i$ 和 $j$ 要素，同样的，

$$\sum v_i^k L_{(hn+i)(hn+j)} \tag{8.6}$$

式8.6反映了为 $h$ 国 $j$ 行业一单位产出，$k$ 国所生产的全部增加值，并且

$$v_i^k L_{(hn+i)(hn+j)} \tag{8.7}$$

式8.7反映了为 $h$ 国行业 $j$ 一单位产出，$k$ 国 $i$ 行业产生的增加值。

因此，对于任何由行业给定的出口，应该可以把总价值分解成：

(i) 在生产中产生的国内增加值，包括直接来自主要生产行业的增加值，间接通过国内行业间的交易以及通过国内和国外行业间的交易产生的增加值。

(ii) 在生产用于生产的进口品时产生的进口增加值（不包括反映在国内增加值中的任何进口价值）。

因此，使用者和政策制定者可以利用全球投入产出表以如下方式分解任何商品的总价值：

● 来自最终生产者的直接国内增加值；

● 来自生产行业的间接国内增加值；

● 来自生产国家和产业的间接进口价值。

世界投入产出表的上述数据生成能力，对于那些有兴趣了解产业对经济增长、就业（因为上述流程可以重新制定以显示就业贡献）真实贡献的决策者非常有益，因为可以用经济增长和就业数据评估进口和出口的国内含量。然而，总体贸易余额需要在更高水平（包括所有国际经济联系）进行估算，以消除在生产过程中货物和服务纵横交叉时发生的重复计算。上述方法将促使对整体双边贸易平衡采取更有意义的衡量标准，例如，根据最近的世界贸易组织报告，如果以增加值计算，2008 年美中贸易平衡将减少约 40%（Maurer & Degain, 2010）。

## 3 用出口企业贸易微观数据，改善增加值贸易测度方法

近年来，很多人为增加值贸易估算做出了很多努力，其中包括 OECD 使用相关联的 IO 表（linked IO tables）估算增加值贸易。然而可以用微观数据改进对增加值贸易的估算。

在这种情况下，要注意在用 IO 表估算增值贸易时所固有的一些限制性假设。

● 假设国内销售与出口具有相同的外国增值内容。这种限制性假设也是行业层面信息汇总的直接后果，这样汇总可能导致出口的国内增值内容估算存在偏差。例如，如果大部分进口投入用于子部门，其中大部分最终产品运往国内市场，而该行业的大部分出口来却自另一个主要使用国内投入的子行业，则涉及的外国内容总出口将高于实际情况。

● 假设本土公司使用与外资企业相似的方法获得投入。根据中国数据显示（见表 8.1），外资企业更多地参与由外国商业团体的其他成员在国外生产的全球价值链投入，而他们也是团体中一员。这将导致本土企业和外资企业中间消费的进口投入强度不同。

在此背景下，很明显，使用 IO 表并没有充分区分出口公司和为国内市场生产商品和服务的非出口公司，也不能提供体现一个国家出口中的国内增加值的完美图像。尽管按第二节中的概述，在一个详尽的生产层面上估计国内增加值

是不切实际的，但通过确定出口公司和仅为国内市场生产商品的非出口公司的如下三个简单统计数据，就可以为总体结果提供不小的改进：增加值与产出比；进口与中间品消费比率和出口公司总产出的份额。

## 4 数据

分析中所使用的微观数据来源于年度行业和服务统计数据库（结构商用统计，SBS），土耳其贸易注册和土耳其统计研究所年度工业产品统计数据库。

自 2003 年以来，SBS 收集了有关公司收入、投入成本、就业和投资活动的信息，这些信息来自 2003 年以来的主要四位数 NACE（Rev 1.1）活动部门和所在地区。调查包括所有在土耳其经营且员工人数超过 20 人的公司和少于 20 名员工公司的代表性样本，其活动位于 NACE 目录中 C-K 和 M-N 部分。

**表 8.1 中国进口中间品使用和按企业类型的产出分类**

| 年份 | 企业类型 | 进口中间品 | | 出口分类 | | |
|---|---|---|---|---|---|---|
| | | 加工出口中间品所占份额 | 正常用途中间品所占份额 | 正常出口份额 | 加工出口份额 | 其他 |
| 2002 | 外商独资 | 66.0 | 10.4 | 11.9 | 87.9 | 0.3 |
| 2002 | 合资企业 | 45.3 | 34.2 | 27.8 | 71.0 | 0.8 |
| 2002 | 国有企业 | 18.2 | 57.5 | 64.7 | 31.8 | 2.6 |
| 2002 | 集体企业 | 27.1 | 54.0 | 70.7 | 28.1 | 2.7 |
| 2002 | 民营企业 | 8.1 | 63.2 | 88.4 | 8.7 | 7.6 |
| 2002 | 所有 | 38.3 | 38.5 | 42.2 | 55.9 | 1.7 |
| 2003 | 外商独资 | 62.4 | 12.4 | 11.8 | 87.9 | 0.4 |
| 2003 | 合资企业 | 40.0 | 38.7 | 29.4 | 69.9 | 1.1 |
| 2003 | 国有企业 | 14.0 | 62.9 | 67.2 | 28.8 | 2.2 |
| 2003 | 集体企业 | 24.0 | 56.4 | 71.2 | 26.4 | 1.8 |
| 2003 | 民营企业 | 14.3 | 59.4 | 78.9 | 15.9 | 6.0 |
| 2003 | 所有 | 35.4 | 41.2 | 41.9 | 56.0 | 1.6 |
| 2004 | 外商独资 | 60.9 | 13.2 | 12.4 | 87.5 | 0.4 |
| 2004 | 合资企业 | 39.5 | 37.1 | 30.1 | 69.1 | 1.2 |
| 2004 | 国有企业 | 12.7 | 68.1 | 66.7 | 29.0 | 1.8 |
| 2004 | 集体企业 | 22.7 | 61.2 | 71.8 | 25.1 | 2.1 |
| 2004 | 民营企业 | 14.9 | 61.3 | 81.1 | 13.8 | 5.6 |
| 2004 | 所有 | 35.1 | 42.3 | 41.6 | 56.3 | 1.5 |

续表

| 年份 | 企业类型 | 进口中间品 |  | 出口分类 |  |  |
|---|---|---|---|---|---|---|
|  |  | 加工出口中间品所占份额 | 正常用途中间品所占份额 | 正常出口份额 | 加工出口份额 | 其他 |
| 2005 | 外商独资 | 63.3 | 13.3 | 13.4 | 86.5 | 0.7 |
| 2005 | 合资企业 | 41.0 | 38.6 | 32.0 | 67.0 | 1.0 |
| 2005 | 国有企业 | 11.7 | 70.8 | 66.5 | 28.1 | 1.7 |
| 2005 | 集体企业 | 21.6 | 64.5 | 70.4 | 26.2 | 1.7 |
| 2005 | 民营企业 | 15.4 | 61.1 | 82.1 | 12.0 | 5.8 |
| 2005 | 所有 | 36.6 | 42.9 | 41.9 | 55.6 | 1.5 |
| 2006 | 外商独资 | 61.9 | 14.9 | 14.6 | 85.3 | 1.1 |
| 2006 | 合资企业 | 38.8 | 40.8 | 35.2 | 63.1 | 1.1 |
| 2006 | 国有企业 | 11.0 | 71.4 | 65.8 | 27.1 | 1.5 |
| 2006 | 集体企业 | 20.3 | 67.5 | 71.8 | 24.7 | 1.6 |
| 2006 | 民营企业 | 13.8 | 61.6 | 84.1 | 10.3 | 5.8 |
| 2006 | 所有 | 35.7 | 43.5 | 43.5 | 53.6 | 1.7 |

资料来源:中国海关(引用王(2008)并由作者改编)。

使用的第二个数据库是贸易注册数据,来源于海关申报,仅包含商品贸易信息。因此,出口中不包括服务,进口的中间品只包含货物。进出口也不包括边境和沿海贸易、过境贸易、临时贸易和低于 100 美元的货币黄金交易。进口和出口流量按 12 位 GTIP10 分类收集。还提供了有关贸易流量的原产国/目的地国的信息。

使用的第三个数据库是年度工业产品统计数据库,包含的信息有:所生产的商品类型和种类,产品的生产数量和价值,在参考年或前一年内所生产的商品总量、销售量和价值。在 10 位 PRODTR 层面上收集产品数据。超过 20 名雇员的公司生产数据,以及 NACE Rev 1.1 版中国年 C(采矿 & 采石业)或 D(制造业)部分的公司主次要活动生产数据均可得。

该数据库中 2005—2009 年期间的数据用于确定公司有效生产的货物出口流量(通过将出口产品的代码与公司生产的产品的代码相匹配),以及从进口流量中排除那些属于其产品范围的商品(如公司进口的产品,以及与公司生产的产品相对应的产品),并假设这些商品是未经进一步加工销售的进口商品。通过建立由土耳其统计研究所提供的 GTIP 和 PROTR 分类之间的对应关系,在产品层面上合并外贸数据和生产数据。

数据库使用土耳其统计研究所创建的每个企业的单一标识码来匹配。分析使用的是土耳其2006年企业层面的数据。

土耳其的投入产出表使用来自OECD的投入产出数据库中的2002年的表格(参见本章的附录A)。

在此，有必要就上述指标的计算加以说明。

- 出口强度：出口与产出比值；
- 中间品进口比率：中间品进口的价值/中间消费；
- 出口企业占总产出的份额：由出口企业承担的占行业或总经济生产的份额。

产出的价值由企业营业额代替，该数据可以在企业调查中得到。它等于所有活动收入加上补贴、财政资助和其他收入，不包括其他普通和特殊的收入和利润，如来自子公司和分支机构的利息和股息，还包括年度半成品和最终品存货价值变化。

$$
\begin{aligned}
\text{产出} = & \text{来自货物和服务销售的收入} \\
& + \text{补贴，财政资助和其他收入} \\
& + \Delta \text{半成品存货价值} \\
& + \Delta \text{最终产品存货价值}
\end{aligned} \tag{8.8}
$$

中间消耗包括承担企业经济活动所需的所有类型的支出。不包括融资费用(利息)和非常规性费用，如非经营费用和成本以及前几年的支出。所获得的活动支出中扣除了原辅材料、经营与包装品以及贸易物品库存的年度变化。

中间品消费

＝设备、原辅材料、经营和在报告期内购买用于包装商品和服务的生产的商品总价值报告期(核算期)内设备、原辅材料、购买的用于生产商品和服务的经营和包装品的总值

＋未经进一步处理的待售商品价值

＋购买电力

＋购买其他燃料

＋向职业介绍所和类似组织支付的费用＋其他企业提供的辅助活动支出＋分包给第三方的生产支付

＋租赁费用

－Δ原辅材料、运营和包装商品存货价，

一Δ买进用于出售的，没有进一步加工的商品存货价值

在企业层面测量进口中间品有一些重要的注意事项值得讨论。第一，海关只能记录直接进口数据。进口投入包含在国内增加值中，但不能把进口值从国内增加值中分解出去。第二，企业可以在当地（即通过国内市场的批发商）购买国外生产的投入品。根据OECD欧盟统计局的数据库，许多国家进出口商品的批发商和零售商的比例并不小：例如，它们占到德国对欧盟以外出口商的19%、美国出口企业的36%以及进口企业的近50%。如表8.2所示，批发商和零售商承担了相当大的商品贸易份额，对于数据库所涵盖的国家而言，这类进口的比例平均超过进口总量的30%。

**表8.2　大型经济部门的商品贸易（占2009年或最新年份的总贸易的比例）**

| | 总出口（%） | | | | | |
|---|---|---|---|---|---|---|
| | 农业 | 工业 | 贸易 | 服务 | 其他 | 总和 |
| 加拿大 | 1.6 | 71.6 | 10.5 | 16.4 | — | 100.0 |
| 土耳其 | 0.1 | 59.9 | 34.5 | 5.5 | — | 100.0 |
| 美　国 | 0.4 | 63.0 | 25.1 | 11.5 | — | 100.0 |
| 欧洲平均 | 0.4 | 56.8 | 19.3 | 11.0 | 12.5 | 100.0 |
| | 总进口（%） | | | | | |
| | 农业 | 工业 | 贸易 | 服务 | 其他 | 总和 |
| 加拿大 | 0.5 | 48.5 | 40.8 | 10.3 | — | 100.0 |
| 土耳其 | 0.0 | 54.6 | 31.5 | 13.9 | — | 100.0 |
| 美　国 | 0.1 | 47.0 | 41.6 | 11.3 | — | 100.0 |
| 欧洲平均 | 0.2 | 37.5 | 38.3 | 12.8 | 11.1 | 100.0 |

注：所有数据加总后不一定刚好为100。
资料来源：OECD-欧盟统计局　企业特征贸易（TEC）数据库。

欧盟统计局-OECD贸易企业特性专家组和负责衡量增值贸易衡量的OECD小组的未来计划侧重于通过单独识别和处理，将从批发商购买的进口产品作为投入来进行分配。研究还将侧重于创建企业与其设立的独立批发/零售部门等附属企业之间的联系。

在这项研究中，微观数据是基于2006年的，然而，IO系数和出口价值是从2002年IO表中检索出的，意味着完整的数据核对是不可能的。但是对于这两个来源之间的完整核对无论如何都是很重要的，其中另有原因。一个原因是IO表

反映这样的事实：IO 表设计中包含许多修正和调整，以反映报告误差，例如来自企业的错误报告信息，以及通过国民账户调整以反映经济中未观察到的非正式经济活动、灰色经济、影子经济等。另一个重要的原因是企业数据反映了经营活动在不同产业部门中的分布。此处分析中使用的假设是，公司层面数据中的企业也是构建 IO 表的基础。理论上，鼓励统计局按照工商主体来构建 IO 表。对于大多数企业和工商主体而言是一致的，但实际并非总是如此，特别是对于大企业而言。因此需要进一步开展工作，以确保将 IO 表中使用的分配方法与本附加分析中使用的分配方法进行协调。

其实，上述这些问题不会对整体结果产生显著影响。例如，从事非正规部门的公司通常都很小，不太可能参与国际贸易。而且，如上所述，大多数工商主体也是企业。这里使用的方法是基于比率的，以在任何情况下都能最小化这些差异对总体结果产生重大影响的可能性。

换言之，在将任何工业部门划分为出口部分和非出口部分时，对该部门总产出的划分方法与公司层面数据中的通常分解方法一致(假设 2006 年的比率适合于 2002 年)。下一步是使用有关每个行业出口企业人口的增加值与产出之比以及进口与中间消费之比的信息，为每个部门创建估算值。

## 5 结果总结

表 8.3 列出了两位数 ISIC 行业的主要结果。该表通过 IO 总体两位数表(第 5 栏)获得的数据，将出口企业在工业总产出中进口投入的份额(第 3 列)与所有行业中的进口投入份额(各部门的所有企业)进行了比较。结果表明，与基于 IO 总体系数估算的结果相比较，将 IO 信息与来自出口商的进口份额的公司级信息相结合后，包含在出口中的进口平均高出 125%。

该表还表明，在每对一个工业部门进行分解后，出口中包含的进口数量更高，差异显著。唯一的例外是邮政和电信(IO 64)，其差异可以忽略不计，这一结果可能与该活动的可贸易性较低有关。

## 6 结论与研究议程

上面显示的实验结果表明，统计机构应该追求和制定更注重出口公司结构的更详细的 IO 表。如上所述，这不太可能很快实现，但可以通过利用现有的微数据来生成可以集成到现有 IO 表中的指标来推动这一发展。此外，如本章附录

B所示，这些指标的开发是合理的，因为这些指标为许多其他形式的分析提供了独立的投入值数据。

当然还存在一些挑战，其中一些已经在上面提到，例如：

- 基于企业和基于工商主体数据的一致性；
- 在计算非出口和出口部门进口总额时，将出口部门的服务出口商和服务进口商纳入其中；
- 通过非关联或关联批发商购买进口商品的处理。

**表8.3　2002年的比较结果**

| 国际标准行业分类 | 出口 | 来自出口企业的进口份额 | | 基于投入产出表的汇总结果 | | |
|---|---|---|---|---|---|---|
| | | A | B | A | B | C |
| 1 | 2 244 050 | 0.13 | 299 932 | 0.06 | 145 611 | 106 |
| 2 | 10 896 | 0.06 | 662 | 0.03 | 311 | 113 |
| 5 | 65 569 | 0.14 | 9 440 | 0.07 | 4 585 | 106 |
| 10 | 1 655 | 0.26 | 438 | 0.12 | 200 | 118 |
| 11 | 1 708 | 0.14 | 240 | 0.08 | 133 | 81 |
| 13 | 114 967 | 0.36 | 40 909 | 0.16 | 18 845 | 117 |
| 14 | 251 485 | 0.26 | 64 926 | 0.13 | 32 242 | 101 |
| 15 | 2 457 225 | 0.29 | 700 829 | 0.12 | 287 108 | 144 |
| 16 | 122 341 | 0.56 | 68 994 | 0.23 | 27 552 | 150 |
| 17 | 7 018 726 | 0.61 | 4 260 200 | 0.27 | 1 872 164 | 128 |
| 18 | 8 242 291 | 0.54 | 4 447 960 | 0.24 | 1 992 294 | 123 |
| 19 | 287 732 | 0.63 | 182 681 | 0.37 | 105 676 | 73 |
| 20 | 146 946 | 0.70 | 102 729 | 0.28 | 41 604 | 147 |
| 21 | 344 823 | 0.63 | 217 567 | 0.30 | 101 801 | 114 |
| 22 | 46 795 | 0.44 | 20 644 | 0.23 | 10 562 | 95 |
| 23 | 606 703 | 1.11 | 676 060 | 0.57 | 343 648 | 97 |
| 24 | 1 545 378 | 0.68 | 1 045 659 | 0.28 | 438 663 | 138 |
| 25 | 1 327 502 | 0.82 | 1 085 012 | 0.33 | 444 134 | 144 |
| 26 | 1 819 875 | 0.40 | 729 259 | 0.18 | 325 196 | 124 |
| 27 | 3 700 493 | 0.79 | 2 932 985 | 0.37 | 1 354 991 | 116 |
| 28 | 1 116 763 | 0.64 | 718 554 | 0.30 | 333 180 | 116 |
| 29 | 2 299 397 | 0.59 | 1 348 560 | 0.28 | 636 981 | 112 |
| 30 | 10 242 | 0.49 | 5 049 | 0.27 | 2 803 | 80 |
| 31 | 1 239 762 | 0.73 | 903 317 | 0.31 | 388 618 | 132 |

续表

| 国际标准行业分类 | 出口 | 来自出口企业的进口份额 A | 来自出口企业的进口份额 B | 基于投入产出表的汇总结果 A | 基于投入产出表的汇总结果 B | C |
|---|---|---|---|---|---|---|
| 32 | 1 889 535 | 0.95 | 1 794 366 | 0.47 | 890 595 | 101 |
| 33 | 50 983 | 0.65 | 33 033 | 0.36 | 18 567 | 78 |
| 34 | 4 329 850 | 0.89 | 3 846 233 | 0.34 | 1 459 386 | 164 |
| 35 | 457 860 | 0.57 | 260 670 | 0.22 | 100 917 | 158 |
| 36 | 1 147 834 | 0.64 | 739 668 | 0.41 | 470 319 | 57 |
| 40 | 23 590 | 0.47 | 11 159 | 0.24 | 5 571 | 100 |
| 45 | 1 258 809 | 0.43 | 546 747 | 0.33 | 411 653 | 33 |
| 50 | 1 288 810 | 0.49 | 625 801 | 0.07 | 95 017 | 559 |
| 51 | 2 674 465 | 0.46 | 1 237 896 | 0.17 | 457 308 | 171 |
| 52 | 3 533 579 | 0.32 | 1 138 621 | 0.15 | 521 427 | 118 |
| 60 | 3 949 926 | 0.22 | 879 132 | 0.10 | 404 293 | 117 |
| 61 | 1 581 180 | 0.18 | 276 993 | 0.09 | 138 304 | 100 |
| 62 | 860 967 | 0.19 | 159 600 | 0.09 | 75 480 | 111 |
| 63 | 1 675 591 | 0.23 | 393 472 | 0.11 | 175 954 | 124 |
| 64 | 155 113 | 0.15 | 23 933 | 0.15 | 22 725 | 5 |
| 65 | 1 481 153 | 0.30 | 439 548 | 0.14 | 209 600 | 110 |
| 66 | 225 731 | 0.18 | 40 885 | 0.09 | 19 296 | 112 |
| 72 | 23 033 | 0.28 | 6 424 | 0.10 | 2 263 | 184 |
| 74 | 153 218 | 0.15 | 23 163 | 0.05 | 7 854 | 195 |
| 75 | 226 844 | 0.11 | 25 500 | 0.05 | 11 942 | 114 |
| 90 | 90 | 0.18 | 16 | 0.09 | 8 | 87 |
| 92 | 97 915 | 0.12 | 11 556 | 0.05 | 5 193 | 123 |
| 93 | 102 | 0.35 | 36 | 0.09 | 10 | 277 |
| 总计 | 62 109 502 | 0.52 | 32 377 056 | 0.23 | 14 412 585 | 125 |

注：ISIC Rev.3.1 表示国际标准行业分类 3.1 版。出口额单位：十亿美元。A 表示直接和间接进口占总产出的份额。B 表示隐含在出口中的进口价值。C 表示进口投入份额(单位：%)。

ISIC 表示国际标准工业分类法，出口价值以 10 亿计价。A，直接和间接进口作为出口份额。B，进口价值体现在出口中。C，进口投入差异，以百分比计。

然而，也许需要进一步开展工作的最紧迫领域是，进一步把不同部门按进口强度和所有权(国内企业或国外企业)分组，以及实际上是否有可能根据强度或其他分解方法推出这些集团的子行业(包括出口商)。其他方法，如根据出口产品的出口比例把出口商分解到 4 分位数的，按规模等级或更详细的工业分类等方法进行分解,但所有这些考虑因素都需要针对保密性限制进行设置。本章的附录B提供了有关可能的内容的更多信息。

另一个重要的工作领域涉及进口商的性质。一些国家的投入产出表通常使用限制性假设来将进口分配给使用部门。这通常基于一种直接的比例假设,即根据其在总供给中的份额来分配进口。一些国家使用专门的调查处理这一分配,但这些并不总是系统地进行。利用现有的微观数据,特别是与被认定为贸易登记中的进口商的公司相关的微观数据,可以改善这种分配结果,尤其是如果这些微观数据与有关进口性质的信息(例如,它是中间产品还是最终消费品;见本章的附录B)相关联。这项活动是推动这项工作的研究议程的一部分。

经合组织的最终目的是,结合其他一些举措,例如创建广泛经济类别(BEC)数据集(Zhu等,2011)将这些新的统计数据系统地整合到国家投入产出表中。

## 7　附录A:投入产出表

自20世纪90年代中期以来,经合组织的科学技术和工业理事会一直在更新和维护经合组织统一的投入产出表,并将中间品数据流分为国内来源表和进口表。编制经合组织IO数据库的过程在很大程度上取决于与各国家统计机构的合作。理想情况下,国家当局能够尽可能在最详细的经济活动水平上,提供最新的供应—使用表和基准对称投入产出表(SIOT),且具有基本价格估值,并最好能将国内生产的中间品货物与服务和进口的分开。然而,很少有国家(地区)能够满足这些要求。因此,为了最大化覆盖国家(地区)统计范围,经合组织的科学技术和工业理事会利用了所有相关的零散数据。应该指出的是,近年来IO分析受益于重新关注,其主要原因之一是:IO表以及来自各国家(地区)的相关统计数据的可用性和质量的提升。

经合组织IO数据库的第一版可追溯到1995年,涵盖10个经合组织国家,其中IO表跨越1970年代初至1990年初。该数据库的第一个更新版本于2002年发布,将覆盖范围扩大到18个经合组织国家,加上中国和巴西,并在20世纪90年代中期引入了统一的表格。自2006年以来,经合组织IO数据库的成员国在持续增加,现在有46个国家和地区(33个经合组织国家和13个非经合组织国家/地区)的表格可用,2000年后更新的表格(尤其是2005年左右的版本)适用于大部分国家和地区(见表8.4)。

这个IO表显示了国内产业之间的交易。这些表按用户(行业和最终需求类别)对总进口量进行了细分。有些国家将后面的进口表与其IO表一起提供,但在某些情况下，这些进口表是由经合组织秘书处在创建 IO 表时，直接从供应—使用表中生成的，这需要使用一些会对增加值贸易分析结果产生重大影响的假设，特别是行业层面的分析结果。所使用的主要假设是"比例"假设，即假设直接作为中间消费或最终需求(出口除外)消费的任何产品的进口份额对所有用户都是相同的。实际上，这也是国家统计局在构建 IO 表时广泛使用的假设。改进进口分配给用户的方式将成为未来工作计划的核心。其中的一个重要部分是试图更好地了解各国(地区)如何估计其进口流量矩阵，并尽可能在国家(地区)层面开发更好的分配方法。

**表 8.4　OECD 2009 年投入产出版本所含国家/地区(2011 年 3 月)**

| OECD | 90 年代中期 | 2000 年前 | 2000 年初期 |
| --- | --- | --- | --- |
| 澳大利亚 | 1994/95 | 1998/99 | 2004/05 |
| 奥地利 | 1995 | 2000 | 2005 |
| 比利时 | 1995 | 2000 | 2005 |
| 加拿大 | 1995 | 2000 | 2005 |
| 智利 | 1996 | — | 2003 |
| 捷克共和国 | 1995 | 2000 | 2005 |
| 丹麦 | 1995 | 2000 | 2005 |
| 爱沙尼亚 | 1997 | 2000 | 2005 |
| 芬兰 | 1995 | 2000 | 2005 |
| 法国 | 1995 | 2000 | 2005 |
| 德国 | 1995 | 2000 | 2005 |
| 希腊 | 1995 | 2000 | 2005 |
| 匈牙利 | 1998 | 2000 | 2005 |
| 冰岛 | — | — | — |
| 爱尔兰 | 1998 | 2000 | 2005 |
| 以色列 | 1995 | — | 2004 |
| 意大利 | 1995 | 2000 | 2005 |
| 日本 | 1995 | 2000 | 2005 |
| 韩国 | 1995 | 2000 | 2005 |
| 卢森堡 | 1995 | 2000 | 2005 |
| 墨西哥 | — | — | 2003 |
| 荷兰 | 1995 | 2000 | 2005 |
| 新西兰 | 1995/96 | 2002/03 | — |
| 挪威 | 1995 | 2000 | 2005 |
| 波兰 | 1995 | 2000 | 2005 |
| 葡萄牙 | 1995 | 2000 | 2005 |
| 斯洛伐克共和国 | 1995 | 2000 | 2005 |

续表

| OECD | 90 年代中期 | 2000 年前 | 2000 年初期 |
|---|---|---|---|
| 斯洛文尼亚 | — | 2000 | 2005 |
| 西班牙 | 1995 | 2000 | 2005 |
| 瑞典 | 1995 | 2000 | 2005 |
| 瑞士 | — | 2001 | — |
| 土耳其 | 1996 | 1998 | 2002 |
| 英国 | 1995 | 2000 | 2005 |
| 美国 | 1995 | 2000 | 2005 |
| 阿根廷 | 1997 | — | — |
| 巴西 | 1995 | 2000 | 2005 |
| 中国 | 1995 | 2000 | 2005 |
| 中国台北 | 1996 | 2001 | 2006 |
| 印度 | 1993/94 | 1998/99 | 2006/07 |
| 印度尼西亚 | 1995 | 2000 | 2005 |
| 罗马尼亚 | — | 2000 | 2005 |
| 俄罗斯 | 1995 | 2000 | — |
| 南非 | 1993 | 2000 | 2002 |
| 泰国 | — | — | 2005 |
| 越南 | — | 2000 | — |
| 马来西亚* | | 2000 | |
| 新加坡* | 1995 | 2000 | 2005 |

注:—表示可得年份数据无法获得;* 表示未出版(只供内部使用)。

当前版本的 IO 数据库中使用的行业分类是基于 ISIC Rev.3 版(见表 8.6),这意味着它与其他 OECD 基于行业的分析数据集[如结构分析(STAN)数据库]兼容,与基于活动的国民经济核算体系以及按行业划分的双边货物贸易(通过标准的协调制度到使用 ISIC 转换密钥,这些数据可以从货物贸易统计数据生成)数据集也兼容。该系统还根据需要(如最大化国家(地区)间可比性),进行了相对汇总。

## 8　附录 B:企业层面的异质性分析

### 8.1　企业异质性分析

本节介绍了探索性工作的结果,旨在详细说明上述关键指标中发现的行业内异质性水平,并将这些指标在特定分布点上的值与行业层面计算的平均值进行比较。分析主要集中在建立一个可提供详细数据而又不影响机密性约束的 IO

表，但非常清楚的是，即使没有将它们集成到IO表中，这次探索性结果本身对于理解公司动态非常有用，是强大的政策工具。

表8.5描述了主要利息变量之间的相关性。它表明企业出口产出份额与中间进口比率之间显著正相关。此外，除了批发商和零售商之外，企业出口在总体部门出口中的份额（以两位数水平计算）与中间进口比率之间存在正相关关系，这引起了对TVA核算方法的集合偏差的担忧。图8.1描述了相同的信息，其中绘制了中间进口比率的分布以及公司层面的出口产出份额。从图8.1中可以看出，较高的出口份额与进口强度的比例增长相对应，即BEC中间品占中间消费的比例。

利用贸易微观数据来促进增加值贸易的测算。

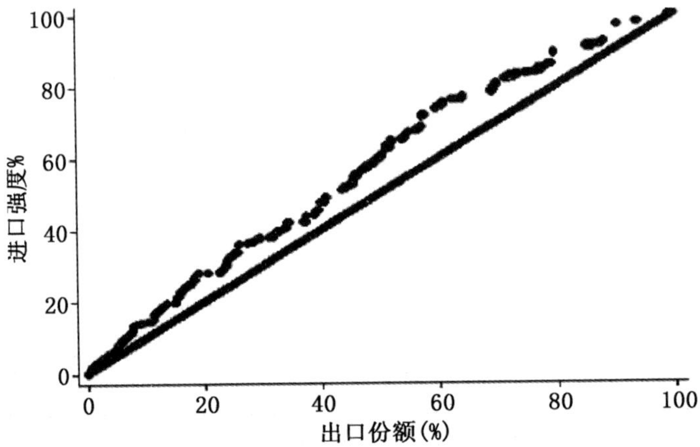


资料来源：作者基于土耳其数据库计算得出。

**图8.1 进口的中间产品占出口份额的比例的Q-Q图**

**表8.5 选择指标的相关表**

| 相关性 | 经济体 | 制造业 | 批发商和零售商 |
|---|---|---|---|
| 出口饱和度和 | | | |
| ● 中间产品进口比率(BEC类) | 0.09 | 0.24 | 0.02 |
| ● 每单位出口的增加值 | −0.03 | −0.03 | −0.02 |
| ● 增加值 | 0.13 | 0.27 | 0.11 |
| ● 外资拥有权 | 0.06 | 0.12 | 0.02 |
| ● 企业规模 | 0.15 | 0.30 | 0.11 |
| 部门出口份额和 | | | |
| ● 中间产品进口比率(BEC类) | 0.04 | 0.11 | **0.00** |
| ● 每单位出口的增加值 | **0.00** | **−0.01** | **0.00** |

续表

| 相关性 | 经济体 | 制造业 | 批发商和零售商 |
|---|---|---|---|
| ● 增加值 | 0.03 | 0.07 | 0.03 |
| ● 外资拥有权 | 0.07 | 0.10 | 0.02 |
| ● 企业规模 | 0.05 | 0.09 | 0.04 |
| 中间产品进口比率(BEC 类)和 | | | |
| ● 每单位出口的增加值 | −0.02 | −0.02 | −0.01 |
| ● 外资拥有权 | 0.10 | 0.22 | 0.07 |
| ● 企业规模 | 0.14 | 0.33 | 0.10 |

注:除黑体标注的系数以外,均在1%水平下统计显著。
资料来源:作者基于土耳其数据库计算得出。

**表 8.6　OECD 产业分类投入产出表(NACE 类别—Rev.1.1)**

| NACE | 部门定义 |
|---|---|
| 01, 02 & 05 | 农业,畜牧业和相关的服务行业 |
| 10—12 | 矿业(能源) |
| 13 & 14 | 矿业(非能源) |
| 15 & 16 | 食品,饮料和烟草 |
| 17—19 | 纺织面料,纺织品,皮革和鞋类 |
| 20 | 木材和木材制品 |
| 21 & 22 | 纸及纸类产品,打印和出版业 |
| 23 | 焦炭,精炼石油产品和核燃料 |
| 24ex2423 | 化学制品,不包括药物 |
| 2423 | 药物 |
| 25 | 橡胶和塑胶制品 |
| 26 | 其他非金属制品 |
| 271 & 2731 | 钢铁业 |
| 272 & 2732 | 有色金属 |
| 28 | 金属制品,除机械设备以外 |
| 29 | 机械设备,未另分类 |
| 30 | 办公,电脑设备 |
| 31 | 电子机械设备,未另分类 |
| 32 | 无线电,电视及通信设备 |
| 33 | 医用精密光学设备 |
| 34 | 汽车,拖车和半挂车 |
| 351 | 船舶的建造及修复 |
| 352—359 | 铁路设备和运输设备,未另分类 |
| 36 & 37 | 其他制造业;回收利用(含家具) |

续表

| NACE | 部门定义 |
|---|---|
| 401 | 电力生产及供应 |
| 402 | 天然气生产及供应 |
| 403 | 蒸汽和热水的供应 |
| 41 | 自然水生产及供应 |
| 45 | 建筑 |
| 50—52 | 批发和零售贸易;修理 |
| 55 | 住宿与餐饮 |
| 60 | 陆面运输;管道运输 |
| 61 | 水上运输 |
| 62 | 空运 |
| 63 | 辅助运输活动;运输公司活动 |
| 64 | 邮政与通讯 |
| 65—67 | 金融和保险 |
| 70 | 房地产 |
| 71 | 机器设备租赁 |
| 72 | 电子计算机及相关服务 |
| 73 | 研发 |
| 74 | 其他商业服务 |
| 75 | 公共行政与国防;社会保障 |
| 80 | 教育 |
| 85 | 健康和社交工作 |
| 90—93 | 其他群体,社会和个人服务 |
| 95—99 | 私人家庭和域外组织 |

## 8.2 出口份额

表 8.7 显示了 2006 年土耳其不同部门出口份额分布(按总出口总额计算)。表 8.7 中未显示因保密而受到限制的部门。第二列是直接在行业层面计算的出口强度值(即通过加总两位数部门的总出口和总产出值,然后取两者之间的比率),而第三列则列出了在公司层面计算的出口强度部门平均值。下一列显示的是分布中选定的中间值和上部值,更具体地说是第 50、75、90、95 的百分位数。

从表 8.7 中可以清楚地看出,第二栏中的部门层面的出口份额与第三栏中企业层面的平均份额之间存在很大差异。这是因为大部分公司根本不出口。事实上,最初的想法是显示分布在下部的值,但结果显示出口表现的典型事实:经济中只有极少数公司出口(Araújo & Gonnard, 2011; Ottaviano & Mayer, 2008)。因为除了第 16 部门(烟草制品的制造)之外,大多数部门的出口值等于零,因此未显示指标分布较低部分的值。

在土耳其经济的具体情况中,除了"烟草制品生产"(第 16 部门),以及程度小得多的"金属矿石开采"(第 13 部门),其他所有经济的特点是一个部门中 75%的公司中只卖给国内市场。出口基数不仅很小,而且部门内只有少数公司的出口强度很高。聚焦到制造业,除烟草业外,只有第 27 部门(基本金属制造业)的出口与产出的比率高于 25%,在第 95 的百分位数。

在部门层面计算的出口份额传达了不同的图景:在此层面计算的出口强度通常高于在公司层面的出口强度均值,并高于第 75 的百分位数。唯一的例外是烟草业,其中 50%的公司出口约占其总产量的 40%甚至更多,而该部门平均约为这一数字的一半。相反,总体出口强度最高的是机动车辆,拖车和半挂车以及其他运输设备(分别为第 34 和 35 部门),而企业层面的比率表明,至少有 95%在这些部门中运营的企业出口比率不到其产量的 20%。

**表 8.7　出口份额分配(%)**

| NACE Rev. 1.1 | 总部门 | 跨企业均值 | 50% | 75% | 90% | 95% |
|---|---|---|---|---|---|---|
| 13 | 25.76 | 13.55 | 0 | 0.43 | 71.25 | 84.59 |
| 14 | 21.48 | 5.84 | 0 | 0 | 30.49 | 47.61 |
| 15 | 10.08 | 0.68 | 0 | 0 | 0 | 0 |
| 16 | 23.09 | 40.62 | 39.79 | 78.57 | 85.63 | 93.75 |
| 17 | 13.89 | 1.43 | 0 | 0 | 0 | 5.50 |
| 18 | 16.66 | 1.35 | 0 | 0 | 0 | 0.32 |
| 19 | 9.22 | 1.86 | 0 | 0 | 0 | 5.51 |
| 20 | 5.47 | 0.18 | 0 | 0 | 0 | 0 |
| 21 | 6.31 | 1.41 | 0 | 0 | 2.86 | 9.20 |
| 22 | 1.82 | 0.21 | 0 | 0 | 0 | 0 |
| 24 | 10.25 | 2.64 | 0 | 0 | 5.29 | 14.77 |
| 25 | 15.60 | 1.57 | 0 | 0 | 0 | 8.64 |
| 26 | 6.12 | 1.17 | 0 | 0 | 0 | 1.82 |
| 27 | 20.03 | 3.48 | 0 | 0 | 8.13 | 28.15 |
| 28 | 11.07 | 0.61 | 0 | 0 | 0 | 0 |
| 29 | 17.92 | 2.20 | 0 | 0 | 0.76 | 13.58 |
| 31 | 22.43 | 2.52 | 0 | 0 | 0 | 16.13 |
| 33 | 9.63 | 2.52 | 0 | 0 | 2.50 | 19.96 |
| 34 | 43.98 | 2.82 | 0 | 0 | 4.97 | 18.24 |
| 35 | 26.73 | 2.65 | 0 | 0 | 6.89 | 15.42 |
| 36 | 10.14 | 0.97 | 0 | 0 | 0 | 0 |

续表

| NACE Rev. 1.1 | 总部门 | 跨企业均值 | 50% | 75% | 90% | 95% |
|---|---|---|---|---|---|---|
| 40 | 0.68 | 1.27 | 0 | 0 | 0.61 | 3.14 |
| 45 | 1.41 | 0.10 | 0 | 0 | 0 | 0 |
| 50 | 0.66 | 0.12 | 0 | 0 | 0 | 0 |
| 51 | 7.49 | 1.99 | 0 | 0 | 0 | 2.02 |
| 52 | 0.44 | 0.10 | 0 | 0 | 0 | 0 |
| 55 | 1.13 | 0.02 | 0 | 0 | 0 | 0 |
| 60 | 0.20 | 0.02 | 0 | 0 | 0 | 0 |
| 61 | 3.20 | 0.17 | 0 | 0 | 0 | 0 |
| 63 | 0.59 | 0.03 | 0 | 0 | 0 | 0 |
| 64 | 0.08 | 0.03 | 0 | 0 | 0 | 0 |
| 71 | 0.01 | 0 | 0 | 0 | 0 | 0 |
| 72 | 1.75 | 0.10 | 0 | 0 | 0 | 0 |
| 74 | 0.42 | 0.02 | 0 | 0 | 0 | 0 |
| 80 | 0.01 | 0.01 | 0 | 0 | 0 | 0 |
| 85 | 0.05 | 0.01 | 0 | 0 | 0 | 0 |
| 90 | 0.10 | 0.28 | 0 | 0 | 0 | 0 |
| 92 | 0.09 | 0.03 | 0 | 0 | 0 | 0 |

注:数据按照失踪两位数 NACE 行业进行保密设置。
资料来源:作者的计算使用 TurkStat 数据库。

总出口中不包括无法与每个公司根据工业生产调查公布的产品代码相匹配的出口,这部分把出口与产出比拉低 60%(未显示)。针对这种偏差,文献解释:可能是误报。通过在 CPA 六位数水平而不是 PRODCOM 十位数水平上以更高水平的汇总,来匹配海关和产品数据,以检查误报假设。结果出口份额按比例缩小(平均为 40%),但各部门之间存在显著差异,各部门出口份额减少的相对规模也存在实质性差异。

**表 8.8　进口中间投入品分配比率(%)**

| NACE Rev. 1.1 | 总部门 | 跨企业均值 | 50% | 75% | 90% | 95% |
|---|---|---|---|---|---|---|
| (a) 所有进口 | | | | | | |
| 10 | 5.68 | 1.37 | 0 | 0 | 0 | 0.77 |
| 13 | 15.83 | 2.42 | 0 | 0 | 5.29 | 13.42 |
| 14 | 5.29 | 0.78 | 0 | 0 | 0 | 0.35 |
| 15 | 8.85 | 0.26 | 0 | 0 | 0 | 0 |

续表

| NACE Rev. 1.1 | 总部门 | 跨企业均值 | 50% | 75% | 90% | 95% |
|---|---|---|---|---|---|---|
| (a) 所有进口 | | | | | | |
| 16 | 38.4 | 15.65 | 0.59 | 20.49 | 65.27 | 70.92 |
| 17 | 22.78 | 1.72 | 0 | 0 | 0 | 6.62 |
| 18 | 11.48 | 0.54 | 0 | 0 | 0 | 0 |
| 19 | 17.49 | 0.99 | 0 | 0 | 0 | 2.03 |
| 20 | 24.07 | 0.18 | 0 | 0 | 0 | 0 |
| 21 | 36.07 | 4.31 | 0 | 0 | 11.6 | 34.27 |
| 22 | 9.11 | 0.5 | 0 | 0 | 0 | 0 |
| 24 | 55.09 | 9.88 | 0 | 0.77 | 47.79 | 66.42 |
| 25 | 36.21 | 2.09 | 0 | 0 | 0 | 9.7 |
| 26 | 14.41 | 0.92 | 0 | 0 | 0 | 0.11 |
| 27 | 51.91 | 4.52 | 0 | 0 | 10.66 | 35.09 |
| 28 | 16.08 | 0.5 | 0 | 0 | 0 | 0 |
| 29 | 27.48 | 1.83 | 0 | 0 | 0 | 11.25 |
| 31 | 38.25 | 1.91 | 0 | 0 | 0 | 9.14 |
| 32 | 79.18 | 7.9 | 0 | 3.49 | 31.64 | 49.01 |
| 33 | 34.02 | 3.88 | 0 | 0 | 7.59 | 29.77 |
| 34 | 58.66 | 5.94 | 0 | 0 | 37.48 | 44.09 |
| 35 | 31.15 | 2.16 | 0 | 0 | 0.57 | 15.07 |
| 36 | 9.57 | 0.34 | 0 | 0 | 0 | 0 |
| 40 | 1.95 | 3.29 | 0 | 1.15 | 5.3 | 15.72 |
| 45 | 1.45 | 0.18 | 0 | 0 | 0 | 0 |
| 50 | 7.14 | 0.21 | 0 | 0 | 0 | 0 |
| 51 | 10.72 | 2.91 | 0 | 0 | 0 | 8.9 |
| 52 | 1.8 | 0.25 | 0 | 0 | 0 | 0 |
| 55 | 1.03 | 0.04 | 0 | 0 | 0 | 0 |
| 60 | 1.67 | 0.01 | 0 | 0 | 0 | 0 |
| 61 | 2.26 | 0.32 | 0 | 0 | 0 | 0 |
| 63 | 1.55 | 0.11 | 0 | 0 | 0 | 0 |
| 64 | 2.32 | 0.21 | 0 | 0 | 0 | 0 |
| 70 | 0.11 | 0 | 0 | 0 | 0 | 0 |
| 71 | 0.17 | 0.14 | 0 | 0 | 0 | 0 |
| 72 | 5.84 | 1.25 | 0 | 0 | 0 | 0.37 |
| 74 | 1.07 | 0.1 | 0 | 0 | 0 | 0 |
| 80 | 1.05 | 0.07 | 0 | 0 | 0 | 0 |
| 85 | 4.05 | 0.06 | 0 | 0 | 0 | 0 |
| 90 | 2.15 | 21.31 | 0 | 8.34 | 96.86 | 96.86 |
| 92 | 1.15 | 0.03 | 0 | 0 | 0 | 0 |
| 93 | 0.48 | 0.02 | 0 | 0 | 0 | 0 |

续表

| NACE Rev. 1.1 | 总部门 | 跨企业均值 | 50% | 75% | 90% | 95% |
|---|---|---|---|---|---|---|
| (b) 按照 BEC 分类的中间投入品进口 | | | | | | |
| 10 | 5.23 | 1.07 | 0 | 0 | 0 | 0 |
| 13 | 13.71 | 1.54 | 0 | 0 | 2.47 | 7.02 |
| 14 | 3.68 | 0.32 | 0 | 0 | 0 | 0 |
| 15 | 5.78 | 0.16 | 0 | 0 | 0 | 0 |
| 16 | 32.2 | 13.91 | 0.59 | 13.94 | 61.68 | 65.26 |
| 17 | 19.66 | 1.36 | 0 | 0 | 0 | 3.8 |
| 18 | 9.63 | 0.47 | 0 | 0 | 0 | 0 |
| 19 | 14.4 | 0.77 | 0 | 0 | 0 | 0.39 |
| 20 | 21.48 | 0.16 | 0 | 0 | 0 | 0 |
| 21 | 30.96 | 3.73 | 0 | 0 | 11.48 | 33.68 |
| 22 | 5.01 | 0.12 | 0 | 0 | 0 | 0 |
| 24 | 42.82 | 7.89 | 0 | 0 | 35.19 | 54.9 |
| 25 | 32.72 | 1.69 | 0 | 0 | 0 | 2.97 |
| 26 | 11.51 | 0.65 | 0 | 0 | 0 | 0 |
| 27 | 50.59 | 3.97 | 0 | 0 | 6.73 | 29.02 |
| 28 | 13.57 | 0.36 | 0 | 0 | 0 | 0 |
| 29 | 15.32 | 1.2 | 0 | 0 | 0 | 3.21 |
| 31 | 29.15 | 1.5 | 0 | 0 | 0 | 5.24 |
| 32 | 37.95 | 5.83 | 0 | 1.92 | 18.00 | 37.38 |
| 33 | 19.61 | 2.3 | 0 | 0 | 2.73 | 12.24 |
| 34 | 42.98 | 2.18 | 0 | 0 | 2.17 | 11.25 |
| 35 | 19.61 | 1.46 | 0 | 0 | 0.57 | 10.04 |
| 36 | 6.31 | 0.23 | 0 | 0 | 0 | 0 |
| 40 | 1.61 | 2.42 | 0 | 0.75 | 4.01 | 8.81 |
| 45 | 0.81 | 0.14 | 0 | 0 | 0 | 0 |
| 50 | 1.22 | 0.08 | 0 | 0 | 0 | 0 |
| 51 | 7.4 | 1.89 | 0 | 0 | 0 | 1.24 |
| 52 | 0.33 | 0.1 | 0 | 0 | 0 | 0 |
| 55 | 0.22 | 0 | 0 | 0 | 0 | 0 |
| 60 | 0.52 | 0 | 0 | 0 | 0 | 0 |
| 61 | 0.67 | 0.14 | 0 | 0 | 0 | 0 |
| 63 | 0.89 | 0.04 | 0 | 0 | 0 | 0 |
| 64 | 0.47 | 0.05 | 0 | 0 | 0 | 0 |
| 70 | 0.03 | 0 | 0 | 0 | 0 | 0 |
| 71 | 0.05 | 0.12 | 0 | 0 | 0 | 0 |

续表

| NACE Rev. 1.1 | 总部门 | 跨企业均值 | 50% | 75% | 90% | 95% |
|---|---|---|---|---|---|---|
| (b) 按照 BEC 分类的中间投入品进口 | | | | | | |
| 72 | 1.48 | 0.29 | 0 | 0 | 0 | 0 |
| 74 | 0.76 | 0.09 | 0 | 0 | 0 | 0 |
| 80 | 0.17 | 0.01 | 0 | 0 | 0 | 0 |
| 85 | 0.37 | 0.01 | 0 | 0 | 0 | 0 |
| 90 | 0.92 | 8.79 | 0 | 4.05 | 40.7 | 40.7 |
| 92 | 0.6 | 0.01 | 0 | 0 | 0 | 0 |
| 93 | 0.08 | 0 | 0 | 0 | 0 | 0 |

注：数据按照失踪两位数 NACE 行业进行保密设置。
资料来源：作者的计算使用 TurkStat 数据库。

## 8.3　中间品进口比例

如上所述，为了分析中间商品进口的使用，建立了三种进口品测度方法。然而，将进口产品的代码与每家公司生产的产品的代码相匹配，并未发现进口份额在行业层面和企业层面存在显著差异。因此，表 8.8 仅根据两个标准显示中间进口比率：表中的第一部分将公司进口的所有进口作为生产过程中使用的中间产品，而第二部分则是只有那些按照 BEC 分类确定的产品作为中间品。至于出口份额，表 8.8 仅显示非机密性部分。

如表 8.8 所示，就出口而言，无论使用何种方法定义中间进口品，各部门内公司的进口活动具有极大的异质性，只有少数公司有进口。在各个部门中，进口往往在制造部门(NACE 代码中第 15—37 部门)中更为重要。

至于对中间品予以专门定义(将所有进口作为中间投入)的结果，正如预期的那样，无论是在总体部门层面还是在企业层面的均值，中间进口系数都更高。除了第 90 部门(污水处理和垃圾处理)企业均值高于总体行业均值之外，行业总体平均值方面差异更高，尤其是第 32 部门(无线电、电视和通信设备)。

## 8.4　企业规模，所有权和增加值

我们通过研究出口份额的分布、中间进口比率，以及各种不同规模、不同所有权状况公司的增加值与产出比率，进一步探讨了部门内公司的异质性。

虽然也做了包含部门内部分解的分类表，但涉及保密原因，少数外国公司及其在土耳其经济中的重要作用无法在一些部门中披露。表 8.9 是结果的摘要。

在分类分析中，以下内容应予以重视。

表 8.9　结果的概要

| 变量 | 所有权 | |
|---|---|---|
| | 国内 | 国外 |
| 出口份额(%) | 0.34 | 12.13 |
| 进口_全部/中间品(%) | 0.45 | 30.50 |
| 进口_部分/中间品(%) | 0.28 | 19.24 |

| 变量 | 企业规模 | | | |
|---|---|---|---|---|
| | 0—9 | 9—49 | 50—249 | 250+ |
| 出口份额(%) | 0.22 | 2.96 | 5.79 | 8.96 |
| 进口_全部/中间品(%) | 0.32 | 3.19 | 8.64 | 15.9 |
| 进口_部分/中间品(%) | 0.19 | 2.08 | 5.95 | 11.58 |

| 变量 | 出口强度 | |
|---|---|---|
| | 出口密集度 | 非出口密集度 |
| 出口份额(%) | 1.77 | 0.28 |
| 进口_全部/中间品(%) | 1.53 | 0.42 |
| 进口_部分/中间品(%) | 1.11 | 0.25 |

资料来源:作者基于土耳其数据库计算得出。

- 外资企业的出口份额远远大于纯粹国内企业的出口份额,但第 28 和 29 部门(金属制品、机械和设备)除外;平均而言,外资企业约占经济中总出口的 18%,并且外国公司在特定部门——汽车行业的权重尤其高,其出口占一半以上;外国公司在批发商出口中的比重也很大,约 40%。
- 外国批发商的进口强程度远高于本土批发商,这与前者大量参与公司内部贸易的情况相符。
- 出口份额随公司规模增加,小公司几乎零出口而大公司的出口份额则很高。
- 中间进口比率也随公司规模而增加。
- 对于可以按规模和所有权同时分解出口和进口份额的少数部门,雇员超过 49 人的外国公司拥有更高的进出口份额。
- “进口与产出比”的份额差异大于“出口”份额的差异,这表明与国内公司相比,外国公司从国外采购的投入份额更高。然而,对于雇员在第 50 至 249 名的公司而言,差异并不明显。

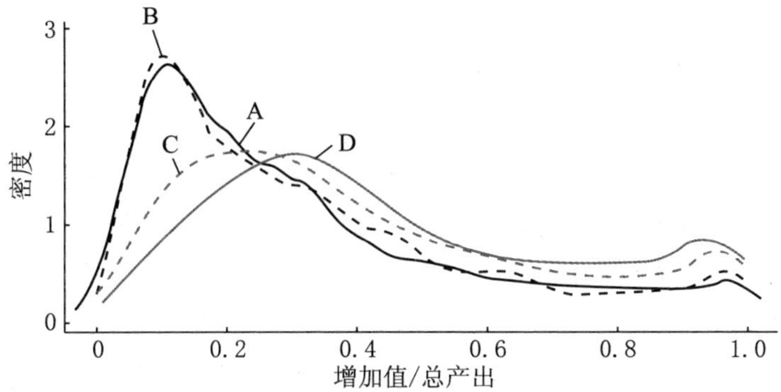


注:核心=抛物线;带宽=0.277。A, 1—9; B, 10—49; C, 50—249; D, 249+。
资料来源:作者基于土耳其数据库计算得出。

**图 8.2　不同企业规模(人)每单位产出的增加值的分布图**

● 国内企业平均表现出增加值与产出的比率,约为外资企业的 90%。然而,有些部门的企业单位产出平均增加值比外资企业高出很多:其中 NACE 目录中第 33 部门(医疗,精密和光学仪器的制造,手表和时钟)高 21%、NACE 目录中第 17 部门(纺织品制造)高 22%, NACE 目录中第 18 部门(穿着服装制造)高 41%。在 NACE 目录中第 29 部门(机械和设备制造)和第 34 部门(机动车辆)中,国内和外资公司表现差不多。

● 增加值随公司规模而增加。图 8.2 显示不同规模公司单位产出的增加值分布。可以看出,随机抽取的中型或大型企业(员工人数超过 49 人)单位产出增加值多高于小微企业(员工人数最多为 49 人)。

把本土公司和外国公司之单位产出的增加值分解后,图 8.3 表明,在大部分分布中,外资企业的单位产出增加值份额高于本土企业,大约高出 80%。非常有

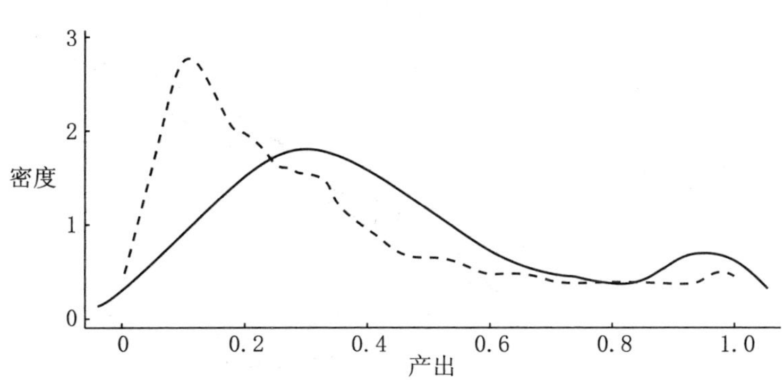


注:核心=抛物线;带宽=0.054 5;── 国外企业;--- 国内企业。
资料来源:作者基于土耳其数据库计算得出。

**图 8.3　企业所有的每单位产出的增加值的分布图**

趣的是,本土公司的单位产出增加值份额分布类似于图 8.2 中小公司的分布,而外国公司的则类似于大公司的分布。

然而在部门层级存在差异。在 NACE 部门 17(纺织品制造)和部门 18(服装制造),较小的公司(雇员少于 50 人的公司)每单位产出的附加值高于中等和大型公司(有 50 人或 50 人以上的公司)。部门 17 在部门内差异外国公司和土著公司之间的每单位产出增加值并不像中间进口比率的差异那样惊人。本土公司在制造业的增加值占大多数,而外国公司的增加值在一些服务部门占很大份额,例如在 NACE 部门 64(邮政和电信)、71(机械和设备租赁)和 72(计算机及相关服务)。

按公司所有权和公司规模分列把进口原材料—中间消费品比例分开来看,可以发现随着公司规模增大,外国原材料占比显著增加。表 8.1 显示,中间品进口与中间品消费的比率与公司规模之间存在着正相关性。

当公司根据其所有权状况进行拆分,公司出口份额与其投入进口强度呈相

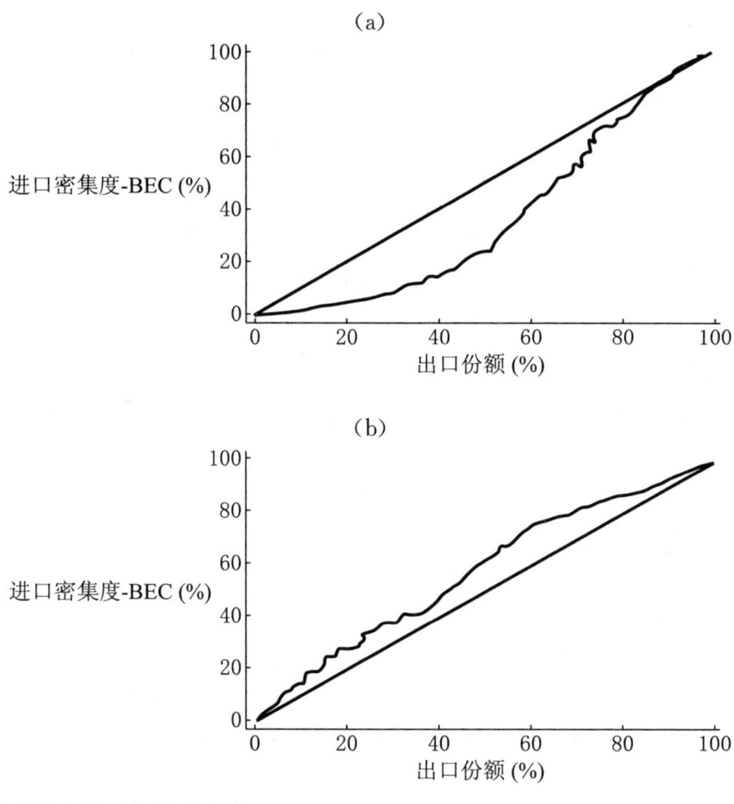


注:(a)外国企业;(b)国内企业。
资料来源:作者基于土耳其数据库计算得出。

**图 8.4　进口的中间产品占企业所有的出口份额的比例的 Q-Q 图**

反趋势（见图 8.4），图 8.1 中的一般关系没有得到证实。图 8.4 可以清楚地看到，外国公司出口份额的增加与较低的进口比率相对应。

最后，表 8.10 强调了出口商和非出口商在企业规模等级和所有权状况之间的中间品进口比率平均值的差异。数据证明：即使不考虑企业等级或所有权状态，出口商和非出口商之间的进口比率均值依然存在显著差异。

**表 8.10　出口商和非出口商之间的不同的进口中间产品的比率**

(a) 总额

| | 平均值 | 标准差 |
|---|---|---|
| 出口商 | 8.10 | 0.10 |
| 非出口商 | 0.18 | 0.00 |

(b) 企业规模

| | 0—9 | | 0—49 | | 50—249 | | 249＋ | |
|---|---|---|---|---|---|---|---|---|
| | 平均值 | 标准差 | 平均值 | 标准差 | 平均值 | 标准差 | 平均值 | 标准差 |
| 出口商 | 5.23 | 0.12 | 8.61 | 0.17 | 14.41 | 0.32 | 20.75 | 0.65 |
| 非出口商 | 0.15 | 0.00 | 0.95 | 0.03 | 1.46 | 0.09 | 1.58 | 0.21 |

(c) 所有权

| | 国内 | | 国外 | |
|---|---|---|---|---|
| | 平均值 | 标准差 | 平均值 | 标准差 |
| 出口商 | 7.65 | 0.10 | 28.92 | 1.08 |
| 非出口商 | 0.18 | 0.00 | 3.68 | 0.64 |

资料来源：作者基于土耳其数据库计算得出。

## 参考文献

Ahmad, N., and A. Wyckoff, "Carbon Dioxide Emissions Embodied in International Trade of Goods," OECD Science, Technology and Industry Working Paper, 2003/15. http://dx.doi.org/10.1787/421482436815.

Ahmad, N., H.Escaith, S.Miroudot, C.Webb and N.Yamano, "Trade in Value-Added: Concepts, Methodologies and Challenges," OECD/WTO Report, 2011.

Ali-Yrkkö, J., P.Rouvinen, T.Seppälä and P.Ylä-Anttila, "Who Captures Value in Global Supply Chains? Case Nokia N95 Smartphone," Discussion Paper 1240, The Research Institute of the Finnish Economy, Helsinki, 2011.

Araújo, S., and E. Gonnard, "Selling to Foreign Markets: a Portrait of OECD Exporters," OECD Statistics Brief 16, Feb. 2011.

Bernard, A., J.B. Jensen, S.Redding and P.K.Schott, "The Empirics of Firm Heterogeneity and International Trade," NBER Working Paper 17627, 2011.

Crozet, M., G.Lalanne and S.Poncet, Wholesalers in International Trade, CEPII Working Paper 2010-31, CEPII, Paris, 2010.

Daudin, G., C.Rifflart and D.Schweisguth, "Who Produces for Whom in the World Economy?" *Canadian Journal of Economics* 44(4), 2011.

Escaith, H.and F.Gonguet, "International Supply Chains as Real Transmission Channels of Financial Shocks," *Journal of Financial Transformation* 31, 2011.

Escaith, H., R.Teh, A.Keck and C.Nee, Japan's Earthquake and Tsunami: International Trade and Global Supply Chain Impacts, VoxEU, April 2011. URL: http://www.voxeu.org/index.php?q=node/6430.

Isakson, H., and E.Wajnblom, Made in Sweden? A New Perspective on the Relationship between Sweden's Exports and Imports, Swedish National Board of Trade, Stockholm, 2011.

Johnson R.C., and G. Noguera, Accounting for Intermediates: Production Sharing and Trade in Value-Added, paper presented at the World Bank Trade Workshop: The Fragmentation of Global Productions and Trade in Value-Added—Developing New Measures of Cross-Border Trade, Washington, DC, June 2010.

Jones, R., and H. Kierzkowski, "A Framework for Fragmentation," in Fragmentation: New Production Patterns in the World Economy (eds. S. Arndt and H. Kierzkowski), New York: Oxford University Press, 2001, pp.17—34.

Koopman R, Z.Wang and S.Wei, How Much of Chinese Exports is Really Made in China? Assessing Foreign and Domestic Value-Added in Gross Exports, Office of Economics Working Paper 2008-03-B, US International Trade Commission, Washington, 2008.

Koopman, R., W.Powers, Z.Wang and S.-J.Wei, "Give Credit to Where Credit is Due: Tracing Value Added in Global Production Chains," NBER Working Paper 16426, 2011.

Lee, H., V.Padmanabhan and S.Whang, "The Bullwhip Effect in Supply Chains," *Sloan Management Review* 38(3), 1997.

Linden, G., K.L.Kraemer and J.Dedrick, "Who Captures Value in a Global Innovation Network? The Case of Apple's iPod'," *Communications of the ACM* 52(3), 2009.

Maurer, A.and C.Degain, "Globalization and Trade Flows: What You See Is Not What You Get!" World Trade Organization Staff Working Paper ERSD-2010-12, Geneva, 2010.

Miroudot, S., R. Lanz and A. Ragoussis, "Trade in Intermediate Goods and Services," OECD Trade Policy Papers 93, 2009. http://dx.doi.org/10/1787/5kmlcxtdlk8r-en.

Newhouse, J., Boeing vs Airbus, *The Inside Story of the Greatest International Competition in Business*, New York: Random House, 2007.

Ottaviano, G., and T. Mayer, "The Happy Few: The Internationalisation of European Firms," *Intereconomics: Review of European Economic Policy* 43(3), 2008.

Tempest, R., "Barbie and the World Economy," *Los Angeles Times*, September 22, 1996.

Wang, Z., "Domestic Value-Added in China's Exports and Its Impact on China's National GDP and GNP Accounting," Mimeo, 2008.

WTO, "World Trade Report 2011: The WTO and Preferential Trade Agreements From Co-Existence to Coherence," Report, World Trade Organization, Geneva, 2011.

WTO and IDE-JETRO, "Trade Patterns and Global Value Chains in East Asia," Report, World Trade Organization and Institute of Developing Economies—Japan External Trade Organization, Geneva, 2011.

Yi, K.M., "Can Vertical Specialization Explain the Growth of World Trade?" *Journal of Political Economy* 11(1), 2003.

Xing, Y., and N.Detert, "How iPhone Widens the US Trade Deficits with PRC," Discussion Paper 10—21, National Graduate Institute for Policy Studies, Tokyo, 2010.

Zhu, S., N.Yamano and A.Cimper, "Compilation of Bilateral Trade Database by Industry and End-Use Category. Science," Technology and Industry Working Paper 6, 2011.

（车春鹂、马鹏译,叶作义、车春鹂校）

# 第九章

# 开发国际投入产出数据库：IDE-JETRO 和 OECD 的经验

猪俣哲史　山野纪彦　孟　渤

## 1　引言

针对空间经济学的最新发展（“新经济地理”）、“新”新贸易理论和全球价值链相关问题，人们越来越认识到“空间”和“网络”的概念在经济发展和全球化的分析中的重要作用。因此，许多政策制定者和研究人员在经济研究中更加关注空间方面的问题。

在这方面，作为跨区域或跨国的投入产出技术——国际投入产出表，已成为分析当前关注问题的一个重要工具。亚洲经济研究所(IDE)在过去 40 年中一直与东亚各国的统计部门与研究机构合作，致力于构建国际投入产出表。面对中国经济的快速增长，以及亚太区域不断加深的经济相互依存度，IDE 的亚洲国际投入产出表(AIO)现已经成为从空间角度分析亚洲经济发展不可或缺的工具。另一方面，自 20 世纪 90 年代中期以来，经济合作与发展组织（OECD）也一直在维护统一的非竞争型投入产出表。最新的经济合作与发展组织的 IO 数据库包括 48 个国家/经济体（包括 33 个经合组织成员），基于 ISIC Rev.3 分类，分产业覆盖了 48 个部门（最大），分为 20 世纪 90 年代中期、21 世纪 00 年代初期和中期 3 个时段。基于此数据库和附加了基准年 1995 年、2000 年和 2005 年的投入产出（IO）表，经济合作与发展组织（OECD）一直在开发国家间投入产出表（Inter-Country Input—Output, ICIO）模型，该模型涵盖了基准年的 57 个经济体和 37 个工业部门。

本章各部分结构安排如下所示。第一部分（第 2 至 4 节）介绍日本贸易振兴机构亚洲经济研究所（IDE-JETRO）编制国际投入产出数据库的测算方法。第二部分（第 5 至 8 节）概述了运用单一国家投入产出（IO）表和双边贸易统计数据开发 OECD ICIO 模型的方法。在这两部分中，我们都审查了基础源数据的可用性，总结了所做的假设，并描述了所使用的协调技术。在这两部分里，我们检验了潜在数据资源的可用性，总结了假定以及描述了使用的协调技术。

## 2　亚洲国际投入产出表的发展历程

### 2.1　开拓性工作

IO模型由当时著名的经济学家开创，包括Leontief(Leontief, 1953; Leontief & Strout, 1963), Isard(1951), Chenery(1953)和Moses(1955)[里昂惕夫(1953)；里昂惕夫和斯特劳特(1963)，伊萨德(1951)，钱纳里(1953)和摩西(1955)]。第一个国际投入产出(IO)模型是由R.J.旺纳科特(Wonnacott)于1961年为加拿大和美国经济体开发的。渡边(Watanabe)于1964年在IDE中提出了使用国际IO模型作为南北贸易问题分析工具的想法。1965年，IDE开发了一个覆盖6个地区的国际IO模型：北美、欧洲、大洋洲、拉丁美洲、亚洲和日本。1966年和1971年，IDE为10个亚洲国家构建了国际IO模型。然而，在这些研究中，编制投入产出(IO)表受到许多限制，例如估算技术过于简单，工业部门分类过于粗糙。尽管存在这些问题，但这些模型仍被认为有助于促进发达国家与发展中国家之间结构关系的实证分析。

除了这种研究型的项目，IDE的IO表还被用于评估发展中国家统计资料的可信度和精确度。根据需求与供给部门之间数据必须保持一致性的基本前提，如果在表中可以发现任何的偏差或不一致，那么就可以推断地方政府存在数据估算错误。那么就需要对"目标"从生产数据到消费数据进行仔细审查。

### 2.2　第一阶段(1973—1977年)

1973年IDE决定启动开发一个综合性的国际投入产出(IO)表，用于探索东亚国家之间的产业内贸易的情况。因为韩国和东南亚国家联盟(东盟)5国以及美国与日本的经济关系密切，顾将这些国家列入其中。如果所有这些国家在编制本国投入产出(IO)表时使用了相同的基准年，这个项目就不再那么费力。然而，那时印度尼西亚、泰国和新加坡还没有构建任何投入产出(IO)表。此外，IDE在编制全面的投入产出(IO)表的经验也不足。因此，该项目只得从两方面开始：一是为上述3个国家编制国家投入产出(IO)表；二是将已经有的国家投入产出(IO)表编制成双边投入产出(IO)表。

在相关国家的国家统计部门和研究机构的共同努力下完成了上述3个国家投入产出(IO)表(1971年印尼、1973年新加坡和1975年泰国)和3个双边投入产出(IO)表(1970 年韩日、1970 年美日和 1970 年菲日)的编制。

### 2.3 第二阶段(1978—1982 年)

1978 年，IDE 启动了第二阶段的综合投入产出(IO)表开发项目，旨在为东盟国家、日本、韩国和美国构建 1975 年的多边投入产出(IO)表。这个项目分以下三步进行：

(1) 对还没有 1975 年投入产出(IO)表的国家，进行国家投入产出(IO)表估值测算；

(2) 为当时已经编制了国家投入产出(IO)表的国家编制 1975 年双边投入产出(IO)表；

(3) 创建 1975 年多边投入产出(IO)表。

首先，将马来西亚、菲律宾、新加坡和美国的现有投入产出(IO)表更新到 1975 年；接下来，建立 1975 年印尼—日本，泰国—日本和韩国—日本的双边投入产出(IO)表；最后，把这些国家的投入产出(IO)表和双边投入产出(IO)表格连接到一个 1975 年的单一多边投入产出(IO)表中，并最终于 1983 年完成。1975 年的多边表格用于对东亚产业结构的各种分析，并成为随后的国际 IO 项目原型。

### 2.4 第三阶段(1983—1988 年)

1975 年的国际投入产出(IO)表完成后，IDE 很快推出一个新项目——编制 1985 年的国际投入产出(IO)表，以覆盖更多的亚太国家和地区。自中国实施对外开放发展战略后，与美国、日本和其他国家的对外贸易迅速增长。中国现在在亚太地区发挥着重要作用，不仅有巨大的市场，而且也在接收来自周边国家和地区的投资。因此，1985 年的多边表将中国也纳入其中，较之 1975 年版的投入产出(IO)表，覆盖面更广。从那时起，IDE 已经成功地每 5 年编制一次多边表，为在亚太地区的动态结构变化提供了有力的分析工具。[39]

## 3 亚洲国际投入产出表编制过程和方法

编制国际投入产出表是一项精雕细琢的工作。许多来自不同经济体的统计专家都参与其中，相互交流了大量有价值的信息和专业技术。[40]

---

㊴ IDE-JETRO 将于 2013 年发布 2005 年亚洲投入产出表(AIO)表和 2005 年金砖四国国际 IO 表。

㊵ IDE 的 IIO 项目涉及许多从不同经济体参与进来的组织。这些组织中的大多数都是政府或准政府统计机构。

大致说来,这个编制过程经历了三个独特的阶段:

(1) 调整表示格式;

(2) 为部门的一致性和补充数据做准备;

(3) 连接和平衡。

下面来逐步说明亚洲国际投入产出(IO)表是如何编制的。第 1 节介绍了基于国家表格的一般调查对每个成员国家的表格进行的格式调整,并为调整这些表的格式而建立了一个统一的规则,该工作于 2003—2004 年由 IDE 主持完成。第 2 小节简要介绍了部门一致性系统的构建,以及补充数据的估算方法。最后,说明了连接程序,并详细解释了手动平衡/账目核对工作。

### 3.1　表示格式的调整

虽然事实上投入产出(IO)表构成了国民经济核算体系的核心部分,但是每一个国家和地区的表格都有或多或少的不同的功能和特点,从而反映了国家和地区的经济特性和数据的可用性。然而,在编制国际投入产出(IO)表(见表 9.1)时,这种各国和地区表格形式上的多样性导致了一个实际的困难,尽管国际表由来自每个国家和地区的投入产出(IO)表组成,但总体中任何一部分数据的解释都应该是相互一致和可比的。

**表 9.1　AIO 目标经济体国家和地区 IO 表的不同功能和特点**

| | 中国 | 印尼 | 日本 | 韩国 | 马来西亚 | 中国台湾 | 菲律宾 | 新加坡 | 泰国 | 美国 |
|---|---|---|---|---|---|---|---|---|---|---|
| 1. 估值的转换 | | | | | | | | | | |
| 1.1　生产者价格的基价 | | | | | | | | ✓ | | ✓ |
| 1.2　私人消费支出 | | | | | ✓ | | | ✓ | | |
| 1.3　出口向量 | | | | | ✓ | | | ✓ | | |
| 1.4　进口矩阵/向量 | | | ✓ | ✓ | | | ✓ | | ✓ | ✓ |
| 2. 消极条目 | | | | ✓ | | | | | | |
| 3. 虚拟领域 | ✓ | | ✓ | ✓ | ✓ | | | ✓ | | ✓ |
| 4. 机器设备维修 | ✓ | | ✓ | | | | ✓ | | | ✓ |
| 5. 金融媒介 | | | ✓ | | ✓ | | | ✓ | ✓ | |
| 6. 进口/出口特别待遇 | | | | | | | | | | |
| 6.1　航运 | | | | | | | | | | ✓ |
| 6.2　黄金的"纯进口" | | | | | | | | | | ✓ |
| 6.3　再出口 | | | | | ✓ | | | | | |
| 6.4　电信 | | | | ✓ | | | | | | |
| 7. 计算机软件产品 | | | | | | ✓ | | | | |
| 8. 公共服务产品 | | | | | | | | | ✓ | ✓ |

因此,最复杂最棘手的编制任务之一是调整国家和地区表格以符合通用格式。一般而言,一个详细的信息丰富的表格,必须妥协于不那么详细的表格,如果反过来,则获取相应支持数据的成本太高。因为要在统一程度和信息水平之间进行权衡,因此在制定调整规则时需要仔细周密的考虑。

本节介绍了有关 AIO 成员经济体国家和地区表格特征的一般调查。该调查是在 2003—2004 年间进行的,目的是为设计 AIO 通用格式和调整规则构建基本信息储备。据我们所知,此前从未对国家和地区表格进行过如此广泛而详细的调查,因为 IDE 与亚洲各经济体的投入产出专家有着重要合作关系历史,所以我们认为除了它之外,其他任何机构都无法做到这样可行且成功的实质性调查。

问卷及调查结果

调查问卷是精心设计的,以便能捕获投入产出(IO)表的每个重要方面。这些问题分为七大类,即:

(1) 基准年和记录原则;

(2) 国家表格和支持表的可用性;

(3) 估值;

(4) 形式和覆盖范围;

(5) 特殊待遇;

(6) 公共/半公共部门;

(7) 对 1993 SNA 的响应。

主要结论

根据普查的结果,主要结论可以概括如下:

**与日本 IO 表相似。**图 9.1 是基于表 9.2 和表 9.3 中的信息,说明了与日本投入产出(IO)表的相似程度。横轴是工业分类水平(数字),而纵轴是表示格式,给出了问卷中与日本答案相同的问题数量的百分比率(比率仅根据有效答案总和计算)。该图显示最相似的表格是韩国投入产出(IO)表(第一组),因为其工业分类与日本表的行业分类只有一个部门不同,所以同一答案的比率超过 70%。

然后,我们来看第二组,包括印尼、菲律宾、泰国和马来西亚。因为这些国家的 IO 项目的启动和运营都是在日本 IO 专家的建议和支持下进行的,所以不仅韩国的表与日本的相似,除马来西亚外,这些表都显示出与日本表的高度相似性。

美国表格也显示具有一定程度的相似性,但在调查结果中许多答案仍然是"未知",因此无法对此表作出结论性评价(尽管与日本产业部门分类的差异仅次于韩国,位居第二)。

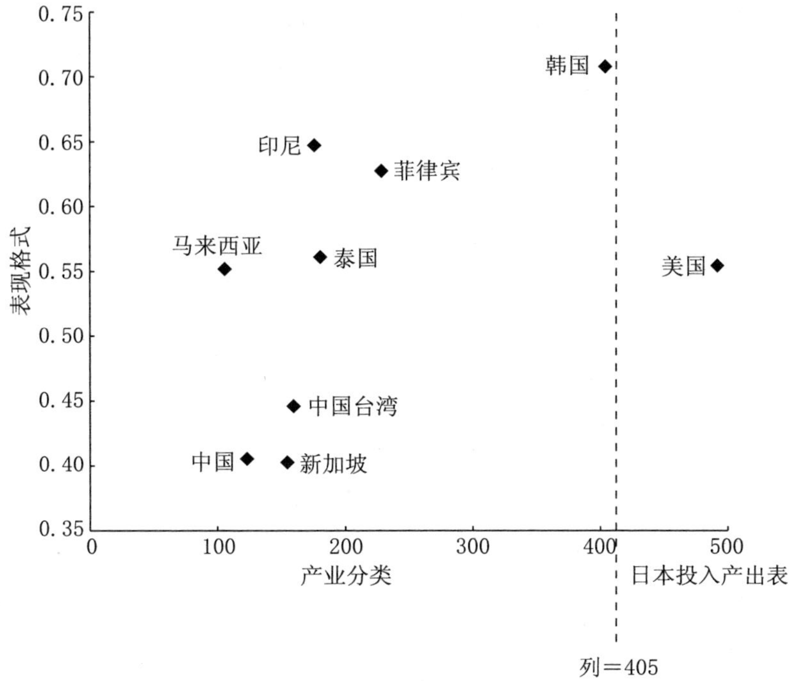


**图 9.1　与日本投入产出(IO)表的相似度**

**表 9.2　表示格式的相似度**

| 排名 | 国家和地区 | 比率 | 类别 |
|---|---|---|---|
| 1 | 韩　国 | 0.707 7 | 404 |
| 2 | 印　尼 | 0.646 2 | 175 |
| 3 | 菲律宾 | 0.626 9 | 229 |
| 4 | 泰　国 | 0.560 6 | 180 |
| 5 | 美　国 | 0.553 6 | 491 |
| 6 | 马来西亚 | 0.552 2 | 106 |
| 7 | 中国台湾 | 0.446 2 | 160 |
| 8 | 中　国 | 0.406 3 | 124 |
| 9 | 新加坡 | 0.403 2 | 155 |

注：表中比率为问卷调查中与日本有相同答案的国家和地区问题数量的占比。

第三组是与日本表相似度最小的。除了产业分类的格式和水平不同，这些国家和地区投入产出(IO)表的基准年也不同于日本，年份的最后一个数据是“0”或“5”。借助于一些估算方法，如 RAS 算法，其官方表格已经更新到 2000 年，这进一步降低了表的准确性。美国的国家投入产出(IO)表亦如此。

**表 9.3　产业分类号的相似度**

| 排名 | 国家和地区 | 产业部门数目的差异 | 类　别 |
|---|---|---|---|
| 1 | 韩　国 | 1 | 404 |
| 2 | 美　国 | 86 | 491 |
| 3 | 菲律宾 | 176 | 229 |
| 4 | 泰　国 | 225 | 180 |
| 5 | 印　尼 | 230 | 175 |
| 6 | 中国台湾 | 245 | 160 |
| 7 | 新加坡 | 250 | 155 |
| 8 | 中　国 | 281 | 124 |
| 9 | 马来西亚 | 299 | 106 |

**表 9.4　与 1993 年 SNA 的响应**

| 排名 | 国家和地区 | 比　率 |
|---|---|---|
| 1 | 菲律宾 | 0.571 4 |
| 1 | 美　国 | 0.571 4 |
| 3 | 泰　国 | 0.538 5 |
| 4 | 韩　国 | 0.500 0 |
| 4 | 日　本 | 0.500 0 |
| 6 | 新加坡 | 0.454 5 |
| 7 | 印　尼 | 0.428 6 |
| 7 | 马来西亚 | 0.428 6 |
| 9 | 中　国 | 0.307 7 |
| 10 | 中国台湾 | 0.214 3 |

注:表中比率为一国(地区)针对问卷第七部分的问题,给出的答案与国民经济核算体系的建议一致的问题数目的占比。

**对 1993 年 SNA 的响应。**国民经济核算体系是编制国家统计数据的综合指南。如果能较好地遵循指南,最后得到的数据将是相互一致并具有国际可比性。最新版本的国民经济核算体系(SNA)即 1993 年 SNA,是对其前身——1968 年 SNA 的一个广泛的修订,对统计理念和方法都进行了更新。构成该体系的核心部分——投入产出(IO)表(或更准确地说,供应和使用表),也受到了影响,许多国家,包括我们的项目合作伙伴,已尽量使其表符合新的 SNA 体系。

调查结果(表 9.4)表明,最"响应"的国家是菲律宾和美国。然而这里我们必须再次注意美国表的结果,因为它仍包含了大量的"未知"。然后是泰国投入产出(IO)表,紧随其后的是韩国和日本的投入产出(IO)表。因为韩国已经成功地引入 1993 年 SNA 中最具挑战性的一个方案，即间接测量金融中介服务(FISIM)，所以，尽管韩国表和日本表排名相同，但前者可以评价更高。而令人惊讶的是，新加坡和马来西亚排名很低，众所周知，这些国家表相当广泛地遵循了之前 1967 年 SNA 的方案。

**领域的冲突。**最后，我们简要地研究领域的冲突，这些领域中每个国家和地区采取的措施并不一致。最突出的例子是对残渣和副产品的处理。通常对这一问题有 4 种调整方法，它们各有利弊，成员国(地区)以极不协调的方式采用了各种方案。由于残渣/副产品的生成和使用过程中缺乏补充的信息，是不可能从一个模式转换到另一个的，很难在调整方法上达成一致。

冲突的第二个领域是关于推算利息的处理。之前的 1968 年 SNA 推荐的利息产出推算(等于应收和应付利息之间的差额)都应属于中间交易，而不是最终需求。日本、新加坡和马来西亚等国严格遵循这一规定，而其他国家和地区的表则作为最终需求产出。引入根据 1993 年 SNA 的 FISIM 可以为这一问题提供一个综合指南，但到目前为止，除韩国外，没有其他成员国(地区)成功引进这个新方案。

最后一个突出的冲突领域是存货的处理。问卷中的相关问题是：

假设一个汽车行业(需求部门)购买了一套轮胎(供应部门)，但是从未使用过。这个投入应记在表中哪儿?

大多数国家和地区的回答是该投入应该记录在“轮胎”(供给方)产业和“存货变动”之间的交叉产业，但像中国、中国台湾和新加坡这样的国家或地区的回答则相反，即“轮胎”(供给方)产业和“汽车”(需求方)产业之间的交叉产业。新加坡对此给了一个说明注解：把这个投入当作汽车的存货，因为轮胎被视为汽车生产过程中的一项工作。令人惊讶的是，即使是像“存货”这样非常基本的经济学概念，实际上各国或地区之间也有不同的解释。

### 3.2 部门协调和补充数据的准备

**产业部门表的协调**

每个国家表都有自己的产业分类。就 2000 年 AIO 表这一基准表来说，产业部门的数量从马来西亚表的 98 个到日本表的 517 个(行)不等。工业类别的权重也不同。农业经济基础较为扎实的国家相对拥有更详细分类的农业部门，而工业化经济体则包括的制造业部门更为全面。因此，行业分类反映了相关经济的特点，在国家代码和 AIO 代码之间建立精确的转换系统对于编制一致的国际投入产出(IO)表是十分必要的。

部门协调系统是一种树型结构，AIO 分类（最广泛的类别）处于最顶端，每个 AIO 编码对应于一个或几个国家编码。国家编码细分成外贸统计数据协调编码（HS），这可能会进一步转化为国际贸易标准分类（SITC）——贸易数据的另一个分类系统。

如果一致性系统有这样一个明确的树型结构，那么将国家表聚合成 AIO 分类就不难了，然而，当一个国家的编码与两个以上的 AIO 编码相联系时问题就出现了。例如，新加坡的国家编码 SIO092“陆地运输设备”同时对应于 AIO055“机动车”和 AIO056“摩托车”。此时，需要在聚合之前，将国家投入产出（IO）表进行部门分割。

**补充数据**

编制国际表，需要每个国家在 AIO 行业分类中补充以下的数据：

（1）按商品和按 11 个原产地国（地区）分类的进口数据㊶；

（2）按商品和按 11 个目的地国分类的出口数据；

（3）按商品分类的进口关税和进口商品税；

（4）按商品分类的国内贸易和运输利润（TTM）和出口品的国内货物运输成本；

（5）按商品和按 11 个原产地国（地区）分类的国际货运与保险；

（6）其他相关信息，如进口货物的分配比例。

借助 HS（或 SITC）国家 IO-AIO 部门协调制度，进出口数据可以直接由对外贸易统计数据获得。另一方面，大部分情况下，进口关税和进口商品税的数据都独立呈现在原产地国（地区）的投入产出（IO）表里；否则（如美国表的情况），就得从对外贸易统计数据中收集。

TTM 出口的数据来自国家投入产出（IO）表的支持表。理想情况下，应该使用对出口货物征收的关税（用于从工厂到港口的交货），但是如果表中没有这些关税，则可以用 TTM 矩阵中平均数替代。

最后，国际货运和保险数据从可供使用的对外贸易统计数据中收集。然而，因为不是所有的国家都有这些数据，需要应用一些估算方法来弥补丢失的信息。如下所示，这要分两步完成：第一步是利用现有的数据，通过为每个 AIO 部门创建运输成本方程来获取参数值；第二步是基于参数估计缺失值。

在有关国际贸易实证分析的文献中，多数利用引力方程，常将国与国之间的距离作为运输成本的代表，由于直接运输成本数据有限的可用性（安德森，

㊶ 11 个原产地国家（地区）指的是该项目成员国家和地区，以及中国香港、欧盟和其他国家或地区。

1979)。这种方法假设地理距离是运输成本的一个函数：

在大多数使用引力方程的国际贸易实证文献中，由于直接运输成本数据的有限性，通常用国家和地区之间的距离替代作为运输成本(安德森，1979)。这种处理假设运输成本是地理距离的函数。

$$C_{ijk} = f(D_{ij}) \tag{9.1}$$

代表国家 $i$ 部门 $k$ 从国家 $j$ 的进口运输成本，$D_{ij}$ 是它们之间的距离。使用距离的基本原理是，对于一个给定的交通模式，距离越大，消耗的时间和精力就更多，从而运输成本上升。根据这一原理，得到运输成本方程简单的变化如下：[42]

$$C_{ijk} = \alpha_k + \beta_k D_{ij} + \varepsilon_{ijk} \tag{9.2}$$

9 个国家(中国、印尼、日本、韩国、马来西亚、菲律宾、新加坡、泰国和美国)的国际运费和保险费率数据($C_{ijk}$)可用，但各国间的数据质量不同，而且许多交易的数据遗失了。

作为距离变量($D_{ij}$)，距离计算有两种方式，即航线距离和直线距离。航线距离来自日本航运交易所(1983)报告的主要港口之间的距离。直线距离可以视为空中飞行距离的近似值，计算的是相关国家的商业中心之间的距离。这两种方式中，用能更好地解释国际货运和保险费率变化的措施测算国际运费和保险费。

通过回归方程(9.2)的测算，得到每个 AIO 部门$\hat{\partial} k$ 和 $\hat{\beta} k$ 的参数估计值。假如 $\beta_k$ 的估计值是负的，则用回归更多部门集合分类(如 24 部门或七个部门集合分类)的估计值来代替，如果从集合分类中得到的估计值仍然是负的，则用相关产业的正值来估算(如用 050 的“电子计算设备”的估值代替那些用于 051 的“半导体和集成电路”的估值)。

使用参数估计$\hat{\partial} k$ 和 $\hat{\beta} k$，可以在有关国家($D_{ij}$)到运输成本方程之间通过叠加距离的方式估算国际货运和保险费率($C_{ijk}$)的缺失值：

$$C_{ijk} = \hat{\partial} k + \hat{\beta} k D_{ij} \tag{9.3}$$

此外，在决定国际投入产出(IO)表的准确性上，进口矩阵的质量起着至关重要的作用。为了增加进口矩阵的准确度，目前的 AIO 项目已对进口商品进行了特别调查。

---

[42] 一些研究考察了运输成本和距离之间的适当关系(杰拉奇和 Prewo，1977；利马奥和维纳布尔斯，2001)。然而，由于数据约束，在我们的估算中只有距离作为解释变量。

调查的主要目的是：

(1) 确定原产地进口商品使用的产业；

(2) 确定每件进口商品所适用的国际货运和保险的值/率；

(3) 确定对每种进口商品征收的进口关税和商品税的价值/税率。

该调查的受访者将是商品进口机构(制造商、贸易公司等)，因为通常认为它们拥有原产国进口数量及其在国内产业分布的信息。

调查基本上是作为一个独立样本调查进行的。另外，它可以作为一个附属的调查与其他正式的调查(这就更为有效和全面)一起进行。(问卷调查的样本形式是为了收集上述图 9.2 提出的信息。)

在做上述特殊调查时遇到了几个问题。

第一，调查的可行性。由于缺乏资源(资金、人员、与相关部门和公司的联系、知识等等)，一些国家很难进行调查。对于不可以进行调查的国家，需要寻求替代解决方案。一个可能的替代方法是参考其他国家的调查结果修改进口矩阵。

| 商品 | | 原产地编码 | 到岸价计进口值(单位：比索) | 关税和进口商品税(单位：比索) | 国际运输和保险(单位：比索) | 到岸价计进口值分布(使用部门/目的地) | | |
|---|---|---|---|---|---|---|---|---|
| 描述 | 国际贸易标准分类编码 | | | | | 投入产出编码 | 价值(单位：比索) | 份额(%) |
| 大米 | 042 | 1 | 26 | 5 | 7 | 022<br>023<br>HH | 1<br>2<br>23 | 3.85<br>7.69<br>88.46 |
| 肉类(干的、腌制的或熏制的) | 012 | 1 | 203.99 | 1.563 | 5.893 | 019<br>020<br>021<br>063<br>HH<br>OH | 94.737<br>3.586<br>5.881<br>3.712<br>84.262 | 46.44<br>1.76<br>2.88<br>1.82<br>42.29 |

| 分布值的总额应该与进口值相等 | 百分比份额的总和为 100%。 |
|---|---|

资料来源：IDE(2008).

**图 9.2　问卷的样品类型**

第二，采样问题。即使可以进行调查，也不容易收集可靠的信息。例如，样本的选择应能合理地反映产业的特点。然而，很难确定能适当反映分布结构的典型样本。

第三，即使适当地选择了样品，也可能难以确定分布结构。这个问题分两个方面。首先，难以按原产国确定进口商品的最终用户。如上所述，进口商品通常通过批发和零售代理商交付给最终用户。如果调查问卷的受访者，即进口公司，将进口产品卖给国内批发商或零售商，就可能没有关于最终用户的信息。其次，即使可以识别最终用户，也可能难以确定每种进口商品的销售量。如果调查年份与参考年份不同，或者受访者可能无法追踪交易记录，就可能会发生这种情况，因为他们可能无法保留进口商品的详细信息。

### 3.3　连接和平衡

国际投入产出(IO)表格不是国家表格的简单拼凑，而是精心利用补充数据并以手动调节/微调而成的。本节简要介绍了编译 AIO 表的连接和平衡工作。

步骤 1：到目前为止，除了突出显示的部分之外，所有部分都已准备好，可以进行连接。剩余部分直接从国家表格的相应部分移植，经过适当汇总后进入 AIO 分类。该图显示了韩国案例，其中箭头表示部件在 AIO 表和韩国投入产出(IO)表之间的对应关系。所有其他成员国也以同样方式处理。

步骤 2：连接后，由于数据源差异导致的逐行统计差异都被转储到单个列向量 QX 中(请注意，最后不使用成员国的导出向量，以避免使用相应的导入矩阵进行重复计算)。

与国家表的连接

如图 9.3 所示，上一步准备的每个成员国的所有部分都在一个大表中连接在一起。图 9.4 说明了连接的过程。在此示例中，说明了国家 1 和 2 的投入产出(IO)表的连接。如本例所示，连接的基本思想是用贸易伙伴的导入矩阵替换导出向量。在此阶段，每个国家的国家投入产出(IO)表的进口估值也是通过使用国际货运和保险的数据以及国内运输成本和贸易利润数据，按照前面的步骤进行编制，将成本、保险和运费价格(CIF)转换成生产商的价格，从而变换得到。

数据的协调

在连接到目前为止提供的所有部件之后，编制的最后一步是手动平衡和对账工作。该表在输入组成方面是平衡的，但总需求不一定与现阶段每个国家的总供应量一致。这种不平衡源于以下事实：

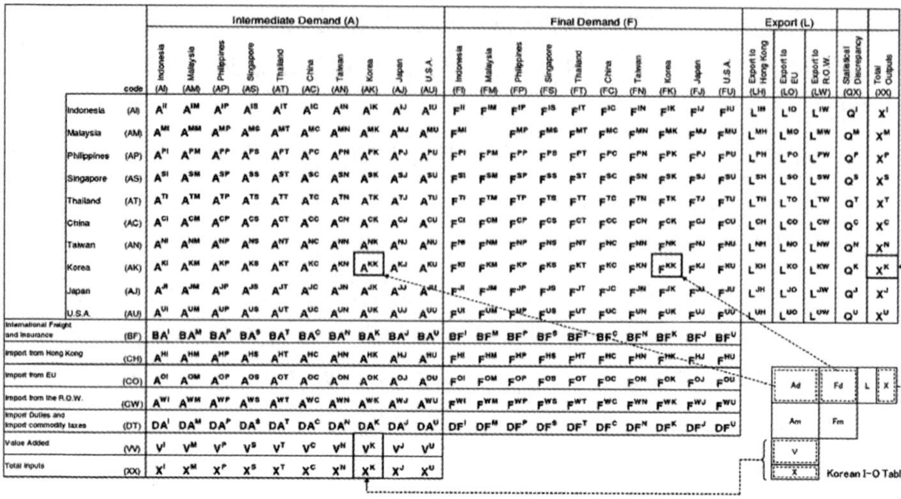


**图 9.3　AIO 表的设计**

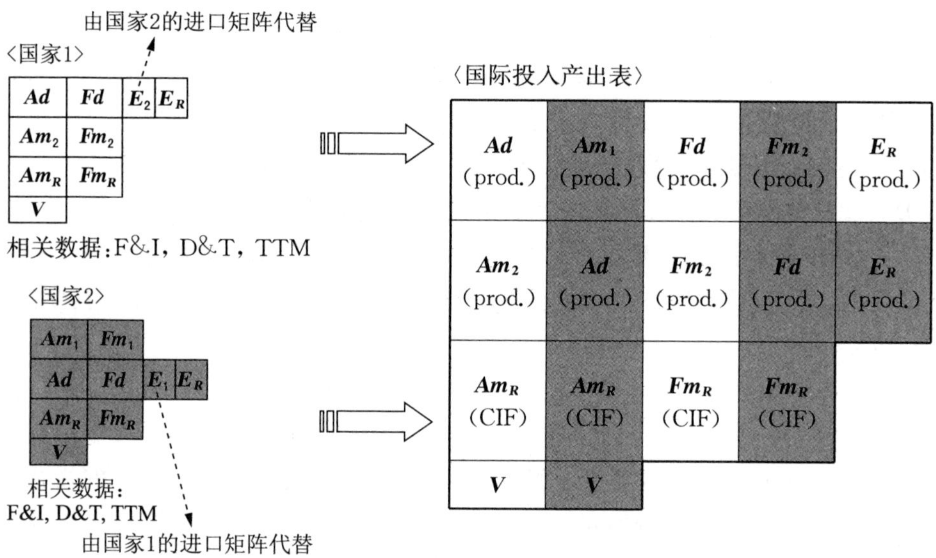


资料来源:IDE(2011).

**图 9.4　国家投入产出(IO)表的连接(2 个国家间的案例)**

这里,我们考虑韩国的情况。如前一节中的解释,在图 9.3 中的模块 $A^{KK}$、$L^{KZ}(Z=H、O、W)$是从韩国的投入产出表中计算出来的,因此它们应该与韩国投入产出表中的贸易数据相符合。然而,另一些模块,$A^{KZ}$ 和 $F^{KK}(Z\neq K)$,是从其他国家的进口矩阵中估算出来的,并不能保证它们会与韩国的出口数据一致。例如,对于模块 $A^{KM}$ 和 $F^{KM}$,在韩国的行和马来西亚的列的相交处,如果要使输出和导入数据一致，则下列等式必须成立：

$$D_i^{KM} = \left( \sum_j A_{ij}^{KM} + \sum_k F_{ik}^{KM} \right) - L_i^{KM} = 0 \tag{9.4}$$

其中，$D_i^{KM}$ 表示第 $i$ 个产业马来西亚的进口数据和韩国的出口数据之间的差异，下标 $j$ 和 $k$ 分别表示第 $j$ 产业和第 $k$ 产业的最终需求，$L_i^{KM}$ 表示韩国的第 $i$ 产业对马来西亚的出口（用生产者价格表示）。在实践中，方程(9.4)是否成立取决于两国的国际贸易统计数据的可靠性和进出口数据在国家投入产出(IO)表和国际贸易统计之间的差异。如上所述，我们连接工作的结果表明 $D_i^{KM} \neq 0$。当然，项目的所有其他成员国（地区）也有同样的不平衡。因此，我们认为 $D_i^{KM}$ 表示两国在国际贸易统计上的差异，其中也包括了模块 $A^{KM}$ 和 $F^{KM}$ 估算时的误差。

为了合理有效地减少连接过程中产生的差异，采用图 9.5 所示的过程对 AIO 表进行最后的调整。

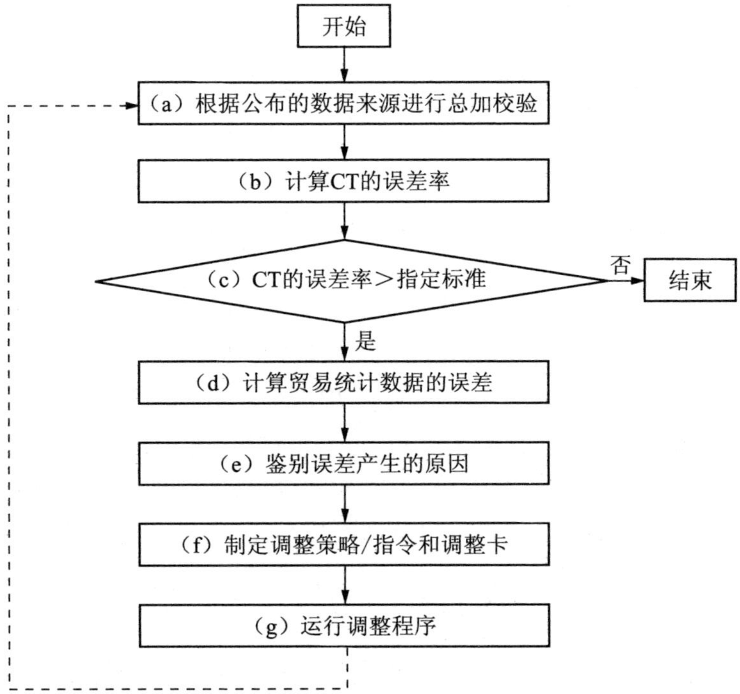


资料来源：IDE(2006).

CT：在我们的调整步骤中，按部门划分的总产出图形被用作总控制。

**图 9.5　调整程序**

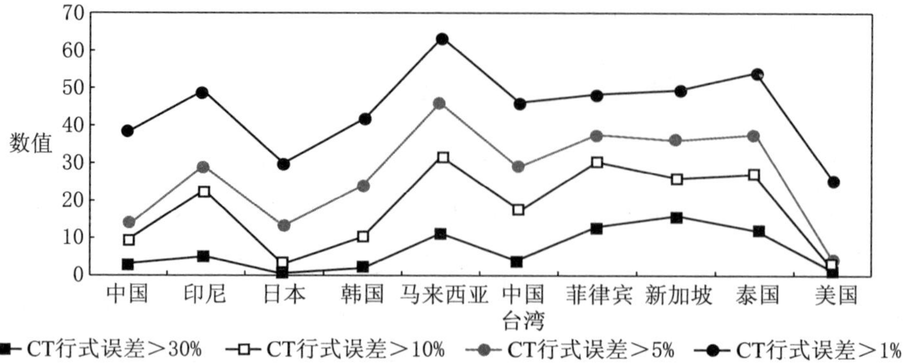


资料来源:IDE(2006).

**图 9.6 CT 误差的分布**

(a) 最初,我们在所有国家或地区的行业中建立联系,进行概括,并编制一份每个国家或地区只有一个部门的 AIO 表。然后,可以很容易地检查国家或地区层面的 AIO 表中的当前数据是否与公布的数据来源一致,例如国家或地区的 GDP 统计数据或国际货币基金组织的统计数据。通过以上检查,我们就掌握了初步连接结果的情况。

(b) 为了详细确定最终调整目标的大小,我们计算每个国家或地区按行划分的 CT 错误率。图 9.6 显示了不同层级汇总的绝对 CT 错误率的分布。纵轴表示 CT 误差大于指定层级的部门数。显然,中国、日本和美国在每个层级上的数量都较少。另一方面,印尼、马来西亚、菲律宾、新加坡和泰国的部门数相对较多。韩国和中国台湾也有类似的模式。图 9.6 所示的分布不仅取决于经济规模,还与每个国家或地区的统计系统有关。考虑到 AIO 表规模大以及错误率的分布模式,CT 错误率超过 5%的部门被确定为初步调整的目标。

(c) 虽然确定 5%为初步调整的标准,但考虑到行部门正误差可以抵消一些负误差,我们需要逐行调查误差的结构。如上一节所述,AIO 表是基于每个国家和地区的进口矩阵,矩阵进口统计数据一致,但出口统计数据并不要求一致。为了详细讨论错误的结构,为了详细讨论结构误差,以韩国为例,我们的计算矩阵:

$$D_i^{KM}=(\sum_j A_{ij}^{KZ}+\sum_k F_{ik}^{KZ})-L_i^{KZ}$$

其表示国家或地区 $Z$ 第 $i$ 个产业从韩国的进口和韩国向国家或地区 $Z$ 出口的差异。引用这个矩阵,韩国 CT 误差的行式结构就变得容易理解了,它给我们提供了哪些部门,哪些国家和地区应该作为主要调整目标的信息。

(d) 差异主要是由以下三个因素引起的。

(i) 每个国家和地区间的部门分类不一致：尽管要求每个国家和地区应使自己的编码符合从HS编码到AIO产业分类，但统计概念上差异的可能性仍然存在。

(ii) 贸易伙伴以不同的方式计算转口贸易。例如，在中国内地，通过中国香港出口到美国可能会被记为美国从中国内地的进口。在新加坡，与其经济体的规模相比，国际贸易量非常大，还有大量的转口贸易，其国际贸易矩阵中存在非常大的统计差异。

(iii) 其他统计的原因。

(e) 根据前面介绍的"矩阵D"的分析，并对HS-AIO编码的一致性进行仔细调查，可以找出大多数误差。然后确定调整政策。在我们的项目中，由于每个国家和地区的部分都有一个专业人员负责，这个人会根据调整政策给其他人员发布指令。然后，负责一个国家和地区数据的工作人员把来自其他国家和地区负责人的所有指示汇总于其所在国家和地区的调整卡中。

(f) 调整卡用作调整程序中的输入文件。基本上，调整只是在导入矩阵上执行，将相同的数量从一个产业垂直移动到另一个产业。这意味着在列中保持CT平衡。[43]

不断重复上面(a)—(f)的程序，直到结果满足指定的标准。此外，在调整结束时还要进行抽查。旨在"剔除"表中可能在调整的过程中被带进来的任何反常的条目。例如，"电力、煤气、自来水供应"或其他服务行业的产出，不应该输入诸如"固定资本形成"或"存货的变化"的小条目中。任何此类制表错误应该被清除并妥善处理。

不同国家和地区的贸易统计数据相互一致的情况极为罕见。通常存在相当大的差距和错误。虽然现有的一些研究已经分析了这个问题的程度和性质，但尚未建立一种协调各国和地区贸易统计数据的标准化方法。即使在我们的项目中，我们要求每个国家和地区在AIO的行业分类和HS代码之间建立一致的代码，但由于涉及的代码数量众多以及各国和地区统计系统的差异，因此完全消除差异非常困难。

## 4　亚洲国际投入产出表项目未来的挑战

全球化和区域一体化的扩展导致各国和地区之间经济相互依存日益增加，国际投入产出表被认为是分析生产网络、国际碎片生产、全球价值链等非常有用

[43] 基本上，剩下的一点CT行式误差将转移到向量QX(统计差异)。

的数据来源。为了响应许多政策制定者和研究人员日益增长的关注和要求,该项目面临着许多挑战。

第一个挑战是出版时滞。IDE 每五年编制一次 AIO 表。然而,总有基准年和考察年之间的时间差超过五年的。由于大多数国家和地区每五年编制一次本国和地区投入产出(IO)表,而且不同国家和地区的基准年也不同,这使得将每个国家和地区的数据及时联系起来的过程很难加快。如果更多的亚洲国家和地区的统计体系转换成或依据供给—使用表(SUT),则可以轻松估算国家和地区投入产出(IO)表。这将有助于加速推进国际投入产出(IO)表的编制。[44]

第二个挑战是如何最小化连接过程中产生的差异。如前几节所述,出现误差的最重要原因是:

(1) 国家(地区)投入产出(IO)表和国际贸易统计之间的出口/进口数据不一致;

(2) 再出口和再进口导致的双边贸易统计中的镜像问题;

(3) 出口统计数据(离岸价格)和进口统计数据(到岸价格)之间不同估值的处理。

解决上述问题的一种可能方法是将最近的联合国广泛经济类别(BEC)分类应用于当前的贸易统计数据。根据这种分类,贸易数据可以分为不同的最终用途类别,如中间产品、最终消费品或资本品。这可以提高链接国家和地区投入产出(IO)表时分配双边贸易数据的精确度。此外,根据联合国统计司(UNSD)提出的国际商品贸易统计(IMTS)的新建议,除标准 CIF 估值外,FOB 基础上的进口数据预计将在近期公布。这可能有助于使双边贸易数据更加一致。最后,按原产国和目的国分列的转口贸易统计数据应该在解决贸易统计中出现的镜像问题方面发挥重要作用。

第三个挑战是关于估值。AIO 表使用的是生产者价格。毫无疑问,关于经济分析要求的最优估值是基本价格。然而,即使目前,我们的大多数目标国家和地区都以生产者的价格构建本国和地区投入产出(IO)表。

在本章的第二部分,我们研究经济合作与发展组织的国家间投入产出模型。

## 5 OECD 国家间投入产出模型介绍

自 20 世纪 90 年代中期以来,经合组织一直在更新和维护协调的投入产出

[44] 例如,近年来,越来越多的亚洲经济体一直在考虑,在由亚洲开发银行(ADB)支持下一个国际合作项目下,建立或改善其供给使用表体系,参见 http://www.adb.org/data/icp/reta-6483-activities。

(IO)表，将源于国内和进口的中间品从表中分割出来，通常与国家统计机构所发布的基准版本的投入产出(IO)表同步进行。我们已经利用这种统一的数据集对不同国家进行比较分析，如全球价值链的测算、垂直专业化和国际贸易中所隐含的二氧化碳排放等。

由于各国对投入(中间产品和最终支出产品的进口)和产出(出口)的外部市场的依赖性增加，基于单一国家分析框架的局限性日益明显，即国际反馈和溢出效应不再可忽略不计。如上一节所述，国际 IO 框架是连接国家或地区生产链的理想工具，但是，国家或地区间 IO 模型的开发需要一些非常密集的数据步骤。值得注意的是，它需要国际统一的行业统计来源以衡量国家或地区间经济溢出效应。因此，国家或地区统计机构之间的最大统计合作对于实现这一研究途径非常重要。[45]

## 6　一个国家间投入产出模型的程序开发

经合组织跨国投入产出模型的估算过程总结如下。

(a) 采用最新公布的数据来源制备基准年份的产业间表，如投入产出表数据、供给和使用表数据、其他的国民经济核算体系(SNA)数据和国际贸易统计数据。经合组织的跨国投入产出把剩余世界其他国家的经济结构，作为一个内生经济以使得整个世界经济成为完整的一体(见图 9.7)。世界其他地区经济的初始投入系数是基于代理国家(印度尼西亚)的结构。

(b) 按行业和最终用途类别编制基准年度的双边商品贸易数据，要求通过标准转换密钥将公布的贸易统计数据从产品分类汇总到行业和最终用途类别中。因为出口流量受再出口的问题影响更易出现偏差，因此主要选择进口流量。原则上，进口流量将原产国记录为合作伙伴，而出口流量则记录下一批货物的国家作为合作伙伴。这些进一步调整的目的用于分析机密贸易流量，如废物和废料产品贸易以及大量贵重物品(如钻石)的贸易。

基于跨国天然气和电力传输估算公共服务的贸易系数。

其他服务部门的贸易系数是基于 OECD 的伙伴国服务贸易(TISP)、欧盟统计局(Eurostat)的国际收支平衡表(EBOPS)和联合国服务贸易统计数据。基于 IMF 的收支平衡手册(BPM5)推荐的方法，将 EBOPS 对服务的分类转换为产业

[45] 例如，世界投入产出数据库(http://www.wiod.org/)，EUKLEMS 账户(http://www.euklems.org/)和 IDE-JETRO AIO 项目 http://www.ide.go.jp/)。

| | | 中间品 | | | | | | 最终消费 | | | | | | | | | | | | | | | | | | 产出 |
|---|---|---|---|---|---|---|---|---|---|---|---|---|---|---|---|---|---|---|---|---|---|---|---|---|---|---|
| | | 国家1 | 国家1 | 国家2 | 国家2 | 行 | 行 | 家庭消费 | | | 家庭消费 | | | NPISH | | | 政府消费 | | | 固定资本形成总量 | | | 存货变化 | | | |
| | | 产业A | 产业B | 产业A | 产业B | 产业A | 产业B | 国家1 | 国家2 | 行 | 国家1 | 国家2 | 行 | 国家1 | 国家2 | 行 | 国家1 | 国家2 | 行 | 国家1 | 国家2 | 行 | 国家1 | 国家2 | 行 | |
| 国家1 | 产业A | | | | | | | | | | | | | | | | | | | | | | | | | |
| 国家1 | 产业B | | | | | | | | | | | | | | | | | | | | | | | | | |
| 国家2 | 产业A | | | | | | | | | | | | | | | | | | | | | | | | | |
| 国家2 | 产业B | | | | | | | | | | | | | | | | | | | | | | | | | |
| RoW | 产业A | | | | | | | | | | | | | | | | | | | | | | | | | |
| RoW | 产业B | | | | | | | | | | | | | | | | | | | | | | | | | |
| 其他调整(边境内的购买) | | | | | | | | | | | | | | | | | | | | | | | | | | |
| 国际贸易利润 | | | | | | | | | | | | | | | | | | | | | | | | | | |
| 中间品总量(基价) | | | | | | | | | | | | | | | | | | | | | | | | | | |
| 产品净税 | | | | | | | | | | | | | | | | | | | | | | | | | | |
| 总量 | | | | | | | | | | | | | | | | | | | | | | | | | | |
| 增加值 | | | | | | | | | | | | | | | | | | | | | | | | | | |
| 营业总剩余(＝净营业剩余＋固定资本折旧) | | | | | | | | | | | | | | | | | | | | | | | | | | |
| 工人报酬 | | | | | | | | | | | | | | | | | | | | | | | | | | |
| 产品净税 | | | | | | | | | | | | | | | | | | | | | | | | | | |
| 产业产出 | | | | | | | | | | | | | | | | | | | | | | | | | | |

三区域(两个国家和世界其他地区)两产业模型 A(和 B)
阴影区域表示国内贸易
RoW 表示世界其他地区

**图 9.7　经合组织跨国投入产出模型的格式**

分类(国际标准工业分类法第三版，ISIC Rev.3)。然而，许多缺失的流量数据需要使用计量经济学模型技术进行估计，特别是 2000 年之前的年份。估计的步骤总结如下(本茨 & Miroudot, 2012)：

——数据来源的收集；

——借助泊松最大似然估计，基于多边阻力的重力模型(Anderson-van Wincoop 模型)估算预测的零流量数据；

——将估算双边流量数据进行最后的调整来平衡贸易系数，使之与投入产出(IO)表的贸易列相符合。

(c) 将商品进口数据从 CIF 估值转换为 FOB 估值，以最大限度地减少国际 IO 系统中的“镜像贸易”不一致性(进口＝出口)，即最小化 A 报告的从 B 的进口额与 B 报告的出口到 A 之间的差异。

(d) 通过净化的贸易系数分离每个国家和地区的进口矩阵。

(e) 对剩余差异的总调整。最好尽可能多地准备上述数据源，以最大限度地减少 ICIO 系统列和行之间的差异，即增加国家和地区覆盖范围，并根据最终用途类别估算所有行业的贸易系数。但是，这种统计方法无法完全解决国际交易中产生的差异问题，例如，基于收支平衡和以海关数据为基础的商品贸易统计投入产出概念不一致；每个国家和地区所有行业的采购合作伙伴份额与中间产品和服务之间的比例假设；这一假设被称为多区域投入产出(MRIO)框架，广泛用于开发各种区域间模型，因为不可能采用“替代”方法，即对所有目标行业进行特殊调查以获取关于中间供应来源国的信息。因此，在最后阶段使用机械双比例法处理世界其他地方的差异。

(f) 将国家和地区间数据库与区域集团合并(可选)。

## 7　用于国家间投入产出模型的 OECD 的数据来源

经合组织 ICIO 数据库的第一个版本基于之前为区域间分析而建立的方法(例如，Chenery, 1953; Moses, 1955; Isard, 1951)为了通过双边贸易系数连接国家投入产出表，我们编制了国家数据并进行了估算，生成统一的中间数据库，如统一的投入产出(IO)表和按行业、最终用途分的货物双边贸易数据(见表 9.5)。

经合组织投入产出数据库

理想情况下，国家当局能够尽可能在最详细的经济活动水平上，提供最新的供应—使用表和基准对称投入产出表(SIOT)，且具有基本价格估值，并最好能将国内生产的中间品货物与服务和进口的分开。然而,很少有国家能够满足这些要求。因此,为了最大化覆盖国家统计范围,经合组织的科学技术和工业理事会利用了所有相关的零散数据。应该指出的是,近年来IO分析受益于重新关注,其主要原因之一是:投入产出(IO)表以及来自各国家的相关统计数据的可用性和质量的提升。

**表9.5 经济合作与发展组织跨国IO模型的数据源**

- 国家或地区投入产出表
- 商品统计数据中的双边货物贸易
（经合组织的ITC和联合国商品贸易统计数据库）
- 国家或地区供给使用表(如果需要的话)
- 国际收支平衡表。按EBOPS分类的服务贸易
- 国民统计核算(SNA93)时间序列
（按产业分的产出和增加值以及按部门分的支出）
- 跨国电力传输
- 货运运输网络信息
（陆路和海路距离等）

**编制的方法。**经合组织的IO数据库的编制进程很大程度上取决于与国家统计机构的合作。用于转换成统一的逐个产业表的方法取决于国家数据的可用性。一些国家已经能够按国际标准工业分类法第三版的基本分类,以基价提供对称的逐个产业投入产出(IO)表,而其他国家却只能提供供给使用表格和对称的逐个产品投入产出(IO)表。

选择逐个产业格式的有很多原因(山野和艾哈迈德,2006):

● 通过其他基于行业的数据收集,例如OECD STAN,劳动统计和研发支出,有助于统一的行业分析;

● 政策焦点:许多经合组织数据库都从根本上关注产业结构;

● 转换技术的简化:假设一个固定的产品销售结构,在估算对称的逐个产业表时不出现负数。

转换过程的描述如图9.8所示。

**覆盖范围:**国家和年份。经合组织IO数据库的第一版可追溯到1995年,涵盖10个经合组织国家,其中投入产出(IO)表跨越20世纪70年代初至1990年初。该数据库的第一个更新版本于2002年发布,将覆盖范围扩大到18个经合组织国家,加上中国和巴西,并在20世纪90年代中期引入了统一的表格。自2006年以来,经合组织IO数据库的成员国在持续增加,现在有48个国家/经济

| 可用的数据来源 | 对称的投入产出（$i \times i$）如加拿大和丹麦 | 供给（或生产）使用（或投入）表如美国（非基准） | 对称的投入产出（$p \times p$）和供给（生产）使用表，如许多欧洲国家 |
|---|---|---|---|
| 机密价值 | 必要时（利用适时修正法补充缺失的模块） | | |
| 转化成基价 | 必要时（估算税收和运输利润信息） | | |
| 分离国内和进口矩阵 | 必要时（直接成比例的，基于中间品、家庭消费和资本的 BEC） | | |
| 将供给使用表转化为对称的 | | 利用固定产品销售结构 | |
| 部门一致性 | 为国际标准工业分类法第三版和国民系统的部门一致性表做准备 | | |
| 部门整合 | 部门整合成部门层面的经合组织协调表 | | |

注：$i \times i$，行业乘行业；$p \times p$，产品乘产品。

**图 9.8　协调格式的 IO 估算程序**

体（33 个经合组织成员国）的表格可用，其中 2000 年后更新的表格（尤其是 2005 年左右的版本）适用于大部分国家。[46]

**行业分类。**当前版本的 IO 数据库中使用的行业分类是基于 ISIC Rev.3 版（见表 9.7），这意味着它与其他 OECD 基于行业的分析数据集[如结构分析（STAN）数据库]兼容，与基于活动的国民经济核算体系，以及按行业和最终用途划分的双边货物贸易（通过标准的协调制度到使用 ISIC 转换密钥，这些数据可以从货物贸易统计数据生成）数据集也兼容。

## 8　按照行业和最终用途分类的 OECD 双边贸易数据库

经合组织最近开发了对 65 个国家和地区在 1988 年到 2010 年，按产业和最终用途的双边贸易数据的估算（朱等人，2011）。经合组织按行业和最终用途分类的双边贸易数据库（BTDIxE）是来源于经合组织的国际贸易商品统计数据库（ITCS）和联合国的 Comtrade 数据库，这些数据库中的进口和出口的值（和量）是根据伙伴国的产品分类进行编制的。图 9.9 显示了 2009 年世界出口结构的总结，而图 9.10 显示了选定的国家（地区）出口结构的演变。

---

[46] 更多如何连接经合组织投入产出表的细节和信息，访问 http://www.oecd.org/sti/ind/input-outputtables.htm。

**表 9.6　2009 年经合组织投入产出包括的国家和地区(截至 2012 年 3 月)**

| 经合组织成员 | 20 世纪 90 年代中期 | 21 世纪 00 年代初期 | 21 世纪 00 年代中期 |
|---|---|---|---|
| 澳大利亚 | 1994/1995 | 1998/1999 | 2004/2005 |
| 奥地利 | 1995 | 2000 | 2005 |
| 巴拉圭 | 1995 | 2000 | 2005 |
| 加拿大 | 1995 | 2000 | 2005 |
| 智　利 | 1996 | — | 2003 |
| 捷　克 | 1995 | 2000 | 2005 |
| 丹　麦 | 1995 | 2000 | 2005 |
| 爱沙尼亚 | 1997 | 2000 | 2005 |
| 芬　兰 | 1995 | 2000 | 2005 |
| 法　国 | 1995 | 2000 | 2005 |
| 德　国 | 1995 | 2000 | 2005 |
| 希　腊 | 1995 | 2000 | 2005 |
| 匈牙利 | 1998 | 2000 | 2005 |
| 冰　岛 | 1998 | 2000 | 2005 |
| 以色列 | 1995 | — | 2004 |
| 意大利 | 1995 | 2000 | 2005 |
| 日　本 | 1995 | 2000 | 2005 |
| 韩　国 | 1995 | 2000 | 2005 |
| 卢森堡 | 1995 | 2000 | 2005 |
| 墨西哥 | — | — | 2003 |
| 荷　兰 | 1995 | 2000 | 2005 |
| 新西兰 | 1995/1996 | 2002/2003 | — |
| 挪　威 | 1995 | 2000 | 2005 |
| 波　兰 | 1995 | 2000 | 2005 |
| 葡萄牙 | 1995 | 2000 | 2005 |
| 斯洛伐克 | 1995 | 2000 | 2005 |
| 斯洛文尼亚 | — | 2000 | 2005 |
| 西班牙 | 1995 | 2000 | 2005 |
| 瑞　典 | 1995 | 2000 | 2005 |
| 瑞　士 | — | 2001 | 2006 |
| 土耳其 | 1996 | 1998 | 2002 |
| 英　国 | 1995 | 2000 | 2005 |
| 美　国 | 1995 | 2000 | 2005 |

续表

| 非经合组织成员 | 20 世纪 90 年代中期 | 21 世纪 00 年代初期 | 21 世纪 00 年代中期 |
| --- | --- | --- | --- |
| 阿根廷 | 1997 | — | — |
| 巴　西 | 1995 | 2000 | 2005 |
| 中　国 | 1995 | 2000 | 2005 |
| 中国台湾 | 1996 | 2001 | 2006 |
| 印　度 | 1993/1994 | 1998/1999 | 2006/2007 |
| 印　尼 | 1995 | 2000 | 2005 |
| 拉脱维亚 | — | — | 2004 |
| 立陶宛 | — | — | 2005 |
| 马来西亚 | — | 2000 | — |
| 马耳他 | — | 2000 | 2004 |
| 罗马尼亚 | — | 2000 | 2005 |
| 俄罗斯 | 1995 | 2000 | — |
| 新加坡* | 1995 | 2000 | 2002 |
| 南　非 | 1993 | 2000 | 2002 |
| 泰　国 | — | — | 2005 |
| 越　南 | — | 2000 | — |
| 欧盟(27 国) | — | — | 2005 |

注：—表示有效年份的数据不可得；* 表示未公布(仅供内部使用)。

**表 9.7　经合组织投入产出产业分类**

| 国际标准工业分类第三版 | | 描　述 |
| --- | --- | --- |
| 01，02 & 05 | 1 | 农业、捕猎及相关服务业 |
| 10—12 | 2 | 采矿和采石(能源) |
| 13 & 14 | 3 | 采矿和采石(非能源) |
| 15 & 16 | 4 | 食品生产、饮料和烟草 |
| 17—19 | 5 | 纺织面料，纺织制品，皮革和鞋类 |
| 20 | 6 | 木材、木制品和软木制品 |
| 21 & 22 | 7 | 纸浆、纸、纸制品，印刷和出版业 |
| 23 | 8 | 焦炭、成品油和核燃料 |
| 24ex2423 | 9 | 化学品，药物除外 |
| 2423 | 10 | 药物 |
| 25 | 11 | 橡胶和塑料制品 |
| 26 | 12 | 其他非金属矿物制品 |
| 271 & 2731 | 13 | 钢铁 |
| 272 & 2732 | 14 | 有色金属 |

续表

| 国际标准工业分类第三版 | | 描　述 |
|---|---|---|
| 28 | 15 | 焊接的金属制品，机器设备除外 |
| 29 | 16 | 机器设备 |
| 30 | 17 | 办公、计算机器 |
| 31 | 18 | 电力机械和设备 |
| 32 | 19 | 广播、电视和通信设备 |
| 33 | 20 | 医疗、精密光学仪器 |
| 34 | 21 | 汽车、拖车和半拖车 |
| 351 | 22 | 船舶的建造与修理 |
| 253 | 23 | 航空器和航天器 |
| 352—359 | 24 | 铁路设备和交通运输设备 |
| 36 & 37 | 25 | 制造业；资源回收(包括家具) |
| 401 | 26 | 电力的生产、储存和配送 |
| 402 | 27 | 天然气的生产；气体燃料通过主要管道的输送 |
| 403 | 28 | 蒸汽和热水的供给 |
| 41 | 29 | 水的采集、净化和配送 |
| 45 | 30 | 建筑业 |
| 50—52 | 31 | 批发零售业；修理业 |
| 55 | 32 | 酒店餐饮业 |
| 60 | 33 | 陆路运输和管道运输 |
| 61 | 34 | 海上运输 |
| 62 | 35 | 航空运输 |
| 63 | 36 | 运输业的支持和辅助活动<br>旅行社的活动 |
| 64 | 37 | 邮政和电信业 |
| 65—67 | 38 | 金融和保险 |
| 70 | 39 | 房地产业 |
| 71 | 40 | 机器设备租赁 |
| 72 | 41 | 计算机及相关活动 |
| 73 | 42 | 研究与开发 |
| 74 | 43 | 其他商业活动 |
| 75 | 44 | 公共管理和国防；强制性社会保障 |
| 80 | 45 | 教育 |
| 85 | 46 | 健康和社会工作 |
| 90—93 | 47 | 其他公众、社会和个人活动 |
| 95—99 | 48 | 私人家庭和境外组织 |

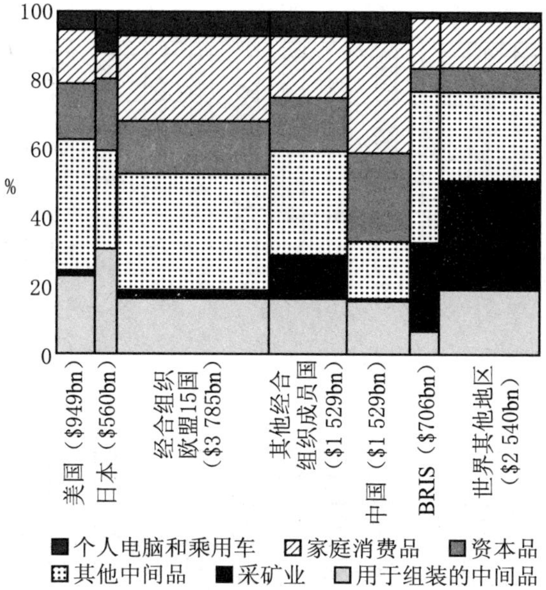


**图 9.9　按产业和类别分类的出口份额(2009)**

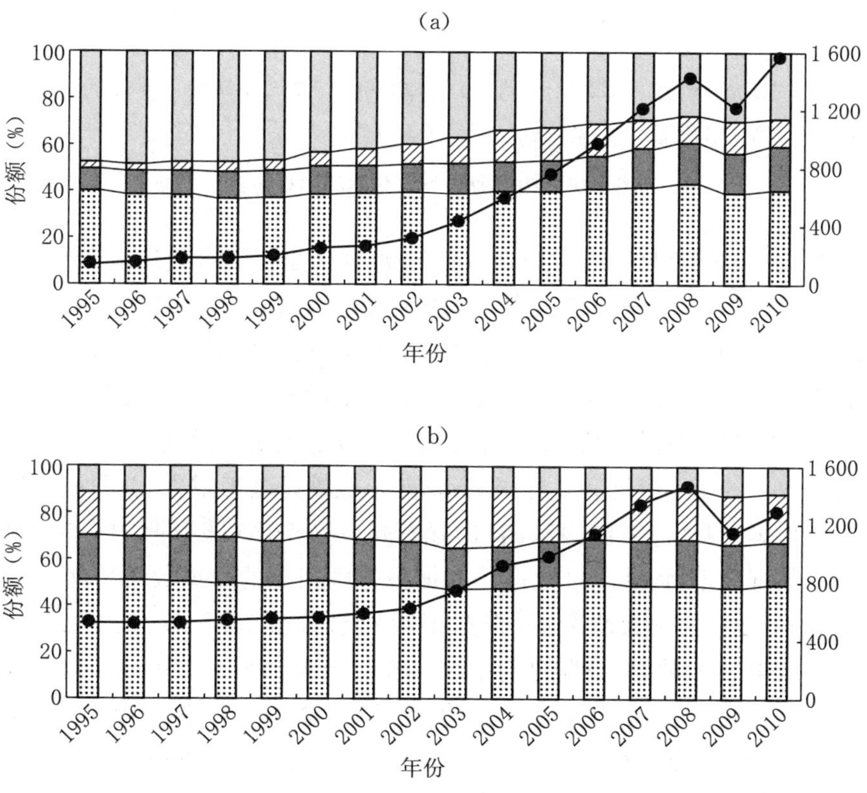

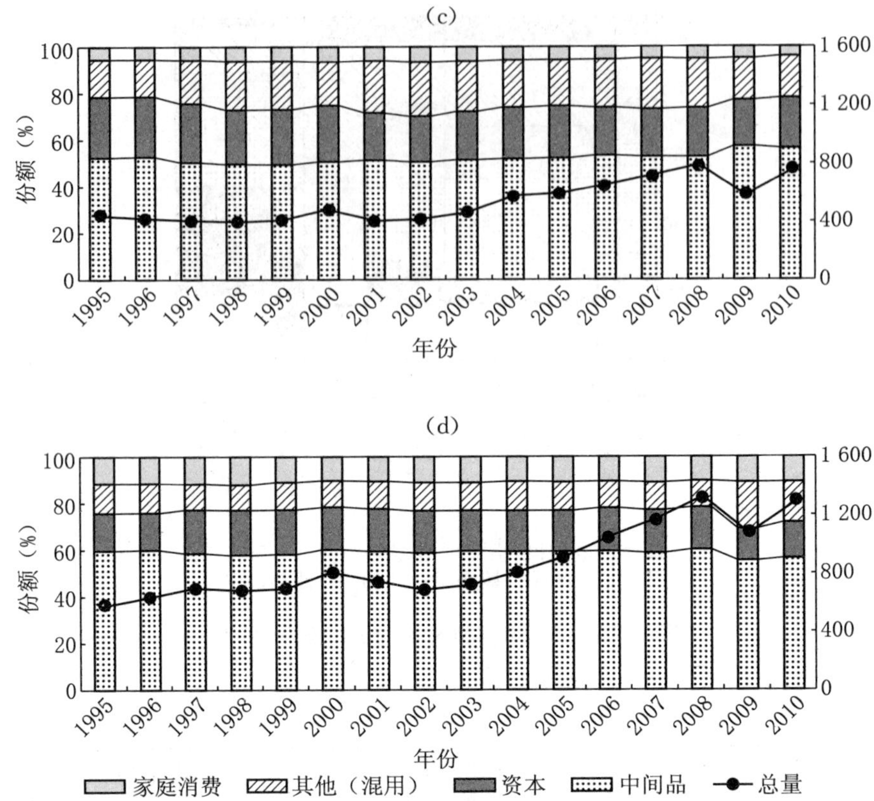


注：(a)中国；(b)德国。“总量”以 10 亿美元为单位。

**图 9.10 按产业和类别分类的出口份额**

经合组织国际贸易的商品统计(ITCS)数据库是据经合组织成员国、中国台湾，以及某些情况下欧洲统计局提交的年度数据提交进行更新。由于经合组织的 ITCS 和联合国 Comtrade 更新过程的收敛性，两大组织之间数据分享和其他相关合作也可以为非经合组织成员的申报国家编制表，特别是属于经济合作与发展组织“增强参与计划”的国家：巴西、中国、印度、印尼和南非。

国际贸易的商品统计和联合国 Comtrade 数据是基于报告国(即该国提供了信息)，伙伴国(即进口来源国和出口目的国)以及产品(即根据 HS)进行分类。在这两种数据源里，贸易流量数据是根据报告国当时的数据收集所使用的产品分类进行记录。在一般情况下，根据国际贸易标准分类(SITC)第二版记录 1978—1987 年的源数据，根据协调系统(1988)记录 1988—1995 年的数据，根据 HS 第一版(1996)记录 1996—2001 年的数据，根据 HS 第二版(2002)记录 2002—2006 年的数据，根据 HS 第三版(2007)记录 2007 年以来的数据。

为了按行业和最终用途类别生成货物贸易估算，将国际贸易的商品统计（ITCS）和联合国 Comtrade 每一版的 HS 六位产品代码匹配到国际标准工业分类法第三版的产业分类，以及根据 BEC 分类的最终用途类别分类，使得每一个分类都是唯一的，从而得到国民经济核算体系（SNA）的商品基本分类。因此，通过使用由经合组织科学技术和工业理事会内部开发的分类对应表以及 UNSD 公布的可用分类对应表，估算了八套转换密钥。

## 9　改进国际投入产出表的愿望清单

毫无疑问，国际投入产出数据库为研究全球价值链的综合经济影响提供了机会。然而，对投入产出（IO）表和贸易统计数据而言，进一步的统计挑战依然存在。

### 9.1　投入产出表

首先，为了开发更好的全球生产链模型，需要更多的对称 IO 和/或供应使用表的数据源。从理论上讲，世界剩余的其他经济体中很少能减少由来源国对进口交易错配所产生的误差。

虽然大多数国家的国家统计机构近年来都能够公布进口矩阵的官方数据，但每个国家对基准年投入产出（IO）表进行特别调查时，更新频率仍大约每五年一次。鉴于某些行业的进口渗透率因经济和社会原因每年不同，因此最好能更频繁地报告进口货物和服务的交易结构，而不是五年一次。

此外，还需要许多详细的行业层面的投入产出（IO）表来规划政策干预措施。目前只有少数几个国家能够提供 400 个以上的行业层级（例如美国、日本和韩国）交易的信息。

### 9.2　贸易统计

在当前的数据提交框架中，货物和服务的贸易流量仅适用于报告的流量。换句话说，我们没有足够的未报告流量的信息。例如，每个未报告流量可能是零，机密值或遗失信息。

由于机密值汇总在海关分类 HS 的两位编码章节中，如果一个国家决定将一个人流量作为机密条目，则至少一个相同两位数章节编码的其他商品可能被屏蔽为机密值。这就是为什么识别零流量是使未知贸易系数最小化的重要因素。

官方提交的原产国和目的地国的再出口商品,以及转口国的再进口数据也有助于确定货物流量和货币流量的偏差(Guo et al., 2009)。理想情况下,贸易统计中使用的单位数量应该每个商品组一致。

最后,一些工业废物和副产品明确记录在商品贸易统计的六位数统一制度层面。然而,二手资本货物(例如机械和车辆)的国际交易并未在现行统一系统框架中明确编码。理想的做法是现行的统一系统中应包括国际回收和分类行业,并将新产品的生产链与二手家庭用品及工业资本品的再分配分开。

## 参考文献

Zhu, S., N.Yamano and A.Cimper, "Compilation of Bilateral Trade Database by Industry and End-Use Category. Science," Technology and Industry Working Paper 6, 2011.

Anderson, J.E., "A Theoretical Foundation for the Gravity Equation," *American Economic Review* 69(1), 1979.

Benz, S., and S.Miroudot, "Building the OECD Estimated Bilateral Trade in Services by Industry(EBTSI) Dataset," Mimeo, 2012.

Chenery, H.B., "Regional analysis," in *The Structure and Growth of the Italian Economy*(eds. H.B.Chenery, P.G.Clark and V.C.Pinna), Rome: US Mutual Security Agency, 1953, pp.91—129.

Eurostat, *Eurostat Manual of Supply, Use and Input—Output Tables*, 2008.

Fujita, M., P.Krugman, and A.J.Venables, *The Spatial Economy: Cities, Regions, and International Trade*, Cambridge, MA: The MIT Press, 1999.

Furukawa, S., "International Input—Output Analysis: Compilation and Case Studies of Interaction between ASEAN, Korea, Japan, and the USA, 1975," *Occasional Papers Series*, No.21, 1986.

Furukawa, S., and S.Inomata, "Significance of construction and analysis of international input—output table of Asia-Pacific region," in International Industrial Linkages and Economic Interdependency in Asia-Pacific Region, Tokyo: Institute of Developing Economies, Chapter 1, 1993, pp.2—20.

Geraci, V.J., and W.Prewo, "Bilateral Trade Flows and Transport Costs," *Review of Economics and Statistics* 59(1), 1977.

Guo, D., C.Webb and N.Yamano, "Towards Harmonised Bilateral Trade Data for Inter-Country Input—Output Analyses: Statistical Issues," OECD Science, Technology and Industry Working Papers, 2009/4.

IDE, JETRO, Asian International Input—Output Table, Volume 1 Explanatory Notes. Statistical Data Series, No.89, Chiba: Institute of Developing Economies, 2006.

IDE, JETRO, Compilation and Use of the 2005 Asian International Input—Output Table (ed. S.Inomata and H.Kuwamori), *Asian International Input—Output Series*, No.70 Chiba: Institute of Developing Economies, 2008.

IDE, JETRO, Compilation and Use of the 2005 Asian International Input—Output Table (ed. S.Inomata and H.Kuwamori), Asian International Input—Output Series, No.76, Chiba: Institute of Developing Economies, 2011.

Isard, W., "Interregional and Regional Input—Output Analysis: A model of a Space Economy," *Review of Economics and Statistics* 33, 1951.

Japan Shipping Exchange, *Distance Tables for World Shipping* (8th edition), Japan Shipping Exchange, Inc, 1983.

Kuroiwa, I., *The Spatial Structure of the Asia-Pacific Economy: Applications of International Input—Output Analysis*, PhD Dissertation, University of Pennsylvania, 1995.

Leontief, W., "Interregional Theory," in *Studies in the Structure of the American Economy*, New York: Oxford University Press, Chapter 4, 1953.

Leontief, W., and A.Strout, "Multiregional Input—Output Analysis," in *Structural Interdependence and Economic Development* (ed. T.Barna), New York: St. Martin's Press, 1963.

Limao, N., and A. J. Venables, "Infrastructure, Geographical Disadvantage, Transport Costs, and Trade," *World Bank Economic Reviews* 5(3), 2001.

Miller, R.E., and P.D.Blair, Input—Output Analysis: Foundations and Extensions Prentice-Hall, 1985.

Moses, L.N., "The Stability of Interregional Trading Patterns and Input—Output Analysis," *American Economic Review* 45, 1955.

Okamoto, N., T. Sano and S. Inomata, "Estimation Technique of international Input—Output Model by Non-Survey Method," IDE Discussion Paper Series, No.28, 2005.

Polenske, K.R., "An Empirical Test of Interregional Input—Output Models: Estimation of 1963 Japanese Production," *American Economic Review* 60(1), 1970, pp.76—82.

United Nations, Handbook of Input—Output Table Compilation and Analysis, Studies in Methods, New York: United Nations, Series F, No.74, 1999.

Watanabe, T., "International Input—Output Table: Structure and Possibilities," IDE Research Documents, No.92, 1964.

Wonnacott, R., Canadian-American Dependency, An Interindustry Analysis of Production and Prices Amsterdam: North-Holland, 1961.

Yamano, N., and N. Ahmad, "The OECD Input—Output Database: 2006 Edition," OECD STI Working paper, 2006/7.

Zhu, S., N.Yamano and A.Cimper, "Compilation of Bilateral Trade Database by Industry and End-Use Category," OECD STI Working Paper, 2011/6.

（车春鹂、刘东旭译，叶作义、车春鹂校）

# 第十章

# 构建时间序列国际投入产出表的三阶段协调法[47]

纳迪姆·艾哈默德　王直　山野纪彦

## 1　引言

人们日益关注全球价值链，认为增加值贸易能更好地在学术研究和政策制定方面用来理解贸易对经济增长、就业和物质财富的重要性。全球价值链是揭示一个行业以其特定产品或者服务参与产品或者服务生产及其参与程度的链条。在这样的供应链或生产网络里，每个生产者购买投入品，然后增加价值，再成为下一生产阶段的部分成本（投入）。这个链条每个阶段的增加值之和等于该链条最后阶段购进的最终品的价值。从历史上看，这些链条通常会受到一个国家经济边界的约束，但近几十年来，由于运输成本和关税降低，已经有越来越多的链条跨越国际边境（国际生产的碎片化）。这种现象已经使分析和决策复杂化了。因为商品和服务在到达最终目的地之前可以多次跨越国界，所以对于一个出口经济体来说，出口额会夸大某一给定出口的重要性，因为出口将包括供应链中在其他国家产生的增加值。

在这个国际生产碎片化时期之前，无论国内市场，还是出口市场，单个国家投入产出（IO）表可以用来对一个经济体的不同产业如何参与最终产品的生产进行合理可靠的估计。但是日益增长的碎片化已经显著改变了这一格局。制成品和服务的进口在全球价值链中越来越多地被用作生产商品和服务的中间投入，而且中间进口本身越来越多地表现为进口经济体在价值链上游部门的价值增值。使用单个国家的 IO 表就全球价值链进行分析和证明存在的缺

---

[47] 本章仅代表作者自己的观点，不以任何方式代表 OECD 或美国国际贸易委员会及其单个委员的观点。作者感谢北京大学中国经济研究中心的李信的高效数据处理和研究协助。

点，被美国国家研究委员会(NRC)[48]委托的一个专家小组发现。这个专家小组研究了美国进口的国内含量比重和出口的国外含量比重。他们(NRC，2006)得出结论，虽然使用美国的投入产出数据可能获得美国出口的国外含量的代理变量，但是结果本身，尤其是那些与美国进口相关的结果，高度依赖一些假设。该团队研究最主要的不足之处在于，没有对各个国家的投入产出(IO)表进行跨国协调。

然而，自 NRC 发布报告以来，该领域已经取得了重大进展。例如，1993 年的国民经济核算体系，推荐发展供给使用表，使这些表作为平衡国内生产总值(GDP)的一种工具，在大多数发达经济体广泛使用和发展。事实上，在欧盟(EU)，编制这些表是法律要求的，而且国际统计组织已经参与帮助发展中国家编制这些表。[49]

最近，欧盟委员会资助了一个由 11 个欧洲研究机构和经济合作与发展组织(OECD)组成的合作联盟，开发一个时间序列的"世界"IO 表，即世界投入产出数据库(WIOD)，包括 1995—2009 年的 27 个欧盟成员国和其他 13 个主要经济体(Timmer *et al.*，2012)。此外，自 20 世纪 90 年代初以来，OECD 一直积极参与这一领域的研究，它为 10 个国家编制了一组协调的 IO 表，21 世纪初覆盖的经济体超过 20 个，到现在已经扩展至 58 个。官方的国际统计机构普遍认同，国际生产的碎片化要求，在衡量贸易，特别是在衡量增加值贸易时有一种新方法(见 2011 年联合国统计司)。国家统计信息系统的要求和改进，推动 OECD 和 WTO 在 2012 年 3 月 15 日联合推出了一项计划，"衡量增加值贸易"[50]，旨在把握增加值贸易统计中的生产流向，让他们成为统计内容的一个固有部分。2013 年 1 月 16 日发布了第一批官方数据。

这一举措的支撑是建立一个全球 IO 表数据库(或尽可能多地覆盖全球国家。例如，OECD 数据库包括 58 个国家，可以反映全球 GDP 的 95%)。但是编制这些表是非常重要的，而且需要跨越许多统计障碍。近年来有许多编制全球 IO 表的探索(Lenzen *et al.*，2012；Wang，2011；Wang *et al.*，2012；Johnson & Noguera，2012；以及 WIOD 项目)，带来全球 IO 表估算质量的重要改进。它们包括以下几个特征：

● 官方国民账户估算产出和最终消费的基准(并非所有国家的供给使用表都

---

[48] 委员会主席是 Edward Leamer 教授，成员来自国家科学院、国家工程院和药品研究院。

[49] 亚洲开发银行(ADB)组织了一个由亚太地区 17 个发展中国家(区域技术援助 6483)参与的项目，为每一个参与的国家编制供给使用表。

[50] 参见 http://www.oecd.org/trade/valueadded。

设定基准，或者对应支出法核算的 GDP 来修改供给使用表)；

● 进口分配给使用者的假设，移除了传统粗略的“比例”假设，现在基于贸易统计可以获得的按最终用途分类的不同来源进口产品的异质性(联合国 BEC 分类)；

● 识别份额而不是价值本身，是在官方双边贸易统计中应予以关注的。

除了这些常见的特征，这些近期研究成果还提供了编制全球 IO 表的其他有用经验，特别是在平衡方面；这种情况需要注意的是官方贸易统计的不足，即全球出口与全球进口的差异。迄今为止，有许多不同的方法被用来估算平衡表。例如，Wang(2011)引入初始数据可靠性的估算，来引导平衡，Lenzen 等(2012)提出估算全球 IO 表每个单元的标准差的方法，以便使用约束冲突数据和平衡 IO 表与不平衡初步估算之间的差额来评估其可靠性和不确定性。

另一个重要改进是把供给使用表(SUTs)作为整合贸易数据和推导最终平衡的世界 IO 表的起点，这就是 WIOD 采用的方法。直观来看，这种方法可行，因为它一方面将贸易统计(基于产品)与供给使用表中的产品统计连接起来，另一方面将增加值/就业数据(基于行业)与供给使用表中的行业统计数据连接起来。它还甚至在核对开始前，避免了将供给使用表(SUTs)转化为对称的投入产出表过程中假设存在的固有错误。然而，Streicher 和 Stehrer(2012)指出当前 WIOD 方法有两个未解决的主要问题：第一，国际运输利润被假设根据“巴拿马假设”在世界其他地区产生，但是它与世界经济无关。第二，对世界其他地区出口被推断为平衡世界出口和进口的残差，这导致了一些国家的一些产品出口是负值[51]。要解决这些问题，Streicher 和 Stehrer(2012)提出了一种方法，根据世界其他地区的供给使用表，构造一个包括成本、保险和运费价格(CIF/FOB)差额的贸易矩阵。这就产生了一个包括国际运输服务的一致的全球供给使用表体系，它在全球层面也是平衡的。

本章基于这些近期研究成果的经验开发数学规划模型，利用一个三阶段调解程序来整合各国包括详细双边贸易统计数据的供给使用表，得到一个一致的年度全球供给使用表数据库。这个程序利用一个最小化二次补偿函数的联立方程组解决了不同来源的贸易统计和数据的不一致性，官方供给使用表和贸易统计在这里只存在最小偏差。

这个模型是在全球层面处理数据协调问题，第一阶段对每个国家全部商品

[51] 详见 Timmer 等(2012 年，第 38 页)。

和服务贸易统计的官方估算进行协调，全部商品和服务贸易统计反映在每个国家的国民经济核算账户里，包括一国供给使用表在产品层面对世界的总出口和从世界的总进口。它产生了一组国家在产品层面的总出口和总进口，满足世界总出口(FOB)加上运费差额(CIF)等于世界总进口(CIF)的条件。国际边际服务的使用也同时是与全球边际生产行业的供给相平衡，这与 Streicher & Stehrer (2012)类似，但是可以在一个统一的模型框架内完成。在第二阶段，该模型使每个国家的供给使用表与第一阶段的全球统一的出口与进口数据相协调。在第三阶段，该模型将各国的统计数据与双边贸易统计数据整合，基于从双边货物和服务贸易数据得到的双边贸易份额，把各国总出口和总进口按照每个商品组分配到其贸易伙伴，将来自第一阶段的各国对世界总出口和从世界总进口作为控制变量，调整它们在伙伴国之间的分配，从而得到一个一致的年度全球供给使用表。[52]

本章其余部分的安排如下：第二部分详细说明三阶段核算程序和贸易统计数据的协调。第三部分描述用于实施和测试程序的主要数据源。第四部分给出初步测试结果，并描述如何调整官方统计数据。第五部分总结并讨论未来的工作方向。

## 2　三阶段协调程序

### 2.1　第一阶段

在第一阶段，模型要使全球贸易统计数据相协调。这一步的关键是估算全球总出口和总进口的协调值，以及组成全球总额的各国商品和服务的总进口和总出口。出发点是根据官方国民账户统计按支出法核算的 GDP[53] 来估算贸易。在协调这些国别估算之前，FOB 价格的总出口和总进口之差在研究期间的大多数年份一般小于全球出口的 2%(详细讨论见 3.1 部分)。

把这些数据作为控制变量，基于出口商和进口商的可靠性指数，我们对 WIOD 提供的各国供给使用表中的出口和进口(产品层面)进行调整，以获得一组产品层面的国家出口和进口估算值，满足每种产品的全球总出口等于全球总进口的条件。非居民在国内的购买和居民的直接境外购买被视为平衡过程的一

---

[52] 模型的一个重要溢出效应是，当(正常)修订 GDP 和贸易统计的时候(即不包括核算框架里修订相关概念，例如，2008 年的国民经济核算体系中的研发资本化)，它能够生成更新的全球表。

[53] 来自 OECD 国民经济核算数据库和联合国国民经济核算。

个特殊产品。这个全球一致的贸易数据集被用来使第二阶段各国的供给使用表再平衡，然后在最后阶段引入产品和最终用途的双边贸易以获得国际供给使用表。

第一阶段模型使用的变量如下：

$E^s_{ct}$：国家 $s$ 在 $t$ 年 $c$ 组商品对世界的出口，离岸价(FOB)。

$M^r_{ct}$：国家 $r$ 在 $t$ 年 $c$ 组商品从世界的进口，到岸价(CIF)。

$WE^s_{kt}$：国家 $s$ 对世界的出口总额($k \in \{G=$商品$, S=$服务$, T=$总额$\}$)，离岸价。

$WM^r_{kt}$：国家 $r$ 从世界的进口总额($k \in \{G=$商品$, S=$服务$, T=$总额$\}$)，离岸价。

$CIF^r_{ct}$：国家 $r$ 在 $t$ 年 $c$ 组商品从世界总进口的成本、保险和运费。

$E^s_{adj_{kt}}$：非居民在国内的购买。

$M^r_{adj_{kt}}$：居民直接的境外购买。

$RIX^s_c$：出口国 $s$ 的商品 $c$ 的报告可靠性指数。

$RIM^r_c$：进口国 $r$ 的商品 $c$ 的报告可靠性指数。

为了使单个国家的供给使用表和国民经济核算与官方统计一致，产品出口额和进口额分别以 FOB 价和 CIF 价计，但是商品和服务的总出口和总进口都以 FOB 价计。产品指数 $c$ 属于商品集 $c \in \{1, 2, \cdots, n\}$，被分为三个子集：商品(CC)，非边际服务(CS)和边际服务(CT)；国家指数 $s$ 和 $r$ 属于国家集 $G \in \{1, 2, \cdots, g\}$。下标没有 0 的变量是模型的内生变量，而下标有 0 的变量是模型的参数和外生变量。使用上述符号，第一阶段的编程模型可以写做如下形式：

**年度 $t$ 的目标函数**

$$
\begin{aligned}
\min S = \frac{1}{2}\Bigg\{ & \sum_{s=1}^{g}\sum_{c=1}^{n} \frac{(E^s_{ct}-E^s_{0_{ct}})^2}{(1-RIX^s_{ct})E^s_{0_{ct}}} \\
& + \sum_{r=1}^{g}\sum_{c=1}^{n} \frac{(M^r_{ct}-M^r_{0_{ct}})^2}{(1-RIM^r_{ct})M^r_{0_{ct}}} + \sum_{c=1}^{n} \frac{(CIF_{ct}-CIF_{0_{ct}})^2}{(1-RIM_{ct})CIF_{0_{ct}}} \\
& + \sum_{r=1}^{g}\sum_{k=s,g,t} \frac{(E^r_{adj_{kt}}-E^s_{adj_{0_{kt}}})^2}{E^s_{adj_{0_{kt}}}} + \sum_{r=1}^{g}\sum_{k=s,g,t} \frac{(M^r_{adj_{kt}}-M^r_{adj_{0_{kt}}})^2}{M^r_{adj_{0_{kt}}}} \\
& + 100\left( \sum_{s=1}^{g}\sum_{k=s,g,t} \frac{(WE^s_{kt}-WE^s_{0_{kt}})^2}{(1-RIX^s_t)WE^s_{0_{kt}}} + \sum_{r=1}^{g}\sum_{k=s,g,t} \frac{(WM^r_{kt}-WM^r_{0_{kt}})^2}{(1-RIM^r_t)WM^r_{0_{kt}}} \right) \Bigg\}
\end{aligned}
\tag{10.1}
$$

**年度 $t$ 的约束条件**

该国的总出口由下式确定：

$$\text{对于所有的 } s \text{ 和 } k,\ \sum_{c} E^{s}_{ct} + E^{s}_{adj_{kt}} = WE^{s}_{kt} \tag{10.2}$$

该国的总进口由下式确定：

$$\text{对于所有的 } r \text{ 和 } k,\ \sum_{c} (M^{r}_{ct} - CIF^{r}_{ct}) + M^{r}_{adj_{kt}} = WM^{r}_{kt} \tag{10.3}$$

货物贸易商品组层面的世界市场均衡由下式确定：

$$\sum_{s=1}^{g} (E^{r}_{ct} + CIF^{r}_{ct}) = \sum_{r=1}^{g} M^{r}_{ct}\text{，仅当 } c \in CC \text{ 用于贸易时。} \tag{10.4}$$

非边际服务贸易商品组层面的世界市场均衡由下式确定：

$$\sum_{s=1}^{g} E^{s}_{ct} = \sum_{r=1}^{g} M^{r}_{ct}\text{，仅当 } c \in CS \text{ 用于边际服务贸易时。} \tag{10.5}$$

国际边际服务供给和需求的差额等于：

$$\sum_{r=1}^{g} \sum_{c \in CS} CIF^{r}_{ct} = \sum_{r=1}^{g} \sum_{c \in CT} (E^{s}_{ct} - M^{r}_{ct})\text{，仅当 } c \in CT \text{ 用于边际服务贸易时。} \tag{10.6}$$

商品贸易的世界市场均衡由下式确定：

$$\sum_{s=1}^{g} WE^{s}_{G,\ t} = \sum_{r=1}^{g} WM^{r}_{G,\ t} \tag{10.7}$$

服务贸易的世界市场均衡(包括边际贸易)由下式确定：

$$\sum_{s=1}^{g} WE^{s}_{S,\ t} - \sum_{r=1}^{g} \sum_{c \in CT} CIF^{r}_{ct} = \sum_{r=1}^{g} WM^{r}_{S,\ t} \tag{10.8}$$

世界总出口等于世界总进口：

$$\sum_{s=1}^{g} WE^{s}_{T,\ t} = \sum_{r=1}^{g} WM^{r}_{T,\ t} \tag{10.9}$$

该模型用于协调国民经济核算账户的商品和服务贸易数据($WE^{s}_{0_{kt}} WM^{s}_{0_{kt}}$)与各国公布的该国供给使用表中商品组层面的对世界总出口和从世界总进口($E^{s}_{0_{kt}} M^{r}_{0_{ct}}$)。这样就得到一组国家的产品总出口和总进口，以及按国家和商品组分类的运输成本，它满足世界所有产品和服务(包括国际运输服务)总出口加运输成本等于其总进口的条件。

### 2.2 第二阶段

将每个国家供给使用表中的出口和进口[54]对应第一阶段得到的全球一致的贸易数据集进行调整，我们也使用有约束的二次最优化模型，来最小化基准供给使用表的增加值、中间投入和总产出的离差的加权平均和，那么所有行业按最终支出类型服从以下五种约束：

(1) 对于每一个行业，从所有商品组和来源地(国内和进口)购买的中间投入品，与行业产生的增加值，合计为该行业的总产出。

(2) 对于每个产品组，作为国内中间投入出售给所有行业的数额，加上作为国内最终产品和服务出售给最终消费者的数额，再加上国内出口总额，等于各行业的总产出。

(3) 对于每个产品组，所有行业使用的进口中间品，加上所有消费者使用的进口最终产品，加上再出口的产品数量，减去再出口中的成本溢价，等于该商品组的总进口，这是第一阶段得出的全球总进口一致性确定的。

(4) 国内出口加上再出口，等于每个产品组的总出口，这符合第一阶段得出的全球一致性。

(5) 产品组层面每种类型的国内最终需求之和，加上产品的净税，等于支出法编制的一国 GDP 的每一类别国内最终总需求。

我们定义 $x$、$z$、$v$ 和 $y$ 分别为国家 $r$ 的产出、中间投入、增加值和国内最终需求。$mg$、$mgi$、$mgy$、$ntx$、$ntxi$ 和 $ntxy$ 分别表示运费差额(transportation margin)与净税收的总额、中间品和最终品，$wx$、$wz$、$wv$、$wy$、$wg$ 和 $wt$ 是它们相应的可信度权重。我们分别用下标($c$, $i$)表示产品和行业，用 $f$ 表示增加值的类别，用 $k$ 表示国内最终需求类别。有下标“0”的变量表示其初始估计值。有 $n+1$ 个(为非居民在国内市场的购买和居民直接的境外购买进行调整，都被视为一种特殊产品)组，$m$ 个行业，$l$ 个增加值类别(雇员的报酬、间接税、营业盈余和折旧)和 $h$ 个需求类别(家庭消费、政府支出、固定资本形成总额和库存的变化)。除了以购买者价格计算的净税收，其他所有变量都以基本价格计算。使用上述定义的符号，第二阶段优化模型被正式确定如下：

国家 $r$ 在年度 $t$ 的目标函数由下式确定：

---

[54] 而且在年度表不可用时，也要对基准年之间的供给使用表进行估算。

$$\begin{aligned}
&\min S \\
&=\frac{1}{2}\left\{\sum_{c=1}^{n}\sum_{i=1}^{m}\frac{(z_{cit}^{r}-z_{0_{cit}}^{r})^{2}}{wz_{cit}^{r}}+\sum_{i=1}^{m}\sum_{c=1}^{n}\frac{(x_{ict}^{r}-x_{0_{cit}}^{r})^{2}}{wx_{ict}^{r}}\right.\\
&+\sum_{i=1}^{m}\sum_{f=1}^{l}\frac{(v_{ift}^{r}-v_{0_{ift}}^{r})}{wv_{ift}^{r}}+\sum_{c=1}^{n}\sum_{k=1}^{h}\frac{(y_{ckt}^{r}-y_{0_{ckt}}^{r})^{2}}{wy_{ckt}^{r}} \\
&+\sum_{c=1}^{n}\sum_{k=1}^{h}\frac{(mgy_{ckt}^{r}-mgy_{0_{ckt}}^{r})^{2}}{wg_{ckt}^{r}}+\sum_{i=1}^{m}\sum_{c=1}^{n}\frac{(mgi_{cit}^{r}-mgi_{0_{cit}}^{r})^{2}}{wg_{cit}^{r}} \\
&\left.+\sum_{c=1}^{n}\sum_{k=1}^{h}\frac{(ntxy_{ckt}^{r}-ntxy_{0_{ckt}}^{r})^{2}}{wt_{ckt}^{r}}+\sum_{i=1}^{m}\sum_{c=1}^{n}\frac{(ntxi_{cit}^{r}-ntxi0_{cit}^{r})^{2}}{wt_{cit}^{r}}\right\}
\end{aligned} \tag{10.10}$$

**国家 $r$ 年度 $t$ 的约束条件**

以基本价格计的行业总产出和投入成本的均衡条件由下式确定

$$\text{对于所有 } i,\ \sum_{c=1}^{n}(z_{cit}^{r}+ntxi_{cit}^{r})+\sum_{f=1}^{l}v_{ift}^{r}=\sum_{c=1}^{n}x_{ict}^{r}。 \tag{10.11}$$

以基本价格计的产品总供给和使用的均衡条件由下式确定

$$\text{对于所有 } c,\ \sum_{i=1}^{m}z_{ict}^{r}+\sum_{k=1}^{h}y_{ckt}^{r}+E_{ct}^{r}=\sum_{i=1}^{m}x_{ict}^{r}+M_{ct}^{r}。 \tag{10.12}$$

边际服务的供给和使用的均衡条件由下式确定

$$\text{对于所有 } c,\ \sum_{i=1}^{m}mgi_{ict}^{r}+\sum_{k=1}^{h}y_{ckt}^{r}=mg_{ct}^{r}, \tag{10.13}$$

$$\text{对于所有 } i,\ \sum_{c=1}^{n}mgi_{ict}^{r}=0, \tag{10.14}$$

$$\text{对于所有 } k,\ \sum_{c=1}^{n}mgy_{ckt}^{r}=0。 \tag{10.15}$$

供给使用表中的净税收的均衡条件由下式确定

$$\text{对于所有 } c,\ \sum_{i=1}^{m}ntxi_{ict}^{r}+\sum_{k=1}^{h}ntxy_{ckt}^{r}=ntx_{ct}^{r}。 \tag{10.16}$$

总出口和总支出组成部分的约束条件如下：

$$\text{对于所有 } i,\ de_{ct}^{r}+re_{ct}^{r}=E_{ct}^{r}。 \tag{10.17}$$

$$\text{对于所有 } k,\ \sum_{c=1}^{n+1}(y_{ckt}^{r}+mgy_{ckt}^{r}+ntxy_{ckt}^{r})=GDPE_{0_{kt}}^{r}。 \tag{10.18}$$

从生产角度看,GDP 等于

$$\sum_{i=1}^{m}\sum_{f=1}^{l}v_{ift}^{r}+\sum_{i=1}^{m}ntxi_{ict}^{r}=GDP_{t}^{r} \tag{10.19}$$

根据支出法,GDP 等于

$$\sum_{k=1}^{n}GDPE_{kt}^{r}+\sum_{c=1}^{n+1}(E_{ct}^{r}-M_{ct}^{r})=GDP_{t}^{r} \tag{10.20}$$

约束条件(10.11)—(10.20)显示,这些供给使用表被用来共同确保,数据协调过程中所有国民核算恒等式成立。模型根据初始估计值对单个国家供给使用表所做的调整,既不需要改变一国的 GDP 统计,也不需要改变国民经济核算中的国内支出组成部分的总量数据,虽然各国总出口和总进口及其贸易差额可能为了对全球进出口贸易做出调整而变化。这似乎与直觉相反,因为一国的贸易差额(BOT)是其 GDP 会计恒等式的一部分,所以 BOT 的变化应该导致 GDP 的变化。然而,如前所述,国家统计机构编制的供给使用表并不频繁修订以便与官方 GDP 统计一致。因此,由国家供给使用表计算的 GDP 不一定等于官方 GDP。此外,统计差异经常存在于一些国家按支出法核算的 GDP。因此,当我们的模型消除了官方贸易统计中全球出口和进口之间的小差异(全球每年出口的 1%—2%)时,依赖协调过程中使用的权重、模型重新实现 GDP(支出法)估算的平衡,通常与官方 GDP 统计无差异。通常,加权过程意味着,在变动发生时,它们最有可能发生在这些国家,这些国家核算的 GDP 和供给使用表公布的 GDP 与来自最新国民核算的支出法 GDP 之间存在统计差异;换句话说,协调过程也去除了这些国民经济核算的统计差异(如果存在的话),以及全球出口和进口之间的差异。[55]

### 2.3 第三阶段

全球供给使用表是国家内和国家间的年度交易和支付流综合账户。使用下述符号来说明全球供给使用表(用年度值表示)的基本原理。

$x_{ict}^{r}$:国家 $r$ 的行业 $i$ 的产品 $c$ 的总产出。

$v_{it}^{r}$:国家 $r$ 的行业 $i$ 产品层面的直接增加值。

---

[55] 在某些方面,可以在一些国家运用平衡过程的类比方法。例如,采用 GDP 的平均收入($I$)、生产($O$)和支出($E$)的方法,是按照惯例进行平衡的。我们的方法也应用了平衡法,但使用一种根据其可靠性设定初步估算权重的方法。

$z_{cit}^{sr}$：国家 $r$ 的行业 $i$ 的产品 $c$ 用作国家 $r$ 行业 $i$ 的中间投入。

$y_{ckt}^{sr}$：国家 $s$ 生产的产品 $c$ 用作国家 $r$ 最终需求类型 $k$ 的最终使用。

$CIFi_{ct,\,cit}^{sr}$：用作国家 $r$ 的行业 $i$ 的中间品的边际服务 $ct$ 的 CIF 价。

$CIFy_{ct,\,ckt}^{sr}$：用作国家 $r$ 的最终支出类型 $k$ 的边际服务 $ct$ 的 CIF 价。

$TEL_{c}^{sr}$：从国家 $s$ 到国家 $r$ 的产品 $c$ 的贸易流。

因此，用于协调程序的最后阶段的模型可以定义如下：

**年度 $t$ 的目标函数：**

$$\min S=\frac{1}{2}\left\{\sum_{s=1}^{g}\sum_{r=1}^{g}\sum_{c=1}^{n}\sum_{i=1}^{m}\frac{(z_{cit}^{sr}-z_{0_{cit}}^{sr})^2+(CIFi_{ct,\,cit}^{sr}-CIFi_{0_{ct,\,cit}}^{sr})^2}{wz_{cit}^{sr}}\right.$$
$$\left.+\sum_{s=1}^{g}\sum_{r=1}^{g}\sum_{c=1}^{n+1}\sum_{k=1}^{h}\frac{(y_{cit}^{sr}-y_{0_{cit}}^{sr})^2+(CIFy_{ct,\,cit}^{sr}-CIFy_{0_{ct,\,cit}}^{sr})^2}{wy_{cit}^{sr}}\right\} \tag{10.21}$$

**年度 $t$ 的约束条件**

以基价计的行业总产出和总投入成本的均衡条件由下式确定：

$$\sum_{s=1}^{g}\sum_{c=1}^{n}(z_{cit}^{sr}+ntxi_{ict}^{r})+\sum_{s=1}^{g}\sum_{c=1}^{n}\sum_{c\in CT}CIFi_{c,\,ccit}^{sr}+\sum_{f=1}^{l}v_{ift}^{r}=\sum_{c=1}^{n}x_{ict}^{r} \tag{10.22}$$

以基价计的产品总供给和使用的均衡条件由下式确定：

$$\sum_{i=1}^{m}\sum_{r=1}^{g}z_{ict}^{sr}+\sum_{k=1}^{h}\sum_{r=1}^{g}y_{ckt}^{sr}=\sum_{i=1}^{m}x_{ict}^{s} \tag{10.23}$$

等式(10.22)将国家 $r$ 的行业 $i$ 的总值定义为其(国内的加上进口的)所有中间品和主要投入要素的总值。等式(10.23)表明国家 $s$ 的产品组 $c$ 的总产出等于用于全球所有国家(包括本国)的中间品和最终使用的和。这种全球供给使用表账户必须与各国的供给使用表账户和国际贸易统计数据相一致，这也要求满足以下各年的核算特征：国家使用表使用的中间品满足以下约束条件：

$$\sum_{s=1}^{g}z_{cit}^{sr}=z_{0_{cit}}^{r} \tag{10.24}$$

国家使用表中的最终需求满足以下约束条件：

$$\sum_{s=1}^{g}y_{ckt}^{sr}=y_{0_{ckt}}^{r} \tag{10.25}$$

按 CIF 价计的双边贸易流的约束条件包括一致的国际运输服务，双边贸易核算等式按照商品和服务分成：

$$对于\ c\in CC,\ \sum_{i=1}^{m} z_{cit}^{sr}+\sum_{i=1}^{m}\sum_{c\in CT} CIFi_{c,\ cit}^{sr}+\sum_{k=1}^{h} y_{ckt}^{sr}+\sum_{i=1}^{m}\sum_{c\in CT} CIFy_{c,\ ckt}^{sr}=TEL_{ct}^{sr} \tag{10.26a}$$

$$对于\ c\in CC\ 和\ CT,\ \sum_{i=1}^{m} z_{cit}^{sr}+\sum_{k=1}^{h} y_{ckt}^{sr}=TEL_{ct}^{sr} \tag{10.26b}$$

双边贸易流的取值范围基于官方镜像贸易统计：

$$\min(TFLx0_{ct}^{sr},\ TFLm0_{ct}^{sr})\leqslant TFL_{ct}^{sr}\leqslant \max(TFLx0_{ct}^{sr},\ TFLm0_{ct}^{sr}) \tag{10.27}$$

$TFLx0_{ct}^{sr}$，$TFLm0_{ct}^{sr}$ 分别表示国家 $s$ 对国家 $r$ 的出口和国家 $r$ 从国家 $s$ 的进口。

国家使用表中以 CIF 价计的出口约束条件（从第一阶段解出）分成三个产品组，即商品 $CC$、非边际服务 $CS$ 和边际服务 $CT$：

$$对于\ c\in CC,\ \sum_{r\neq s}^{g}\sum_{i=1}^{m} z_{cit}^{sr}+\sum_{r\neq s}^{g}\sum_{k=1}^{h} y_{ckt}^{sr}=E_{ct}^{s} \tag{10.28a}$$

$$对于\ c\in CS,\ \sum_{r\neq s}^{g} TFL_{ct}^{sr}=E_{ct}^{s} \tag{10.28b}$$

$$对于\ c\in CT,\ \sum_{r\neq s}^{g} TFL_{ct}^{sr}+\sum_{i=1}^{m}\sum_{c\in CC} CIFi_{ct,\ cit}^{sr}+\sum_{i=1}^{m}\sum_{c\in CC} CIFy_{ct,\ cckt}^{sr}=E_{ct}^{s} \tag{10.28c}$$

国家供给表中以 CIF 价计的进口约束条件（在第一阶段解出）由下式确定：

$$\sum_{s\neq r}^{g} TFL_{ct}^{sr}=M_{ct}^{r} \tag{10.29}$$

等式(10.28)表明，$c$ 组中的一国运输到其他国家的全部最终产品和服务必须等于其以 FOB 价计的总出口，包括国内出口和再出口（如果有）以及国际运输服务的边际生产行业。等式(10.29)表明每个国家对于进口中间品与最终产品和服务的需求（加上其再出口，如果有）等于以 CIF 价计的该国从国际市场的总进口。

各国 CIF 价差（从第一阶段解出）的约束条件由下式确定：

$$\sum_{c \in CT} \sum_{s \neq r}^{g} \left( \sum_{i=1}^{m} CIFi_{ct,\ cit}^{sr} + \sum_{k=1}^{h} CIFy_{ct,\ ckt}^{sr} \right) = CIF_{ct}^{r} \tag{10.30}$$

边际服务产品结构的约束条件由下式确定：

$$\text{对于 } c \in CT,\ \sum_{c \in CC} \sum_{s \neq r}^{g} \left( \sum_{i=1}^{m} CIFi_{c,\ ccit}^{sr} + \sum_{k=1}^{h} CIFy_{ct,\ cckt}^{sr} \right) = \sum_{r=1}^{g} (E_{ct}^{s} - M_{ct}^{r}) \tag{10.31}$$

GDP 和国内总支出的约束条件为：

$$\sum_{c=1}^{n+1} \left( \sum_{s=1}^{g} \left( \sum_{c \in CT} CIFy_{c,\ cckt}^{sr} + y_{ckt}^{sr} \right) + mgy_{ckt}^{r} + ntxy_{ckt}^{r} \right) = GDPE_{0_{kt}}^{r} \tag{10.32}$$

从生产角度来看，GDP 等于：

$$\sum_{i=1}^{m} \sum_{f=1}^{l} (v_{ift}^{r} + ntxi_{ict}^{r}) = GDP_{t}^{r} \tag{10.33}$$

从支出角度来看，GDP 等于：

$$\sum_{k=1}^{n} GDPE_{kt}^{r} + \sum_{c=1}^{n+1} (E_{ct}^{r} - M_{ct}^{r}) = GDP_{t}^{r} \tag{10.34}$$

等式(10.22)—(10.34)必须保证每年的所有 $i \in M$，$k \in H$ 以及 $s$，$r \in G$。

在我们的数据协调程序的最后阶段，优化问题表述为最小化二次补偿函数[等式(10.21)]，约束条件是等式(10.22)—(10.34)。

这种数据协调的数学规划方法在理论上有几个理想特性。例如，Harrigan(1990)、Canning 和 Wang(2005)和 Wang et al.(2010)采用有效的约束条件，确实改善了优化程序，或者至少不会恶化初始估算。目标函数中的权重($wz_{ij}^{sr}$，$wy_{ic}^{sr}$)在数据协调过程中发挥非常重要的作用。通过设计，最小化对已知原始数据的调整，使其具有高质量，通常基本不改变这些估算，但允许对存在可靠性问题的数据进行更改。

这种数据协调的优化框架的优势从实证角度看也是明显的。首先，它在实现全球一致性上有相当大的灵活性。它概括了在数据协调过程中得以有效利用的大量初始信息。其他约束也容易应用，例如，给未知要素(这在镜像贸易统计中很常见)设置上限和下限，或加入不均衡条件。它可以灵活应用于要求的已知信息，并且协调和校正供给使用表中某些模块缺失的数据，只要模块中要素之和已知。这种灵活性在改善最终均衡估算信息方面很重要(Robinson *et al.*，2001)。

其次，优化方法使初始数据可靠性的替代方法很容易纳入协调过程，这样就可以在统计信息系统中考虑改进，对于一个给定的国家也有统计可靠性。数据协调过程中的数据可靠性权重的观点，可以追溯到 Stone(1942)研究编制国民收入核算程序时。正如之前提到的，这些权重应该反映初始统计数据的相对可靠性。正确使用选择的可靠性权重，优化解决方案应该产生估算，它较少偏离具有更高可靠性的初始估算。

这个三阶段协调程序是用优化软件包 Gams/Cplex[56] 来求解的。这个程序的最优解等于利用广义最小二乘估计(GLS)得到的估计值。[57]

## 3 模型的实现和数值测试

实施三阶段重新编译程序得到一个平衡的供给使用表的关键，是将模型中每个变量与最好的可获得统计数据无缝连接起来。这部分的数据被用来初始化和测试模型，并在重新编译程序的初始阶段和最后阶段把可靠性权重引入目标函数。

### 3.1 数据来源

我们的目标是通过整合单个国家(地区)的供给使用表、国民经济核算和国际贸易统计数据，对模型进行初步的测试。国家(地区)的供给使用表可以从世界投入产出数据库(WIOD)得到，它包括 1995—2009 年期间的 27 个欧盟成员国和 13 个世界其他主要经济体的数据(见表 10.1)。我们也基于官方国民经济核算，为世界其他国家(地区)估算了一个供给使用表，同时，OECD 的中间品数据可用于编制 OECD 国家(地区)间投入产出数据库：世界其他地区数据来自 15 个国家和地区[58]的投入产出/供给和服务贸易，联合国商品贸易(UN Comtrade)统计数据提供的所有国家(地区)的货物贸易，基于国际标准工业分类法第三版(ISIC Rev.3)，将各行业整合成 WIOD 的 35 个部门。因此，我们的测试数据集的产品和行业分类与 WIOD 相同(详见表 10.2 和表 10.3)。

我们收集和比较各种来源的商品贸易和服务贸易数据，包括官方国民经

---

[56] Gams/Cplex 是一个求解大型线性和二次规划模型的完善的、通用的、强大的、高性能的优化系统。

[57] 由于最优解决方案相当于广义最小二乘估计，因此这里“最优解”和“估计值”有时可以互换。

[58] 智利、冰岛、以色列、挪威、瑞士、阿根廷、南非、中国香港、马来西亚、菲律宾、泰国、越南、沙特阿拉伯、文莱和柬埔寨。

济核算，来自 OECD、联合国统计司（UNSD）、联合国贸发会议（UNCTAD）、国际货币基金组织（IMF）的国际金融统计数据（IFS）和国际收支统计数据（BOP）数据库、商品贸易统计（Comtrade）数据库和 OECD 数据库。[59]相同的数据通常可以从很多不同来源获得。然而，我们发现不同来源之间的数值经常有显著差异。[60]由于存在这些差异，有必要分析每个来源的优缺点，以确定哪些是我们协调模型最可靠的数据源。最后，我们选择了国民经济核算作为一个国家（地区）对世界总出口和总进口的最好来源。我们用 OECD 的双边商品贸易和服务贸易数据确定双边贸易的水平（“按行业和最终用途分类的双边贸易”和“按行业分双边服务贸易”）。

**表 10.1　WIOD 包含的国家/地区**

| ISO3 编码 | 国家/地区名称 | ISO3 编码 | 国家/地区名称 |
|---|---|---|---|
| AUS | 澳大利亚 | ITA | 意大利 |
| AUT | 奥地利 | JPN | 日　本 |
| BEL | 比利时 | KOR | 韩　国 |
| BGR | 保加利亚 | LTU | 立陶宛 |
| BRA | 巴　西 | LUX | 卢森堡 |
| CAN | 加拿大 | LVA | 拉脱维亚 |
| CHN | 中　国 | MEX | 墨西哥 |
| CYP | 塞浦路斯 | MLT | 马耳他 |
| CZE | 捷　克 | NLD | 荷　兰 |
| DEU | 德　国 | POL | 波　兰 |
| DNK | 丹　麦 | PRT | 葡萄牙 |
| ESP | 西班牙 | ROM | 罗马尼亚 |
| EST | 爱沙尼亚 | RUS | 俄罗斯 |
| FIN | 芬　兰 | SVK | 斯洛伐克 |
| FRA | 法　国 | SVN | 斯洛文尼亚 |
| GBR | 英　国 | SWE | 瑞　典 |
| GRC | 希　腊 | TUR | 土耳其 |
| HUN | 匈牙利 | TWN | 中国台湾 |
| IDN | 印　尼 | USA | 美　国 |
| IND | 印　度 | ROW | 世界其他地区 |
| IRL | 爱尔兰 | WLD | 全　球 |

[59] 联合国统计司；UNCTAD，联合国贸易和发展会议；IFS，国际金融统计数据；BOPS，国际收支统计数据。

[60] 产生差异的两个主要原因：估值（以 FOB 价或 CIF 价计的贸易额）和覆盖范围（某些国家/地区、行业和年份的数据缺失）。

表 10.2 WIOD 的产品分类

| WIOD | CPA | 描　　述 |
|---|---|---|
| C1 | 1 | 农业产品、捕猎和相关服务业 |
| C2 | 2 | 林业产品、伐木及相关服务业 |
| C3 | 5 | 鱼类和其他渔业产品;渔业相关服务业 |
| C4 | 10 | 煤和褐煤、泥炭 |
| C5 | 11 | 原油和天然气;石油和天然气开采相关服务业,探测除外 |
| C6 | 12 | 铀和钍矿石 |
| C7 | 13 | 金属矿石 |
| C8 | 14 | 其他采矿和采石产品 |
| C9 | 15 | 食品和饮料 |
| C10 | 16 | 烟草制品 |
| C11 | 17 | 纺织品 |
| C12 | 18 | 服装和毛皮 |
| C13 | 19 | 皮革和皮革制品 |
| C14 | 20 | 木材和其制品和软木制品(家具除外);草编和编织材料制品 |
| C15 | 21 | 纸浆、纸和纸制品 |
| C16 | 22 | 印刷品和记录介质 |
| C17 | 23 | 可乐、成品油和核燃料 |
| C18 | 24 | 化学和化学制品与人造纤维 |
| C19 | 25 | 橡胶和塑料制品 |
| C20 | 26 | 其他非金属矿物制品 |
| C21 | 27 | 基本金属 |
| C22 | 28 | 焊接金属制品,机器设备除外 |
| C23 | 29 | 机器设备 |
| C24 | 30 | 办公设备和计算机 |
| C25 | 31 | 电力机械和装置 |
| C26 | 32 | 广播、电视和通信设备和装置 |
| C27 | 33 | 医疗、精密光学仪器、钟表 |
| C28 | 34 | 汽车、拖车和半拖车 |
| C29 | 35 | 其他运输设备 |
| C30 | 36 | 家具;其他制成品 |
| C31 | 37 | 二级原材料 |
| C32 | 40 | 电力能源、燃气、蒸汽和热水 |
| C33 | 41 | 水的收集与净化,水的配送服务 |
| C34 | 45 | 建筑活动 |
| C35 | 50 | 汽车和摩托车的贸易、保养和维修服务;汽车燃料的零售 |
| C36 | 51 | 批发贸易和委托贸易服务,汽车和摩托车除外 |
| C37 | 52 | 零售贸易服务,汽车和摩托车除外;个人和家庭用品的维修服务 |

续表

| WIOD | CPA | 描　述 |
|---|---|---|
| C38 | 55 | 酒店和餐饮服务 |
| C39 | 60 | 陆路运输;管道运输服务 |
| C40 | 61 | 水运服务 |
| C41 | 62 | 航空运输服务 |
| C42 | 63 | 运输的支持和辅助服务;旅行社服务 |
| C43 | 64 | 邮政和通信服务 |
| C44 | 65 | 金融中介服务,保险和养老金服务除外 |
| C45 | 66 | 保险和养老金服务,强制的社会保障服务除外 |
| C46 | 67 | 金融中介的辅助服务 |
| C47 | 70 | 房地产服务 |
| C48 | 71 | 个人和家庭用品的机械和设备的租赁服务,不含操作者 |
| C49 | 72 | 计算机及相关服务 |
| C50 | 73 | 研发服务 |
| C51 | 74 | 其他商业服务 |
| C52 | 75 | 公共管理和国防服务;强制的社会保障服务 |
| C53 | 80 | 教育服务 |
| C54 | 85 | 健康与社会活动服务 |
| C55 | 90 | 污水和垃圾处理服务,卫生及类似服务 |
| C56 | 91 | 会员组织服务 |
| C57 | 92 | 娱乐、文化和体育服务 |
| C58 | 93 | 其他服务 |
| C59 | 95 | 私人家庭雇用 |

**表 10.3　WIOD 的工业分类**

| WIOT | NACE | 描　述 |
|---|---|---|
| 01 | AtB | 农业、捕猎、林业和渔业 |
| 02 | C | 采矿和采石 |
| 03 | 15t16 | 食品、饮料和烟草 |
| 04 | 17t18 | 纺织品和纺织制品 |
| 05 | 19 | 皮革、皮革制品及鞋类 |
| 06 | 20 | 木材、木制品和软木制品 |
| 07 | 21t22 | 纸浆、纸、纸张、印刷与出版 |
| 08 | 23 | 焦炭、精炼石油和核燃料 |
| 09 | 24 | 化学品及化学制品 |
| 10 | 25 | 橡胶和塑料 |
| 11 | 26 | 其他非金属矿产 |
| 12 | 27t28 | 基本金属与焊接金属 |

续表

| WIOT | NACE | 描　　述 |
|---|---|---|
| 13 | 29 | 机械 |
| 14 | 30t33 | 电子及光学设备 |
| 15 | 34t35 | 运输设备 |
| 16 | 36t37 | 制造业;资源回收 |
| 17 | E | 电力、燃气和水的供应 |
| 18 | F | 建筑业 |
| 19 | 50 | 汽车、摩托车的销售、保养和维修;燃料的零售销售 |
| 20 | 51 | 批发贸易和委托贸易,汽车和摩托车除外 |
| 21 | 52 | 零售贸易,汽车和摩托车除外;家庭用品的维修 |
| 22 | H | 住宿与餐饮 |
| 23 | 60 | 内陆运输 |
| 24 | 61 | 海上运输 |
| 25 | 62 | 航空运输 |
| 26 | 63 | 其他支持和辅助的运输活动;旅行社的活动 |
| 27 | 64 | 邮政与电信 |
| 28 | J | 金融中介 |
| 29 | 70 | 房地产活动 |
| 30 | 71t74 | 租赁及其他商业活动 |
| 31 | L | 公共管理和国防;必要的社会保障 |
| 32 | M | 教育 |
| 33 | N | 健康与社会福利 |
| 34 | O | 其他组织、社会和个人的服务 |
| 35 | P | 私人家庭雇用 |

**每个国家总贸易的控制总量**

设计的国民经济核算数据常常含有贸易估算值，它们不会反映在潜在海关数据中，因为国民经济核算包括对公布的错误、覆盖的伙伴国和未被观察到的贸易(非正式贸易)的校正。但还有其他导致差异的原因，例如，与概念相关，包括估值。例如，表 10.4 显示，UNCTAD、IFS 和 BOPS 世界商品进口往往比我们使用的国民账户数据大。这也是一个估值差异的结果(UNCTAD 和 IFS 数据都以 CIF 价计；世界贸易整合解决方案—商品贸易统计数据库(WITS-Comtrade)数据也以 CIF 价计)，而且存在明显差异(IMF 的 BOP 数据只是针对货物，而 BOP2 包括货物加上用于加工的商品、用于维修的商品、承运人在港口采购的货物和非货币黄金)。

表 10.5 提供了商品贸易的同种比较，但只看最大的四个贸易国：中国、日本、德国和美国。通过关注这四个主要出口国和进口国，我们可以给出各种数据源

**表 10.4　世界货物和服务贸易的比较(各种来源相对于国民经济核算数据的比值)**

| 来源 | 类型 | 出口 | | | | | | | | | | | | | | |
|---|---|---|---|---|---|---|---|---|---|---|---|---|---|---|---|---|
| | | 1995 | 1996 | 1997 | 1998 | 1999 | 2000 | 2001 | 2002 | 2003 | 2004 | 2005 | 2006 | 2007 | 2008 | 2009 |
| UNCTAD | 商品 | 97 | 97 | 97 | 98 | 97 | 98 | 98 | 98 | 99 | 99 | 98 | 99 | 98 | 99 | 98 |
| WITS | 商品 | 89 | 92 | 94 | 95 | 96 | 96 | 97 | 97 | 98 | 98 | 97 | 98 | 96 | 97 | 96 |
| IFS | 商品 | 94 | 95 | 98 | 98 | 98 | 98 | 99 | 99 | 99 | 99 | 100 | 100 | 98 | 98 | 97 |
| BOP | 商品 | 84 | 85 | 83 | 85 | 85 | 84 | 84 | 82 | 83 | 83 | 83 | 82 | 82 | 88 | 87 |
| BOP2 | 商品 | 90 | 91 | 91 | 110 | 109 | 107 | 108 | 109 | 110 | 110 | 103 | 108 | 108 | 109 | 107 |
| UNCTAD | 服务 | 101 | 101 | 101 | 101 | 101 | 101 | 101 | 100 | 100 | 100 | 100 | 100 | 102 | 1E+05 | 106 |
| BOP | 服务 | 85 | 84 | 85 | 88 | 88 | 88 | 88 | 87 | 87 | 87 | 87 | 88 | 91 | 90 | 92 |

| 来源 | 类型 | 进口 | | | | | | | | | | | | | | |
|---|---|---|---|---|---|---|---|---|---|---|---|---|---|---|---|---|
| | | 1995 | 1996 | 1997 | 1998 | 1999 | 2000 | 2001 | 2002 | 2003 | 2004 | 2005 | 2006 | 2007 | 2008 | 2009 |
| UNCTAD | 商品 | 100 | 101 | 101 | 101 | 100 | 101 | 101 | 102 | 102 | 102 | 102 | 102 | 101 | 102 | 101 |
| WITS | 商品 | 92 | 95 | 98 | 98 | 99 | 100 | 100 | 101 | 101 | 101 | 101 | 101 | 100 | 101 | 99 |
| IFS | 商品 | 98 | 99 | 103 | 103 | 102 | 102 | 102 | 102 | 103 | 103 | 103 | 102 | 102 | 101 | 100 |
| BOP | 商品 | 84 | 85 | 84 | 87 | 87 | 87 | 86 | 86 | 86 | 86 | 86 | 86 | 86 | 90 | 89 |
| BOP2 | 商品 | 90 | 91 | 91 | 109 | 109 | 109 | 108 | 109 | 110 | 109 | 110 | 110 | 110 | 111 | 110 |
| UNCTAD | 服务 | 101 | 99 | 99 | 99 | 99 | 99 | 100 | 98 | 98 | 98 | 98 | 99 | 101 | 103 | 104 |
| BOP | 服务 | 85 | 83 | 82 | 85 | 86 | 85 | 86 | 84 | 83 | 83 | 82 | 82 | 84 | 85 | 86 |

**表 10.5 选定的国家商品贸易数据比较(各种来源相对于国民经济核算数据的比值)**

| 报告国 | 来源 | 出口 | | | | | | | | 进口 | | | | | | | |
|---|---|---|---|---|---|---|---|---|---|---|---|---|---|---|---|---|---|
| | | 1995 | 1997 | 1999 | 2001 | 2003 | 2005 | 2007 | 2009 | 1995 | 1997 | 1999 | 2001 | 2003 | 2005 | 2007 | 2009 |
| 中国 | UNCTAD | 102 | 100 | 100 | 100 | 100 | 100 | 100 | 100 | 107 | 104 | 104 | 105 | 105 | 105 | 106 | 105 |
| | WITS | 102 | 100 | 100 | 100 | 100 | 100 | 100 | 100 | 107 | 104 | 104 | 105 | 105 | 105 | 106 | 105 |
| | IFS | 102 | 100 | 100 | 100 | 100 | 100 | 100 | 100 | 107 | 104 | 104 | 105 | 105 | 105 | 106 | 105 |
| | BOP | 88 | 45 | 43 | 44 | 45 | 45 | 49 | 49 | 89 | 51 | 55 | 61 | 60 | 58 | 61 | 61 |
| | BOP2 | 88 | 100 | 100 | 100 | 100 | 100 | 100 | 100 | 89 | 100 | 100 | 100 | 100 | 100 | 100 | 100 |
| 日本 | UNCTAD | 104 | 103 | 104 | 105 | 105 | 105 | 106 | 107 | 113 | 110 | 110 | 111 | 111 | 109 | 109 | 110 |
| | WITS | 104 | 103 | 104 | 105 | 105 | 105 | 106 | 107 | 113 | 110 | 110 | 111 | 111 | 109 | 109 | 110 |
| | IFS | 104 | 103 | 104 | 105 | 105 | 105 | 106 | 107 | 113 | 110 | 110 | 111 | 111 | 109 | 109 | 110 |
| | BOP | 100 | 98 | 99 | 98 | 98 | 98 | 98 | 99 | 100 | 96 | 95 | 96 | 95 | 95 | 95 | 95 |
| | BOP2 | 100 | 100 | 100 | 100 | 100 | 100 | 100 | 100 | 100 | 99 | 99 | 100 | 99 | 100 | 100 | 100 |
| 德国 | UNCTAD | 100 | 100 | 100 | 100 | 100 | 99 | 99 | 98 | 101 | 102 | 100 | 101 | 100 | 99 | 99 | 98 |
| | WITS | 100 | 100 | 100 | 100 | 100 | 99 | 99 | 97 | 101 | 102 | 100 | 101 | 100 | 99 | 99 | 97 |
| | IFS | 100 | 100 | 100 | 100 | 100 | 99 | 98 | 97 | 101 | 102 | 100 | 101 | 100 | 99 | 99 | 98 |
| | BOP | 94 | 94 | 93 | 94 | 93 | 93 | 95 | 94 | 92 | 93 | 93 | 93 | 93 | 93 | 95 | 95 |
| | BOP2 | 99 | 99 | 99 | 99 | 99 | 99 | 100 | 100 | 99 | 100 | 99 | 100 | 100 | 100 | 101 | 102 |
| 美国 | UNCTAD | 100 | 100 | 99 | 100 | 100 | 100 | 101 | 99 | 102 | 101 | 101 | 101 | 102 | 102 | 102 | 101 |
| | WITS | 100 | 100 | 99 | 100 | 100 | 100 | 101 | 99 | 102 | 101 | 101 | 101 | 102 | 102 | 102 | 100 |
| | IFS | 100 | 100 | 100 | 100 | 100 | 100 | 101 | 99 | 102 | 102 | 101 | 101 | 102 | 102 | 102 | 101 |
| | BOP | 97 | 97 | 97 | 97 | 98 | 97 | 97 | 96 | 98 | 98 | 98 | 98 | 98 | 98 | 98 | 98 |
| | BOP2 | 98 | 98 | 98 | 98 | 99 | 98 | 98 | 98 | 98 | 98 | 98 | 98 | 98 | 98 | 99 | 98 |

资料来源：UN、UNCTAD、WITS-Comtrade、OECD、IMF 的 BOP 和 IFS 数据库。

更准确的比较。通过分析这四个国家，我们可以清楚地看到，国民经济核算数据非常接近其他来源，尤其是在商品出口的情况下。就商品出口而言，对于中国、德国和美国，国民经济核算所有年份的数据与其他来源100%一致。BOPS数据的数值通常较小，这就是它与国民经济核算估值的明显差异（如上文所示）。除了BOP2数据库，大多数数据源的商品进口数值明显大于国民经济核算的数据。UNCTAD、WITS和IFS的中国数据平均偏大5%，德国平均偏大1%，日本平均偏大2%，美国平均偏大10%；这些差异源于CIF价的差异。

类似情形也存在于服务贸易数据。例如，UNCTAD的世界服务贸易总量几乎完全与国民经济核算数据一致（如表10.4所示）。然而，国民经济核算的总量比IMF的BOPS数据库的总量大9%—18%（见图10.1），这反映了一个事实：一些国家没有被计入BOPS数据的世界总量。然而，单个国家的总量并不存在这种总量差异。例如，表10.6显示，在大多数年份，大多数数据来源的服务贸易数据，包括BOPS数据库，无论对中国和德国的服务出口，还是服务进口，都与国民核算数据100%一致。就日本的服务出口和进口而言，其他数据来源的数据比国民核算数据分别高出大约30%和17%。美国的情况是分别高出5%和3%。这些差异强调收集和估算准确的服务贸易统计数据的困难，而且加强了我们使用国民核算统计数据的立场，因为统计机构试图处理GDP核算框架内在的不一致或错误。

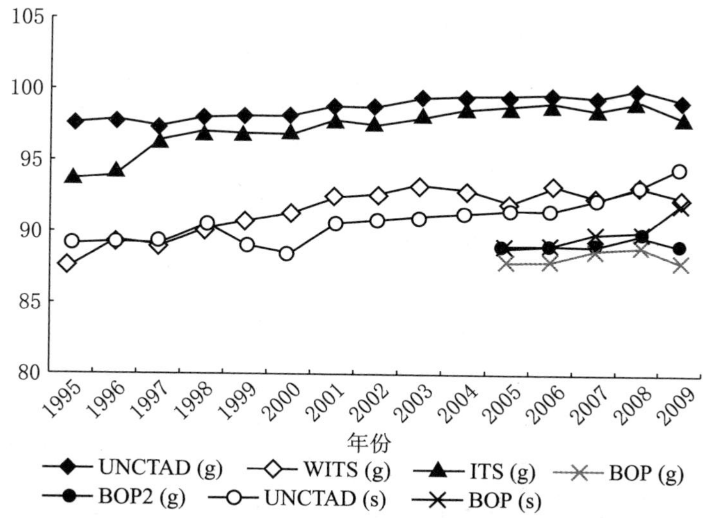


注："g"表示商品；"s"表示服务。

**图10.1　商品和服务数据来源的比较：世界进口加上出口**
**（各种来源相对于国民经济核算数据的比值）**

**表 10.6 选定的国家服务贸易数据比较(各种来源相对于国民经济核算数据的比值)**

| 报告国 | 来源 | 出口 | | | | | | | | 进口 | | | | | | | |
|---|---|---|---|---|---|---|---|---|---|---|---|---|---|---|---|---|---|
| | | 1995 | 1997 | 1999 | 2001 | 2003 | 2005 | 2007 | 2009 | 1995 | 1997 | 1999 | 2001 | 2003 | 2005 | 2007 | 2009 |
| 中国 | UNCTAD | 88 | 100 | 100 | 100 | 100 | 100 | 100 | 100 | 89 | 100 | 100 | 100 | 100 | 100 | 100 | 100 |
| | BOPS | 88 | 100 | 100 | 100 | 100 | 100 | 100 | 98 | 89 | 100 | 100 | 100 | 100 | 100 | 100 | 100 |
| | OECD | 100 | 100 | 100 | 100 | 100 | 100 | 100 | 100* | 100 | 100 | 100 | 100 | 100 | 100 | 100 | 100* |
| 日本 | UNCTAD | 124 | 128 | 130 | 131 | 130 | 131 | 137 | 138 | 111 | 116 | 117 | 117 | 118 | 117 | 120 | 123 |
| | BOPS | 124 | 128 | 130 | 131 | 130 | 131 | 137 | 139 | 111 | 116 | 117 | 117 | 118 | 117 | 120 | 123 |
| | OECD | 124 | 128 | 130 | 131 | 122 | 126 | 134 | 131* | 110 | 111 | 114 | 116 | 115 | 117 | 115 | 116* |
| 德国 | UNCTAD | 100 | 99 | 95 | 99 | 104 | 105 | 103 | 102 | 100 | 100 | 98 | 98 | 101 | 101 | 101 | 102 |
| | BOPS | 100 | 99 | 95 | 100 | 104 | 105 | 106 | 109 | 100 | 100 | 101 | 101 | 101 | 101 | 101 | 102 |
| | OECD | 100 | 99 | 96 | 100 | 104 | 104 | 101 | 96* | 101 | 102 | 102 | 101 | 101 | 99 | 99 | 101* |
| 美国 | UNCTAD | 95 | 95 | 95 | 94 | 95 | 96 | 96 | 98 | 97 | 97 | 97 | 96 | 98 | 98 | 98 | 101 |
| | BOPS | 95 | 95 | 95 | 94 | 95 | 96 | 98 | 98 | 97 | 97 | 97 | 96 | 98 | 98 | 97 | 99 |
| | OECD | 96 | 96 | 97 | 97 | 97 | 98 | 101 | 100* | 97 | 97 | 97 | 96 | 98 | 99 | 99 | 99* |

注：* 以 2008 年数据表示。

**表 10.7 世界贸易总量(按来源分进口对出口的比值)**

| | 类型 | 1995 | 1996 | 1997 | 1998 | 1999 | 2000 | 2001 | 2002 | 2003 | 2004 | 2005 | 2006 | 2007 | 2008 | 2009 |
|---|---|---|---|---|---|---|---|---|---|---|---|---|---|---|---|---|
| NA | 全部 | 98 | 98 | 98 | 99 | 99 | 100 | 100 | 99 | 99 | 99 | 99 | 98 | 98 | 98 | 98 |
| NA | 商品 | 98 | 98 | 97 | 98 | 99 | 99 | 100 | 99 | 99 | 99 | 99 | 99 | 98 | 99 | 99 |
| UNCTAD | 商品 | 101 | 101 | 101 | 101 | 102 | 103 | 103 | 102 | 102 | 102 | 103 | 101 | 101 | 102 | 101 |
| IFS | 商品 | 102 | 103 | 102 | 102 | 103 | 103 | 104 | 103 | 103 | 103 | 102 | 101 | 102 | 102 | 101 |
| BOPS | 商品 | 97 | 98 | 99 | 100 | 101 | 103 | 103 | 103 | 103 | 103 | 103 | 103 | 103 | 101 | 101 |
| BOP2 | 商品 | 97 | 98 | 98 | 97 | 99 | 101 | 100 | 99 | 99 | 99 | 100 | 100 | 100 | 101 | 100 |
| WITS | 商品 | 101 | 102 | 102 | 101 | 103 | 103 | 103 | 102 | 102 | 103 | 103 | 102 | 103 | 103 | 102 |
| NA | 服务 | 100 | 100 | 100 | 100 | 100 | 100 | 100 | 100 | 100 | 98 | 98 | 96 | 96 | 96 | 97 |
| UNCTAD | 服务 | 100 | 99 | 98 | 98 | 98 | 98 | 99 | 98 | 98 | 96 | 96 | 94 | 93 | 93 | 94 |
| BOPS | 服务 | 100 | 98 | 97 | 97 | 97 | 96 | 97 | 96 | 96 | 94 | 92 | 90 | 88 | 94 | 94 |

资料来源：UN，UNCTAD，WITS-Comtrade，OECD，IMF BOP 和 IMF 的 IFS 数据库。

**世界贸易的总量控制选择**

国民经济核算数据控制的另一个好处是，它是相当平衡的。观察世界总量中进口相对于出口的比值(见表10.7)，让我们来比较不同来源的全球贸易差额；在一个完美的平衡世界里，当出口和进口都以FOB价计时，这个比值等于100%。数据显示，平均来看，进口相当于出口的99%(商品、服务和其总量)。来自UNCTAD、IFS和WITS的进口数据被认为比国民经济核算数据高2%。这种差异反映了这样一个事实：在这些数据库中，出口以CIF价计，而进口以CIF价计。

**其他数据源**

在产品层面的世界投入产出数据库(WIOD)中，每个国家和地区对世界的出口和进口是直接来自WIOD的使用(以FOB价计的出口)供给(以CIF价计的进口)表。初步的CIF价差估算也来自WIOD。

我们把支出法核算的GDP作为每个国家和地区的宏观控制变量。这些数据可以从联合国统计处的"国民经济核算国家官方数据"和OECD的国民经济核算数据库下载，以美元现价计，单位是千美元。它们提供了除中国台湾以外的所有国家和地区的数据来源，中国台湾数据的来源是其行政主管部门"主计总处(DGBAS)"，而且数据被转化为美元计值。

双边贸易统计数据和服务贸易统计数据来自OECD，但在最优化的第一阶段，获得了WIOD产品层面的全球一致的对世界进口和出口数据后，它们只是用作数据源和确定目的地份额。然而，当双边贸易被估算出来时，出口国(地区)和进口国(地区)的数据被用作最后协调阶段的间隔控制。

### 3.2　目标函数可靠性指标的选择

如Wang等(2010)所指出的，数据协调模型分类的一个理想的分析和经验属性是，我们用等式(10.1)—(10.34)指出，在目标函数中使用可靠性权重来控制初始估算的调整程度。从统计学的观点来看，在目标函数中系统分配可靠性权重的最好方法是获取方差—协方差矩阵的初始估值，将转置的方差—协方差矩阵用作可靠性指标。方差越大，构成目标函数的相关项$(z_{ci}^{sr}-z_{0_{ci}}^{sr})^2/wz_{ci}^{sr}$或者$(y_{ck}^{sr}-y_{ok}^{sr})^2/wy_{ck}^{sr}$就越小，因此从初始值移出的相关变量的补偿值就越小(只是方差的相对值，而不是绝对值，影响解决方案)。然而，缺乏一致性的历史数据，常常使与初步估算相关的方差—协方差矩阵的估值很难实现。例如，根据Stone(1942)[61]提出的方法，

---

[61] Stone提出，估计$x_{ij}^{0}$的方差为$\mathrm{var}(x_{ij}^{0})=(\theta_{ij}x_{ij}^{0})^2$，其中，$\theta_{ij}$是主观确定的可靠性等级，用$x_{ij}^{0}$初步估值的标准差的百分比表示。

SAM 平衡法中的惯例是赋予矩阵初始项目不同程度的主观可靠性。到目前为止,除了 Weale(1985)开发的一种统计方法,利用核算差异的时间序列信息推断国民经济核算体系的数据可靠性,已经很少有人尝试在统计上估算数据可靠性,例如,从历史数据初步估算误差方差。理论上讲,一个类似的统计方法可以应用于双边贸易数据的历史差异,以获得与国际贸易统计数据相关的方差。然而在实践中,迫切需要与国家贸易统计报告系统变化相关的历史数据和知识,因此这样一个统计方法对于大型实证应用缺乏吸引力。为此,我们使用一个实际可行的替代方法来估算可靠性权重,由报告国为出口国和进口国编制相对可靠性指标。

**报告国的可靠性指标**

每个国家及其贸易伙伴公布的贸易数据,经常被国际经济文献用来检查贸易统计数据的质量。镜像统计数据的近似匹配表明,这个渠道公布的贸易数据是可靠的。然而,这样的权重同样对待两类报告国公布的贸易统计数据,并且不区分哪个报告国更加可靠。当两者中存在(已知的)不可靠的报告国时,这种方法可能会导致可靠报告国公布的数据发生改变。这是不可取的。要解决这个问题,就需要编制报告国的相对可靠性指数。这样的指数应该能够解决三个关键问题。

第一个问题与报告国公布按最终用途分类的双边商品贸易的能力差异相关。各国之间的报告质量差异,是我们提出的正式方法试图解决的高度相关性信息问题。正如前面所讨论的,调整过程在很大程度上以每个报告国的相对可靠性为连接点。报告国可靠性指标衡量一个国家报告其每种产品的贸易相对于其所有贸易伙伴的一致性。然而,仅仅依据双边贸易来判断一个国家的贸易可靠性则显得考虑不周,因为贸易伙伴可能歪曲其贸易数据,从而潜在地损害一个可靠报告国的名誉。因此,一个好的报告国可靠性测量方法是,在评估一个国家的报告可靠性时应该考虑到世界上所有的报告国。

第二个问题是可靠性测量究竟应该包括什么内容。差异的大小可能会被纳入可靠性测量。然而,强调差异的量级只可能过度弱化好的报告国的可靠性。在某一个贸易报告上出错的不良报告国,通常会在与其他伙伴的贸易数据报告中犯类似错误。例如,一个报告国错识了某一贸易伙伴的身份,那么就可能对其他贸易伙伴发生类似错误。这会给报告国带来系统性偏误。这类问题应被检测和反映在报告国可靠性测量中,而不弱化可靠的报告国。

第三个问题是测量能力,用以反映作为出口国和进口国的每个国家的特定产品和国家的可靠性信息。国家通常有特定优势和劣势。例如,一个出口国可能会对钢作为中间品有一个完整准确的记录,同时却在有机化学品作为最终产品的贸易记录中出现高度不一致。

Gehlhar(1996)提出的可靠性指数有效解决了上述三个问题,其中报告国可靠性指数被用作一个离散选择来忽略或接受报告的贸易流。该指数是一个报告国在使用特定阈值水平时的贸易总量中精确报告的贸易量的份额。它根据一整套全球报告伙伴关系来评估报告国的可靠性,把握报告国准确报告的能力,而不受报告中总体差异的干扰,并且包含出口国和进口国特定产品的可靠性信息。具体来说,目标函数[等式(10.1)和(10.21)]中的特定进口商和特定出口商的可靠性指标被定义为:

$$RIM_{ic}^{r}=\frac{MA_{ic}^{r}}{\sum_{s}M_{ic}^{sr}},\text{其中},MA_{ic}^{r}=\sum_{s\in AL_{ic}^{sr}\leqslant 0.20}M_{ic}^{sr},\ AL_{ic}^{sr}=\frac{|M_{ic}^{rs}-E_{ic}^{sr}|}{M_{ic}^{rs}} \tag{10.35}$$

$$RIX_{ic}^{s}=\frac{XA_{ic}^{s}}{\sum_{r}E_{ic}^{sr}},\text{其中},XA_{ic}^{s}=\sum_{s\in AL_{ic}^{sr}\leqslant 0.20}E_{ic}^{sr},\ AL_{ic}^{sr}=\frac{|M_{ic}^{rs}-E_{ic}^{sr}|}{M_{ic}^{rs}} \tag{10.36}$$

在这些可靠性指数下,差异的大小变得无关紧要,因为不准确的交易被认为是不重要的,不论其不准确的量级。这些指数可以灵活地应用于详细的 HS 6 位编码层面,而且可以加总得到任何商品组。我们为每个国家和产品计算这样的报告国可靠性。主要数据来自 UNComtrade 数据库,并从国家来源进行补充。[62]

**用于目标函数的可靠性权重**

在获得按国家分类的每种产品的 WIOD 的 RIM 和 RIX 后,在我们可以实证计算数据协调模型的目标函数可靠性权重[等式(10.1)和(10.21)]之前,还有一个需要解决的问题。全球供给使用表每一个贸易流向只有唯一的编号,这应该是基于报告国可靠性报告国与伙伴国报告的贸易统计数据的一个组合。因此,我们结合报告国以及伙伴国的可靠性指数和 WIOD 产品层面每个贸易活动的报告统计数据,来计算目标函数中最终报告国的可靠性权重。规定用 1 减去每个报告国的产品可靠性加权指数再乘以相应的初始值。例如,等式(10.21)定义了权重的完整表达,如下所示:

$$wz_{cit}^{sr}=(1-RIM_{ct}^{r})\bar{z}m_{cit}^{sr}+(1-RIX_{ct}^{s})\bar{z}x_{cit}^{sr} \tag{10.37}$$

$$wy_{ckt}^{sr}=(1-RIM_{ct}^{r})\bar{y}m_{ckt}^{sr}+(1-RIX_{ct}^{s})\bar{y}x_{ckt}^{sr} \tag{10.38}$$

[62] 我们感谢美国内政部的 Mark Gehlhar 博士帮助我们计算了根据 WIOD 产品分类的 1995—2007 年出口国和进口国的可靠性指数。

其中，$\bar{z}m_{cit}^{sr}$，$\bar{z}x_{cit}^{sr}$ 和 $\bar{y}m_{ckt}^{sr}$，$\bar{y}x_{ckt}^{sr}$ 分别表示基于进口国和出口国报告份额核算的中间品和最终品的贸易流量(份额乘以 $M_{ct}^{r}$ 和 $E_{ct}^{s}$，在平衡的单个国家供给使用表中每个国家产品层面的世界贸易总额)。利用这个加权方案，我们要确保的目标是该模型相对于可靠数据，有更高可能性改变不可靠的初始数据。

## 4 调整官方核算和统计以实现全球的一致性

我们的模型能够实现全球一致性，这发生在第一阶段。我们首先在供给使用表中的各国贸易与商品和服务的官方贸易统计之间建立一致性。该模型解出了每种产品层面的国家对世界总出口和总进口的调整值，而这些国家/产品总量作为第二和最后阶段的控制变量得以保留。数据协调过程产生了对贸易和供给使用表(SUT)估值的集合，它们不同于官方统计数据，所以明确每组估值在多大程度上区别于官方报告的数据很重要。然而，很难用单一指标比较原始数据和调整值，因为模型的解集有很多维度。运用几种测量方法来了解模型性能是有意义的。一般来说，重要的是偏差的相对程度，而不是绝对程度；因此，我们根据官方数据的差异与总和，计算出“百分比调整的绝对值的平均值”(MAPA)。考虑国家和产品组总调整的下述总和指数：

$$\mathrm{MAPA}^{r}=\frac{100\sum_{t=1}^{T}\sum_{c=1}^{n+1}\mid \overline{E}_{ct}^{r}-E_{0_{ct}}^{r}\mid}{\sum_{t=1}^{T}\sum_{c=1}^{n+1}E_{0_{ct}}^{r}} \tag{10.39}$$

$$\mathrm{MAPA}^{c}=\frac{100\sum_{t=1}^{T}\sum_{r=1}^{g}\mid \overline{E}_{ct}^{r}-E_{0_{ct}}^{r}\mid}{\sum_{t=1}^{T}\sum_{r=1}^{g}E_{0_{ct}}^{r}} \tag{10.40}$$

我们首先关注国家的总调整结果来说明调整过程的一些关键特征。每个国家作为出口国和进口国的可靠性是一个关键因素，决定其总出口和总进口调整的量级(见图 10.2)。该模型的调整量级相对较小，对大多数国家来说不到 2%，例外是反映国民核算总贸易数据和 WIOD 的国家供给使用表的产品贸易数据之间较大不一致性的少数异常值。我们也要注意出口商和进口商的可靠性与所覆盖产品的调整量级之间存在负相关性(见图 10.3)，尽管产品层面的调整更重要。[63]正如预期的那样，除了少数异常值，国家和行业模式的调整都反映它们与报告国的可

[63] 报告国可靠性指数与贸易数据 MAPA 之间的简单相关系数是 −0.46。基于详细的产品层面调整数据使用 RIX 和 RIM 作为 MAPA 的解释变量，我们得到以下线性关系：$\exp_{adj}=0.268-0.287RIX$ 和 $\mathrm{imp}_{adj}=0.216-0.224RIM$。这两个系数估计值在 1%水平上显著。

靠性存在负相关关系。这表明国家和产品层面的调整不仅受到数据可靠性影响，而且受到产品层面单个国家的供给使用表公布的贸易数据与国民经济核算的总贸易之间的初始差异影响。我们在表 10.8 中给出了每个国家的可靠性指数，WIOD 的国家供给使用表公布的总贸易与国民核算数据，以及 MAPA 之间的初始不一致性。

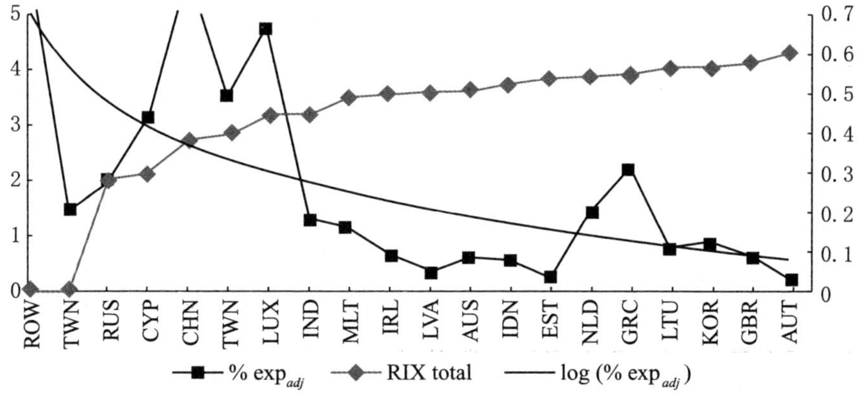


注：数据越可靠，需要调整的就越少。

**图 10.2　1995—2009 年总出口的报告国可靠性和 MAPA**

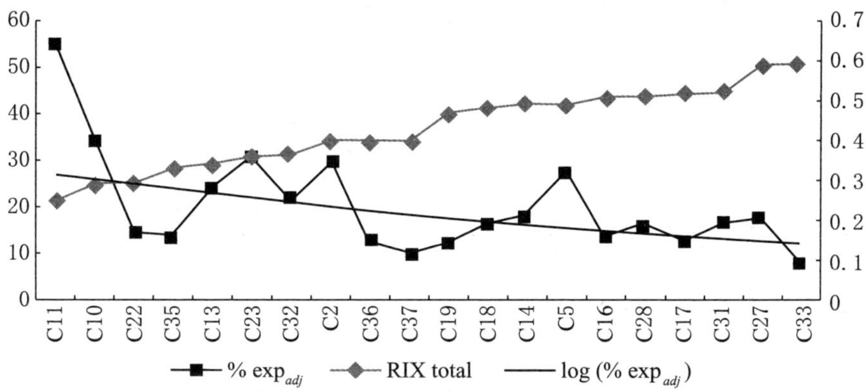


注：数据越可靠，需要调整的就越少。

**图 10.3　1995—2009 年产品层面世界商品的报告国可靠性和 MAPA**

表 10.9 总结了 WIOD 中每个国家的供给使用表的 MAPA。调整的程度不仅取决于我们的模型第一阶段中全球一致的贸易数据和国家表中贸易数据之间的差异，而且还取决于个别国家统计数据的质量及其总量在多大程度上不同于其在国民核算中的量（按支出法统计的 GDP），这些被用作宏观控制量。一般来

表 10.8　1995—2009 年总出口和进口的报告国可靠性指标,初始不一致性和 MAPA

| 国家 | RIX | %xerr | %expadj | RIM | %merr | %impadj | 国家 | RIX | %xerr | %expadj | RIM | %merr | %impadj |
|---|---|---|---|---|---|---|---|---|---|---|---|---|---|
| AUS | 0.504 | −0.1 | 0.4 | 0.637 | 0.0 | 0.9 | ITA | 0.763 | 0.7 | 0.5 | 0.693 | 0.7 | 1.1 |
| AUT | 0.598 | 0.1 | 0.2 | 0.665 | 0.1 | 1.1 | JPN | 0.667 | −0.4 | 1.7 | 0.611 | −0.2 | 1.0 |
| BEL | 0.347 | 0.7 | 0.7 | 0.460 | 0.6 | 1.2 | KOR | 0.564 | 0.0 | 0.8 | 0.613 | 0.0 | 0.8 |
| BGR | 0.623 | 4.8 | 4.8 | 0.439 | 4.6 | 5.7 | LTU | 0.554 | 3.1 | 2.3 | 0.562 | 2.6 | 3.7 |
| BRA | 0.627 | −0.1 | 1.1 | 0.605 | −0.1 | 2.7 | LUX | 0.394 | 1.1 | 3.6 | 0.530 | 1.0 | 2.0 |
| CAN | 0.862 | −0.2 | 0.4 | 0.675 | −0.2 | 1.2 | LVA | 0.496 | 0.0 | 0.7 | 0.600 | 0.0 | 2.4 |
| CHN | 0.383 | 14.5 | 5.8 | 0.375 | 12.9 | 8.8 | MEX | 0.836 | 0.0 | 0.6 | 0.484 | 0.0 | 0.6 |
| CYP | 0.300 | 0.2 | 3.1 | 0.494 | 0.1 | 2.1 | MLT | 0.447 | −2.4 | 1.3 | 0.532 | −2.4 | 1.7 |
| CZE | 0.720 | 7.7 | 4.0 | 0.632 | 7.2 | 4.7 | NLD | 0.538 | 0.6 | 0.3 | 0.517 | 0.6 | 1.5 |
| DEU | 0.739 | −0.1 | 0.5 | 0.527 | −0.2 | 1.0 | POL | 0.689 | 1.2 | 1.0 | 0.624 | 1.1 | 1.8 |
| DNK | 0.572 | 0.1 | 0.7 | 0.629 | 0.1 | 1.6 | PRT | 0.684 | 1.2 | 0.5 | 0.726 | 1.0 | 2.7 |
| ESP | 0.765 | 0.9 | 0.4 | 0.620 | 0.9 | 1.0 | ROU | 0.644 | 4.2 | 1.6 | 0.497 | 3.2 | 4.3 |
| EST | 0.523 | 0.2 | 0.6 | 0.440 | 0.3 | 1.6 | RUS | 0.298 | 0.0 | 2.0 | 0.473 | 0.0 | 2.3 |
| FIN | 0.636 | 1.0 | 0.5 | 0.548 | 1.1 | 2.0 | SVK | 0.694 | 0.0 | 0.4 | 0.492 | −0.1 | 0.7 |
| FRA | 0.732 | 0.7 | 0.3 | 0.611 | 0.7 | 1.2 | SVN | 0.704 | 0.9 | 0.8 | 0.584 | 1.1 | 1.0 |
| GBR | 0.567 | −1.3 | 0.9 | 0.613 | −0.5 | 0.6 | SWE | 0.623 | 0.1 | 1.2 | 0.682 | 0.1 | 1.1 |
| GRC | 0.547 | −1.1 | 1.5 | 0.564 | −2.1 | 3.6 | TUR | 0.635 | 0.0 | 8.4 | 0.492 | −0.2 | 6.4 |
| HUN | 0.639 | 1.4 | 1.3 | 0.584 | 1.3 | 1.6 | TWN | 0.003 | −0.2 | 1.5 | 0.004 | 0.3 | 0.7 |
| IDN | 0.506 | −0.4 | 0.6 | 0.455 | 0.8 | 1.3 | USA | 0.620 | 0.1 | 1.9 | 0.702 | 0.1 | 1.6 |
| IND | 0.445 | 0.1 | 4.8 | 0.361 | −1.5 | 3.5 | ROW | 0.000 | −64.1 | 36.1 | 0.000 | −58.1 | 38.8 |
| IRL | 0.489 | −0.1 | 1.2 | 0.478 | 0.0 | 0.7 | WLD | | | 9.2 | | | 9.4 |

说，与贸易相关的产品层面的最终需求的部门增加值的调整，小于例外情况下与贸易相关的投入和总产出。对行业产出做大量级调整的原因，需要进一步研究。[64]在产品组和最终需求类别层面计算类似于等式(10.39)和(10.40)的调整指数，可以帮助我们识别大的调整来源，并提供一种方法来识别和解决数据中的潜在问题。如果根据国家供给使用表统计或某种形式的可靠性指数的标准差可以得到类似贸易数据指数，那么就可以改善得到的全球供给使用表数据。

**表 10.9　国民统计数据的 MAPA**

| 国家 | $z$ | $x$ | $y$ | $v$ | 国家 | $z$ | $x$ | $y$ | $v$ |
|---|---|---|---|---|---|---|---|---|---|
| AUS | 47.9 | 49.6 | 0.3 | 2.6 | ITA | 30.4 | 33.8 | 0.2 | 0.5 |
| AUT | 40.4 | 39.5 | 0.3 | 0.6 | JPN | 45.7 | 36.8 | 0.8 | 2.2 |
| BEL | 37.1 | 36.7 | 0.2 | 0.3 | KOR | 37.5 | 52.5 | 1.4 | 1.4 |
| BGR | 35.7 | 45.4 | 0.3 | 4.5 | LTU | 39.8 | 40.4 | 0.4 | 0.7 |
| BRA | 33.9 | 29.0 | 0.4 | 0.5 | LUX | 47.6 | 62.7 | 1.2 | 0.8 |
| CAN | 39.6 | 33.9 | 0.7 | 0.8 | LVA | 46.5 | 42.4 | 0.3 | 0.5 |
| CHN | 37.2 | 78.3 | 1.0 | 1.4 | MEX | 48.7 | 28.8 | 0.5 | 1.0 |
| CYP | 59.3 | 32.1 | 6.3 | 5.0 | MLT | 30.6 | 35.2 | 0.4 | 0.8 |
| CZE | 35.2 | 49.6 | 0.2 | 4.0 | NLD | 37.3 | 37.4 | 0.3 | 0.2 |
| DEU | 36.3 | 34.6 | 0.3 | 0.4 | POL | 26.0 | 34.3 | 0.2 | 0.1 |
| DNK | 36.5 | 40.4 | 0.5 | 0.4 | PRT | 49.5 | 41.4 | 0.3 | 2.5 |
| ESP | 47.6 | 40.8 | 0.3 | 0.3 | ROU | 39.0 | 40.9 | 0.5 | 0.2 |
| EST | 39.3 | 52.7 | 0.4 | 0.6 | RUS | 37.5 | 34.1 | 0.7 | 1.0 |
| FIN | 38.8 | 38.9 | 0.4 | 0.4 | SVK | 34.0 | 42.1 | 0.2 | 0.2 |
| FRA | 33.3 | 31.0 | 0.2 | 0.3 | SVN | 42.4 | 44.8 | 0.3 | 0.4 |
| GBR | 29.7 | 26.6 | 0.2 | 1.2 | SWE | 35.1 | 34.7 | 0.4 | 0.2 |
| GRC | 37.7 | 30.2 | 1.1 | 0.9 | TUR | 38.2 | 34.0 | 1.0 | 0.8 |
| HUN | 31.8 | 36.6 | 0.3 | 0.9 | TWN | 39.5 | 36.7 | 0.6 | 1.6 |
| IDN | 43.8 | 31.4 | 1.1 | 2.8 | USA | 35.0 | 23.0 | 0.3 | 0.7 |
| IND | 39.5 | 39.5 | 0.4 | 2.4 | ROW | 120.7 | 233.4 | 64.3 | 178.1 |
| IRL | 49.6 | 50.4 | 0.5 | 0.9 | WLD | 41.0 | 42.5 | 3.4 | 9.8 |

注：$z$ 是中间投入，$x$ 是产出，$y$ 是国内最终需求，$v$ 是增加值。

最后，我们把数据协调模型得到的以基价计的全球供给使用表转化成按行业排列的跨国投入产出表(ICIO)，该表利用欧盟统计局(2008，第 11 章)研究的

[64] 理想情况下，行业或商品的总产出应该固定在协调过程中，因为这些由国民经济核算部门(NSI)收集的数据比中间投入品数据更可靠。然而，如果我们固定 WIOD 的供给使用表的总产出，那么该模型就没有可行的解决方案，所以我们必须放松这个约束条件。这个问题还处于研究中。

表 10.10　2005 年 WIOD 按行业排列的 WIOTs 和调整的 ICIO 之间的 MAPA

| 国家 | 国内中间投入 | 进口中间投入 | 国内最终需求 | 进口最终需求 | 总产出 | 增加值 | 国家 | 国内中间投入 | 进口中间投入 | 国内最终需求 | 进口最终需求 | 总产出 | 增加值 |
|---|---|---|---|---|---|---|---|---|---|---|---|---|---|
| AUS | 62.0 | 77.1 | 51.6 | 317.0 | 1.0 | 26.1 | ITA | 52.2 | 68.2 | 47.1 | 88.9 | 1.2 | 23.8 |
| AUT | 52.7 | 63.1 | 36.7 | 125.0 | 1.7 | 20.0 | JPN | 56.1 | 72.1 | 45.7 | 103.9 | 1.4 | 20.3 |
| BEL | 42.7 | 68.4 | 34.8 | 138.2 | 4.2 | 19.1 | KOR | 53.4 | 77.8 | 58.5 | 144.5 | 2.2 | 24.1 |
| BGR | 52.7 | 73.9 | 49.9 | 243.0 | 1.8 | 25.8 | LTU | 101.7 | 85.7 | 52.1 | 282.5 | 4.0 | 27.2 |
| BRA | 55.8 | 68.0 | 45.0 | 137.8 | 1.5 | 26.8 | LUX | 88.6 | 92.7 | 43.0 | 355.5 | 4.8 | 74.2 |
| CAN | 63.8 | 43.7 | 48.2 | 81.9 | 1.9 | 13.9 | LVA | 76.8 | 85.2 | 65.6 | 370.5 | 3.8 | 29.2 |
| CHN | 41.3 | 74.3 | 57.4 | 91.7 | 1.8 | 37.5 | MEX | 59.7 | 55.8 | 31.4 | 99.6 | 1.4 | 9.3 |
| CYP | 97.6 | 102.7 | 51.1 | 410.6 | 8.4 | 26.3 | MLT | 76.7 | 95.9 | 64.0 | 500.1 | 4.9 | 31.6 |
| CZE | 53.8 | 56.3 | 55.4 | 103.4 | 1.4 | 29.7 | NLD | 51.8 | 65.3 | 37.0 | 145.4 | 6.0 | 28.5 |
| DEU | 51.3 | 66.8 | 43.5 | 99.7 | 1.3 | 17.2 | POL | 34.6 | 60.3 | 32.8 | 97.6 | 1.3 | 19.4 |
| DNK | 49.6 | 79.8 | 43.8 | 122.4 | 2.1 | 18.9 | PRT | 73.8 | 68.5 | 48.4 | 111.2 | 1.5 | 23.8 |
| ESP | 59.9 | 76.3 | 35.9 | 62.4 | 1.3 | 30.8 | ROM | 103.9 | 75.6 | 70.9 | 176.7 | 2.6 | 41.9 |
| EST | 48.3 | 74.6 | 69.5 | 299.2 | 3.8 | 15.1 | RUS | 59.9 | 75.7 | 54.3 | 698.9 | 1.3 | 26.9 |
| FIN | 51.9 | 67.9 | 36.3 | 182.6 | 1.3 | 20.9 | SVK | 49.0 | 56.0 | 40.8 | 128.1 | 1.2 | 25.3 |
| FRA | 64.0 | 62.7 | 49.3 | 93.3 | 1.7 | 14.7 | SVN | 60.3 | 60.9 | 41.6 | 132.6 | 1.3 | 20.6 |
| GBR | 82.2 | 76.9 | 61.3 | 149.2 | 2.0 | 34.6 | SWE | 48.4 | 72.2 | 42.6 | 130.8 | 1.4 | 16.3 |
| GRC | 76.1 | 93.7 | 40.5 | 311.6 | 2.2 | 24.6 | TUR | 75.4 | 71.8 | 51.4 | 70.8 | 2.1 | 39.0 |
| HUN | 55.4 | 63.3 | 43.3 | 132.8 | 1.4 | 21.8 | TWN | 57.7 | 64.8 | 48.9 | 206.8 | 2.2 | 37.8 |
| IDN | 81.3 | 72.5 | 59.0 | 248.7 | 2.6 | 40.2 | USA | 53.5 | 77.1 | 37.4 | 126.0 | 0.8 | 14.0 |
| IND | 54.6 | 82.2 | 33.1 | 123.1 | 1.3 | 19.5 | ROW | 98.9 | 69.9 | 68.7 | 132.3 | 48.6 | 41.9 |
| IRL | 88.3 | 86.7 | 53.4 | 131.7 | 1.2 | 21.4 | WLD | 59.9 | 70.3 | 46.7 | 122.2 | 6.8 | 23.2 |

“模型 D”，它与 WIOD 相似。[65]表 10.10 给出了调整的 ICIO 与 WIOD 的 WIOT 的百分比差异的绝对值。一般来说，我们协调程序中 WIOD 的 WIOT 与估算的 ICIO 之间行业层面的总产出差异相对较小，然后是行业增加值。无论是中间投入，还是最终需求，国内贸易之间的差异通常低于进口贸易。最大的差异出现在进口的最终需求。

## 5　未来的研究方向和结束语

本研究开发了一种三阶段数学规划模型，协调详细的双边商品和服务贸易统计数据与单个国家的供给使用表，从而得到一个全球供给使用表数据库。本研究也说明了这样一个数据协调实践的主要数据来源及其优缺点。使用 WIOD 的国家供给使用表和官方国民经济核算的总贸易数据，以及 OECD 的双边贸易数据，得到了令人欣喜的初步结果，显示该模型可行，而且可能在整合的全球供给使用表的估算方面有着巨大潜力。最重要的是，我们用现实世界的数据测试模型的实证研究表明，实现全球一致性和删除出口异常值不会使平衡的全球供给使用表数据库中的国家统计机构公布的 GDP 显著不同于国民经济核算中的其他总量数据。然而，该模型仍处于早期阶段；有许多重要问题仍待解决。我们列出了几个作为我们的结束语。

### 5.1　有统计差异的供给使用表或平衡的供给使用表

我们可能同时需要这两类表。在评估全球供给使用表所列数据的准确度时，全球一致的供给使用表保留的主要差异可能会在统计上有用，而平衡的全球供给使用表对于分析来说是必要的，尤其是对于为增加值贸易估算提供基础的平衡的、逐行业的全球投入产出表估计。所以他们不是替代关系，而是互补关系。Lenzen 等(2012)提出，在结合了数据协调过程中的调整信息时，存在统计差异的全球供给使用表可以为平衡的可供分析的世界供给使用表提供初始估算，主要核算恒等式中的统计差异信息用来估计平衡的可供分析的世界供给使用表每一个模块的标准差。本章用于建立平衡的全球供给使用表的模型也可以用来检查来自不同数据源的数据的一致性，它们可用于构建任何全球供给使用表。

---

[65] Timmer 等(2012)在第五章中明确阐述了选择“模型 D”的理由。

## 5.2 再出口和再出口加成

从理论上讲，本章将再出口整合到数据协调框架是没有任何困难的。然而，由于缺少可靠的、国家和产品层面的、再出口总额数据作为控制变量，我们并没有把再出口包括在我们当前的协调实践中。在协调单个国家的供给使用表时，我们也无法估算出口加成。未来的研究需要为再出口确定数据源，并且估算世界主要再出口国的加成差额，以便我们将它们作为再出口国的间接服务出口。

## 5.3 国家供给使用表中的统计数据可靠性权重

我们没有为国家供给使用表中的统计数据估计可靠性权重。因为没有一个正确估算的可靠性指数，所以我们必须在协调过程中调整这些比例。显然这将影响模型解的质量。未来的研究将围绕更好地估算所有初始数据的可靠性来进行。

## 5.4 国际运输业的结构

在我们当前的实践中，国际运输服务的使用结构是基于我们第一阶段模型估算的供给结构。这些信息可以从按照运输方式细分的贸易统计数据获得。我们计划将这些信息整合到我们的协调程序中，将国际运输服务整合成全球跨国投入产出(ICIO)结构的一部分。

## 5.5 结论

我们的数据协调程序已经证明其建立一个平衡的全球供给使用表体系的可行性，它保留了官方统计数据的关键特性，或者非常接近官方统计数据。这相对于该领域的其他尝试是一个重要进步，而以前通常采取简单的惯例或包括差额项目，结果导致残差的不一致性，例如，世界其他区域的调整，或以一种不可知的方式背离官方统计数据(即某个报告国不考虑数据的相对可靠性)。

然而，如上所述，还可以做更多的工作来改善这种方法。这项工作的中心是识别数据来源，以便为整个系统建立更好的可靠性指标。然而，尽管这些领域存在潜在的改进空间，但是该模型已经是对当前程序的一个改进，而且表明它是一个以有效方式制表的工具。例如，它能适应数据源的修正，即使它们可能不会(以前或未来)被包括在官方供给使用表中。另外，这个工具还提供了一种方法，能够比当前官方统计机构更具时效性地估算供给使用表，从而提供了一种开发更具时效性的增加值贸易估算的方法。

OECD的ICIO表和因此产生的OECD-WTO目前发起的增加值贸易估算，

将国家投入产出表与双边贸易统计数据连接起来作为他们的起点。在未来几年,部分由于越来越多可供使用的国家供给使用表,部分由于供给使用表通常比投入产出表更具时效性,OECD将开始编制一张全球供给使用表,构成其ICIO数据库的基础。

## 参考文献


Canning, P., and Z.Wang, "A Flexible Mathematical Programming Model to Estimate Interregional Input-Output Accounts," Journal of Regional Sciences 45(3), 2005.

Eurostat, Eurostat Manual of Supply, Use and input-output Tables, 2008 Edition. http://epp.eurostat.ec.europa.eu/portal/page/portal/product_details/publication?p_product_code=KS-RA-07-013.

Gehlhar, M., *Bilateral Trade Data for Use in GTAP*, GTAP Technical Paper 10, Purdue University, 1996.

Harrigan, J. F., "The Reconciliation of Inconsistent Economic Data: The Information Gain," Economic System Research 2(1), 1990.

Johnson, R., and G.Noguera, "Fragmentation and Trade in Value Added over Four Decades," Working Paper 18186, 2012.

Lenzen, M., K.Kanemoto, D.Moran and A.Geschke, "Mapping the structure of the world economy," *Environmental Science and Technology* 46(15), 2012.

National Research Council, *Analyzing the US Content of Imports and the Foreign Content of Exports*. Washington, DC: The National Academies Press, 2006.

Robinson, S., A.Cattaneo and M.El-Said, "Updating and Estimating a Social Accounting Matrix Using Cross Entropy Methods," *Economic Systems Research* 13(1), 2001.

Streicher, G., and R.Stehrer, "Whither Panama? Constructing a Consistent And Balanced World SUT System Including International Trade And Transport Margins," WIOD Working Paper 13, 2012. URL: http://www.wiod.org/publications/papers/wiod13.pdf.

Stone, R., "The Precision of National Income Estimates," *The Review of Economic Studies* 9(2), 1942.

Stone, R., D.G.Champernowne and J.E.Meade, "The Precision of National Income Estimates," *Review of Economic Studies* 9(2), 1942.

Timmer, M., A.A. Erumban, J.Francois, A.Genty, R.Gouma, B.Los, F.Neuwahl, O. Pindyuk, J.Poeschl, J.M.Rueda-Cantuche, R.Stehrer, G.Streicher, U.Temurshoev, A.Villanueva and G.J. de Vries, "The World Input-Output Database(WIOD): Contents, Sources And Methods," WIOD Background Document, 2012, URL http://www.wiod.org/.

United Nations Statistics Division, "International Trade Information Systems in 2020," Global Forum on Trade Statistics, Geneva, 2—4 February 2011. Background Note by UNSD, Eurostat and WTO, 2011.

Van der Ploeg, F., "General Least Squares Methods for Balancing Large Systems and Tables of National Accounts," *Review of Public Data Use* 12, 1984.

Wang, Z., A Model to Construct Time Series Databases for Global Trade, Production, and Consumption Linkages, Paper presented at World Bank Workshop on "Fragmentation of Global Production and Trade in Value Added: Developing New Measures of Cross Border Trade", Washington DC, 9—10 June 2011.

Wang, Z., M. Gehlhar and S. Yao, "A Globally Consistent Framework for Reliability-Based Trade Statistics Reconciliation in the Presence of an Entrepôt," *China Economic Review* 21(1), 2010.

Wang, Z., M. Tsigas and M. Gehlhar, "How a Global Inter-Country Input-Output Table with a Processing Trade Account is Constructed from the GTAP Database," paper presented at the 15th Annual Conference on Global Economic Analysis, Geneva, Switzerland, 2012.

Weale, M.R., "Testing Linear Hypotheses on National Account Data," *Review of Economics and Statistics* 67, 1985.

(张娟、刘东旭译,叶作义、张娟校)

# 第十一章

# 全球价值链直接核算:基于增加值的产品与企业层面统计及业务功能外包与离岸外包的聚集

蒂莫西·J.斯特金　彼得·贝格-尼尔森　克雷格·林登
加里·格里菲　克莱尔·布朗

## 1　引言:为什么现在需要基于增加值和国际外包的企业层面新数据

自20世纪80年代后期以来,国际贸易和外国直接投资一直是世界经济的主要特征,它们的重要性也日益提升,且量变导致了质变。信息技术的进步使业务流程被分割并且可能迁移,欠发达国家制造业能力的上升为业务流程迁移提供了更多选择。因此,货物和服务的生产已变得越来越分散并跨越国界。换言之,在货物和服务生产行业中,一个产品在最终使用前在两个或以上的国家形成价值增值已成常态。全球价值链[66]的出现使得研究者和官方经济数据提供者不得不承认,在货物和服务中间品贸易流向和增加值产生位置的领域存在越来越多的知识点差距。

为什么这很重要?过去,一项进口的所有价值均在出口国形成的假设具有肯定性,并为贸易统计提供了很大的分析价值和政策相关性。在这个简化的系统中,产业能力可根据出口的数量和技术含量来判断,贸易规则则与特定产品或

---

[66] 研究全球经济中这一结构转变的研究人员已经建立了一个非常长的术语清单来描述这一转变。国际贸易文献迸发了大量研究和多种标签,包括国际劳动新的分工(Fröbel et al., 1980),多阶段生产(Dixit & Grossman, 1982),价值链切片(Krugman, 1995),生产的分解(Feenstra, 1998),碎片化(Arndt & Kierzkowski, 2001),垂直专业化(Hummels et al., 2001; Dean et al., 2007),全球生产共享(Yeats, 2001),离岸外包(Doh, 2005)和综合贸易(Maule, 2006)。体现这种贸易和投资新形式的持续结构被称为全球商品链(Gereffi, 1994; Bair, 2009),全球生产网络(Borrus et al., 2000; Henderson et al., 2002),国际供应链(Escaith et al., 2010)和我们在此使用的术语——全球价值链(GVCs)(Humphrey & Schmitz, 2002; Kaplinsky, 2005; Gereffi et al., 2005; Kawakami, 2011; Cattaneo et al., 2010)。

产品组的贸易总水平相关联，出口可与国内就业创造直接相关。“原产地规则”标识的要求也是基于“在一国范围内生产”的假设，但如今已很难知道诸如“中国制造”或“美国制造”这种标识的真正含义。根据Lall(2000)，全球价值链已经使这幅场景复杂化了，我们实在无从得知某一进口产品或服务的价值中有多少份额是在声称出口它的国家所增值的，由此，我们无法从出口品的技术先进性中判断国家的发展水平。中间品流向为全球价值链的结构提供了线索(参见Feenstra, 1998, Brülhart, 2009, Sturgeon & Memedovic, 2010)，但是，因为我们通常不知道进口投入是如何使用在特定产品中，或者它们与国内投入是如何结合在一起和产生增值的，这样就不可能仅仅从贸易统计数据中获得关于价值增加的地理分布和流向的具体信息。

可以肯定的是，使用贸易总值作为衡量标准误导了我们对工业生产能力位于世界何处的看法，对贸易协定的公平性带来不确定，甚至会引发对国内生产总值和生产力这种基本衡量标准的质疑(Houseman, 2011)。这些数据和政策空白触发了将投入产出表从一国扩展到更大的覆盖全球和区域的国际投入产出表的创新尝试，研究人员可以利用它从事包括估算贸易附加值在内的很多工作(OECD, 2011b)。

尽管国际投入产出表的出现象征着进步，但建立该表所要求的估算和跨境协调会减少分类细目和降低准确性。一国投入产出矩阵，如有的话，首先是基于非常不完整的数据，并依靠一系列的推论和假设(有时是有争议的)，如所有行业进口投入的比例(Grossman & Rossi-Hansberg, 2006; Winkler & Milberg, 2009)。当一国投入产出数据集合跨边界地链接起来，问题便复杂化了，因为行业类别高集中度地协调统一，增加了额外的假设和推断，以弥补缺损的数据。统计人员必须“做假账”，实现多国投入产出表的一致性。

在服务业，数据缺口更为严重，产品分类细目严重不足，需要大量推论来建立国民经济核算账户。[67]几乎服务业所有的决定性特点(即不可交易、不可储存、

---

[67] 为什么服务相关的数据源如此稀少？一个原因是数据难以采集。为了授权或质量控制的目的，虽然公司可以追踪生产的每一笔物理投入来源，然而服务支出通常被纳入非常粗的类别，如“购买服务”。服务没有关税，及其非物质性，意味着当服务工作跨越国界，不用填写海关表格，没有海关数据产生。另一个原因是，服务工作历来被认为是由非常规活动组成，需要生产者和用户之间的面对面接触。从理发到提供法律意见的不同服务，在其生产时就被消费了。许多服务的定制特性和短暂特性使其被经济学家认为是“非流通的”，或者至少相对有形商品的生产在地理意义上有很大“粘性”。最后，服务一直被视为生产的辅助，无论是作为直接投入(如运输)或为制造人员提供的服务(如住宅建设、零售销售等)。由此，服务被视为一种副产品，而不是经济增长的来源。因此，服务数据采集历来被统计机构给予低优先级(Sturgeon et al., 2006; Sturgeon & Gereffi, 2009)，虽然已经清楚地阐明了政策性统计证据的必要性(欧共体委员会,2003)。

定制以及对价格竞争敏感）正在改变启动和激励全球价值链形成的方式。结果是，无论在国内，还是在国际上，通过外包和离岸外包的双生联接过程，任务碎片化和服务贸易迅速发展。计算机的使用正使得越来越多的服务工作标准化、编码化、模块化，在可能相距甚远的个人和机构间能更便捷和低价地传输。

显然，当前数据机制背后的假设已经发生了变化，统计系统正在奋力追赶。在本章中，我们将直面这种挑战。在没有新数据的情况下，填补数据缺口将非常困难。运用新方法使用现有数据，包括形成能更好地反映全球价值链的贸易产品分组，（参见如 Sturgeon & Memedovic，2010）以及把调查中的“微观数据”与行政源头（如工商登记）链接起来（参见如 Bernard et al.，2005，2006；Nielsen & Tilewska，2011）可带来新的见解，但这还远远不够。仅仅基于现有数据源的统计分析总面临调查内容和数据源反映出来的局限性。新的数据是必要的，因为根据定义，全球价值链是一种跨境现象，标准的国际化至关重要。与此同时，在许多国家，数据收集所需的资源，以及私营部门受访者被要求承载的政治意愿，都在下降。显然，当前的重点工作将需要做调整，以便在没有不当地增加受访者负担的情况下收集新数据。

虽然在全球统一的基础上（这是必需的）收集新数据是一项艰巨的任务，我们需要着手使用结合了标准化案例研究和概念证明调查的投入产出表，来测试研究的结果，并最终在货物生产和服务生产行业使用真实数据代替推断数据。该解决方案将不可避免纳入新的“自下而上”式的商业调查来补充投入产出表“自上而下”的工作。本章概述了两项这样的工作：产品层面的全球价值链研究和业务功能调查。

## 2　产品层面全球价值链研究

判断增加值地理分布的最直接方法是将单个商品和服务分解为组成部分，并从源头追踪生产的每一阶段的价值增加。这一流程产生了产品层面估算，可确定在价值增加、价值获取（即利润）和就业方面最大的受益者。受益者可以是企业、工人、国家，或以上所有。这方面的研究表明，中国的出口价值往往和国内增加值没有太多联系，因为许多出口产品包含了昂贵的进口投入，而最大一部分利润获取往往上至生产过程，如设计和价值链“领头企业”的品牌推广活动，下至分销商、增值经销商和零售商。

当国内或外资代工生产商代表跨国品牌或“领头”企业来完成组装时，这种情况是常见的，这在中国、其他东亚发展中国家以及与全球价值链紧密联系的世界其他地方(如东欧和墨西哥)，已成为经济发展关键驱动力的一种工业化组织模式(Grunwald & Flamm, 1985; Gereffi & Korzeniewicz, 1994; Borrus et al., 2000; Sturgeon & Lester, 2004)。因为外国零部件通常由母国领头企业所做的设计所指定，除了来自世界各国的一批知名供应商之外，关键零部件和子系统往往来源于与领头企业关系密切的供应商。

产品层面的全球价值链研究旨在，揭示在这些复杂的跨境业务网络中增加值在何处形成或获取。第一个产品层面的全球价值链研究是基于特定的芭比娃娃模型，发表于《洛杉矶时报》(Tempest, 1996)。随后，芭比案例被纳入贸易经济学家 Robert Feenstra(1998)的经典论文中以支撑他的论点，即中间品贸易的增加，在某种程度上，是由“全球经济中的分散生产”带来的中间品漫游通过国际生产网络时的重复计算所导致。表 11.1 总结了这一广泛流传的案例研究结果，表中显示，一个 10 美元的“茶话会”芭比娃娃只有 3.5%的增加值是在中国大陆产生，因为是由进口原料组装而成。

**表 11.1　“茶话会芭比”娃娃增加值和获益位置(1996 年)**

| 生产、投入和合同管理 | 价值(美元) |
|---|---|
| 原材料 | 0.65 |
| 　沙特阿拉伯：原油 | |
| 　中国香港：管理、运输 | |
| 　中国台湾：基于原油生产乙烯，为芭比身体生产塑料颗粒 | |
| 　日本：尼龙头发 | |
| 　美国：纸板包装、油漆颜料、铸模 | |
| 生产：中国(工厂、劳动力、电力) | 0.35 |
| 生产费用和协调，以及对外运输：中国香港 | 1.00 |
| 出口价值(出厂价)： | 2.00 |
| 　美国：运输、美国地面交通、批发和零售加价 | 6.99 |
| 　美国：美泰公司(龙头企业：设计、营销) | 1.00 |
| 美国零售价： | 9.99 |

资料来源：Tempest(1996)汇编自美国商务部、中国外经贸部、美泰公司以及香港玩具委员会。

在后续产品层面全球价值链研究中，最经常使用的领头企业例子是苹果公司，该公司有流行的 iPod、iPhone 和 iPad 消费电子设备，以及个人电脑 Macintosh 产品线(Linden et al., 2007, 2009, 2011; Hesseldahl, 2010)。最近，经合组织(2011b，第 40 页)报告调查了零售价约 600 美元的新型苹果智能手机(iPhone 4)的零部件来源，估算得出，194.04 美元的总出厂价格中仅有 6.54 美元(3.4%)是在中国实际增加的，在中国该产品由台湾电子代工制造商富士康组装。这是因为187.50美元(96.6%)的工厂成本来自进口原材料和零部件，大部分是从韩国、美国和德国进口。

对其他电子设备公司的贸易产品分析也得到了类似的结果。例如，一项对2005年惠普笔记本型号(nc6230)的研究显示，没有一个主要零部件来自中国，在中国该笔记本由一家来自台湾的代工制造商组装(Dedrick et al., 2010)。然而，856.33美元的总出厂价格却可以算作中国大陆出口总值的一部分。Ali-Yrkkö等(2010)在其对诺基亚手机的研究中也得了类似的结果。

2005年该产品的出厂成本为856美元。除中国外，图11.1中显示的各国金额是在该国设立的总部企业的投入总成本。中国公司没有投入，因此分配给中国的30美元是对增加值的估算，从"世界其他地方"的投入成本中扣除。

显然，用出口价值衡量中国出口贸易收益极具误导性，以计算增加值来衡量中国经济收益更有意义。增加值的简单估算是营业利润、直接人工工资和折旧的总和。再回到Dedrick等(2010)对惠普笔记本电脑的研究，因为在主要供应商中没有中国企业，中国没有赚得利润(这样就没有与此产品相关的折旧)。这样，直接人工就成为了增加值的唯一来源。在中国发生的组装和测试的成本大部分是工资，即23.76美元，这其中的一部分还会被台湾组装公司留存为利润。一些较小的投入可能在中国得到最终加工，但这通常只占增加值中非常小的比例，在这一案例中不会超过几个美元。在此基础上，Dedrick等人估算中国在此产品上的增加值为30美元。然后，在这个案例中，将出厂价格856.33美元分配给中国高估了其增加值超过2 800%。这是因为工厂成本中的826.33美元(96.5%)是进口原材料和组件，主要从韩国、美国和日本的企业进口(参见图11.1)。

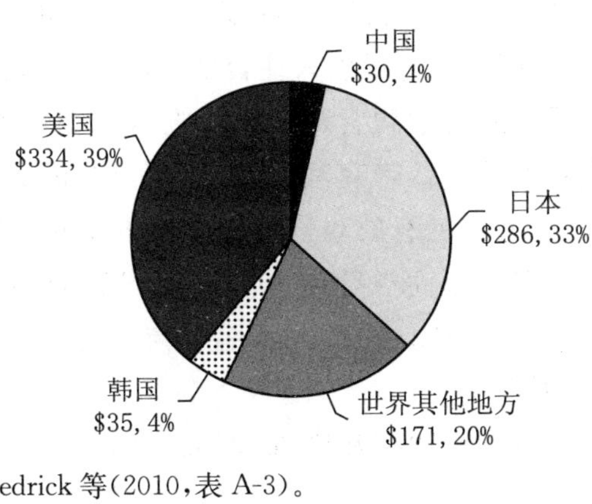


资料来源：基于Dedrick等(2010，表A-3)。

**图11.1　一台惠普笔记本电脑的价值增加地理分布**

从之前对全球价值链的类似研究判断(Sturgeon, 2003)，似乎大多数(如果不是所有的)高价值的部件是由美国惠普设计团队所指定的，根据惠普与其主要零部件供应商直接谈判的条款，通过公司的代工制造商购买。这突出了惠普的强大作用——全球价值链中的“领头企业”——即使该公司可能不是在制品库存的实际所有权者。惠普的角色是作为制造服务和物流服务的买家，产品构思者和营销商，以及全球价值链协调者。而这一角色使惠普从电脑最终销售中获得了大部分利润，在贸易统计中，这其中的大部分甚至完全是看不见的。由此产生了一个难解的方法论问题。为填补这一空白，Linden 等(2009, 2011)从公司总营收中目标产品销售的比例中估算了在上游活动中的增加值和就业，如研发(R&D)和市场营销。这一研究的一项成果是估算美国雇员在全球所有 iPod 相关(从研发到零售)员工的总工资中的份额在 2006 年为 70%，大大高于美国公司在 iPod 硬件全球毛利润中的估算份额。

一般情况下，产品全球价值链研究只考虑沿最终装配上行的一条价值链水平线。然而，子公司可能在第三国生产或购买高价值配件和零部件(例如新加坡和马来西亚是硬盘磁头组件生产的常见地区)。基于大量的产业知识估算增加值的实际地理位置是必须的。在投入产出分析中，产业知识不是必需的，因为任何进口或国内中间投入产品的直接和间接增加值已经被考虑作为估算的一个标准部分。但是，正如下面讨论的，全球价值链分析或许能将增加值的两大要素(工资和利润)的地区分布区别开来，而投入产出分析则不能。

在本章中，产品全球价值链研究的重点是高度流行的消费者电子产品，如苹果、惠普和诺基亚公司的产品。[68]这不是巧合，由于本研究主要依赖于私人咨询公司“分拆报告”的数据，在报告中列出了每个产品中的高价值零部件供应商的清单和名称。这些报告是基于对组件部分的物理分拆和检查。产品层面全球价值链的研究方法难以统一，因为只有最引人注目的产品才有这样的报告。此外，在分拆报告中分析的电子产品通常包含数百个清晰可辨的组件，它们有全球相对透明的价格。最值钱的组件往往带有其制造商的名称，因此可以追溯到它们的生产国。对汽车(有许多型号特有的组件没有公开的价格)或服装产品(其面料可能是由多个地点的许多供应商生产)的研究更难于分解和事后估价。直接向企业要数据是可以的，但大多数公司往往不愿意与研究人员分享这种战略敏感信息，即使确保保密都不行。

尽管将方法扩展到不同行业存在困难，产品全球价值链研究持续增长。即

---

[68] 瑞典国家贸易委员会对鞋业五个案例的研究是一个例外(2007 年)。

使产品全球价值链方法尚未在出版物中作为成果使用，我们已经知道了一些使用该方法研究多种产业的积极研究项目，包括风力涡轮机和其他机械产品、小排量摩托车和女性服饰。为达成连贯性和可比性，需要一种标准化（或者至少是相互兼容）的方法。为了朝这个方向努力，我们在下面提出了一整套产品全球价值链研究的调查要求。我们在这儿设计的最有利方法是假设参与公司的完全合作或强制性遵从。然而这样的遵从可能会很难甚至不可能得到，我们的目标是建立一个最初的高标准，可以在面临实际考虑时作出调整。理想情况下，出厂价格和成本在生产时将直接来自生产企业，或者来自掌握了特定产品物料清单（BOM）数据的某些其他企业办公室。通常物料清单会指定零件号（或其他名称）和每个投入品的成本。产品层面价值增加所需要收集的信息的基础数据要求如图 11.2 所示。

对制成品来说……

产品的样式、型号/库存单位和平均销售价格
当其出厂时的价值（“出厂价”）
“原材料”“人工”和“其他（指定）”占出厂成本的百分比
主要原材料投入列表（无论如何，在许多产品中这占据了 75%—80%的工厂成本），通常在物料清单中（BOM）列明
当产品在生产时，特定时间段内（如 2010 年后期）的组装成本（将投入品转化为最终产品）
在特定时间段内，生产的零件的大致数量
在特定时间段内，向每一类接收对象（如直接销往消费者、代工消费者、分销商、增值经销商、零售商）的发货份额
2010 年分国家或地区（如美国、日本、中国、其他亚洲国家、欧洲、其他北美国家）的发货份额

➡

对每一投入品来说……

简短描述
生产商/供应商名称
生产国家
在特定时间段内，组装该产品公司投入的平均成本（价格）

**图 11.2　产品全球价值链研究需要的基础数据**

首先，需要确定产品，通过其样式和型号或者通过其库存量单位（SKU）号码。随后，采集产品的出厂价格，同时采集内部劳工成本、原材料成本，以及与生产直接相关的其他成本（大部分是管理费用）。然后，采集一张关于最值钱的原材料和其他投入品的列表，该列表可能来源于物料清单。

下一步是估算与最终产品及每一关键投入相关联的边际利润和/或就业。如果该分析扩展到价值链的零售终端，那么还应该分析有关销售渠道的结构和地理分布（图 11.2 中的第 7、8 项）的数据，以及估算零售时的平均销售价格。正如这个简短的描述所示，一个特定产品的分析对数据的要求是相当多的。此外，数据往往很难获得，由于其商业敏感性以及结果很难一概而论，因为结果只代表

了单一产品。

避免针对单个产品或单个公司的方法是使用一个类型产品(如笔记本电脑，二兆瓦风力涡轮机)的平均零部件价值。有时，这类数据可以从愿意与研究者合作的产业协会处获得，由产业协会向其会员要求数据。这些平均价值可以结合定性价值链分析(参见 Gereffi & Fernandez-Stark，2011)，来识别产业中的关键领头公司和主要供应商。有了这些信息，可以构建出产业层面或子行业层面的价值捕获的地理分布估计。此外，虽然该方法尚未被运用于出版物的成果中，但我们已获悉积极使用此法的研究项目。

正如我们之前所提到的，产品全球价值链研究可以补充那些使用官方统计数据的研究工作。例如，Koopman 等(2008)将标准投入产出表与区分加工贸易和正常贸易的信息结合起来，所有信息来源于中国官方。这项研究估计，中国出口总值中大约一半是来自进口品投入，在诸如电子等技术密集型行业则达到 80%。将主要由非中国企业品牌的产品构成的加工贸易看作一个整体，2006 年其中的国外增加值估计为 82%(Koopman et al.，2008，第 19 页)。根据对中国加工生产出口的如 iPod、iPhone、iPad 和类似的消费电子产品等产品层面案例的分析，结果非常客观。

此外，产品层面的方法能够进一步而分离出增加值[69]中的劳动力和利润的构成。以某一日本品牌硬盘驱动器为例，在其被组装到一台笔记本电脑里前，它是在中国由进口零部件组装而成，如上面提及的惠普 nc6230 的笔记本电脑。根据一位硬盘驱动器行业经理的资料，硬盘驱动器装配工资的增加值约占驱动器批发价格 68 美元的 7%(4.76 美元)，而日本公司毛利润的增加值为大约 20%(13.60 美元)。如果硬盘驱动器的所有增加值(即批发价格的 27%，或 18.36 美元)分配给中国(假设驱动器在那里组装)，那么当地增加值则高估了近 300%。另外，如果所有增加值分配给日本，则日本增加值只是高估了 35%，而中国增加值只是被微量低估。从实用主义出发，会考虑限制价值链的层级，而真是从这些层级中才能收集到具体信息，显然更好地是力求把价值分配给设在那些人工成本低的国家的子公司。然而，正好相反，国际投入产出研究会将所有增加值分配给高效率的地方。

研究产品全球价值链需要产业知识，因为这是唯一可以区分增加值中劳动力和利润组成的方法。研究要求知道参与企业总部所在地地点(为了利润核算)

[69] 增加值是销售价格和投入品成本的差值。然而，在实践中，增加值等于利润加工资加上某些会计价值如折旧。

和工厂所在地（为了劳动力成本核算），并必须有一个估算两者比例的方法。国际投入产出研究会默认将所有增加值分配给工厂所在地。尽管面临挑战，研究产品全球价值链值得一试，以动态检验来源于官方数据的世界贸易价值分布核算的可靠性。

研究产品全球价值链的重要性不仅是因为它们提出了在制成品出口中的本地价值会被大大高估，而且还因为出口可能夸大了出口国的技术成就。在发展中国家生产的产品往往在市场和技术方面具有领先优势。因此，当出口被用于衡量工业化能力时，出口产业基地的技术水平和竞争力可能被夸大。不仅大多数技术密集型零部件在工业化国家生产，同时也有“知识工作”和围绕系统级设计、产品战略、市场营销、品牌管理和供应链管理的无形资产。

为什么重要，不仅仅是因为这些活动创造的价值，还因为他们是竞争性绩效、创新和新产业创造中的关键要素：经济发展的基石。甚至，用于生产如笔记本电脑和智能手机等产品的先进生产设备和物流系统都不是“原产于”中国大陆或东亚其他欠发达国家，而是由总部位于中国台湾、韩国和经合组织国家的企业所投入（Steinfeld，2004）。这里包含着重要的政策含义。虽然产品全球价值链研究表明，不仅在大众媒体上，还有在政策界中，中国原创能力对发达经济体所构成的竞争“威胁”可能被极大地高估，但大量出口真实反映了大规模就业的存在，即使它们是基于非原始创新和市场成功。其结果可能是创新和就业之间越来越大的脱节，如果没有导致大规模的经济衰退，也至少会进入未知的水域。

## 3　业务功能调查

有一种普遍蔓延的动态不利于当前企业统计的有效性。一方面，生产日益与服务捆绑在一起。另一方面，从地理角度将价值链分割开来变得越来越容易。因此，将物理投入加到所列产品作为产出不能完全决定增加值。很大程度上是无形的一些“支撑”功能（如研发、销售、市场营销、IT系统）也会形成增加值，同时，像生产一样，这些支撑功能可从企业之外的世界各地的供应商和服务提供商处获得。

因此，全球价值链正在扩大其采购和竞争的领域，超越主要产品，扩大至可能以产业内部和跨产业的普通产品和服务的形式提供的垂直业务功能（水平地，向各种客户）。企业不仅将产品组装外包，提供全球价值链的有形投入（如在产品全球价值链研究中发现的），而且它们越来越多地外包，有时甚至还会将无形服务和支持功能离岸外包。这里面包括信息技术服务、后台工作（如工资单和会计)、电话销售或客户支持中心,甚至工程和研发的组成部分(Dossani & Kenney, 2003; Gereffi & Fernandez-Stark, 2010)。

我们认为,这些趋势需要有一种新的统计分析单位来补充企业的主要活动/行业(即业务功能)和新的调查来获知它们如何起源和量化其价值。对于增加值发生地点的数据收集,业务功能调查是非常理想的,基于以下三个理由。第一,因为它们包含无形服务,支持功能的增加值已被证明是很难获知、分类和量化的。其次,业务功能列表的精简(见专栏 11.1)减少了受访者的负担,同时仍然可生成在各企业、各国、各产业间比较和汇总的数据。事实上,业务功能的方法去掉了货物生产企业和服务生产企业间的任何硬差别(hard distinction)。一个公司的主要产出可能是一个产品或一项服务,但是由企业所做的或不是企业所做的支持功能列阵都大致相同。第三,开创性调查的经验(Brown, 2008)表明,因为业务功能与许多管理者的想法一致并引领他们的工作,因而数据质量会很高。

### 专栏 11.1 用于欧洲国际外包调查的七项业务功能

在欧洲国际外包调查七项业务功能(加上"其他"一栏)采用"根据活动的欧洲中心产品分类"。

**1. 核心/主要业务功能:**指企业为了市场或为第三方生产最终产品或服务,并产生收入。核心业务功能通常代表着企业的主要活动。它也可能包括其他(次要)活动,如果企业认为这是其核心功能的一部分。

**2. 支持业务功能:**进行支持业务功能(辅助活动)是为了允许或促进用于销售的商品或服务的生产。支持业务功能的结果本身不是直接为了销售。在调查中,支持业务功能分为以下几种:

**(a) 分销和物流:**这一支持功能包括运输活动、仓储和订单处理功能。在图表中,"分销"是作为此功能的一个缩写。

**(b) 市场营销、销售和售后服务(包括帮助台和呼叫中心):**这一支持功能包括市场研究、广告、直接营销服务(电话营销)、展览、展销和其他营销或销售服务。它还包括呼叫中心服务和售后服务,如帮助台和其他客户支持服务。在图表中,"市场营销、销售"是作为此功能的一个缩写。

**(c) 信息和通信技术服务:**这一支持功能包括信息技术服务和电信。信息技术服务包括硬件和软件咨询、定制软件的数据处理和数据库服务、维护和维修、网站托管、其他计算机有关服务和信息服务。成套软件和硬件不包含在其中。在图表中,"信息技术服务"是作为此功能的一个缩写。

**(d) 行政及管理功能：**这一支持功能包括法律服务、会计、记账和审计、企业管理和咨询、人力资源管理（如培训和教育、员工招聘、临时人员规定、工资管理、健康和医疗服务）、公司金融和保险服务。采购职能也包括在内。在图表中，“行政”是作为此功能的一个缩写。

**(e) 工程及相关技术服务：**这一支持功能包括工程及相关的技术咨询、技术测试、分析和认证。设计服务也包括在内。在图表中，“工程”是作为此功能的一个缩写。

**(f) 研究与发展：**这一支持功能包括内部研究与实验型发展。在图表中，“研发”是作为此功能的一个缩写。

业务功能分类不仅对追溯增加值产生的机构和地理位置有用，而且对其作为职业类别的一个高级补充也有用，因为根据工作在机构中的一般功能，工作还能被记录。由于业务功能方法将产品和服务聚集到一个有限数量且定义明确的分类中，它已被证明可用于大范围调查。在本章后半部分详述了两个相关例子。

### 3.1 业务功能列表

我们只是刚刚开始开发根据业务功能来收集经济数据的标准方法。在这一章中，我们提供最近和当前的调查实例。

公司或其主要运营单元[70]通常有一个主要产出品，一种货物或服务。在统计学背景下，反映产品产出的这一功能通常决定了企业根据标准化活动/产业代码的行业分类，如国际标准产业分类、欧共体内部经济活动的一般产业分类或北美产业分类体系。通过一个标准而通用的支持功能列表（参见专栏 11.1），业务功能调查补充了基本产出品功能，而不是像通常企业普查那样，在这一主要产出品分类下，统计所有产出品和就业。换句话说，企业层面的数据（如就业、支付工资水平、内部外部和国际采购成本）是为了特定功能而收集的，而不是企业这个整体。在目前为止已开发的业务功能框架中，公司的主要生产性功能已被特指为“生产”（Porter，1985）、“核心功能”（Nielsen，2008）、“运营”（Brown，2008）和“主要”业务功能（Brown & Sturgeon 即将出版）。即使使用了不同的术语，该方法类似于它区分了主要业务功能和一列“支持”功能。

[70] 大公司可能有若干不同的运营单元，各自有不同的产出品。这些运营单元或被称为部门、业务线或业务分割块。对于这样的公司，有时最好是在这一层级收集数据。

从理论上来说,迈克尔·波特开创了业务功能方法。在他1985年的著作《竞争优势》中,他确定了一个包含九个通用业务功能的列表:研发;设计;生产;市场营销和销售;分销;客户服务;企业基础设施;人力资源;以及技术开发。

据我们所知,最早使用业务功能列表来收集经济数据的是由欧洲委员会资助的EMERGENCE项目(Huws & Dahlman, 2004)。该研究采用了七个业务功能来收集有关信息技术相关功能外包的信息,如软件开发和数据处理。业务功能列表的这种特定行业倾向可以简化数据采集并将研究聚焦于特定问题上(如信息技术外包),但是结果不易相比较或与其他数据汇总,并且增加了产生非穷尽清单的风险。当业务功能列表是非穷尽的,它们会遗留下一些未经审查的功能,并妨碍了企业层级对就业或增加值全景的反映。再者,虽然非穷尽业务功能列表对于研究特定业务实践和企业层级特性是有用的,它们不适合使用作为行业和职业分类的简化替代或补充。为了欧盟国际采购调查,开发了一个类似于波特的穷尽列表(Nielsen, 2008),该列表还被加拿大统计局采用来进行2009创新与企业战略调查(SIBS)[71](再次参见专栏11.1)。[72]

业务功能数据可被用于预告各种各样的研究和政策问题。例如,它们可以被用于描述被调查企业的业务功能模式(即由各项功能的就业或成本/收入反映的结构设计),用于收集各项功能的工资数据,作为就业详细数据的高等级替代,以及对本书目标尤其重要的是,用于审查企业层级的国内和国际采购(增加值)模式。潜在地,通过严重资源约束的设置,业务功能列表可补充,甚至部分替代,构成投入产出表的特定产业产品的长列表。业务功能方法的主要优势是其鉴别和测量公司内支持活动以及其他无形资产(研发或客户服务能力)的潜力,可非常容易地跨部门和跨国家相互比较。

### 3.2 使用业务功能调查来收集外部和国际外包数据:欧盟统计局国际外包调查

本节提供了2007年欧洲统计局国际外包调查中的业务功能数据的一些案例(Nielsen et al., 2008)。结果表明,业务功能调查可以为复杂而难以研究的专题(如国际外包)提供方便。

---

[71] 参见 http://www.ic.gc.ca/eic/site/eas-aes.nsf/eng/h_ra02092.html。

[72] 相比之下,EMERGENCE项目中的列表(Huws & Dahlman, 2004)和由"离岸外包研究网络"为发现研发类离岸外包最近开发的一个列表并没有包含企业主要运营功能的类别,而是使用一个常见外包功能的列表(产品开发、IT服务、后台功能、呼叫中心等)。这种非详尽列表无法提供对企业架构或采购模式的全景。

这项调查是2007年在12个欧洲国家进行的一项临时性经济调查，涵盖所谓的非金融企业经济。调查询问了欧洲公司在这2001—2006年间所做的外包决策。调查重点为大型企业，因为跨国企业集团被认为是国际外包的关键玩家和驱动力。下限是该企业雇用了100或100个以上的员工，虽然有些国家的统计局决定降低门槛，下限为拥有50个或50个以上的员工。基于数据的可获得性，本章将使用4—12个欧洲国家的信息。这项调查并没有要求被调查者对他们的外部和国际外包进行量化，只需要表明他们是否做出了这样的选择（然而，随后的业务功能调查根据业务功能量化了采购价值，我们将在后面的章节看到）。

对于图11.3中列出的12个欧洲国家，“2007年欧洲统计局国际外包调查”发现，拥有100个或100个以上员工的企业中的16%向国外外包一个或多个业务功能。在爱尔兰和英国企业中超过两倍（分别为35%和38%）。两个小型开放的北欧经济体—丹麦（25%）和芬兰（22%）也显著高于平均水平。德国（13%）略低于平均水平。图11.3展示了研发功能和工程功能的国际外包频率。

国际外包最频繁的业务功能是核心（主要）功能。有趣的是，核心业务功能是唯一的一个国际外包多于国内外包的功能。在丹麦等高收入国家的制造业公司中，尤其是这样。

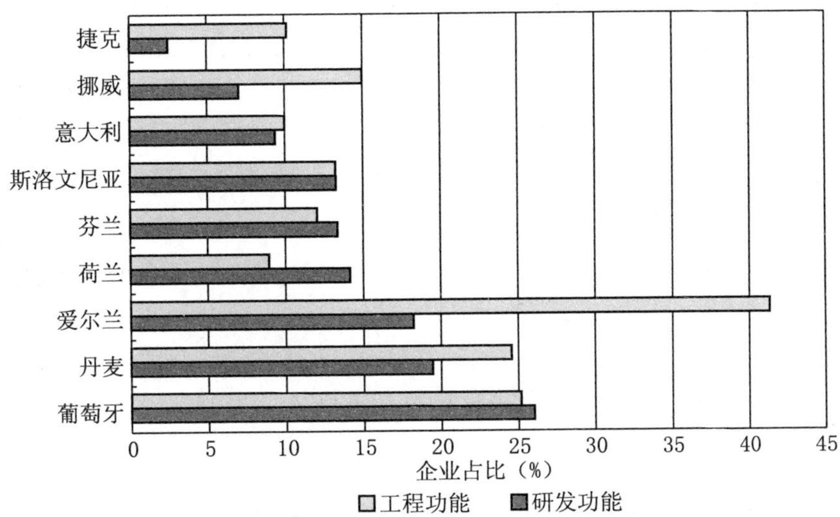


资料来源：欧洲统计局报告数据，http://epp.eurostat.ec.europa.eu/statistics_explained/index.php/Global_value_chains_-_international_sourcing_to_China_and_India。

**图11.3　指定欧洲国家的企业的国际外包研发功能和工程功能，2001—2006**

在表11.2的4个北欧国家中，研究发现，30%—40%的受访公司决定以国际外包来支持各项功能。制造型企业从国际上外包各种支持功能,但工程、分销和信息通信技术功能是最常见的。与制造型企业相比,服务型企业更可能于将其核心功能保留在内部,而在国际外包支持功能,如表 11.3 所示。对于服务型企业而言,最经常国际采购的功能模块是信息通信技术 ICT 和管理。

**表 11.2 特定欧洲国家制造型企业业务功能国际外包,2001—2006:企业采用国际外包比例(%)**

| | 丹麦 | 芬兰 | 荷兰 | 挪威 |
|---|---|---|---|---|
| 核心/主要功能 | 70 | 71 | 73 | 60 |
| 分销 | 20 | 21 | 17 | 13 |
| 市场营销和销售 | 12 | 23 | 15 | 13 |
| 信息通信技术服务 | 17 | 21 | 25 | 12 |
| 行政 | 9 | 14 | 19 | 11 |
| 工程 | 22 | 11 | 7 | 17 |
| 研发 | 14 | 10 | 15 | 7 |
| 其他功能 | 5 | 2 | 2 | 20 |

注:拥有 50 人或以上的企业,除荷兰是覆盖 100 人或以上的企业。
资料来源:Nielsen(2008)。

**表 11.3 特定欧洲国家服务型企业业务功能国际外包,2001—2006:企业采用国际外包的比例(%)**

| | 丹麦 | 芬兰 | 荷兰 | 挪威 |
|---|---|---|---|---|
| 核心/主要功能 | 28 | 39 | 42 | 16 |
| 分销 | 28 | 18 | 27 | 7 |
| 市场营销和销售 | 24 | 28 | 10 | 27 |
| 信息通信技术服务 | 41 | 33 | 27 | 42 |
| 行政 | 30 | 30 | 25 | 37 |
| 工程 | 17 | 9 | 4 | 11 |
| 研发 | 17 | 21 | 11 | 7 |
| 其他功能 | 6 | 10 | 3 | 12 |

注:拥有 50 人或以上的企业,除荷兰是覆盖 100 人或以上的企业。
资料来源:Nielsen(2008)。

### 3.3 用业务功能调查来揭示国际外包与就业之间的关系

国际外包主要被认为是低技术工人失业的驱动,特别是在如产品组装这样的劳动密集型制造活动中。事实上,正如我们刚才所示,2007 年欧洲统计局国际外包调查发现,制造型企业相比其他企业更可能融入国际。为什么有些工作容易受到国际外包的影响,而其他工作相对少受影响?经济学家基于职业或工作特点，已经开发了各种手段来确定工作的“离岸外包”(Kletzer, 2009; Blinder & Krueger, 2009)。在这种方法的一个例子中，调查受访者被直接询问了关于将他们的工作远程执行的困难性(Blinder & Krueger, 2009)。基于工人对其工作任务的描述，研究人员通过让专业程序员对每一职业的“离岸外包性”进行评级，判断每一工作是怎样“可离岸外包的”。另一个例子，根据职业的“离岸外包属性”，确认了“可能受到外包的影响”美国职业的一个列表(三位数)，这些属性包括使用信息和通信技术、使用高度汇编信息和面对面沟通的程度(van Welsum & Reif, 2009)。

根据工作受贸易影响的程度，由 Jesen 和 Kletzer(2006)开发的可移动性指数(“M 指数”)是将工作分类的最复杂尝试。M 指数使用的是职业信息网络(O＊NET)数据库[73]中的详细工作描述，描述了面对面客户沟通程度、汇编信息的使用和特定职业中的互联网工作流程的出现。根据 O＊NET 的工作描述和研究人员对该工作可移动性的特征表述，他们为每一个六位职业编码分配一个值。M 指数根据 11 种工作特征分为两类：信息成分(例如信息获取、加工、分析；互联网驱动)和工作流程(例如面对面沟通；直接与公众合作或工作；决策和解决问题的日常工作)。一个类似的概念藏在“任务贸易”的文献中，这一概念也使用 O＊NET 的描述来判断哪些工作任务容易受到搬迁的影响(例如，Grossman & Rossi-Hansberg, 2012)。

但是，在地域广泛而在运营上却是一体化的生产网络背景下，使用单一任务和工作类别作为分析单元来判断分块和迁移工作是带有根本性缺陷的概念。关于企业如何建立全球价值链的定性实地研究表明(例如，Dossani & Kenney, 2003; Berger et al., 2005)，外包和离岸外包的过程大部分都不是由单个工作向远程或外部供应商转移。虽然这是有可能的[74]，单个任务甚至更不可能。更常见的是从事相关活动的大团体员工的外包(可能是离岸外包)，如制造、应付账款或售后服务。换句话说，更可能是企业职能会被外包，而不是单个的工作和任务。任务、工作和职业的特性(默认性 VS.可编撰性)可能远不如国内国外运营间联系的特性重要，即是否指令和要求可以方便而清楚地传送到远程工作站点，以及易于将输出转移到价值链下一位置。业务功能可能需要大量默认信息的交换，但只要这些交换发生在工作组内以及流入和流出信息流可被编纂和有效地传输，则该功能可以很容易被外包和离岸外包，在所有其他因素相同的情况下(例如，

[73] O＊NET，原为职业称谓字典(DOT)，是美国劳动统计局的主要职业信息来源，参见 https://onet.rti.org/。

[74] 例如，根据客户的问题或对公司的价值，客户服务的来电有时会分配到不同地点的呼叫中心(Askin et al., 2007)。

根据 Gereffi et al.,2005,在供应基地需要有足够的能力来承担这个功能)。

公平地说,并非所有关于贸易任务的文献掉进了同等看待工作特性与“离岸外包性”的陷阱。Lanz 等(2011)的研究通过 O*NET 数据库中的 41 项任务和根据职业和产业划分的就业信息相结合来估计货物和服务的任务内容。研究发现,可以数字化和外包的任务往往与不能数字化和外包的任务互补。

从业务功能调查中的就业找到了什么证据?2007 年欧盟统计局国际外包调查发现,所有受调查的制造业企业中的 20%—25%采用国际外包,相比其他经济部门中所有企业的 10%会采用国际外包。然而,对于国际外包导致的欧洲就业岗位的忧虑超过了制造业岗位和知识密集型岗位流失的忧虑。调查显示,如图 11.3 所示,在 2001 年至 2006 年期间采用国际外包的企业中约 10%—15%采购了研发功能。

一项对 2000—2007 年间丹麦企业层面就业模式的分析,使用了 2007 年欧盟统计局国际外包调查和丹麦结构业务统计登记的企业层级链接数据,分析发现纯国际外包核心功能的企业和纯国际外包支持功能的企业存在差异(参见图 11.4)。分析结果显示,在纯国际外包其核心功能的企业的员工数量有相当大的下降——在 2007 年指数下降至 93——相比那些纯国际外包支持功能的企业,其就业指数增加至 108。无国际外包企业的就业增长更快,指数达到 125。当对制造型企业进行单独分析时,这种模式更为明显。纯国际外包核心活动制造型企业失去了最多数量的员工,在 2007 年指数下降至 86。

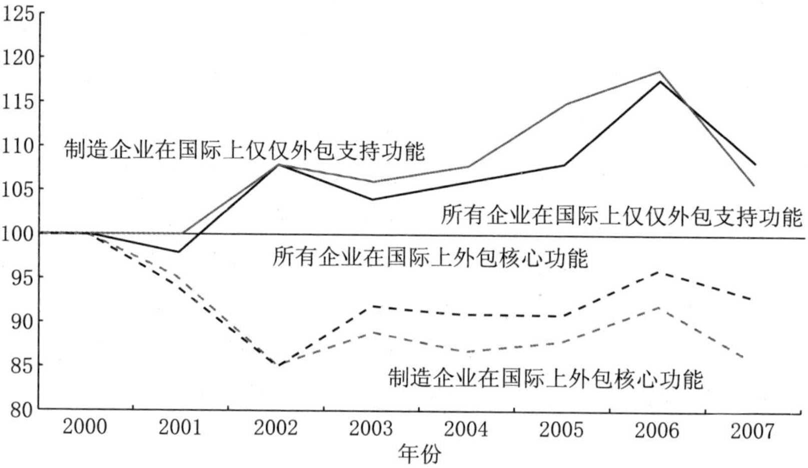


注:基于全职员工当量的中位数。2000 年为基数 100。
资料来源:Nielsen 和 Tilewska(2011)。

**图 11.4 不同类型国际外包功能就业趋势,丹麦,2000—2007**

### 3.4　基于业务功能调查的增加值量化：2011 年全国组织架构调查

基于广泛实地访谈的经济学理论和研究表明，管理者经常尝试各种“制造”或“购买”的选择，以及近岸或离岸外包的选择(Bradach & Eccles, 1989; Berger et al., 2005)。内部能力和外包成本的量化是很重要的，因为公司可以并经常地对特定业务功能的内部能力和外包进行组合。例如，当内部生产力已经被充分利用之时，主要业务功能(如组件制造或组装)可以外包。或者，公司从战略角度实现内部能力和外包的结合，譬如，在成本、质量或反应速度(Bradach & Eccles, 1989)。内部能力和外包相结合可能是外包的一个过渡性阶段，将工作带回内部(有时称为内包)，或建立新的内部能力，随着时间推移，可收集到定量数据来捕捉这些趋势。

地理位置也是一样。管理者可以决定将业务功能放置在近处或远处，高成本或低成本地区，靠近客户、供应商、专门的劳动市场等等，有时他们会将这些方法和动机组合起来。图 11.4 抓取了管理者在组合考虑工作的组织架构和地理位置的四个选择：

(1) 内部国内(在欧洲术语中为“国内内包”)；

(2) 内部离岸或外国附属(在欧洲术语中为“国际内包”)；

(3) 国内外包。

(4) 离岸外包(在欧洲术语中为“国际外包”)

那么，研究全球价值链的关键问题不是管理者选择了四个选项中的哪一个，而是他如何将选项组合起来。

**表 11.4　组织架构和离岸外包：四种可能性**

| 组织架构 | 区位：国内 | 区位：国际 |
|---|---|---|
| 内部：企业或企业集团内部功能 | 欧洲术语：国内内包<br>美国术语：内部国内<br>在编撰国内的企业或企业集团进行的功能 | 欧洲术语：国际内包<br>美国术语：内部离岸<br>在编撰国外部的企业或企业集团进行的功能(由附属企业进行) |
| 外部：企业或企业集团外部功能 | 欧洲术语：国内外包<br>美国术语：国内外包<br>在编撰国内部在企业或企业集团外部，由非附属企业进行的功能 | 欧洲术语：国际外包<br>美国术语：离岸外包<br>在编撰国外部，在企业或集团外部进行的生产(由非附属企业进行，例如供应商、服务提供商、合同商) |

资料来源：基于 Nielsen(2008)。

2011 年全国组织架构调查收集了关于业务功能的就业、工资和外包的定量信息，该调查由美国国家自然科学基金资助[75]。本研究的目的是对具有外包和离岸外包特征的国内就业产生直接比较。2011 年全国组织架构调查向具有代表性的美国企业样本，加上最大型美国企业的样本进行在线和电话调查。调查包括两个随机样本：代表与社会总调查有关的美国总就业的 900 家企业，以及在美国最大型公司中选出的 975 家大公司样本（从 2009 年“财富 1 000 强企业”中选出），此后称其为 F1K。对于这些大公司，使用业务分部（也被称为部门或业务线），而不是企业作为一个整体，是因为这些子单元的管理通常具有一定的独立性，有时与同一公司的其他分部生产非常不同特点的产品（如金融产品对比工业制成品）。这种双重抽样纳入所有规模的公司/业务分部，也提供了可能进行全球参与的公司的一个更大的样本（即 F1K）。在减去重复和外资企业后，整体回复率为 30%，可根据公司规模进行比较。

在 2011 年全国组织机构调查 NOS 调查中，关于业务功能的问题显然易于被大小企业、非盈利和公共组织机构的高级管理人员所理解和回答。[76]高级管理人员能够根据其“最佳估算”来量化各业务功能的岗位数量、工资范围和外包地点。例如，在 336 个已完成的调查中，只有 4.5%的（15 位）受访者对于在其组织机构中各业务功能的美国总雇员的百分比这一问题表示“不知道”。其中，有 12 人能够提供关于每个功能的就业范围信息（例如：1%—10%，11%—30%），只有 3 人无法回答问题。该调查还提问了关于外包占成本的百分比，无论是货物销售成本或服务销售成本，被称为“销售成本”（参见图 11.5）。这一问题也受到了受访者的欢迎，也是根据他们的“最佳估算”。

这里，我们介绍一下该研究的一些初步结果。首先，表 11.5 列出了调查中的四种类型美国机构的八种业务功能的成本百分比：

(1) F1K 业务模块；

(2) 盈利型公司（非 F1K）；

(3) 非盈利型企业和机构，如宗教机构和医院；以及

(4) 公共部门机构，如本地、州和联邦政府机关。

---

[75] 参见美国科技政策办公室网站，http://www.scienceofsciencepolicy.net/award/national-survey-organizations-study-globalization-innovation-and-employment。

[76] “成本”定义如下。对于制造型企业而言，出售货物成本（COGS）有原材料、劳工和工厂管理费用。对于零售企业而言，COGS 是企业支付购买用于出售给客户的货物的那部分。对于服务企业而言，COGS 是直接应用于服务的人员或机器的成本，通常被会计人员称为“销售成本”。对于咨询公司而言，举例来说，销售成本是支付给咨询师的津贴加上研究、复印和报告制作及演示的成本。对于公共组织机构而言，成本通常在其经营预算内被定义。

国家组织机构调查

考虑相同的功能，现在我们将询问你一些关于贵机构如何架构的问题。在每一功能分类，我们想知道该功能工作是在何处完成，是在贵机构内或是由外包服务提供商完成，在美国还是在国外。对于每一项功能，请标明在2010年每一地点的成本百分比。请指出在2010年内在每个下述地点PLG零售所产生的**成本百分比。**

（每一项功能的地点应合计100%）

| | 由贵机构完成？ | 由独立供应商或供应商们（未占10%或以上所有权）完成？ | 由贵机构的外国附属机构（占10%或以上所有权）完成？ | 由独立供应商或供应商们（未占10%或以上所有权）完成？ | 合计 | 不适用 |
|---|---|---|---|---|---|---|
| | 国内 | 国内 | 国外 | 国外 | | |
| 基础业务功能 | 100 | | | | 100 | |
| 产品、服务或科技的研发 | 100 | | | | 100 | |
| 销售和市场营销 | 100 | | | | 100 | |
| 运输、物流和分销 | 100 | | | | 100 | |
| 客户和售后服务 | 90 | | | 10 | 100 | |
| 管理、行政和后勤办公室功能 | 100 | | | | 100 | |
| 信息技术系统 | | 100 | | | 100 | |
| 设备维护和修理 | 100 | | | | 100 | |

业务功能和其他定义点击这里
进度－50%

如您有任何问题，请在太平洋时间星期一至星期五上午九点至下午五点拨打电话1-877-737-5782分机286

常见问题

返回　　下一步

资料来源：全国组织机构调查。

**图11.5 根据业务功能划分的外包和离岸外包数据采集网格**

**表11.5 各业务功能和组织机构类型的雇员平均份额（2001年12月）（美资企业美国运营）**

| | F1K | 盈利型非F1K | 非盈利型 | 公共部门 | 所有案例 |
|---|---|---|---|---|---|
| A 基础业务功能 | 49.1 | 61.3 | 66.8 | 68.3 | 60.1 |
| B 管理、行政和后勤办公室 | 9.6 | 9.6 | 14.5 | 11.4 | 10.6 |
| C 销售和市场营销 | 11.9 | 7.3 | 2.7 | 1.3 | 6.6 |
| D 客户和售后服务 | 8.2 | 6.5 | 4.4 | 2.8 | 5.8 |
| E 运输、物流和分销 | 6.6 | 5.2 | 2.7 | 4.7 | 5.2 |
| F 产品、服务或科技的研发 | 7.7 | 4.4 | 2.1 | 2.3 | 4.6 |
| G 设备维护和修理 | 2.4 | 2.9 | 4.2 | 5.2 | 3.5 |
| H 信息技术系统 | 4.0 | 2.4 | 2.4 | 3.5 | 3.1 |
| 平均规模（美国雇员） | 15 022 | 1 616 | 2 333 | 4 217 | 6 272 |
| 案例数量（$n$） | 99 | 109 | 39 | 85 | 332 |

资料来源：2011年国家组织机构调查，初级，2012年3月17日。

总之，基于雇员情况，样本 2 到 4 包括全国代表性组织机构的样本。

在这四种机构类型中，平均来说，在雇员分配上有明显差异。在表 11.5 中，我们可以看到，把 F1K 公司与其他盈利型公司相比较，平均来说，F1K 公司在其基础业务功能中有较少的员工，在研发和销售营销功能中有较多的员工。

图 11.6 显示了之前在表 11.5 和图 11.5 中讨论和展示的组织架构和区位的四种组合八项业务功能成本分拆。该研究的一个惊人发现是在所有业务功能中，平均下来如此低水平的国际外包，最高的是销售和营销（国际外包占功能成本的 7%）以及客户服务和售后服务（国际外包占功能成本的 6%）。在美国，企业和其他组织机构倾向于在内部完成其大部分业务功能。平均来说，国内外包最多的功能是维修设施（占功能成本的 13.5%）、信息技术系统（占功能成本的 12%）以及运输和物流服务（占功能成本的 9%）。平均而言，样本中的所有公司在国内外包上只花了基本功能成本的 3%，在国际外包上花了基本功能成本的 5%。

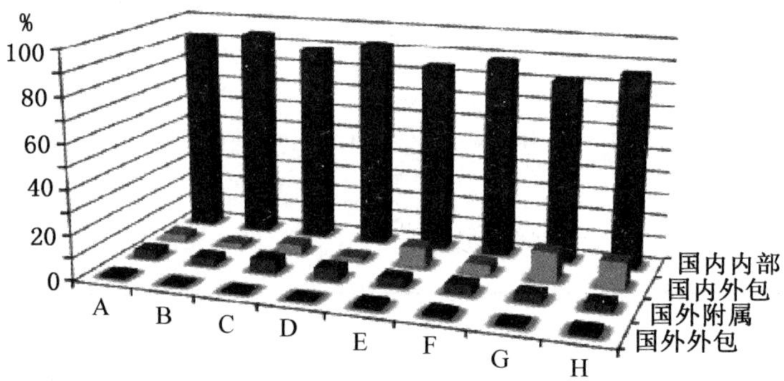


注：横坐标类型在表 11.5 中定义。
资料来源：全国组织机构调查，初级，2012 年 3 月 17 日。

**图 11.6　业务功能的位置占销售货物或服务成本的百分比（所有例子，$n=360$）**

美国企业的全球参与与欧洲企业相比似乎是大致相当，或是稍常见一些。回顾《2007 年欧盟统计局国际外包调查》发现，所有受调查制造企业中的 20%—25%进行国际外包，相比经济中其他部门所有企业为约 10%。全国组织机构调查数据的初步分析并未突破将制造型企业进行单独分析，但全国组织机构调查中 191 个回答问题的盈利型企业中，24%至少有一些国内外包基础功能，而 30%在海外外包了其基础功能的一部分（其中 26%从其外国子公司，15%从海外供应商，11%以上两样都是）。需要做更多分析来对各个调查做出直接对比（2007 年欧盟统计局国际采购调查并未包括员工人数少于 100 的公司，或在一些国家少于 50 名员工的公司，并且涵盖的是较早的时期，2003 年至 2006 年，相对 2010 年日历年来说），结果似乎大体上是一致的。

当在全国组织机构调查中只考虑最大的公司时，来自美国的情况有变化。当 F1K 业务分部被分割开来，并与图 11.7 和图 11.8 中的其他盈利型公司相比较，F1K 公司显示了高很多的国际外包水平，特别如同预期地通过国外分支机构。有趣的是，非 F1K 盈利型公司在三大功能领域比 F1K 公司的国内外包水平要高：运输、设施维护和信息技术服务。

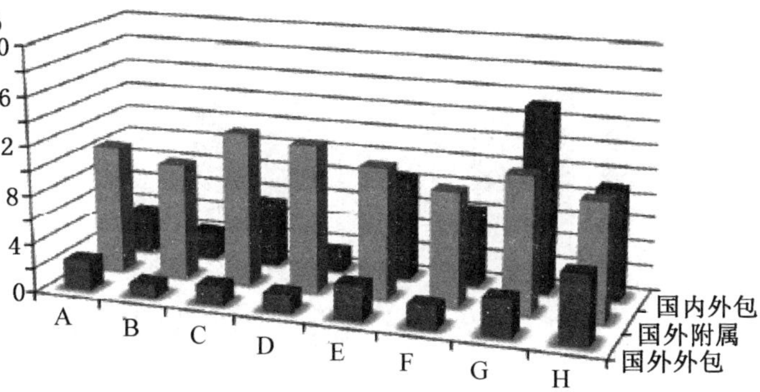


注：横坐标类型在表 11.5 中定义。
资料来源：全国组织机构调查，初级，2012 年 3 月 17 日。

**图 11.7　外包/离岸外包业务功能位置占销售货物或服务成本的比例（F1K，$n=86$）**

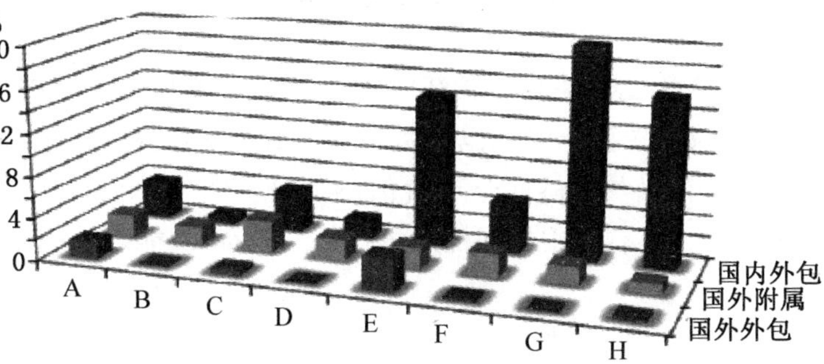


注：横坐标类型在表 11.5 中定义。
资料来源：全国组织机构调查，初级，2012 年 3 月 17 日。

**图 11.8　外包/离岸外包业务功能位置占销售货物或服务成本的比例：私营部门非 F1K，$n=104$**

最后，我们介绍一下从全国组织机构调查的 58 个案例中得出的初步结果，这些案例都参与了国际外包（通过附属公司、独立供应商或两者都有）并回答了关于所使用离岸区位类型的问题：那些成本等于或大于美国，略低于美国或比美国低得多。图 11.9 的结果呈现了那些成本等于或大于美国的地区的巨大国际外包份额。这意味着国际外包的主要动机是获得熟练劳动力和先进的县级产品市场,而不是低成本和新兴市场。这也反映了位于美国的公司长期以来的投资外包和其他业务关系,特别是与加拿大和西欧的业务关系。其次重要的是比美国成本低得多的国家。成本比美国略低的国家的国际外包水平相当低,这可能有助于解释中等收入国家(如拉丁美洲对比东亚)在处于全球价值链低端水平,造成一些发展中国家的"中等收入陷阱"的原因(Giuliani et al., 2005; Rodrik, 2007)。

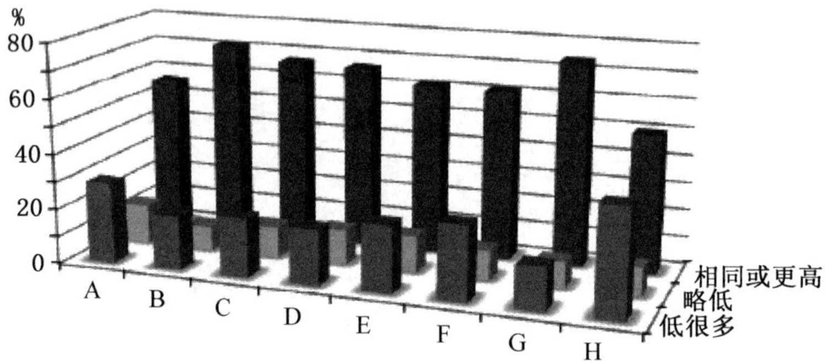


注:横坐标类型在表 11.5 中定义。
资料来源:国家组织机构调查,初级,2012 年 3 月 17 日。

**图 11.9　外包/离岸外包的业务功能的位置占销售货物或服务成本的百分比:私营部门非 F1K, $n=104$**

这些初步的研究结果表明,尽管在学术文献和媒体报道中有关于经济全球化、全球价值链以及服务工作的外包和离岸外包的忧虑,这些做法实际上在美国组织机构中远远没有普及。然而全球价值链却是真实的并正在成长,它们可以说是处于起步阶段。只有使用相同框架进行后续调查,才能对趋势做出判断。

## 4　结论

可扩展、可对比的数据是迫切需要的,用于建立准确的价值增加位置和国际采购模式的中观层次描述。一方面,试图将宏观统计数据和投入产出表组合成较大的跨境矩阵,但过于集中无法提供可靠、详细的产业层面估算,并且也很难延伸至发展中国家,在那儿投入产出数据欠发达或者完全缺失。另一方面,在想要得到产业或国家层面综合数据的大规模调查中收集产品层面全球价值链数据是不可行的,主要是因为它为受访者和数据机构带来了太多负担,该问题由于数据的战略敏感性而加剧。业务功能调查可以帮助填补这一空白。

开发与新业务调查相衔接的国际标准的重要性不可夸大其词。全球一体化首先是一个跨境现象，需要收集互相兼容的数据（倘若不是完全一样的数据）来理解这个现象，需要协调、持续、反复的努力。发展中国家加入进来是必不可少的。

同时，为了设定负优先（比如，减少收集变量的数量，改变调查频率或放弃调查），现有的数据采集项目需要不断进行评估，在不增加受访者整体负担的前提下，为调查新出现问题的新调查腾出空间。目前，官方商业统计数据处于相当大的压力下，部分是为了减轻受访者的负担，部分原因是受制于预算。即使在这样的条件下，重要的是要确定非常重要的新兴议题来理解当前经济发展的结构和动态，这些是没有官方统计数据证明的。此类证据可以部分地通过设计对企业没有额外负担的方法所建立，例如微观数据链接和投入产出表的建立。但旨在对受访者负担最小的新调查，如业务功能调查，也必须系统性地展开。理想情况下，全球性数据采集工作可以依靠自动报告系统，减少组织机构的负担，同时提高准确性。虽然这些目标需要时间并且难以实现，现在需要的是经过商定且协调一致的努力。

## 参考文献

Aksin，Z.，M.Armony and V.Mehrotra，“The Modern Call Center：A Multi-Disciplinary Perspective on Operations Management Research，” *Production and Operations Management* 6，2007.

Ali-Yrkkö，J.，P.Rouvinen，T.Seppälä and P.Ylä-Anttila，“Who Captures Value in Global Supply Chains? Case Nokia N95 Smart Phone，” ETLA Discussion Papers 1240，Feb. 2010.

Arndt，S.，and H.Kierzkowski eds.，*Fragmentation：New Production Patterns in the World Economy*，Oxford University Press.

Bair，J.，“Global Commodity Chains：Genealogy and Review，” in *Frontiers of Commodity Chain Research* (ed. J.Bair)，Stanford，CA：Stanford University Press，2009.

Berger，S.，and the MIT Industrial Performance Center，*How We Compete*，New York：Doubleday，2005.

Bernard，A.B.，J.B.Jensen，and P.K.Schott，“Importers，Exporters and Multinationals：A Portrait of Firms in the US that Trade Goods，” NBER Working Paper 11404，2005.

Bernard，A.B.，J.B.Jensen，and P.K.Schott，“Survival of the Best Fit：Exposure to Low-Wage Countries and the(Uneven) Growth of US Manufacturing Plants，” *Journal of International Economics* 68，2006，pp.219—237.

Blinder，A.，and A.Krueger，Alternative Measures of Offshorability：A Survey Approach. National Bureau of Economic Research，Working Paper 15287，2009.

Borrus, M., D.Ernst, and S.Haggard eds., *International Production Networks in Asia*. London and New York: Routledge, 2000.

Bradach, J., and R.Eccles, Price, "Authority, and Rust: From Deal Types to Plural Forms," *Annual Review of Sociology* 15, 1989.

Brown, C., and T.Sturgeon(forthcoming), "The Outsourcing and Offshoring Practices of United States Organizations," IRLE Working Paper, University of California and Berkeley.

Brown, S., "Business Processes and Business Functions: A New Way of Looking at Employment," *Monthly Labor Review* December, 2008.

Brülhart, M., "An Account of Global Intra-industry Trade, 1962—2006," *World Economy* 32(3), 2009.

Cattaneo, O., G.Gereffi, and C.Staritz, *Global Value Chains in a Postcrisis World: A Development Perspective*, Washington, DC: The World Bank, 2010.

Commission of the European Communities, The Competitiveness of Business-Related Services and Their Contribution to the Performance of European Enterprises, 2003.

Dean, J., K.C.Fung, and Z.Wang, Measuring the Vertical Specialization in Chinese Trade. US International Trade Commission, Office of Economics Working Paper 2007-01-A.

Dedrick, J., K.Kraemer, and G.Linden, "Who Profits from Innovation in Global Value Chains? A Study of the iPod and Notebook PCs," *Industrial and Corporate Change* 19 (1), 2010.

Dixit, A., and G.Grossman, "Trade and Protection with Multistage Production," *Review of Economic Studies* 49(4), 1982.

Doh, J., "Offshore Outsourcing: Implications for International Business and Strategic Management Theory and Practice," *Journal of Management Studies* 42(3).

Dossani, R., and M.Kenney, "Lift and Shift: Moving the Back Office to India," *Information Technologies and International Development* 1(2), 2003.

Escaith, H., N.Lindenburg, and S.Miroudot, International Supply Chains and Trade Elasticity in Times of Global Crisis. Report. Economic Research and Statistics Division, World Trade Organization, January 30, 2010.

Feenstra, R., "Integration of Trade and Disintegration of Production in the Global Economy," *Journal of Economic Perspectives* 12(4), 1998.

Fröbel, F., J.Heinrichs, and O.Kreye, *The New International Division of Labor*, Cambridge University Press, 1980.

Gereffi, G., "The Organization of Buyer-Driven Global Commodity Chains: How US Retailers Shape Overseas Production Networks," in *Commodity Chains and Global Capitalism* (eds. G.Gereffi and M.Korzeniewicz), 1994, pp.95—122.

Gereffi, G., "International Trade and Industrial Upgrading in the Apparel Commodity Chain," *Journal of International Economics* 48(1), 1999.

Gereffi, G., and M.Korzeniewicz eds., *Commodity Chains and Global Capitalism*, Westport, CT: Praeger, 1994.

Gereffi, G., J.Humphrey, and T.Sturgeon, "The Governance of Global Value Chains," *Review of International Political Economy* 12(1), 2005.

Gereffi, G., and K. Fernandez-Stark, The Offshore Services Value Chain: Developing Countries and the Crisis, World Bank Policy Research Working Paper 5262, Apr. 2010.

Gereffi, G., and K. Fernandez-Stark, *Global Value Chain Analysis*: *A Primer*. Durham, NC: Center on Globalization, Governance and Competitiveness (CGGC), Duke University, 2011.

Giuliani, E., C. Pietrobelli, and R. Rabellotti, "Upgrading in Global Value Chains: Lessons from Latin American Clusters," *World Development* 33(4), 2005.

Grossman, G., and E. Rossi-Hansberg, "The Rise of Offshoring: It's Not Wine for Cloth Anymore," *The New Economic Geography*: *Effects and Policy Implications*, 2006, pp. 59—102. Jackson Hole, WY: Federal Reserve Bank of Kansas City.

Grossman, G. and E. Rossi-Hansberg, "Trading Tasks: A Simple Theory of Offshoring," *American Economic Review* 98(5).

Grossman, G. and E. Rossi-Hansberg, "Task Trade between Similar Countries," *Econometrica* 80(2), 2012.

Grunwald, J., and K. Flamm, *The Global Factory*. Washington, DC: Brookings Institution, 1985.

Henderson, J., P. Dicken, M. Hess, N. Coe, and H. Yeung, "Global Production Networks and the Analysis of Economic Development," *Review of International Political Economy* 9(3), 2002.

Hesseldahl, A., "The iPad: More than the Sum of Its Parts; $270 More, Actually," *Bloomberg Business Week*, February 22, 2010.

Houseman, S., "Offshoring and Import Price Measurement," *Survey of Current Business*, Feb. 2011.

Hummels, D., J. Ishii, and K.-M. Yi, "The Nature and Growth of Vertical Specialization in World Trade," *Journal of International Economics* 54(1), 2001.

Humphrey, J., and H. Schmitz, "How Does Insertion in Global Value Chains Affect Upgrading in Industrial Clusters?" *Regional Studies* 36(9), 2002.

Huws, U., and S. Dahlmann, Outsourcing of ICT and Related Services in the EU: A Status Report. European Foundation for the Improvement of Living and Working Conditions. Luxembourg: Office for Official Publications of the European Communities. URL: http://www.eurofound.europa.eu/emcc/publications/2004/ef04137en.pdf, 2004.

Jensen, J.B., and L. Kletzer, "Tradable Services: Understanding the Scope and Impact of Services Offshoring," in *Brookings Trade Forum 2005*, *Offshoring White-Collar Work* (eds. S. Collins and L. Brainard), Washington, DC: Brookings Institution Press, 2006.

Kaplinsky, R., *Globalization*, *Poverty and Inequality*, Cambridge, UK: Polity Press, 2005.

Kawakami, M., "Inter-Firm Dynamics of Notebook PC Value Chains and the Rise of Taiwanese Original Design Manufacturing Firms," in *The Dynamics of Local Learning in Global Value Chains*: *Experiences from East Asia* (eds. M. Kawakami and T.J. Sturgeon), Chapter 2. London: Palgrave Macmillan, 2011.

Kletzer, L., "Understanding the Domestic Labor Market Impact of Offshore Services

Outsourcing: Measurement Issues," in *Measurement Issues Arising from the Growth of Globalization*(*ed.* W.E.Upjohn), Washington, DC: Institute for Employment Research and the National Academy of Public Administration, 2009.

Koopman, R., Z.Wang, and S.-J. Wei, "How Much of Chinese Exports is Really Made in China? Assessing Domestic Value-Added When Processing Trade Is Pervasive," NBER Working Paper 14109, 2008.

Krugman, P., "Increasing Returns and Economic Geography," *Journal of Political Economy* 99, 1991.

Lall, S., "The Technological Structure and Performance of Developing Country Manufactured Exports, 1985—1998," *Oxford Development Studies* 28(3), 2000.

Lanz, R., S.Miroudot, and H.Nordås, "Trade in Tasks," OECD Trade Policy Working Paper 117, 2011.

Lewin, A., S.Massini, and C.Peeters, "Why Are Companies Offshoring Innovation? The Emerging Global Race for Talent," *Journal of International Business Studies* 40(6), 2009.

Linden, G., K.Kraemer, and J.Dedrick, "Who Captures Value in a Global Innovation System? The Case of Apple's iPod," Personal Computing Industry Center Working Paper 06-01-2007, University of California Irvine, 2007.

Linden, G., K.Kraemer, and J.Dedrick, "Who Captures Value in a Global Innovation System? The Case of Apple's iPod," *Communications of the ACM* 52(3).

Linden, G., K.Kraemer, and J.Dedrick, "Innovation and Job Creation in a Global Economy: The Case of Apple's iPod," *Journal of International Commerce and Economics*, May 2011.

Maule, C., "Integrative Trade: Issues for Trade Analysis, Statistics and Policy'," Paper prepared for the CTPL Conference on Integrative Trade between Canada and the United States: Policy Implications, 2006.

Nielsen, P.B. ed., *International Sourcing: Moving Business Functions Abroad*, Statistics Denmark. URL: http://www.dst.dk/publ/InterSourcing, 2008.

Nielsen, B., and Z.Tilewska, Data Linking—Creating New Evidence by Utilising Existing Statistical Registers, Case: International Sourcing, in *Proceedings of the 58th World Statistics Congress of the International Statistical Institute (ISI), Dublin*, 2011, pp. 3247—3265.

OECD(2011a), Global Value Chains: Preliminary Evidence and Policy Issues, Directorate for Science, Technology and Industry, paper presented to the Committee on Industry, Innovation and Entrepreneurship, CIIE meeting, 31 March-1 April 2011.

OECD(2011b), Developments in Measuring Trade In Value Added(and Employment), Statistics Directorate, paper presented to the Working Party on International Trade in Goods and Trade in Services Statistics, 7—9 November 2011.

Porter, M., *Competitive Advantage*, New York: Free Press, 1985.

Rodrik, D., *One Economics, Many Recipes. Globalization, Institutions and Economic Growth*, Princeton University Press, 2007.

Steinfeld, E., "Chinese Enterprise Development and the Challenge of Global Integration," in *Global Production Networking and Technological Change in East Asia* (eds. S. Yusuf, A. Altaf and K. Nabeshima), Oxford University Press, 2004.

Sturgeon, T., Modular Production Networks, A New American Model of Industrial Organization, *Industrial and Corporate Change* 11(3), 2002.

Sturgeon, T., "Exploring the Risks of Value Chain Modularity: Electronics Outsourcing During the Industry Cycle of 2001—2002," MIT IPC Working Paper 03-002, May. 2003.

Sturgeon, T., and G. Gereffi, "Measuring Success in the Global Economy: International Trade, Industrial Upgrading, and Business Function Outsourcing in Global Value Chains," *Transnational Corporations* 18(2), 2009.

Sturgeon, T., and R. Lester, "The New Global Supply-base: New Challenges for Local Suppliers in East Asia," in *Global Production Networking and Technological Change in East Asia* (eds. Y. Shahid, M.A. Altaf and K. Nabeshima), Paper 2. Oxford University Press, 2004.

Sturgeon, T., and O. Memedovic, "Mapping Global Value Chains: Intermediate Goods Trade and Structural Change in the World Economy," UNIDO Working Paper 05/2012, Vienna: United National Industrial Development Organization, 2010.

Sturgeon, T., F. Levy, C. Brown, J.B. Jensen, and D. Weil, "Why We Can't Measure the Economic Effects of Services Offshoring: The Data Gaps and How to Fill Them," MIT Industrial Performance Center Working Paper 06-006, 2006.

Swedish National Board of Trade, Add Value to the European Economy: How Anti-Dumping Can Damage the Supply of Globalized European Companies, Five Case Studies From The Shoe Industry, Kommerskollegium, Stockholm, Sweden, 2007.

Tempest, R., "Barbie and the World Economy," *Los Angeles Times*, September 22, 1996.

Van Welsum, D., and X. Reif, "We Can Work It Out: The Globalization of ICT-Enabled Services," NBER Working Paper 12799, 2009.

Winkler, D., and W. Milberg, "Errors from the 'Proportionality Assumption' in the Measurement of Offshoring: Application to German Labor Demand," SCEPA Working Paper 2009—12, Schwartz Center for Economic Policy Analysis and Department of Economics New School for Social Research, New York.

Yeats, A., "Just How Big Is Global Production Sharing?" in *Fragmentation: New Production Patterns in the World Economy* (eds. S. Arndt and H. Kierzkowski), Oxford University Press, 2001.

（吴潇一译，姚为群校）

# 第十二章

# 在国民经济核算体系下增加值贸易统计数据的整合

## 1　A：来自世贸组织的视角

安德烈亚斯·莫雷尔

本次会议的目的是确定目前最新的、现存的数据缺口和发展“跨境贸易新措施”的未来工作方向。我想强调的是数据缺口方面以及官方统计数据的应用。

我们需要关注的重点是统计数据和措施，这些统计数据和措施用于界定和监测贸易政策和经济发展。目前的统计数据是否有助于衡量贸易政策和经济发展？因此，我们需要讨论的问题是当前的统计数据是否有助于衡量贸易政策和经济发展。这是 2011 年 9 月世界贸易组织公共论坛所讨论的问题，其目标是针对贸易政策。该论坛的目的是讨论在增加值框架下贸易流量的衡量标准如何影响我们对国际经济和贸易政策的分析。

然而，在我们讨论如何“测量”或者更好的“评估”之前，增加值贸易影响了经济分析，我们必须想想如何把它与官方统计数据相整合，比如国民核算体系，国际收支和基于海关的货物贸易统计。

国民核算体系是一个连贯的、综合的核算体系，它的中心问题是“谁做了什么，通过什么方式，为了什么目的，和谁一起，交换了什么，导致股票市场发生什么变化”（见 SNA，1993，第 2.12 段）。最著名的宏观经济总量指标是国内生产总值（GDP），它等于所有常住居民生产单位总增加值之和。

国际收支关注常住居民与非常住居民之间的交易，对于这两者来说，无论是货物交易还是服务交易，都涉及商品经济所有权的变更。

基于海关的货物贸易统计采用实物交叉原则记录国际交易。记录不仅仅包括价值、数量和其他数据要素，还为每个交易指定一个原产地国家和一个（最后的)目的地国家。对于原产国,用原产地规则来识别各自的国家。

这是增加值贸易开始发挥作用的地方,也是对用户群体统计数据的错误解读开始的地方。在国际供应链与国际化生产的时代,一个单一的产品可能由多个国家共同生产,基于原产地概念的贸易流记录可能反映不了如今全球商业运作的方式和贸易收入的流向。因此,由此产生的问题是官方统计是否得到了正确的数据,我们是否(能够)从目前的统计数据中得出正确的信号。

**1. 我们有正确的统计数据吗**

国际供应链和贸易融资经常作为2008年下半年和2009年贸易流量急剧下降的影响因素被引用。在本章其他地方已经指出,官方统计数据告诉我们:

- “谁为谁生产?”如果我们分析实体经济。或者
- “谁资助了谁?”如果我们考虑到货币经济。

我们面临着新的商业模式,交通、通信和大众消费者需求都有变化,尤其是在西方国家。后者通过东亚地区不断上升的生产能力得到满足,这使亚洲成为全球制造业中心(占据了超过80%的出口)。经济重心似乎已经转移到亚洲。

在过去的20年,商业运作的方式已经发生了巨大的变化,我们需要通过将企业活动(生产)和出口活动(贸易)联系起来,获得有关国民经济互联互通的信息。这将有助于政策制定者根据具有经济意义的数据做出决策。因此,政府将更好地理解增加贸易壁垒会损害国内公司,这些公司的竞争力依赖于有竞争力的投入的有效性。它也将减轻一些因为膨胀的双边贸易失衡而导致的误解,这种失衡是基于贸易数据总量计算而不是基于增加值计算。

**2. 来自WTO视角的跨机构合作**

继2009年2月总干事帕斯卡尔·拉米与秘书长安吉拉·古里亚往来信件后,世贸组织(WTO)与经合组织(OECD)携手合作,举办了涉及其他主要组织机构的研讨会和会议,如日本亚洲经济研究所(IDE-JETRO)、美国国际贸易委员会(USITC)和世界投入产出数据库(WIOD)项目。与此同时,通过欧盟统计局和联合国统计委员会,世贸组织和官方统计人员团体有一个卓有成效的谈话,旨在加强国际合作。

经合组织(OECD)和世贸组织(WTO)都认为可以通过发展更正式的合作机制来获得进一步的利益,这将有助于:

(1) 使主流的关于增加值贸易的现有研究和结论渗透到更广泛的政策制定者团体;

(2) 为现有的举措提供一个机构论坛,这些论坛植根于国家,非官方或学术机构;

(3) 推动和加快这一工作领域的进一步发展。

结果应该重点明确增加值贸易的概念,基于最新方法,通过探索一个关于定义、方法和挑战的共同理解,使总贸易流量分解成国内的增加值部分和进口部分。

进一步的工作包括提到的共同制度目标,比如关于增加值贸易流的联合品牌数据库的开发。提高这种数据库的覆盖范围(比如非洲国家)将会是这两个组织优先要做的事。世贸组织已经推出了“世界制造倡议”(MIWI),努力弥合研究人员和贸易政策制定者之间的分歧,并发展一个由感兴趣的研究人员和行业组成的网络。

由于经合组织(OECD)和世贸组织(WTO)已经同其他在亚洲、欧洲和美国的主要组织机构建立了紧密联系,这两个机构现在处于这样一个位置:在增加值条件下,为基于官方贸易统计和国民经济核算的贸易流量估计做协调努力。

这两个组织都与日本亚洲经济研究所(IDE-JETRO)有密切的合作。这一领域里另一个关键项目是世界投入产出数据库(WIOD),该数据库由欧盟资助,旨在制作以40个国家的国民核算为基准的跨国时间序列投入产出表。该项目根据2012年3月的数据和方法得出了重要的结论。在此之后,该项目的长期可持续性和主流性问题需要解决。另一个利益相关者,美国国际贸易委员会(USITC),也一直在开发一种测量增加值贸易的方法。

经合组织(OECD)是世界投入产出数据库(WIOD)的一员,并且长期以来从事制作和维护投入产出数据库工作。通过和其他利益相关者的合作,由WTO支持的OECD可以依靠WIOD的经验,协调大型专家和机构网络的工作和专业知识,从而带来超过WIOD生命周期的长远利益。

OECD和WTO也将促成研究人员与官方统计人员之间的密切对话。由于各国采用新的国民经济核算体系(2008 SNA)、国际收支手册建议(国际货币基金组织,2009,今后的BPM)和新的产业分类系统,比如国际标准产业分类(ISIC REV.4)和欧盟内部经济活动一般产业分类(NACE REV.2),开发利用国民核算、投入产出、商业和贸易统计人员的专业知识将会是重要的。促成这样一个对话将涉及一个与重要利益相关者的密切合作,如欧盟统计局、联合国统计委员会和所有相关的国际机构。这样的一个对话已经被列入国际贸易信息系统2020年的愿景,由4个组织在2011年2月日内瓦贸易统计全球论坛上约定达成一致。

### 3. 国际组织之间的增加值贸易

每个组织都可以为这个经合组织/世贸组织联合项目做出贡献。世界制造倡议(MIWI)是一个用来讨论和交流这个项目的重要信息的中心(通过举办活动等)。

例如,在2011年2月,WTO主办了一个由联合国统计司(UNSD)和欧盟统计局组成的贸易统计全球论坛,其中一个主要的成果是通过整合贸易和商业注册来建立贸易和商业统计联系,从而探索用于分析商业进程的数据库。其他的包括服务贸易统计数据和双边贸易流信息的缺失。这些议题不仅仅对增加值贸易重要,对促进出口也一样,并且涉及的不是新的调查而是行政资源的使用。

### 4. 我们从现有的统计数据中得到了正确的信号吗 我们理解这种核算方法吗

如前所述,全球劳动力分工已经通过一场激烈的产业间贸易在中间商品和服务中实现,这得益于全球范围内有效的生产和贸易任务分配。在这样的背景下,统计人员有责任解释他们的统计数据。例如,如果我们看贸易流量,可能会就汇率政策的双边失衡得出结论,但通过估算国内出口产品的进口投入来分析国际生产分割,可能会对这些不平衡现象产生不同的看法。

### 5. 官方统计数据应该如何反应

随着2008 SNA, MSIT 2010和IMTS 2010付诸实施,国际组织必须联合协助实施这些概念和定义,从而开发更适合分析全球化的数据集。然而,在促进实施时,必须确保各自统计框架下不同版本之间没有信息损失。当所有权没有发生变化时,跟踪在全球价值链内交换的中间产品的流动,是其中一个需要解决的问题。

由于所有的统计框架已经进行了修改,因此无法定义新的附加概念和定义。然而,现存的对外部门的统计数据应以一个更系统性的方式被运用,而不是设计一个新的概念。在这方面,一个新的卫星账户形式的统计工具,可以被开发来补充国民经济核算。这个工具将聚合一个国家关于贸易的外事活动——货物、服务、知识产权、资本(外国直接投资)和收入流、劳动力(工人的转移)——用一个综合的表述,类似于旅游卫星账户。

## 2　B:来自联合国的视角

罗纳德·詹森

全球化的生产已经变得越来越碎片化,现在生产的不同阶段经常在不同国家完成。由于投入的多次跨境，传统的贸易价值统计——按总量来计算——没有反映一些特定国家关于增加值的经济现实。

这是研讨会计划的开始和研讨会的主题。

类似的，生产全球化和增加值贸易是全球贸易统计论坛的主题，该论坛由联合国统计司（UNSD）、欧盟统计局、WTO 和联合国贸易暨发展会议（UNCTAD）在 2011 年 2 月联合组织。该论坛得到了政策决策者的高度关注，并且有超过 200 名来自全球贸易统计人员出席。帕斯卡尔·拉米在他的演讲中强调了相关贸易统计数据在全球化世界中的重要性，并指出所有的贸易谈判最终都是涉及数据。

许多问题都已经在关于"最终国际增加值贸易"（马图等，2011）讨论稿中明确或含蓄地提出。我希望从官方贸易统计数据的角度来阐明这些问题，并且强调为改善贸易统计数据而正在进行的努力和研究增加值贸易的好处。这章应该联系讨论稿和全球贸易统计论坛的文件来看。

**1. 问题 1：增加值贸易数据的收集**

首先，我想要指出，按总价值统计的详细产品和伙伴国家贸易统计数据，对于很多分析目的仍然是必要的，包括投入产出研究。用总价值之外的方法收集贸易统计数据是不可取的。这些统计数据对于农业、能源、环境和交通运输的统计是必须的，除此之外，贸易统计数据的质量保证框架很大一部分取决于贸易商品价值和数量的一致性关系。无论数据是由企业调查收集的还是通过海关文件收集的，情况都如此。如果我们想把总价值分成国内和国外两部分，或进一步改进，则需要收集更多信息。我们研讨会讨论的目的是找到发布增加值贸易数据的方法，但这个目的不等于收集增加值贸易数据。

**2. 问题 2：海关记录或企业调查**

这两种数据来源我们都需要。最重要的贸易数据来源还是海关数据。实际上，贸易统计人员应该更有力地提倡保存有关进出口文件的详细海关信息。贸易团体（贸易商与企业）向政府施压来简化海关手续，这在某些方面已经取得成效。我们应该认识到企业调查不能像海关记录一样详细和及时。企业调查涵盖的商品必定较少，提供的关于贸易伙伴的详细信息较少，调查数据常常不能获得。企业调查最大的价值是作为海关记录的一个补充。这些调查之后可以侧重于具体问题，例如企业的制造过程中有多少是根据合同代表外国企业完成的。

### 3. 问题 3:连接贸易和商业统计数据

我们讨论的主题是全球生产过程的碎片化。言下之意是我们想知道更多关于生产运作全球化的企业战略。重申一点,贸易不是在国家间进行的,而是在企业间进行的。全球贸易统计论坛第四场会议全面讨论了全球生产和企业职能外包问题,其中包括提摩西·斯特金(关于"全球价值链测算")和彼得·伯格·尼尔森(关于企业职能国际外包)做的演讲。这些研究项目直接调查全球商业战略和统计界的需求,以进一步发展中间产品和商业功能的分类。全球贸易统计论坛的另一个相关成果是通过以下方法更好地联系贸易和企业统计数据:

- 发展一个贯穿所有相关国家机构的共同基础来识别企业在国际贸易中的活动,包括跨国公司和外国子公司。
- 围绕企业注册数据,在微观层面发展和维护一个统计贸易信息系统,包括跨国公司及其外国子公司。
- 在遵守相关保密规定的基础上,通过最优利用和连接现有数据资源,如基于海关的商品贸易统计数据,贸易和商业注册数据,经济普查数据,现存的企业调查,其他行政记录和可能的就业,环境和能源数据来源,来建立这个统计信息系统。

### 4. 问题 4:跨境贸易和所有权原则的变化

贸易统计人员与国民经济核算人员之间争论的主要领域不是估值,而是"所有权变更"问题。根据国民核算体系(SNA),只有在居民和非居民之间发生所有权改变后,才会进行国际货物交易。当一件商品跨越了国境时,并不一定意味着所有权发生变化。国际商品贸易统计(IMTS)涵盖这类商品,当进入(进口)或离开(出口)经济领土时,从物质资源储备中增加或减去。这不同于居民与非居民之间的所有权变化,需要国际收支和国民经济核算。这一争议是讨论生产流程国际外包的背景,以"境外加工商品"或"加工贸易"(马图等,2011)或"关于他人拥有的实物投入的制造服务"(国际货币基金组织,2009)。在全球生产和全球价值链的背景下,这个问题可能是最重要的问题。

### 5. 问题 5:生产流程国际外包

通过生产流程离岸外包、跨国公司运营、外国直接投资或者贸易谈判,国际贸易已经位于最近全球化讨论的核心。服装、机动车、电视或计算机的生产流程现在被分布在几个国家,不仅可以减少劳动力和资本成本,还可以从东道国提供的投资激励中获益。尽管加工货物的处理在统计意义上绝不是一个新的讨论,但是由于其日益增长的经济重要性，特别是对于像中国和墨西哥这样的经济体，最近获得了许多关注。

测量关于生产流程国际外包的贸易统计数据，我的建议如下：

(1) 将详细的商品贸易统计数据和企业注册数据联系起来。这个匹配过程可能并不完美，但是在推导结果时是必要的。

(2) 在制造业出口企业中进行调查，通过企业和行业，依据合同决定加工完成百分比。

(3) 通过企业注册数据将企业调查和商品贸易统计数据联系起来，并且决定与“按合同加工”密切相关的进口和出口商品的数量和类型。

最终结果将是按产品、行业和合作伙伴国家细分的贸易统计数据，并根据合同单独细分处理。国际收支平衡编制者可以使用这些信息来调整服务贸易和货物贸易统计数据。

这样的调查可以通过每隔5年一次的经济普查来确认和补充(例如，马来西亚在2011年实行了一项经济普查，包括按合同加工的问题)。这种方式通过对行业和产品的处理得出关于中间产品的官方统计数据。由于即使在跨国公司内，在生产流程中的投入实际上很可能是通过外国子公司获得的，所以要注意的是所有权变更需要检查。泰国央行实施的一个调查显示泰国最大的三家电子产品制造商从他们的母公司购买生产流程中的投入品。这引出了转移定价的问题，我就不在这里讨论了。

国际制造技术展览会(IMTS)的国际建议于2010年进行了修订(IMTS, 2010)，并包含了对分析全球化问题有用的一些其他数据元素的新建议，即：

(1) 用于进口的离岸价格(FOB)附加值；

(2) 交付国进口和出口，有助于追踪货物的路线；

(3) 对进出境处理海关手续的指示；

(4) 运输方式。

IMTS 2010 也建议将贸易和商业统计联系起来，这一建议在最近几个月一直被强调。

### 6. 问题6：联合国统计司和投入产出表

张保罗，联合国统计司司长，在亚历山大的第19届国际投入产出会议上就官方统计数据和投入产出分析之间的关系(VA)(张，2011)发表了讲话。他提出的一点是，如果一个国家没有数据源或资源承载力和专业知识来提供行业增加值、按当前和不变价格下支出型 GDP 和国民总收入，这个国家将没有能力制作出一个完美清晰的投入产出表。就这一点而言，更新联合国投入产出手册来反映 2008 年国民核算体系介绍的所有相关变化将是有用的，同时考虑到该手册应成为不同统计发展水平国家的实用汇编指南。

最后，我提倡两条平行和相互支持的未来发展：一方面，通过联系官方统计数据和企业统计数据来改善官方统计数据；另一方面，通过例如关于投入产出表的更新手册来支持改善投入产出表的编译。

## 3 C：来自经济合作与发展组织的视角

纳迪姆·艾哈默德

经济合作与发展组织（OECD）强烈赞成通过国际合作来促进增加值贸易估计的发展，并且认同设立专门的秘书处间（inter-Secretariat）是当前最好的方案，通过联合多个能够分享使用他们现存官方统计数据的国际机构。最终的目标是建立全球性的投入产出表，它实际上需要在负责收集和协调各国的投入产出表的不同国际机构之间就最优产业水准或产品细节达成一致。鼓励官方统计机构编制国家投入产出（IO）或供应使用（SU）表来区分 IO 行业所编制的进口和基于产业或国家作为进口来源的最终需求，这一做法我们认为可能不够成熟，也可能有所希望。但是，我们可以肯定的是鼓励统计机构提供更多关于 IO 行业进口的详细信息；这将显著提高增加值贸易估计的准确性，毕竟许多国家的增加值贸易估计体系是在一个简单的比例性假设的基础上建立的。可以鼓励许多发达经济体利用企业层面的数据，尤其是那些对接企业和贸易登记的企业数据。应该鼓励发展中国家发展类似的能力，以至于投入产出表能够尽可能以相同的方式反映行业或者产品分类。在这方面应该特别注意是否能够区分“所有权”（即国外和国内）和进出口强度。在这方面，我们还应该保留一些余地来区分“加工商”和传统生产商，尤其值得注意的是在 2008 年国民核算体系中的改变：一个由欧洲国家组成的特别工作组在审议过程中，确定了改进情况和潜在的数据源以处理货物。我们制定的增加值贸易指标应该尽可能详尽有用。在这个意义上来说，我们制定增加值贸易指标的目标应该是产生反映整个经济和行业的估计量，并按增加价值的因素（劳动力、资本、运营盈余）分解。

许多主要的经济体已经制作年度供给使用（SU）表，但不是所有国家都这么做。明显无疑的，建立国际公认的增加值贸易估计量能够充当一个重要的刺激因素，推动更及时的年度供给使用（SU）表的发展。在这一点上，值得关注的是，经合组织(OECD)目前正从事一个和中国统计局合作制定供给使用(SU)表的项目。经合组织与其在国民经济核算秘书处间(inter-Secretariat)工作组的伙伴机构将会继续鼓励各个国家，包括发展中经济体，实施建议和包含年度供给使用表的国民核算体系。

当然，我们在行业的贸易配给，特别是对于服务业的贸易配给，还需要做更多的工作。同时，做一些估计(即使是粗略估计)仍然是必要的，尽管显然有必要为那些反映用于分配进口的假设变化的估计提供范围。这将有助于确定增加值贸易估计量的详细程度，并指出投入产出(IO)表的详细程度可能比公布的详细程度要高。

大量的工作有待完成。但是，掌握一部分增加值贸易测算方法现在正变得越来越重要，并且意味着我们不能坐等基础数据改善的到来。事实上，我们希望通过展示对这些编制增加值估计值改进的可信度需要，来加快事态的发展，并且促使官方统计部门拨出资源来改善基本数据。

## 4 D：来自美国经济分析局的视角

罗伯特·E.尤斯卡瓦格

如今，由于许多企业采用全球化的方法来降低成本、扩展市场，国际产品生产碎片化已经成为全球化的主要特征之一。这种碎片化主要表现在以快速增长的跨境中间产品贸易为特征的全球价值链的不断发展。对一部分产品而言，在最终品生产完成前，作为投入的中间品往往需要跨境多次。而传统的对外贸易统计都是基于跨境的总流量，即一国与其进口国家的进口产品总价值以及一国与其出口国家的出口产品总价值。

由于传统的贸易统计方式在评估国家间联系和双边贸易差额方面具有重大的局限性，因此，经济分析局(BEA)对准确的增加值的贸易统计数据的深入研究表示支持，这种统计最终可以作为国民账户体系(SNA)的补充测算方式。然而，BEA始终认为，传统的总流量应继续作为统计跨境贸易的主要测算方式。它们在计算国内生产总值的净出口以及在提供及时、详细的高频双边贸易差额中发挥着重要作用。

无论供应链上游的其他国家提供了多少价值，总流量都将进口的全部价值完全归因于生产最终产品的国家。尽管长期以来，经济学家一直将双边差额的重要程度降至最低，但这些差额仍然受到政策制定者的极大关注，并在讨论贸易政策和汇率管理方面起到重要作用。但是，如果当进口的国内要素含量较高或者出口的国外要素含量较高时，这种巨大的商品贸易盈余或赤字可能会对政策产生误导。

最近华尔街日报一篇关于苹果 iPhone 的全球价值链的文章（Batson, 2010）强调了这一点。iPhone 从中国进口，并以其批发价包含在美国的进口统计数据中。但是，这个价格包含有大量的包括美国在内的其他国家提供的中间品和服务的价值，而中国的装配成本只占批发成本的很小比例。本次研讨会上提交的许多论文提出了衡量双边贸易流量的替代方式，这些方式的重点都是使用价值链上每个国家对最终产品的附加值。在 iPhone 的例子中，美国的整体贸易逆差将会保持不变，但是与中国的贸易逆差将减小，而与供应零部件和服务的其他国家的贸易逆差将扩大。

### 1. 经济分析局的方式

在经济核算方面，BEA 严格遵循提高国家间经济统计数据可比性的国际准则。美国及其他国家目前采取的方法都是基于不同版本的由国际货币基金组织（IMF）发布的《国际收支手册》的有关准则。2009 年，国际货币基金组织发布了第六版《国际收支平衡与国际投资头寸手册》（BPM6），这是自 1993 年以来的首次更新。本次更新与 2008 年更新的国民核算体系（2008 SNA）进行了协调，使这两套主要的国际核算准则之间的总体一致性达到最大。在这些新的国际统计标准的最新修订中，有一些规定至少在一定程度上消除人们对有关全球生产和全球价值链对经济统计的影响的担忧。本节的稍后部分将简要介绍这些规定。

增加值的方法既不会影响一国的总体贸易差额，也不会影响依据最终消费总和计算的 GDP，认识这一点十分重要。实际上，它只是将一个国家的总体贸易差额在贸易伙伴之间重新分配，并且扩大了贸易伙伴的集合，将全球价值链上的其他国家也纳入其中。对于 GDP，净出口计算为总出口减去总进口。在增加值的方法中，只是总出口和总进口的测算都将变小，但是总净出口是一样的。

### 2. 增加值的方式

以增加值为基础的贸易测算已被提议为一个备选方式，这种方式可以更好地揭示各国为生产最终产品所提供的原始资源。过去，在衡量国际贸易的要素含量以及确定进口的出口内容和出口的进口内容时，曾有人提出过使用这种方式的论据。但是，直接测算增加值的贸易是极其困难的，甚至是不可能的。2006 年的一项美国国家科学院（NAS）的研究结论表明，之所以不能制定有意义的增加值的贸易测算方式，主要是因为商业记录保存系统无法获得这些信息。

一般来说，美国企业不会在它们的会计系统中保存一些能够使它们容易地识别使用材料是来自国内还是国外的相关信息。通常企业从批发供应商和分销商处获得原料投入，并不一定关心这些材料的原产国。此外，对于来源外国的材料，由于相对价格和其他市场因素，原产国可能会经常变化。不过，企业为供应链管理所开发的信息可能会对这一努力有所帮助。

**3. 投入—产出的方法**

因此，也许使用世界的投入产出表，而不是对个别知名产品进行个案研究是推进全面并一致的增加值的贸易测算方式的一个最有前景的办法。甚至，美国国家科学院(NAS)的研究也认为证明投入产出方法或许是可行的，但是他们对数据质量和得到结果所需要的假设十分担心。当时，保留意见最大的是缺乏一致时间序列的、可以在贸易伙伴国家之间建立联系的供给和使用表。这些联系对于制定测算方式十分重要，这些方式不仅要考虑到整个价值链上贸易商品的原产国和目的国，而且还要考虑直接和间接提供投入的国家所使用的生产技术。

本卷之前的章节有力地说明了过去几年在发展一致、可比较的区域供给和使用表方面取得的令人印象深刻的进展。由于这些进展，不管是对于单独国家的测算，还是对于贸易伙伴国家之间的有关双边贸易差额，以投入产出方法为基础的增加值的贸易测算方式的可靠性大大提高。当然，在一个时间序列的基础上，为一系列国家及时制定出一套一致的可靠测算方式之前，还需要一些重要的推进工作。

尤为需要推进工作的领域就是进口使用表的改进，该表在估计进口中间投入的双边供给和使用方面发挥关键作用。由于上文所述原因，直接测算工业使用的进口中间投入是不可行的，现有的进口使用表严重依赖进口可比性假设。经济分析局(BEA)进行了一项研究来评估这一假设的可靠性。该研究发现，在总体水平上，它对某些行业十分有效，但是对于更具体的行业来说，它就没有那么准确。与此同时，其他基于人口普查局的微观数据的研究也为未来进口使用表的改进提供了保证。

**4. 新的国际规则**

SNA 2008 和 BPM6 介绍的两个规定对全球制造业具有直接的影响。对于并没有改变所有权但被送往国外加工(商品加工)的商品以及购买和转售的在国外没有实质性的转换或者没有进入或退出国家的商品(商务)，有了一种新的处理方式。在对待所有权没有改变的商品加工时，商品加工不被包括在进出口的商品贸易总额中，而是作为合同制造商提供的服务的价值被记录为服务贸易。这种处理不会影响总体贸易差额，但它会改变商品和服务之间的差额构成。如果从其他国家获得中间材料，原则上这些商品将被视为从这些国家进口，而不认为是从最终组装的国家进口。对商品加工的新的处理方式有可能大大减少与基于贸易总额的传统测算方式相关的扭曲。一些全球生产活动也可能被新的商品化处理所许可，但是这种处理不一定能解决双边差额所带来的问题。

## 5. 结论

经济分析局(BEA)鼓励进一步研究开发基于投入产出的对外贸易的增加值的测算方式，以便能够更清楚地阐明双边贸易流量和差额的本质。但是，BEA 认为增加值的贸易测算方式不应该取代传统的总流量贸易统计作为测算跨境贸易以及计算 GDP 的主要方式。现有的双边贸易总量统计在世界各国均有报告，而且国家间的报告具有一致性。这种统计具有及时、长期的特点，对于广泛的统计和分析具有帮助。BEA 将通过继续提高美国投入产出记录的准确性和及时性来支持增加值的测算方式的发展。然而，对于基于投入产出的测量方式来说，有效计算双边贸易差额，需要各国间协调一致。如果每个国家负责编制自己的增加值的贸易统计数据，就会出现一些实际的问题。与此同时，频率、及时性和一致性的问题还需要解决。

最后，需要指出的是 SNA 2008 和 BPM6 中引入的新的国际标准。与商品加工有关的规定至少在一定程度上解决了本卷中提出的一些问题。但是，由于来源数据和资源的限制，国家统计机构在执行这些新标准时面临重大挑战。对于统计机构而言，执行新标准应比制定新的分析方案更为优先。研究人员应该与统计机构密切合作，帮助实施这些重要的新标准。与此同时，他们可以继续推动世界投入产出表的技术水平的发展。

## 参考文献

Batson, A., Not Really "Made in China", *Wall Street Journal*, 10 Dec. 2010.

Cheung, P., "Input-Output Analysis in Contemporary Official Statistics," paper presented to 19th International Input-Output Conference, Alexandria, VA, June 2011, pp. 13—17. URL: http://www.iioa.org/Conference/19th/keynote.html.

International Monetary Fund, *Balance of Payments Manual* (6th edition), 2009. URL: http://www.imf.org/external/pubs/ft/bop/2007/pdf/bpm6.pdf.

Mattoo, A., Z. Wang and S.-J. Wei, "Tracing Value-Added in International Trade: An Overview of Issues and a Proposal," Discussion Paper presented at World Bank Trade Workshop. URL：http://go.worldbank.org/R156ABXQQ0.

National Research Council and National Academy of Sciences，*Analyzing the US Content of Imports and the Foreign Content of Exports*，Washington，DC：National Academies Press，2006.

SNA，System of National Accounts，United Nations Statistics Division，1993. URL：http://unstats.un.org/unsd/nationalaccount/sna1993.asp.

（叶作义、陈坤、李宁译，叶作义校）

# 第十三章

# 总贸易核算方法:官方贸易统计数据与全球价值链的度量[77]

王 直 魏尚进 祝坤福

## 1 引言

20 世纪 80 年代以来,随着全球范围内关税水平的显著下降以及国际贸易和投资环境的不断改善,资本和生产要素在全球范围内流动加剧。与此同时,国际产业分工的深入和范围的扩大,使得工业制成品的生产工序不断细化、生产链条逐渐拉长,进而带来中间品贸易的飞速发展。在这一新的全球化形势下,产品生产跨越多个国界的现象越来越普遍,很多产品的价值来源实际上涉及很多国家或地区,而不是传统贸易统计下,仅由最终出口该产品的国家或地区所有。贸易经济学家和政策制定者已经达成这样一个共识:以总值为基础的官方贸易统计存在着严重不足,已不能反映当前以全球价值链为基础的国际贸易的实际情况。同时,各官方国际统计机构也充分认识到,需采用新的方法对全球生产分块化背景下的国际贸易流动进行衡量,即以增加值为基础的新贸易统计方法。世界贸易组织(WTO)总干事帕斯卡尔·拉米(Pascal Lamy)2011 年 6 月 11 日在日内瓦会议上建议:应以进出口贸易中的各国国内增加值的变化作为对外贸易统计的标准[78]。世界贸易组织和经合组织(OECD)于 2012 年 3 月 15 日启动了"增加值贸易测算"(Measuring Trade in Value Added)的联合研究项目[79]。欧盟(EU)

---

[77] 本研究得到国家自然科学基金重点项目"全球价值链与中国贸易竞争力研究"(项目号 71433002)和国家自然科学基金面上项目"基于国际投入产出模型的中国贸易价值链分解及其应用研究"(项目号 71473245)的支持,感谢匿名评审专家专业和客观的评审意见,感谢澳大利亚莫纳什大学的皮特·迪根森(Peter Dixon)教授、美国哥伦比亚大学的尼基尔·帕特(Nikhil Patel)博士和对外经济贸易大学余心玎博士的帮助。

[78] http://www.wto.org/english/news_e/news11_e/miwi_06jun11_e.htm.

[79] Nadim Ahmad, Estimating trade in value-added: why and how? WTO Books, 2012, p. 86. http://www.wto.org/english/res_e/booksp_e/aid4tradeglobalvalue13_part2_e.pdf.

和联合国贸发组织(UNCTAD)等多个国际组织均先后开展了增加值贸易统计研究。这一系列工作推动了增加值贸易统计的主流化，并将使其成为国际官方统计体系的一个永久组成部分。目前，以增加值贸易为基础的全球贸易价值链研究已成为热点问题。

早在20世纪60年代，贝拉·巴拉萨(Bela Balassa)就指出了“一项商品的连续生产过程分割成一条垂直的贸易链，由每个国家根据其比较优势对生产过程中的各阶段分别附加值化”的全球化分工现象，并将其定义为垂直专门化(Vertical Specialization, VS)现象[80]。戴维·哈默斯(David Hummels)提出了系统地测度垂直专门化的数量化指标，即一国出口品中所包含的进口品(VS)，或者一国生产的出口品中，被其他国家作为中间投入用于出口的部分(VS1)[81]。刘遵义等从另一个角度提出用出口品中所包含的国内增加值来衡量一国参与全球价值链的经济收益，并证明了VS和出口中的国内增加值之和等于出口总值，即出口总价值是由国内价值(即国内增加值)和国外价值(即VS)组成[82]。特别地，刘遵义等根据中国对外贸易中加工贸易占比很高的特殊性，构建了反映加工贸易的非竞争型投入产出模型，对中美贸易差额进行了重新估计。罗伯特·库普曼(Robert Koopman)等将中国海关贸易数据与投入产出表相结合，利用二次规划方法得到区分加工出口和非加工出口生产的中国非竞争型投入产出模型，从而使得反映加工贸易的非竞争型投入产出模型中技术参数的估计规范化并可复制。他们发现，是否考虑加工贸易的特殊性对VS和出口中的国内增加值的经验测度有着极大的影响，简单应用戴维·哈默斯等的方法不仅会对有大量加工出口的发展中国家的VS水平严重低估，而且时常会错估VS随时间变动的趋势[83]。马弘等将微观层面的工业企业调查数据与海关进出口贸易数据进行匹配，利用库普曼等的方法，将微观企业数据与宏观投入产出数据相结合，通过进一步区分贸易方式和出口企业所有制，计算了中国出口的国内增加值和国民收入[84]。

单国模型只能刻画单国进口品的使用与出口品的生产情况，在研究全球贸

---

[80] Balassa Bela, Trade Liberalization and “Revealed” Comparative Advantage, Manchester School of Economic and Social Studies, col.33, 1965, pp.99—123.

[81] Hummels David, Jun Ishii, and Kei-Mu Yi, The Nature and Growth of Vertical Specialization in World Trade, Journal of International Economics, col.54, 2001, pp.75—96.

[82] Lau L.J.、陈锡康、杨翠红、Cheng L.K.、Fung K.C.、Sung Y.W.、祝坤福、裴建锁、唐志鹏：《非竞争型投入占用产出模型及其应用》，《中国社会科学》2007年第5期。

[83] Koopman R., Wang Z. and Wei S.-J., Estimating domestic content in exports when processing trade is pervasive, Journal of Development Economics, vol.99, 2012, pp.178—189.

[84] Ma Hong, Zhi Wang and Kunfu Zhu, Domestic Value-added in China's Exports and its Distribution by Firm Ownership, Journal of Comparative Economics, 2014, Forthcoming.

易价值链时存在诸多不足,如不能厘清进口品的价值来源和出口增加值的最终去向,更不能反映出口品价值隐含于进口品中返回本国的现象。越来越多的贸易经济学家开始使用多国或国际模型研究全球价值链,罗伯特·约翰逊(Robert Johnson)和吉列尔莫·诺格尔(Guillermo Noguera)利用全球贸易分析项目(GTAP)数据,提出增加值出口(VAX,即国内增加值最终被外国吸收的部分)的概念与度量方法,对各国增加值贸易进行了实证分析[85]。马赛·提摩尔(Marcel Timmer)等对全球价值链进行了切片化的研究,通过将隐含在最终产品中的增加值进一步分解为劳动报酬与资本收入,指出资本和高技术劳动力在全球价值链中的比例持续上升,并认为中国出口对资本和低技术劳动力的严重依赖,是中国相对于发达国家处于全球价值链低端的主要原因[86]。李昕和徐滇庆从全球生产链角度,测算了中国与贸易伙伴之间的增加值贸易,据此重新估算了中国的外贸依存度和贸易差额,指出在扣除加工贸易的重复计算和剔除产权属于外资的出口之后,中国的外贸依存度并不高,也不存在严重的外贸失衡[87]。罗长远和张军运用增加值贸易框架,对中国的出口进行动态考察,从产业内效应和产业间效应角度,对中国出口增加值变化的动因进行了实证分析[88]。阿迪蒂亚·马图(Aaditya Mattoo)、王直和魏尚进等主编的名为《增加值贸易:开发跨境贸易核算新方法》的论文集收录了学术界和许多国际机构[如世界贸易组织、经合组织、国际货币基金组织(IMF)和世界银行(WB)]对于全球价值链和增加值贸易的部分最新研究工作[89]。

罗伯特·库普曼等(2014)提出了一国总出口的分解方法,将出口分解为具有不同经济含义的四部分:被外国吸收的增加值、返回国内的增加值、外国增加值和纯重复计算的中间贸易品部分,并进一步根据出口品价值最终去向细分至九个部分[90]。王直等(2013)扩展了这一分解方法,提出对任意部门层面(包括国家/部门层面、

---

[85] Johnson R.C., and Noguera G. Accounting for Intermediates: Production Sharing and Trade in Value Added, Journal of International Economics, vol.86, no.2, 2012, pp.224—236.

[86] M.P.Timmer, A.A.Erumban, B.Los, R.Stehrer and G.J. de Vries, Slicing Up Global Value Chains, Journal of Economic Perspectives, vol.28, no.2, 2014, pp.99—118.

[87] 李昕、徐滇庆:《中国外贸依存度和失衡度的重新估算:全球生产链中的增加值贸易》,《中国社会科学》2013 年第 1 期。

[88] 罗长远、张军:《附加值贸易:基于中国的实证分析》,《经济研究》2014 年第 6 期。

[89] Aaditya Mattoo, Zhi Wang, and Shang-Jin Wei, Trade in Value Added: Developing New Measures of Cross-border Trade, e-book by the CEPR and the World Bank, Washington DC: World Bank, 2013.

[90] Koopman Robert, Zhi Wang and Shang-Jin Wei, Tracing Value-added and Double Counting in Gross Exports, American Economic Review, vol.104, no.2, 2014, pp.459—494. Also available as NBER Working Paper, No.18579.

双边层面，双边/部门层面）的总贸易流量的分解方法，建立了从官方贸易总值统计到增加值贸易统计（即以增加值为标准的国民经济核算统计体系）的一套完整核算方法[91]。本章结合罗伯特·库普曼等和王直等提出的总贸易流分解框架，对全球投入产出数据库（马赛·提摩尔等，2013）[92]进行分解，并根据分解结果进行了相关扩展研究。

本章余下的内容安排如下：第二节首先对增加值贸易估计中经典的里昂惕夫（Leontief）法及其局限性进行分析，提出中间品贸易流分解的方法，以此为基础进一步给出总贸易流的分解框架；第三节研究了双边贸易流的分解方法，以中美电气和光学设备产品双边贸易为例，测算并比较了官方贸易统计和增加值贸易统计的差异；第四节在全球价值链视角下测算了 VS 及其各组成部分的结构与变化态势，识别和度量了跨国生产分工的类型与深度；第五节指出目前在文献中被广泛引用的增加值出口率（VAX ratio）存在定义上的严重缺陷，不能准确反映全球价值链上国际分工的重要特征，据此提出对 VAX 比值重新进行定义的方法，以更好地追踪和测度各国在全球价值链中的地位及其变动；第六节指出根据官方贸易统计数据计算的传统显性比较优势（RCA）指数无法反映国内和国际采购和生产分工对比较优势的重大影响，并基于产业部门前向联系的增加值分解，定义了新的 RCA 指数。

## 2　总贸易核算框架

近年来众多文献中估计增加值贸易的方法都来源于里昂惕夫 1936 年提出的经典方程（戴维·哈默斯等，罗伯特·约翰逊和吉列尔莫·诺格尔、马赛·提摩尔等）。该方法以棋盘式的矩阵表格反映了不同国家、不同部门之间的投入产出结构关系，反映了每个国家/部门生产每一单位产出所需要的中间投入品的数量和种类（国家来源与部门属性），由此可对最终产品生产过程中每一阶段的产出进行追溯[93]。当生产某一给定最终产品所需的总产出已知时，增加值的生产和

[91] Zhi Wang, Shang-Jin Wei and Kunfu Zhu, Quantifying International Production Sharing at the Bilateral and Sector Level, NBER Working Paper, No.19677, November 2013, http://www.nber.org/papers/w19677.

[92] Timmer Marcel (ed.), "The World Input-Output Database (WIOD): Contents, Sources and Methods", WIOD background document, April 2012. http://www.wiod.org/publications/source_docs/WIOD_sources.pdf.

[93] Leontief W., Quantitative Input and Output Relations in the Economic System of the United States, Review of Economics and Statistics, vol.18, 1936, pp.105—125.

贸易就可以简单地用直接增加值率乘以所需的各国各部门的总产出得到。

里昂惕夫方法的基本原理是:当 1 美元出口被生产时,投入的生产要素创造了第一轮的增加值,称为直接国内增加值;而生产这 1 美元出口,需要中间投入品,生产这些中间投入品的过程中所投入的生产要素也会创造第二轮增加值,即间接国内增加值;而中间投入品的生产又需要使用其他中间投入品。这一过程不断继续,可以追溯到整个经济系统的各个生产阶段。因此,1 美元出口所创造的国内增加值总额等于这 1 美元出口的生产中所创造的直接增加值和所有间接国内增加值之和。

如果只计算隐含于一国总出口中的国内增加值,使用基本的 Leontief 方法已经足够了。但是对于许多经济和政策的应用研究来说,通常需要度量总出口中其他部分的价值及其结构。在这种情况下,基本的里昂惕夫方法就不够了,因为它没有提供一种可以将不同国家之间的中间产品贸易分解为被不同国家和部门最终吸收的各种增加值的方法。20 世纪 60 年代之前,中间品贸易在全球贸易中只占很小的份额。但是近年来中间品贸易的比重已达世界总贸易的三分之二。对中间品贸易的分解已成为构建完整的总增加值贸易核算法的关键所在。

中间品贸易流量的分解不能通过简单地套用里昂惕夫的方法来实现。因为它作为内生变量,需要首先根据给定的最终需求水平从国家间投入产出(ICIO)模型中解出。在王直等的文章中,我们提出了一种解决这个问题的方法——将所有的双边中间品贸易流量根据其产地和被最终吸收的目的地进行分解,形成被不同国家的不同部门最终产品生产所吸收的各个部分。这一关键分解技术成功地将总产出及总出口(在标准 ICIO 模型通常为内生变量)转化为总贸易核算法中的外生变量(最终需求),从而实现了对双边中间品贸易流量的彻底分解。

以三个国家的例子来解释本文分解双边中间贸易品流量的基本思路。表 13.1 为三国(S、R、T)间的投入产出模型。

**表 13.1　三国投入产出模型的表式**

| 投入＼产出 | | 中间使用 | | | 最终使用 | | | 总产出 |
|---|---|---|---|---|---|---|---|---|
| | | S 国 | R 国 | T 国 | S 国 | R 国 | T 国 | |
| 中间投入 | S 国 | $Z^{ss}$ | $Z^{sr}$ | $Z^{st}$ | $Y^{ss}$ | $Y^{sr}$ | $Y^{st}$ | $X^s$ |
| | R 国 | $Z^{rs}$ | $Z^{rr}$ | $Z^{rt}$ | $Y^{rs}$ | $Y^{rr}$ | $Y^{rt}$ | $X^r$ |
| | T 国 | $Z^{ts}$ | $Z^{tr}$ | $Z^{tt}$ | $Y^{ts}$ | $Y^{tr}$ | $Y^{tt}$ | $X^t$ |
| 增加值 | | $VA^s$ | $VA^r$ | $VA^t$ | | | | |
| 总投入 | | $(X^s)^T$ | $(X^r)^T$ | $(X^t)^T$ | | | | |

其中，上标 $s$、$r$ 和 $t$（小写）分别代表 S 国、R 国和 T 国。$Z^{sr}$ 和 $Y^{sr}$ 分别代表 S 国产品被 R 国用作中间投入品和最终使用品的部分，$VA^{s}$ 和 $X^{s}$ 分别表示第 1 国的增加值和产出，余类推。上标 $T$（大写）为转置。假设各国部门数统一为 $n$ 个，那么上表中 $Z$ 为 $n*n$ 的矩阵，$X$ 和 $Y$ 为 $n*1$ 的列向量，$V$ 为 $1*n$ 的行向量。

从使用方向看（行向），表 13.1 存在以下平衡式：

$$\begin{bmatrix} Z^{ss}+Z^{sr}+Z^{st} \\ Z^{rs}+Z^{rr}+Z^{rt} \\ Z^{ts}+Z^{tr}+Z^{tt} \end{bmatrix} + \begin{bmatrix} Y^{ss}+Y^{sr}+Y^{st} \\ Y^{rs}+Y^{rr}+Y^{rt} \\ Y^{ts}+Y^{tr}+Y^{tt} \end{bmatrix} = \begin{bmatrix} X^{s} \\ X^{r} \\ X^{t} \end{bmatrix} \tag{13.1}$$

定义投入系数 $A^{sr} \equiv Z^{sr}(X^{r})^{-1}$ 或 $A \equiv Z(X)^{-1}$，则有：

$$\begin{bmatrix} A^{ss} & A^{sr} & A^{st} \\ A^{rs} & A^{rr} & A^{rt} \\ A^{ts} & A^{tr} & A^{tt} \end{bmatrix} \begin{bmatrix} X^{s} \\ X^{r} \\ X^{t} \end{bmatrix} + \begin{bmatrix} Y^{ss}+Y^{sr}+Y^{st} \\ Y^{rs}+Y^{rr}+Y^{rt} \\ Y^{ts}+Y^{tr}+Y^{tt} \end{bmatrix} = \begin{bmatrix} X^{s} \\ X^{r} \\ X^{t} \end{bmatrix} \tag{13.2}$$

调整可得最终需求所拉动的总产出公式：

$$\begin{bmatrix} X^{s} \\ X^{r} \\ X^{t} \end{bmatrix} = \begin{bmatrix} B^{ss} & B^{sr} & B^{st} \\ B^{rs} & B^{rr} & B^{rt} \\ B^{ts} & B^{tr} & B^{tt} \end{bmatrix} \begin{bmatrix} Y^{ss}+Y^{sr}+Y^{st} \\ Y^{rs}+Y^{rr}+Y^{rt} \\ Y^{ts}+Y^{tr}+Y^{tt} \end{bmatrix} \tag{13.3}$$

其中 $\begin{bmatrix} B^{ss} & B^{sr} & B^{st} \\ B^{rs} & B^{rr} & B^{rt} \\ B^{ts} & B^{tr} & B^{tt} \end{bmatrix} = \begin{bmatrix} I-A^{ss} & -A^{sr} & -A^{st} \\ -A^{rs} & I-A^{rr} & -A^{rt} \\ -A^{ts} & -A^{tr} & I-A^{tt} \end{bmatrix}^{-1}$ 为经典的里昂惕夫逆矩阵。

将公式(13.3)的右端展开，可以将 R 国总产出 $X^{r}$ 分解为不同最终品所拉动的产出：

$$\begin{aligned} X^{r} = {} & B^{rs}Y^{ss}+B^{rs}Y^{sr}+B^{rs}Y^{st}+B^{rr}Y^{rs}+B^{rr}Y^{rr} \\ & +B^{rr}Y^{rt}+B^{rt}Y^{ts}+B^{rt}Y^{tr}+B^{rt}Y^{tt} \end{aligned} \tag{13.4}$$

因此，S 国向 R 国的中间出口可以分解为以下 9 个部分：

$$\begin{aligned} Z^{sr} = A^{sr}X^{r} = {} & A^{sr}B^{rs}Y^{ss}+A^{sr}B^{rs}Y^{sr}+A^{sr}B^{rs}Y^{st}+A^{sr}B^{rr}Y^{rs}+A^{sr}B^{rr}Y^{rr} \\ & +A^{sr}B^{rr}Y^{rt}+A^{sr}B^{rt}Y^{ts}+A^{sr}B^{rt}Y^{tr}+A^{sr}B^{rt}Y^{tt} \end{aligned} \tag{13.5}$$

上述等式右端为按照这一中间出口的最终吸收的及吸收渠道完全分解后的9个部分。

基于中间出口的分解，我们可以将总出口进行完全分解为不同来源增加值和最终吸收地的不同部分。首先定义增加值系数 $V^s \equiv VA^s (X^s)^{-1}$，$V^r$ 和 $V^t$ 类似，完全增加值系数为：

$$VB = [V^s \quad V^r \quad V^t] \begin{bmatrix} B^{ss} & B^{sr} & B^{st} \\ B^{rs} & B^{rr} & B^{rt} \\ B^{ts} & B^{tr} & B^{tt} \end{bmatrix} = \begin{bmatrix} (V^s B^{ss} + V^r B^{rs} + V^t B^{ts})^T \\ (V^s B^{sr} + V^r B^{rr} + V^t B^{tr})^T \\ (V^s B^{st} + V^r B^{rt} + V^t B^{tt})^T \end{bmatrix}^T \tag{13.6}$$

上式的结果向量中每一个元素都等于1，即任一单位的产出都可以被完整地分解为所有国家和所有部门的增加值，这也是按价值来源方向并根据产业间后向联系分解最终品的方法。对于S国来说：

$$V^s B^{ss} + V^r B^{rs} + V^t B^{ts} = u \quad u = (1,\ 1,\ \cdots,\ 1) \tag{13.7}$$

以 $E^{sr}$ 表示S国向R国的出口，包括最终出口和中间出口两部分，$E^{sr} = A^{sr} X^r + Y^{sr}$。S国的总出口可以表示为 $E^s = E^{sr} + E^{st} = A^{sr} X^r + A^{st} X^t + Y^{sr} + Y^{st}$。R国和T国的总出口 $E^r$ 和 $E^t$ 也可类似表示。应此，公式(13.2)可改写为：

$$\begin{bmatrix} A^{ss} & 0 & 0 \\ 0 & A^{rr} & 0 \\ 0 & 0 & A^{tt} \end{bmatrix} \begin{bmatrix} X^s \\ X^r \\ X^t \end{bmatrix} + \begin{bmatrix} Y^{ss} + E^s \\ Y^{rr} + E^r \\ Y^{tt} + E^t \end{bmatrix} = \begin{bmatrix} X^s \\ X^r \\ X^t \end{bmatrix} \tag{13.8}$$

调整可得单国模型的里昂惕夫经典公式：

$$\begin{bmatrix} X^s \\ X^r \\ X^t \end{bmatrix} = \begin{bmatrix} L^{ss} Y^{ss} + L^{ss} E^s \\ L^{rr} Y^{rr} + L^{rr} E^r \\ L^{tt} Y^{tt} + L^{tt} E^t \end{bmatrix} \tag{13.9}$$

其中，$L^{ss} = (I - A^{ss})^{-1}$ 等表示单国的里昂惕夫逆矩阵（$L^{rr}$ 和 $L^{tt}$ 也一样）。根据公式(13.9)，S国向R国的中间出口可以表示为：

$$Z^{sr} = A^{sr} X^r = A^{sr} L^{rr} Y^{rr} + A^{sr} L^{rr} E^r \tag{13.10}$$

结合公式(13.5)、(13.7)和(13.10)，S国向R国出口 $E^{sr}$ 可以分解如下：[94]

---

[94] 公式(13.11)中“#”表示点乘。

$$
\begin{aligned}
E^{sr} &= A^{sr}X^{r} + Y^{sr} \\
&= (V^{s}B^{ss})^{\mathrm{T}} \# Y^{sr} + (V^{r}B^{rs})^{\mathrm{T}} \# Y^{sr} + (V^{t}B^{ts})^{\mathrm{T}} \# Y^{sr} \\
&\quad + (V^{s}B^{ss})^{\mathrm{T}} \# (A^{sr}X^{r}) + (V^{r}B^{rs})^{\mathrm{T}} \# (A^{sr}X^{r}) + (V^{t}B^{ts})^{\mathrm{T}} \# (A^{sr}X^{r}) \\
&= (V^{s}B^{ss})^{\mathrm{T}} \# Y^{sr} + (V^{s}L^{ss})^{\mathrm{T}} \# (A^{sr}B^{rr}Y^{rr}) + (V^{s}L^{ss})^{\mathrm{T}} \# (A^{sr}B^{rt}Y^{tt}) \\
&\quad + (V^{s}L^{ss})^{\mathrm{T}} \# (A^{sr}B^{rr}Y^{rt}) + (V^{s}L^{ss})^{\mathrm{T}} \# (A^{sr}B^{rt}Y^{tr}) \\
&\quad + (V^{s}L^{ss})^{\mathrm{T}} \# (A^{sr}B^{rr}Y^{rs}) + (V^{s}L^{ss})^{\mathrm{T}} \# (A^{sr}B^{rt}Y^{ts}) + (V^{s}L^{ss})^{\mathrm{T}} \# (A^{sr}B^{rs}Y^{ss}) \\
&\quad + (V^{s}L^{ss})^{\mathrm{T}} \# [A^{sr}B^{rs}(Y^{sr} + Y^{st})] + (V^{s}B^{ss} - V^{s}L^{ss})^{\mathrm{T}} \# (A^{sr}X^{r}) \\
&\quad + (V^{r}B^{rs})^{\mathrm{T}} \# Y^{sr} + (V^{r}B^{rs})^{\mathrm{T}} \# (A^{sr}L^{rr}Y^{rr}) + (V^{r}B^{rs})^{\mathrm{T}} \# (A^{sr}L^{rr}E^{r}) \\
&\quad + (V^{t}B^{ts})^{\mathrm{T}} \# Y^{sr} + (V^{t}B^{ts})^{\mathrm{T}} \# (A^{sr}L^{rr}Y^{rr}) + (V^{t}B^{ts})^{\mathrm{T}} \# (A^{sr}L^{rr}E^{r})
\end{aligned} \tag{13.11}
$$

因此,在中间贸易品流量完全分解的基础上,代入增加值系数,根据出口品的价值来源和最终吸收地可以将双边总出口分解为 16 个增加值和重复计算部分。这 16 个部分表示的经济含义分别为:第 1 部分为最终出口的国内增加值,第 2 部分为直接被进口国生产国内最终需求吸收的中间出口国内增加值,第 3 部分为被进口国出口至第三国并被第三国生产国内最终需求吸收的中间出口国内增加值,第 4 部分为被进口国生产最终出口至第三国被吸收的中间出口国内增加值,第 5 部分为被进口国生产中间出口至第三国最终以最终进口返回第二国吸收的中间出口国内增加值,这五部分之和为最终被国外吸收的国内增加值(简称 DVA);第 6 部分为被进口国生产最终出口返回国内被吸收的中间出口国内增加值,第 7 部分为被进口国生产中间出口至第三国以最终进口返回国内被吸收的中间出口国内增加值,第 8 部分为被进口国生产中间出口返回国内生产国内最终需求所吸收的中间出口国内增加值,这三部分之和为返回的国内增加值:这一部分国内增加值先被出口至国外,但又隐含在本国的进口中返回国内并最终在国内被消费(简称 RDV)[95];第 9 部分为隐含于进口中返回国内被生产最终出口吸收的中间出口国内增加值(中间出口与最终出口价值的重复计算),第 10 部分为隐含于进口中返回国内被生产中间出口吸收的中间出口国内增加值(中间出口与中间出口价值的重复计算),这两部分是本国中间出口的国内价值重复计算部分(简称 DDC);第 11 部分为本国最终出口的进口国增加值,第 12 部分为本国中间出口的进口国增加值,这两部分为隐含于本国出口的进口国增加值(MVA);第 13 部分为本国中间出口的进口国价值重复计算部分;第 14 部分为

---

[95] 虽然这部分增加值(RDV)不构成一国的增加值出口,但却是出口国 GDP 隐含于出口中的一部分。

本国最终出口的第三国增加值,第 15 部分为本国中间出口的第三国增加值,这两部分为隐含于本国出口中的第三国增加值(OVA); MVA 与 OVA 之和为用于生产本国出口的外国增加值(FVA);第 16 部分为本国中间出口的第三国价值重复计算部分,第 13 部分和第 16 部分之和为本国中间出口的外国价值重复计算部分(FDC), DDC 和 FDC 之和为中间品贸易的纯重复计算部分(PDC)。PDC 是由于中间产品贸易多次来回跨越国界引起的。这些中间贸易交易值不构成任何国家的 GDP 或最终需求,类似于用一种中间投入品生产另一种中间投入品的国内产业间交易。由于所有的跨国贸易交易都会被各国海关当局记录,因此这一部分重复计算包含于总贸易统计中。而国内中间投入品贸易则不同,在通过行业统计来核算 GDP 时,所有中间投入品的价值都必需从总产出中扣除以避免重复计算。归纳起来,总出口具体各分解部分的关系可见图 13.1。

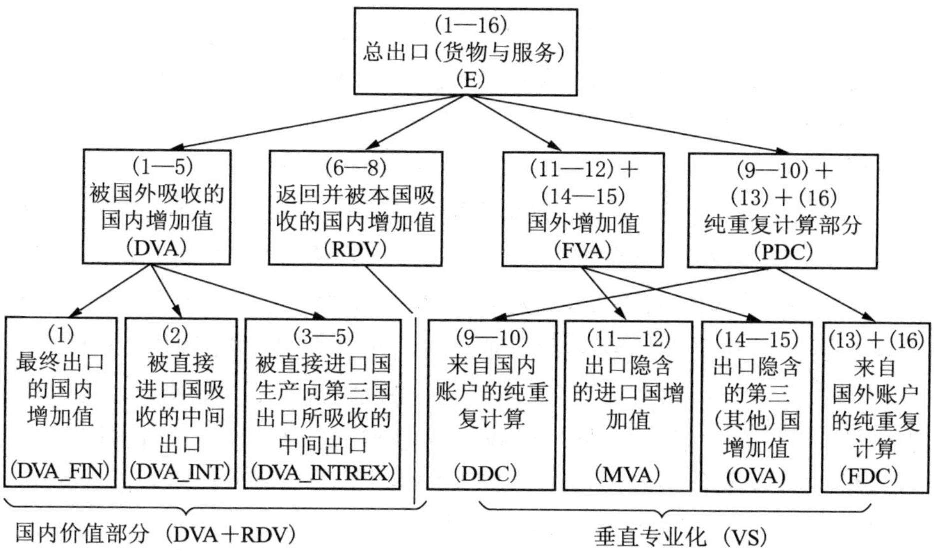


注:E 适用于任何层级的总贸易统计数据:国家/部门层面,国家汇总层面,双边/部门层面,或双边汇总层面。DVA 和 RDV 是基于产业部门间的后向联系计算的。

资料来源:根据王直等论文(美国经济研究局工作论文,第 19667 号)的图 1a—1c 简化。

**图 13.1　总贸易核算法的基本概念框架**

## 3　部门层面双边贸易流量的分解

本节以世界投入产出数据库中的中美电气和光学设备产品双边贸易数据为例,对总贸易核算方法的原理进行具体说明。以贸易总值衡量,中美电气和光学设备的双边贸易是近年来最大的部门双边贸易,2011 年已达 2 120 亿美元。如表 13.2 列(1)显示,以贸易总值度量的中美电气和光学设备双边贸易极不平衡:2011 年中国向美国出口了 1 769 亿美元,而美国向中国的出口仅为 351 亿美元,相差超过 4 倍。如果将总出口拆分为最终品出口和中间品出口两类(表 13.2 的列(2a)和列(2b)),可以看到中国的出口大部分为最终品,2011 年占比为 58.9%;而美国的出口则以中间品为主,2011 年占比为 69.8%。

表 13.2 列(3)至列(7)给出了选定年份的双边贸易总值的分解结果。更确切地说,列(1)=(3)+(4)+(5)+(6)+(7),其中列(3)为 DVA,表示出口国的国内增加值最终被其他国家所吸收的部分,既包括直接进口国的吸收又包括其他国家的吸收;列(4)为 RDV,表示最初出口但最终回到国内并被本国吸收的国内增加值;列(5)为 MVA,是 FVA 中来自直接进口国的部分;列(6)为 OVA,是 FVA 中来自第三国的部分;最后,列(7)是纯重复计算部分。其中列(3)=(3a)+(3b)+(3c),也就是说,DVA 部分可以进一步根据被吸收的渠道分解为隐含于最终出口品中的 DVA,隐含于被直接进口国吸收的中间出口品中的 DVA,以及隐含于被直接进口国再出口并最终被第三国吸收的中间出口品中的 DVA。

分解结果显示,美国和中国的出口增加值结构差异极大。首先,出口总额中美国的 DVA 比例(2011 年为 81%)比中国(2011 年约为 70%)高。其次,中国出口的 FVA 比例(MVA+OVA)超过美国,其中中国出口中的 OVA 份额尤其突出。换句话说,美国的出口绝大部分依靠自身的增加值,外国增加值比例很低(2011 年只有 2.1%来自中国,5.8%来自其他国家)。而中国的出口产品中则隐含着大量的外国增加值,尤其是来自第三国的增加值(有 3.2%来自美国,23.1%来自日本,韩国及其他国家)。第三,中国出口中 RDV 份额微不足道,而美国出口中 RDV 却非常显著(2011 年为 7.0%)。

从增加值角度衡量,2011 年中国出口中隐含的国内增加值(DVA+RDV)为 1 244.8 亿美元,隐含的进口国(美国)增加值(MVA)为 55.8 亿美元,美国出口中隐含的国内增加值为 307.8 亿美元,隐含的中国增加值为 7.2 亿美元,双边增加值贸易的差额为 888.4 亿美元,较以出口总值计算的中美电气和光学设备双边贸易差额(1 418.6 亿美元)减少了 37.4%。从增加值的细项来看,中国主要在出口最终品中隐含的国内增加值(DVA_FIN)顺差大,为 646.7 亿美元,占以增加值计算的贸易差额的 68%,而美国仅在返回的增加值中有顺差,为 11.7 亿美元。总的看来,由于增加值组成结构方面的差异,以增加值计算的中美电气和光学设备贸易平衡比用贸易总值计算的贸易平衡要小得多。

**表 13.2　中美电气和光学设备(WIOD 第 15 部门)的双边贸易分解**

单位:亿美元

| 年份 | | TEXP | TEXPF | TEXPI | DVA | DVA_FIN | DVA_INT | DVA_INTREX | RDV | MVA | OVA | PDC | VAX_F | VAX_B |
|---|---|---|---|---|---|---|---|---|---|---|---|---|---|---|
| | | (1) | (2a) | (2b) | (3) | (3a) | (3b) | (3c) | (4) | (5) | (6) | (7) | (8) | (9) |
| 中国向美国出口 | | | | | | | | | | | | | | |
| 1995 | 价值 | 110.0 | 76.3 | 33.6 | 85.4 | 59.5 | 20.5 | 5.5 | 0.2 | 3.1 | 19.5 | 1.8 | 39.2 | 90.7 |
| | 占比 | 100.0 | 69.4 | 30.6 | 77.7 | 54.1 | 18.6 | 5.0 | 0.1 | 2.9 | 17.7 | 1.6 | 35.7 | 82.5 |
| 2005 | 价值 | 876.1 | 534.9 | 341.2 | 537.8 | 334.0 | 163.3 | 40.6 | 3.4 | 36.7 | 263.3 | 34.9 | 256.8 | 601.1 |
| | 占比 | 100.0 | 61.1 | 38.9 | 61.4 | 38.1 | 18.6 | 4.6 | 0.4 | 4.2 | 30.1 | 4.0 | 29.3 | 68.6 |
| 2011 | 价值 | 1 769.2 | 1 041.6 | 727.7 | 1 231.9 | 740.4 | 398.0 | 93.4 | 13.0 | 55.8 | 409.2 | 59.5 | 530.8 | 1 351.3 |
| | 占比 | 100.0 | 58.9 | 41.1 | 69.6 | 41.8 | 22.5 | 5.3 | 0.7 | 3.2 | 23.1 | 3.4 | 30.0 | 76.4 |
| 美国向中国出口 | | | | | | | | | | | | | | |
| 1995 | 价值 | 34.0 | 12.8 | 21.2 | 26.9 | 11.0 | 12.2 | 3.8 | 1.8 | 0.1 | 3.8 | 1.3 | 17.5 | 32.9 |
| | 占比 | 100.0 | 37.8 | 62.2 | 79.2 | 32.3 | 35.7 | 11.2 | 5.4 | 0.4 | 11.3 | 3.8 | 51.4 | 96.7 |
| 2005 | 价值 | 164.0 | 38.5 | 125.6 | 119.3 | 32.6 | 50.7 | 35.9 | 17.8 | 2.3 | 12.5 | 12.2 | 87.5 | 137.8 |
| | 占比 | 100.0 | 23.4 | 76.6 | 72.7 | 19.9 | 30.9 | 21.9 | 10.8 | 1.4 | 7.6 | 7.4 | 53.3 | 84.0 |
| 2011 | 价值 | 350.6 | 105.8 | 244.8 | 283.1 | 93.8 | 122.0 | 67.4 | 24.7 | 7.2 | 20.4 | 15.1 | 237.5 | 299.0 |
| | 占比 | 100.0 | 30.2 | 69.8 | 80.8 | 26.7 | 34.8 | 19.2 | 7.0 | 2.1 | 5.8 | 4.3 | 67.8 | 85.3 |

注:TEXP 为出口总值;TEXPF 和 TEXPI 分别为最终出口总值和中间出口总值;MVA 为进口国增加值,即 MVA_FIN 与 MVA_INT 之和;OVA 为其他国增加值,即 OVA_FIN 与 OVA_INT 之和。列(1)=(2a)+(2b)=(3)+(4)+(5)+(6)+(7);列(3)=(3a)+(3b)+(3c)。

资料来源:王直等论文(美国经济研究局工作论文,第 19667 号)。

出口中增加值结构的不同反映了中美两国在全球生产链中所占位置的不同。由于美国主要从事产品设计和出口零部件生产，因此在全球价值链中处于上游位置，相当部分的美国出口增加值通过从其他国家进口返回国内并被美国消费者使用。相比较而言，中国处于价值链的下游，中国中间品出口中的增加值很少通过进口返回国内。中美两国在全球生产链中位置差异的另一侧面证据在于：中国对美国的出口中的 FVA 主要隐含在最终产品上，而美国出口中的 FVA 主要隐含在中间产品中。把 DVA 进一步分解为(3a)、(3b)和(3c)的结果也揭示了中美贸易中两国增加值出口之间的差异。特别地，中国出口的增加值以隐含于最终产品中的 DVA 为主，而美国的出口增加值则是以隐含于被中国和其他国家吸收的中间品中的 DVA 为主。

## 4　不同国家/部门垂直专业化结构的动态剖析

垂直专业化(VS)，即一国总出口中的国外价值，是一个被广泛应用于经济学文献中衡量跨国生产分工的综合性统计指标(戴维·哈默斯[96]；波尔·安特拉斯(Pol Antràs)[97])。然而，正如在本章第二部分总贸易流量分解图中所指出的，VS 中包括了不同的组成部分，每一部分有着不同的经济含义，代表着不同的跨国生产分工类型。例如，最终产品出口中大比例的外国增加值(FVA_FIN)，可能意味着出口国主要从事利用进口零部件进行最终产品组装的生产活动，只是参与全球价值链中低端的跨国生产分工。一国中间出口品中的外国增加值比例(FVA_INT)上升，特别是当越来越多的这些中间贸易品被出口到第三国并用于最终产品生产，可能意味着该国正在进行产业升级，从全球价值链的低端向中间环节爬升。

一国出口中外国增加值的重复计算部分(FDC)只有在存在多国间来回往复的中间品贸易时才出现。FDC 在 VS 中比例的上升表明了跨国生产分工的深化。换言之，中间贸易品在被用于最终产品生产之前，跨越国境的次数在不断增多。因此，了解一国总 VS 中这些组成部分的结构及其变化态势，可以帮助我们识别和度量跨国生产分工的类型与深度，以及发现随着时间推移一国垂直专业化分工(VS)程度增长的主要驱动因素。

---

[96] Hummels D., J.Ishii, and K.Yi, The Nature and Growth of Vertical Specialization in World Trade, pp.75—96.

[97] Antràs Pol, Firms, Contracts, and Global Production, CREI Lectures in Macroeconomics, Chapter 1, 2013.

如表 13.3 所示,所有国家(地区)制造业产品生产所使用的制造业和服务业外国价值(VS)比例在 1995—2011 年平均上升了 8.3 个百分点(表 13.3 第 3 列所示,从 1995 年的 22.5%上升到 2011 年的 30.8%)。有趣的是,表 13.3 中最后三列所示的 VS 结构信息表明,VS 比例的增加主要来自 FDC 比例的上升。这表明随着时间的推移,国际生产链变得越来越长:一国生产和出口的中间产品,被进口国用于生产下一阶段的中间产品并出口到另外的国家,继续用于生产链中下一环节的另一种中间产品出口的生产。这种日益增多的多次跨越国境的中间产品贸易是导致 FDC 比例上升的主要原因。

**表 13.3　全球制造业的平均垂直专业化的结构**

| 年份 | 总出口（亿美元） | VS 在出口中的比例(%) | 在 VS 中的占比(%) | | |
|---|---|---|---|---|---|
| | | | FVA_FIN | FVA_INT | FDC |
| 1995 | 40 202 | 22.5 | 45.5 | 34.9 | 19.5 |
| 2000 | 49 166 | 26.5 | 45.7 | 32.2 | 22.2 |
| 2005 | 78 506 | 29.9 | 42.3 | 32.5 | 25.1 |
| 2007 | 104 724 | 31.6 | 40.7 | 32.4 | 26.9 |
| 2009 | 90 937 | 28.4 | 43.3 | 33.4 | 23.2 |
| 2010 | 108 787 | 30.3 | 41.7 | 33.6 | 24.7 |
| 2011 | 124 583 | 30.8 | 40.6 | 34.5 | 25.0 |

资料来源:王直等论文(美国经济研究局工作论文,第 19667 号)。

1995—2011 年,总 VS 中最终出口品的外国增加值(FVA_FIN)比例下降了约 5 个百分点(从 1995 年的 44.5%下降到 2011 年的 40.6%),中间出口品的外国增加值比例基本不变,因此全球制造业出口的 VS 比例上升主要是由 FDC 比例的增加拉动的(从 1995 年的 19.5%上升到 2011 年的 25.0%)。如果这种趋势继续下去,20 年之后,VS 中的 FDC 比例也许会上升到 FVA 比例的水平,成为跨国生产分工的一个重要特征。如果将 FDC 和 FVA_INT 比例相加,2011 年涉及中间产品贸易的这两部分外国价值就已经达到全球制造业 VS 的 60%左右。

不同国家(地区)和不同部门的 VS 结构存在着显著的异质性,在发达经济体和发展中经济体之间,这种异质性更为突出。表 13.4 以电气和光学设备出口为例,计算了日本、韩国、中国台湾、中国、印度和印度尼西亚 6 个亚洲经济体的 VS 结构。表 13.4 右侧为三个(日本、韩国和中国台湾)工业化亚洲经济体。尽管它们的总 VS 比例有明显差异,但是 VS 结构却非常相似——较低且不断下降的 FVA_FIN 比例,相对稳定的 FVA_INT 比例,迅速扩大的 FDC 比例。

中国台湾电气和光学设备出口的 VS 结构是一个极为典型的例子(见表 13.4

的右下部分)。中国台湾是零部件的重要供应商，在电气和光学设备全球生产链中占据了几个不同的位置(既生产芯片制造的中间投入品又生产自身的内存芯片)。这反映为其电气和光学设备出口的中间品中境外经济体价值(FDC 和 FVA_INT 相加)的比例自 2005 年开始一直在 80%以上(在总出口中占比为 40%)。

**表 13.4　电气和光学设备出口选定亚洲经济体的 VS 结构**

| 年份 | 总出口(亿美元) | VS在出口中比例(%) | 在VS中的比例(%) | | | 总出口(亿美元) | VS在出口中比例(%) | 在VS中的比例(%) | | |
|---|---|---|---|---|---|---|---|---|---|---|
| | | | FAV_FIN | FVA_INT | FDC | | | FAV_FIN | FVA_INT | FDC |
| | 中国 | | | | | 日本 | | | | |
| 1995 | 340.3 | 22.1 | 56.9 | 27.5 | 15.6 | 1 242.7 | 6.7 | 44.6 | 34.8 | 20.6 |
| 2000 | 690.0 | 25.9 | 54.0 | 23.9 | 22.1 | 1 361.2 | 9.5 | 43.5 | 29.5 | 27.0 |
| 2005 | 2 969.4 | 37.6 | 52.3 | 24.4 | 23.3 | 1 433.2 | 11.8 | 35.5 | 31.4 | 33.1 |
| 2010 | 6 389.8 | 29.3 | 50.4 | 27.0 | 22.7 | 1 628.6 | 14.9 | 34.0 | 35.1 | 30.8 |
| 2011 | 7 214.2 | 28.9 | 50.2 | 27.7 | 22.1 | 1 669.4 | 16.0 | 33.1 | 37.5 | 29.4 |
| | 印度 | | | | | 韩国 | | | | |
| 1995 | 12.6 | 10.9 | 38.2 | 40.2 | 21.6 | 406.4 | 27.8 | 30.0 | 43.7 | 26.3 |
| 2000 | 19.3 | 17.8 | 41.7 | 32.2 | 26.1 | 604.3 | 35.1 | 40.3 | 30.9 | 28.7 |
| 2005 | 59.6 | 20.1 | 42.3 | 30.2 | 27.5 | 1 026.0 | 34.6 | 31.0 | 31.2 | 37.9 |
| 2010 | 239.9 | 19.0 | 54.1 | 24.0 | 21.9 | 1 478.2 | 36.9 | 24.8 | 39.3 | 36.0 |
| 2011 | 294.7 | 19.4 | 52.6 | 25.3 | 22.1 | 1 591.9 | 36.8 | 26.4 | 40.6 | 33.0 |
| | 印度尼西亚 | | | | | 中国台湾 | | | | |
| 1995 | 28.3 | 28.7 | 70.2 | 19.1 | 10.7 | 418.2 | 43.8 | 40.2 | 39.1 | 20.7 |
| 2000 | 76.4 | 30.6 | 53.6 | 23.3 | 23.1 | 778.6 | 44.8 | 41.0 | 31.3 | 27.6 |
| 2005 | 83.9 | 29.7 | 43.6 | 26.8 | 29.6 | 1 009.6 | 49.0 | 22.2 | 32.8 | 45.0 |
| 2010 | 116.7 | 29.0 | 46.5 | 28.1 | 25.3 | 1 429.4 | 49.1 | 15.8 | 40.2 | 44.0 |
| 2011 | 125.6 | 30.7 | 48.1 | 29.1 | 22.8 | 1 476.5 | 48.2 | 17.4 | 41.7 | 40.9 |

注：表中 VS 只计算了来自制造业和服务业部门的外国(地区)价值，未包括农业和采掘业等资源性行业的价值。

资料来源：王直等论文(美国经济研究局工作论文，第 19667 号)。

相比之下，亚洲发展中国家，如中国、印度和印度尼西亚(见表 13.4 左侧)的 FVA_FIN 在总 VS 中的比例直到 2011 年仍高达 50%左右。但这三个亚洲大国在 VS 结构方面也存在有趣的差异。中国这 17 年间(1995—2011 年)VS 结构的变化主要是 FVA_FIN 比例下降，FDC 比例增加，FVA_INT 比例保持相对稳定。印度尼西亚的 VS 结构变化则表现为 FVA_INT 和 FDC 比例的快速扩张——两个比例在这17年间的上升都超过了10个百分点,反映了印度尼西亚电气和光学设备部门的快速升级。而印度作为电气和光学设备国际生产网络中的后来者,其VS结构中FVA_FIN的比例却在不断上升(从1995年的38.2%上升到2011年的52.8%),FVA_INT的比例持续下降(从1995年的40.2%降到2011年的25.3%),FDC的份额则保持相对稳定。这可能反映了印度从进口替代向出口导向战略的转型发展,与该国从国际生产链的上游转移到下游位置的情况是一致的,如同中国20年前所做的那样。基于WIOD数据的实证分析表明,要全面把握全球价值链的有关信息,仅仅计算VS总值是远远不够的,研究VS的结构可以帮助我们更好地理解每个国家/部门在全球价值链中所处的位置及其发展变化。

## 5　前向联系的增加值出口和后向联系的增加值出口

在一项对全球生产分工量化研究的文献综述中,波尔·安特拉斯把罗伯特·约翰逊和吉列尔莫·诺格尔提出的VAX比值称为"一个重要的并有吸引力的衡量全球生产中垂直专业化分工的反向测算指标"和这一领域的最新成就(state of the art)[98]。然而,VAX比例的概念至少需要在两个重要方面加以改进。

首先,根据目前文献中对VAX比值的定义,VAX包括了一个给定部门增加值通过隐含于本国其他部门出口而进行的间接出口。例如,基于罗伯特·约翰逊和吉列尔莫·诺格尔方法计算中国农业增加值出口,包含了大量隐含在纺织服装出口中的农业(棉花)增加值,远高于中国农产品出口总值。因此,VAX在部门、双边或双边部门层面使用时均存在明显的不足。在这些细分层面上,增加值出口不一定总是小于出口总值。VAX比例不可能被定义于0和1之间。

理解这一点的关键是在部门和双边层面正确区分两种不同类型的增加值出口:基于产业部门前向联系计算的增加值出口(VAX_F)[99]包括了一个给定部门增加值通过隐含于本国其他部门出口而进行的间接出口;相反,基于产业部门后向联系计算的增加值出口(VAX_B)包括了隐含于给定部门出口中的一国所有部门的增加值。举例来说,基于前向联系计算的美国电子部门增加值出口,包括隐含于美国汽车和化工部门出口中的电子部门的增加值,但不包括隐含于电子部门出口中的汽车和化工部门的增加值。相反,基于产业部门后向联系计算的

---

[98] Antràs Pol, Firms, Contracts, and Global Production, CREI Lectures in Macroeconomics, Chapter 1, 2013.

[99] 这与罗伯特·约翰逊和吉列尔莫.诺格尔定义的增加值出口(VAX)是一致的。

隐含于电子部门出口中的美国增加值，包括用于电子产品生产的美国其他部门(如服务和汽车等)的增加值，但不包括隐含于其他部门(如汽车)出口中的美国电子部门增加值。

其次，即使是重新定义后的 VAX 比例，仍然不能刻画全球生产链上跨国分工的一些重要特征。考虑如下一个假定例子，美国和中国对世界出口的电子产品中的增加值占比相同(假定都是 50%)，但其形成原因却可能极为不同。对于中国而言，VAX 比例为 50%的原因在于中国出口品的一半价值是外国增加值(来自日本、韩国、甚至美国的增加值)。与此相反，在美国的出口中，一半的出口价值是隐含于美国中间品出口中的国内增加值，这一部分增加值先行出口并用于其他国家的出口生产，其后随美国从这些国家的进口返回美国并在美国被消费。因此，美国的出口增加值中只有一半最终被国外吸收。在这种情况下，即使美国所出口的电子产品中没有使用任何外国中间品，美国出口的 VAX 比例也只有 50%。在这个例子中，中国和美国在全球价值链中处于完全不同的位置，但是两国的 VAX 比值却不能揭示这一重要的区别。

为了克服 VAX 比值的这一缺陷，给决策者提供贸易总值中增加值结构的详细信息，在本文中突破了里昂惕夫经典方法仅能估计增加值出口的局限，对官方贸易统计数据中的被国外吸收的国内增加值(DVA)及其结构进行分析，并对重复计算部分也进行了定义和度量，考察了重复计算部分的结构和来源。

主要的解析结果可简单地归纳如下：

(1) 在三个或三个以上国家的模型中，被国外吸收的国内增加值(DVA)、基于产业部门前向联系的增加值出口(VAX_F)和基于产业部门后向联系的增加值出口(VAX_B)，这三个指标在双边部门层面一般是互不相等的，只有在汇总到一国总出口时三者才完全相等。VAX_F 和 VAX_B 在汇总到双边总出口时是相等的，而 DVA 和 VAX_B 在汇总到一国部门出口时是相等的。

(2) 在双边部门层面，DVA 总是小于或等于总出口，只要出口额为正，在任何分解层面上被国外吸收的国内增加值比例上限都为 1。一国部门层面的 VAX_B 总是小于或等于该国的部门总出口，只要一国部门的出口额为正，基于后向联系的增加值出口占比上限为 1。VAX_F 总是小于或等于部门层面的总增加值，VAX_F 与相应部门总增加值的比例上限为 1。

这些结论背后的经济学含义非常简单:对于部门层面的直接增加值出口而言，采用两种方法计算的 VAX 结果应一致。但在计算部门层面的间接增加值出口时，则需考虑由于产业部门关联方向不同所导致的差异。基于产业部门前向联系计算的间接增加值出口为隐含于其他部门出口中该部门的增加值被国外吸收的部分，这与本部门出口并没有关系。因此罗伯特·约翰逊和吉列尔莫·诺格尔所定义的增加值出口与总出口的比例是不合理的，因为其分母(部门总出口)并不包括隐含于其他部门产品出口中的间接增加值出口。在总出口的实际统计数据中经常出现一些部门出口很少或者根本没有出口，但是由于这些部门的产品作为中间投入被用于其他部门的出口生产，致使这些部门的增加值可以通过其他部门大量出口。在这种情况下，罗伯特·约翰逊和吉列尔莫·诺格尔定义的 VAX 比例会变得非常大或无限大(不存在)。

同样，在双边贸易层面，即使两国之间只有很少的贸易或根本没有贸易，也可以通过第三国间接进行大量的增加值贸易。因此，王直等定义的基于产业部门后向联系的增加值出口(VAX_B)与总出口比例在双边部门层面上限也不为1，不能用作双边部门层面上度量重复计算的反向综合统计指标。但是，由于基于产业部门前向联系的间接增加值出口是该部门所创造的总增加值的一部分，所以基于产业部门前向联系计算的增加值出口与 GDP 的比例可以在部门层面定义并总是小于 1。

根据总贸易的分解方法，本文使用总出口中被外国吸收的国内增加值(DVA)与总出口的比例作为度量增加值出口的综合统计指标，而将(EX－DVA)作为双边、部门、或双边部门层面出口中重复计算的综合统计指标。当总出口为正时，在任一分解层面上，这一指标在概念上和实际统计操作中都是有意义的。

在三国模型中，基于产业部门前向联系计算的 S 国到 R 国增加值出口(VAX_F)的计算公式如下：

$$VAX\_F^{sr}=\hat{V}^sB^{ss}Y^{sr}+\hat{V}^sB^{sr}Y^{rr}+\hat{V}^sB^{st}Y^{tr} \tag{13.12}$$

其中，$\hat{V}^s$ 为以 S 国增加值系数 $V^s$ 为对角元的对角阵。

基于产业部门后向联系计算的 S 国到 R 国增加值出口(VAX_B)的计算公式如下：

$$\begin{aligned}VAX\_B^{sr}=&(V^sB^{ss})^{\mathrm{T}}\#Y^{sr}+(V^sL^{ss})^{\mathrm{T}}\#(A^{sr}B^{rr}Y^{rr})+(V^sL^{ss})^{\mathrm{T}}\#(A^{sr}B^{rt}Y^{tr})\\&+(V^sL^{ss})^{\mathrm{T}}\#(A^{st}B^{tr}Y^{rr})+(V^sL^{ss})^{\mathrm{T}}\#(A^{st}B^{tt}Y^{tr})\end{aligned} \tag{13.13}$$

根据总出口分解公式，S 国到 R 国出口中隐含的被外国吸收的国内增加值(DVA)的计算公式如下：

$$\begin{aligned}DVA^{sr}=&(V^sB^{ss})^{\mathrm{T}}\#Y^{sr}+(V^sL^{ss})^{\mathrm{T}}\#(A^{sr}B^{rr}Y^{rr})+(V^sL^{ss})^{\mathrm{T}}\#(A^{sr}B^{rt}Y^{tt})\\&+(V^sL^{ss})^{\mathrm{T}}\#(A^{sr}B^{rr}Y^{rt})+(V^sL^{ss})^{\mathrm{T}}\#(A^{sr}B^{rt}Y^{tr})\end{aligned} \tag{13.14}$$

公式(13.14)是公式(13.11)的前 5 项之和。对比公式(13.13)和(13.14)，可

以清楚地看到 *VAX_B* 与 *DVA* 的区别仅表现在两个公式的后 3 项上：DVA 不仅包括被 R 国吸收的 S 国生产的增加值，而且还包括了被第三国吸收的 S 国生产的增加值。而 *VAX_B* 不仅包括隐含在 S 国对 R 国部门出口中被 R 国吸收的 S 国生产的增加值[公式(13.13)和(13.14)的前两项]，而且还包括了隐含在 S 国对第三国(T)部门出口中但最终被 R 国吸收的 S 国生产的增加值。因而在双边部门层面，由于存在经第三国的间接出口，因此无论是基于产业部门前向联系的增加值出口(VAX_F)或是基于产业部门后向联系的增加值出口(VAX_B)都会与双边部门层面上的总贸易流量的路径不同，并且与 DVA 不相等。

下面以德国商业服务部门的出口为例，来进一步说明 VAX_B 和 VAX_F 这两个概念在国家部门层面上的差异。

基于产业部门的后向联系，可以从进口国的角度(使用者的角度)来分析德国商业服务部门的增加值出口。VAX_B 指标(DVA，在一国部门层面两者相等)计算了隐含于德国商业服务出口中，并最终被国外吸收部分的德国所有部门的国内增加值，这些部门通过生产德国商业服务出口的中间投入品，而间接出口本部门增加值。表 13.5 列(2)—(5)给出了基于产业部门后向联系的德国商业服务出口的分解结果。毫不奇怪，德国商业服务出口的 DVA 占其总出口价值的 93%左右，总出口流量中所有其他部分包括 FVA、RDV 和 PDC 都很小。

**表 13.5　德国商业服务部门增加值出口分解(WIOD 中第 30 部门)**

| 年份<br>(1) | 总出口<br>(亿美元)<br>(2) | 后向联系比例(% of(2)) | | | | 前向联系比例(% of(2)) | |
|---|---|---|---|---|---|---|---|
| | | DVA&VAX_B<br>(3) | FVA<br>(4) | RDV<br>(5) | PDC<br>(6) | VAX_F<br>(7) | RVA_F[100]<br>(8) |
| 1995 | 147.3 | 92.9 | 2.7 | 3.2 | 1.3 | 377.3 | 7.4 |
| 2000 | 196.0 | 91.4 | 3.8 | 2.8 | 2.0 | 344.0 | 6.8 |
| 2005 | 432.4 | 92.5 | 3.8 | 2.0 | 1.7 | 293.2 | 5.2 |
| 2007 | 580.6 | 92.0 | 4.0 | 2.1 | 1.9 | 291.1 | 5.1 |
| 2009 | 596.3 | 92.5 | 3.4 | 2.3 | 1.8 | 278.7 | 4.8 |
| 2010 | 598.1 | 92.6 | 3.9 | 1.8 | 1.7 | 282.8 | 4.3 |
| 2011 | 628.5 | 92.4 | 4.0 | 1.8 | 1.8 | 291.6 | 4.7 |

资料来源：王直等论文(美国经济研究局工作论文，第 19667 号)。

[100] RVA_F 是指基于产业部门前向联系的一国部门增加值出口后返回并最终被国内吸收的部分。VAX_F 和 RVA_F 都是一国部门增加值参与国际分工的部分。

从生产者的角度，基于前向联系计算和分析了来自德国商业服务部门的增加值直接出口和通过德国其他部门间接出口的情况。例如，如果德国汽车出口使用了德国商业服务作为中间投入，这就形成德国商业服务业部门增加值的间接出口。这一特定部分的德国增加值出口是基于产业部门前向联系的德国商业服务部门增加值出口（虽然它也是隐含于德国汽车出口中的基于后向联系的德国汽车部门增加值出口）。

如果一个部门中很多增加值是通过隐含于其他部门的出口而间接进行的，基于产业部门前向联系方法计算的增加值出口原则上可以超过这个部门的总出口价值，因为该部门增加值的间接出口并未包含在该部门的总出口中。在德国商业服务部门中，这一现象非常明显，因为德国其他部门的出口中常常隐含了大量商业服务部门的增加值。正如在表13.5第(7)列中所报告的，基于产业部门前向联系计算的德国商业服务部门的增加值出口通常为该部门总出口的278%—377%（相比之下，基于产业部门后向联系计算的德国商业服务部门的增加值出口在总出口中的比例都在0和1之间）。

## 6　考虑国内和国际生产分工的显性比较优势新指标

当讨论基于产业部门前向联系测算一国部门出口中的增加值时，很自然地会涉及对一国部门显性比较优势（Revealed Comparative Advantage，简称RCA指数）概念的修订。一国部门的传统RCA指数是该国这一部门出口总值在该国总出口中的比例相对于全球该部门出口总值在全球总出口中比例的比较值（简称传统RCA指数或RCA_Gross）。当RCA指数大于1，表示该国这一部门的出口具有显性比较优势；当RCA指数小于1，表示该国这一部门的出口具有显性的比较劣势。

$$RCA\_Gross_i^r = \frac{e_i^r / \sum_{i=1}^{n} e_i^r}{\sum_r^G e_i^r / \sum_r^G \sum_{i=1}^{n} e_i^r} \tag{13.15}$$

从全球价值链角度来看，传统RCA指数既忽略了国内的生产分工又忽略了国际生产分工。具体而言，首先，传统的RCA指数忽略一国部门的增加值可以隐含在该国其他部门的出口中而实现间接出口这一事实，其次，传统的RCA指数也没有考虑一国部门的总出口中包含有部分外国价值的事实（FVA和FDC）。因此，正确测量一国部门显性比较优势的方法不仅需要包括隐含在本国其他部门出口中的该部门增加值（间接出口），还需要排除总出口中来源于外国的增加值和纯重复计算的部分。

综合考虑出口生产的国内和国际生产分工,本文定义了一种测量一国部门显示性比较优势(简称新 RCA 指数或 RCA_Value added)的新指标,即基于产业部门前向联系计算的一国出口中该部门的增加值占该国总出口中的国内增加值的比例,相对于所有国家出口中的该部门所创造的增加值占全球总出口增加值的比例的比较值。

$$RCA\_Value\ Added_i^r = \frac{(vax\_f_i^r + rva\_f_i^r)/\sum_{i=1}^{n}(vax\_f_i^r + rva\_f_i^r)}{\sum_r^G(vax\_f_i^r + rva\_f_i^r)/\sum_r^G\sum_{i=1}^{n}(vax\_f_i^r + rva\_f_i^r)} \tag{13.16}$$

本章选取了两组例子来比较传统指标与新指标的区别。第一组例子分别计算并绘制了中国和美国电气和光学设备出口的两种 RCA 指数(如图 13.2 所示)。图 13.2 左侧是 1995—2011 年间中国电气和光学设备出口的两种 RCA 指数。从传统 RCA 指数的变化来看,2006 年以后中国的 RCA 指数超过了 2.5,表明中国电气和光学设备出口拥有显著的比较优势。相反,新 RCA 指数却表现出较低的值,近年来只有 1.8 左右。

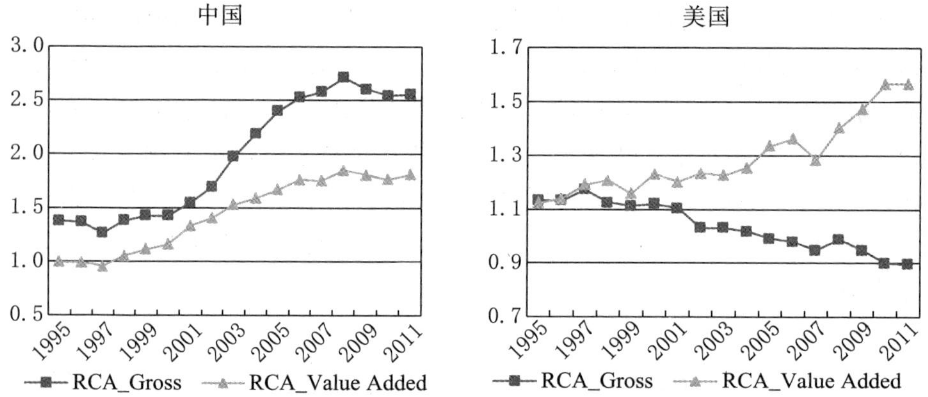


资料来源:王直等论文(美国经济研究局工作论文,第 19667 号)。

**图 13.2　中国和美国电气和光学设备出口的两种 RCA 指数**

图 13.2 右侧图描述的是 1995—2011 年间美国电气和光学设备出口的两种 RCA 指数,可以看到它们之间的巨大差异。传统 RCA 指数显示,2003 年以后,美国电气和光学设备出口已经成为一个比较劣势部门,且劣势在不断扩大。但根据新 RCA 指数,美国电气和光学设备仍然是一个具有比较优势的出口部门,

而且近几年这比较优势呈现着强势递增趋势。传统指数和新指数在测度美国电气和光学设备出口显性比较优势时表现出的巨大差异，充分显示了传统 RCA 指标的潜在误导性。根据贸易总值计算的美国电气和光学设备传统 RCA 指数及其时序变化显示了一个令人担忧的状况，即美国出口竞争力的日益下降；但新 RCA 指数却表明，美国的电气和光学设备出口在 1995—2011 年间一直具有比较优势，并且这一优势在持续增强。

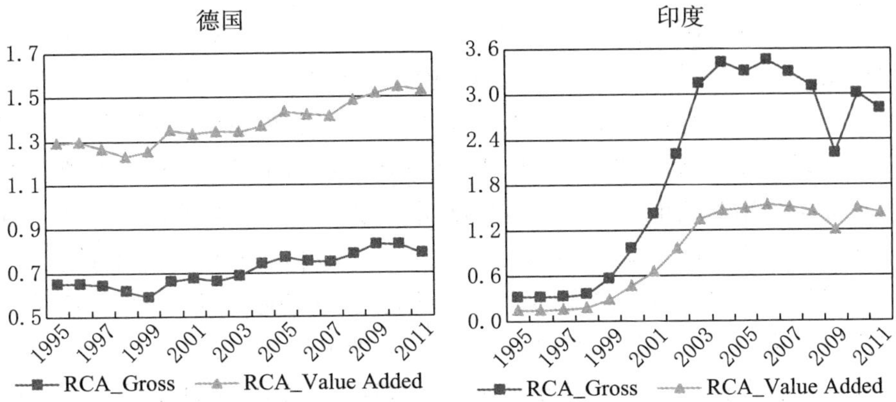


资料来源：王直等论文（美国经济研究局工作论文，第 19667 号）。

**图 13.3　德国和印度商业服务出口的 RCA 指数**

第二组例子对比了印度和德国商用服务出口的两种 RCA 指数（如图 13.3 所示）。图 13.3 左图分别绘出了印度商用服务出口的传统 RCA 和新 RCA 指数，右图分别绘出了德国商用服务出口的传统 RCA 和新 RCA 指数。凭借着著名的印孚瑟斯（Infosis）公司、维普罗（Wipro）公司及各种呼叫中心等，印度在商业服务出口上成绩卓著。而根据新定义计算的印度商用服务出口的 RCA 强度远弱于基于传统定义计算的 RCA 强度。相反，德国的商业服务出口与其成功的制造业相比，很少受到关注。根据总出口数据，商业服务部门出口在德国呈现比较弱势，在整个 1995—2011 年期间其传统 RCA 指数都小于 1。但是，根据本文考虑国内和国际生产分工的新 RCA 定义，德国商业服务出口却是一个比较优势极为显著的部门。造成这两种 RCA 指标巨大差异的经济原因其实很简单。在印度，国内其他部门（如制造业）出口生产中使用商业服务部门的增加值很少，其商业服务部门增加值的间接出口比例很低。而德国正好相反，德国大量出口的汽车、机械设备和其他制造业产品中隐含了大量的德国商业服务部门的增加值，其商业服务部门增加值的间接出口比例很高。因此，一旦把商业服务部门增加值的间接出口考虑进来,印度的商业服务出口相对于德国和许多其他发达国家的比较优势就不那么令人印象深刻了。

## 7 结论与启示

当前研究全球价值链的文献中广泛使用里昂惕夫经典方法,这一方法很难对占全球贸易三分之二的中间贸易品进行完全分解。本章突破了应用里昂惕夫经典方法的局限,提出新的总贸易核算法,对官方贸易统计数据中的增加值和重复计算部分进行了系统的定义和度量,并考察其结构和来源。总贸易核算法提供了一个简单而清晰的框架,将总出口完全分解为不同的增加值和重复计算组成部分:包括增加值出口、返回国内的增加值、外国增加值以及由中间品贸易引起的纯重复计算。通过度量官方贸易统计中重复计算的部分以及识别出重复统计的来源,总贸易核算法在官方贸易统计(以总值计算)和国民经济核算(以增加值计算)之间建立了对应关系,并通过这一桥梁,使贸易的增加值核算法与现行国民经济核算体系在标准上取得一致,从而为经济学家和政策制定者提供了一个从官方贸易统计数据背后解析全球价值链信息的有力工具。

总贸易核算法不仅提供了在任意层面上对总贸易流量进行完整分解的明晰方法,而且还提供了如何正确定义并度量跨国生产分工和重复计算综合统计指标的解析结果。它扩展了以前文献中的有关工作,并纠正了其中一些概念上的错误。更重要的是,这一方法超越了简单地应用里昂惕夫方法估计增加值出口的流行做法,能够全面揭示隐藏在官方贸易统计数据背后有关跨国生产分工结构的有用信息。应用总贸易核算法,本章对世界投入产出数据库中 40 个国家/地区 1 400 个部门从 1995 年到 2011 年间所有的双边部门贸易流量进行了分解,由此产生了一个可以被其他研究者用于研究相关问题的巨大的时间序列面板数据集。本章还展示了如何利用新核算方法的分解结果去追踪戴维·哈默斯等提出的 VS 指标,以及随着时间推移的 VS 结构变化,区分基于产业部门前向联系和后向联系方法计算的两种部门国内增加值出口及其不同的经济含义;利用前向联系的增加值出口和返回的增加值来更准确地定义一国部门出口的显性比较优势。我们希望这一总贸易流量的核算方法可以为国际贸易研究者深入研究各种与跨国生产分工和全球价值链相关的问题提供一个有用的工具和新的数据源。

## 参考文献

Richard Baldwin, "Global Supply Chains: Why They Emerged, Why They Matter, and Where They Are Going," The Fung Global Institute Working Papers, 15 July, 2012.

Nadim Ahmad, "Estimating Trade in Value-added: Why and How?" in *Global Value Chains in a Changing World* (eds. Deborah Kay Elms and Patrick Low), World Trade Organization, 2013, p.86.

B. Balassa, *Trade Liberalization among Industrial Countries*, New York: McGraw-Hill, 1967.

David Hummels, Jun Ishii and Kei-Mu Yi, "The Nature and Growth of Vertical Specialization in World Trade," *Journal of International Economics*, vol.54, 2001.

Lawrence J. Lau et al., "Input-occupancy-output models of the non-competitive type and its application—an examination of the China-US trade surplus," *Social Sciences in China* 31(01), 2010.

R. Koopman, Zhi Wang and Shang-Jin Wei, "Estimating Domestic Content in Exports When Processing Trade Is Pervasive," *Journal of Development Economics*, vol.99, 2012.

Hong Ma, Zhi Wang and Kunfu Zhu, "Domestic Value-added in China's Exports and Its Distribution by Firm Ownership," *Journal of Comparative Economics*, vol.43, no.1, 2015.

R.C. Johnson and G. Noguera, "Accounting for Intermediates: Production Sharing and Trade in Value Added," *Journal of International Economics*, vol.86, no.2, 2012.

M.P. Timmer et al., "Slicing Up Global Value Chains," *Journal of Economic Perspectives*, vol.28, no.2, 2014.

Xin Li, Dianqing Xu, "Reassessing China's Foreign Degree of Dependence and Imbalance: Value-Added Trade in the Global Link of Production", *Social Sciences in China*, 2013.

Changyuan Luo, Jun Zhang, "Trade in Value-Added: Evidence from China," Economic Research, 2014.

Aaditya Mattoo, Zhi Wang and Shang-Jin Wei, *Trade in Value Added: Developing New Measures of Cross-border Trade*, Washington DC: World Bank, 2013.

Robert Koopman, Zhi Wang and Shang-Jin Wei, "Tracing Value-added and Double Counting in Gross Exports," *The American Economic Review*, vol.104, no.2, 2014.

Zhi Wang, Shang-Jin Wei and Kunfu Zhu, "Quantifying International Production Sharing at the Bilateral and Sector Level," NBER Working Paper, no.19677, Nov. 2013. http://www.nber.org/papers/w19677.

Marcel Timmer, ed., "The World Input-Output Database (WIOD): Contents, Sources and Methods," WIOD background document, Apr. 2012. http://www.wiod.org/publications/source_docs/WIOD_sources.pdf.

W. Leontief, "Quantitative Input and Output Relations in the Economic System of the United States," *Review of Economics and Statistics*, vol.18, 1936.

Robert Koopman, Zhi Wang and Shang-Jin Wei, "Tracing Value-added and Double Counting in Gross Exports," *The American Economic Review*, vol.104, no.2, 2014.

David Hummels, Jun Ishii and Kei-Mu Yi, "The Nature and Growth of Vertical Specialization in World Trade," *Journal of International Economics*, vol.54, no.1, 2001.

Pol Antràs, *Firms*, *Contracts*, *and Global Production*, CREI Lectures in Macroeconomics, 2013, Chapter 1.

（祝坤福译，王直校）

# 作　　者

**纳迪姆·艾哈默德**，经济合作与发展组织统计总司贸易和竞争力统计处处长，负责贸易统计、创业和生产力相关工作，也负责经合组织增加值贸易核算的跨领域活动，开发经合组织投入产出数据库。自2000年加入经合组织起，曾在许多不同岗位上工作过，尤其是国民经济核算领域。作为经合组织工作组的代表，他在开发新的2008国民经济核算体系过程中发挥了重要作用。在加入经合组织前，曾供职于英国国家统计局和英国财政部。

**索尼娅·阿劳若**，经合组织经济学部经济学家，主要负责通过经合组织和金砖国家结构性政策改革的实施情况，评估其对就业、生产和收入增长的影响。作为年轻专业人员，加入经合组织后，索尼娅就对许多关于国际贸易和投资的研究作出了贡献。除了研究投资担保和外国直接投资政策风险保险条款中的作用外，还致力于金砖国家资金流监管和全球量化指标建设，同时帮助发展经合组织用于分析跨境贸易问题的框架。索尼娅已研究了影响基础设施投资和效率的决定因素，包括公私合作实践和监管与竞争环境，且评估整体经济基础设施投资和经济增长的影响。

**理查德·E.鲍德温**，自1991年起任日内瓦国际研究所国际经济学教授，自2006年起任经济政策研究中心政策主任，他于2007年建立Vox后一直担任Vox总编辑。2000—2005年，曾任经济政策杂志联合执行主编；1991—2001年，曾任经济政策研究中心国际贸易项目主管。在这之前，他辞去哥伦比亚大学商学院副教授，成为布什政府时期总统经济顾问委员会高级经济学家。他与保罗·克鲁格曼一起在麻省理工学院获得了经济学博士学位。2002年3月，成为麻省理工学院的客座教授，并在意大利、德国、挪威的大学任教。也曾担任许多国家政府、欧洲联盟、经合组织、世界银行、欧洲自由贸易联盟和美国国际开发署顾问。他著述丰富，研究方向包括国际贸易、全球化、地区主义和欧洲一体化，是经济政策研究中心的最主要研究员。

**彼得·贝格-尼尔森**，丹麦统计局结构性商业统计处处长，主持开发了欧盟统计系统全球化指标和全球价值链和国际外包的测算工作。他也是经合组织产业全球化工作组的成员。

**克莱尔·布朗**，伯克利加州大学经济学教授和就业、技术和社会中心主任。她研究领域涉及半导体、消费电子品、信息通信技术和高科技初创企业。克莱尔和麻省理工学院蒂姆西·斯特金一起开发了一个基于工人意见的综合社会调查模型，研究贸易对国内就业影响与基于工作性质可能被外包可能性。由美国国家科学基金会资助，克莱尔和蒂姆致力于一个关于美国公司的典型调查，记录按企业功能的国内就业和国内国外的活动地点，从而研究工作、组织结构和创新之间的关系。由美国国际开发署资助，克莱尔在伯克利加州大学分校主持一项团体发展形成影响评估，其基于一个开源在线工具实施低成本有效项目评估。她的作品包括《美国生活水平，1919—1988》(布莱克维尔，1994)，《在美国和日本的工作与支付》(合著)(牛津大学出版社，1997)、《经济动荡》(芝加哥大学出版社，2006)和同格雷格·林登合著的《芯片和挑战：危机如何重塑半导体行业》(麻省理工学院出版社 2009，2011)。

**朱迪斯·迪安**，布兰迪斯大学国际商学院国际经济学教授，她的教学和研究集中在国际贸易和经济发展，特别是在贸易、环境和贫困之间的相互关系。在一系列实证研究中使用中国数据，她一直在探索这样一种可能性：贸易增长、国外投资和生产碎片化可能对环境产生有利影响。在其他工作中，她研究贸易和生产碎片化，非关税壁垒和贸易优惠启示对经济增长的影响。在加入布兰迪斯之前，朱迪曾担任美国国际贸易委员会经济局高级国际经济学家，约翰·霍普金斯大学高级国际关系研究院经济学副教授，鲍登大学经济学助理教授。她一直是世界银行和经合组织顾问，印度统计研究所访问学者。她近期的工作包括与美国国际贸易委员会、清华大学和印度发展基金会的合作。

**胡斯蒂诺·德·拉·克鲁茨**，美国国际贸易委员会经济局国际经济学家，主要负责研究、撰写和主持提交美国总统贸易代表和国会的报告。加入国际贸易委员会前，在得克萨斯大学教授国际贸易与金融、计量经济、统计和商业预测。他一直是墨西哥中央银行的访问学者，美洲开发银行和沃顿计量预测协会经济学家。

## 作　者

**加里·格里菲**，杜克大学社会学教授和全球化、管理和竞争力中心主任，在圣母大学获得学士学位，耶鲁大学获得博士学位。

**基恩·M.格罗斯曼**，普林斯顿大学雅格布·瓦伊纳国际经济学教授、经济学系主任、国际经济学学科主任。在耶鲁大学获得经济学学士学位，在麻省理工学院获得博士学位。格罗斯曼还是计量经济学学会和美国艺术与科学院院士，外交关系学会终身理事，圣加仑大学名誉博士，在国际贸易众多领域著述丰富。

**猪俣哲史**，1992年，在牛津大学获得发展经济学硕士学位后，加入日本亚洲经济研究所/贸易振兴会。主要研究方向包括国际投入产出分析和全球价值链分析，参与了1990年、1995年和2000年亚洲国际投入产出表的编制。2007年，他发起并组织了一个新项目，即基于2005年亚洲国际投入产出表构建"金砖国家"+日本、美国和欧盟的国际投入产出表。他是世贸组织和日本亚洲经济研究所/贸易振兴会联合出版的《东亚贸易模式和全球价值链》的共同主编。他是国际投入产出协会理事、经济系统研究杂志和联合国投入产出表合集和分析手册的编委。

**罗纳德·詹森**，联合国统计司贸易统计处处长，负责国际货物贸易、服务贸易和旅游统计。在国际贸易统计领域有20多年的工作经验，包括衡量国际贸易和经济全球化，整合贸易统计与商业注册、外国政府统计、旅游统计，服务贸易统计和广义经济分类修订。他还是能力开发项目的主管，在世界上许多国家举办了国际贸易统计培训讲习班和专家研讨会会议。1984年，在格罗宁根大学获得统计学和心理学学位。之后，在奈梅根大学从事统计学教学研究，并于1990年获得人类信息处理数学模型博士。

**罗伯特·约翰逊**，达特茅斯学院经济学系助理教授和国家经济研究局研究员。研究领域是基于国际贸易和宏观经济学联系的国际经济学。撰写了关于异质性企业公贸易和产品质量及跨境生产共享，以对衡量贸易联系和传递冲击影响的论文。在西北大获得经济学学士学位，在伦敦经济学院获得全球市场经济学硕士学位，在伯克利加州大学获得经济学博士学位。

**罗伯特·B.库普曼**，美国国际贸易委员会首席运行官，负责协调贸易政策研究，并向美国总统贸易代表和国会提供谈判支持。还负责反倾销与反补贴税调查、不公平进口裁定以及维护统一关税制度。曾任美国国际贸易委员会经济局局长和首席经济学家。在这一岗位上,负责经济分析和为发挥国际按摩椅委员会作为国会和总统在国际贸易事务顾问的作用。

**克雷格·林登**,伯克利加州大学哈斯商学院商业创新研究所副研究员。撰写了众多关于产业全球化的论文,合著了《芯片与变革:危机如何重塑半导体产业》(麻省理工出版社,2009 年)。在伯克利加州大学获得了公共政策硕士和经济博士学位,曾在亚洲从事过高技术产业政策的咨询工作。

**亚历西亚·洛·图尔克**,意大利马什理工大学经济学院助理教授。她于 2005 年加入该系,主讲国际经济学。研究领域为实证国际贸易、生产力和劳动力市场领域。她一直致力于研究国际一体化对土耳其制造业在企业和企业产品层面的影响。在沃里克大学获得经济学硕士学位,在马什理工大学获得经济学博士学位。曾在都柏林大学和联合国拉丁美洲和加勒比经济委员会做访问学者。曾担任"巴拉圭经济中心"(巴拉圭卡德普)和"红色南方共同市场"顾问。

**丹妮拉·马吉奥尼**,马什理工大学经济学院博士后研究员,曾在该校讲授国际经济学。2010 年 1 月,丹妮拉在马什理工大学获得博士学位,研究领域是国际贸易、生产力、创新和劳动力市场,一直致力研究土耳其和意大利制造业企业层面贸易与生产率关系。她曾是卢卡达里亚诺研究中心研究员,参与欧洲公司与全球经济项目研究。曾获了马什理工大学博士生奖学金,并因其关于全球危机下土耳其经济的论文获得萨基普·萨班奇国际奖二等奖。

**阿迪蒂亚·马图**,世界银行贸易与一体化研究主任,专攻贸易政策分析和世界贸易组织运行研究,并向各国政府提供政策建议。在 1999 年加入世界银行之前,他是世贸组织经济顾问。1988—1991 年,在苏塞克斯大学和剑桥大学丘吉尔学院教授经济学。拥有剑桥大学经济学博士学位和牛津大学经济学硕士学位。他在有关货物贸易、服务贸易、发展和世贸组织的学术期刊和其他期刊上发表了大量论文,包括《经济学人》、《金融时报》、《纽约时报》和《时代》杂志,并被广泛引用。

**安德烈亚斯·莫雷尔**,世贸组织国际贸易统计处处长。曾在德国霍恩海姆大学学习经济学,专攻公共财政和统计/计量经济学,并获得经济学博士学位。

1990年，加入联合国欧洲经济委员会，在欧洲统计学家会议秘书处工作。他是联合国欧洲经委会统计杂志主编。1994年，加入关贸总协定/世贸组织。研究领域包括服务贸易核算，特别是模式4和增加值贸易。

**孟渤，**日本亚洲经济研究所/贸易振兴会研究员。2005年，在日本东北大学获得信息科学博士学位。2009年、2013年，在日本亚洲经济研究所/贸易振兴会就全球价值链进行联合研究时，先后作为经合组织和美国国际贸易委员会的访问学者。自2012年起，一直是经合组织增加值贸易相关科学家委员会专家组成员。研究领域包括国际（区域间）投入产出分析、空间一般均衡模型、低碳经济学和与全球价值链相关的问题。他是2011年世贸组织和日本亚洲经济研究所/贸易振兴会联合出版的《东亚贸易模式和全球价值链：从货物贸易到任务贸易》的作者之一。

**塞巴斯蒂安·米洛多特，**经合组织贸易和农业总司服务贸易处高级贸易政策分析师。在巴黎政治学院获得国际经济学博士学位。加入经合组织之前，是蒙迪亚经济集团的研究助理，并为巴黎政治学院硕士学位课程授课。研究领域包括服务贸易、贸易和投资及全球价值链贸易。在经合组织从事增加值贸易测算和服务贸易限制性指数构建。他在学术期刊发表了若干论文，并参与一些贸易政策专著的撰写。

**吉列尔莫·诺格拉，**哥伦比亚大学商学院博士后研究员。研究方向是以跨境生产碎片化为重点的国际贸易，增加值贸易的贸易成本和引力模型。他的研究成果已在《美国经济评论》和《国际经济杂志》中引用，并在《经济学家》、欧盟Vox和其他刊物中被提及。他于2011年在伯克利加州大学获得经济学博士学位，并于2013年作为助理教授加入沃里克大学经济学系。

**斋藤美佳，**国际货币基金高级经济学家。在从事多年发展中经济体、新兴市场经济体和发达经济体的双边和多边监测后，于2003年加入国际货币基金并在国际货币基金组织培训中心讲学。近年来，她一直在主持一项评估2008—2009年全球金融危机后贸易融资的作用，测算全球供应链贸易溢出效应和实际汇率的项目。曾任圣母大学门多萨商学院助理教授，在康奈尔大学获得经济学博士学位。

**拉尼尔·萨尔加多**，国际货币基金负责贸易事务处长。在国际货币基金工作了16年，还曾在亚太部(澳大利亚、印度、缅甸和新加坡)、研究部(多边监督和世界经济展望)和西半球部(美国、加拿大和多米尼加)任职。加入国际货币基金前，曾在一家战略管理咨询公司工作，并在宾州大学、约翰·霍普金斯大学和联邦储备委员会担任研究助理。曾就读于哈佛大学，后在剑桥大学和宾州大学获得博士学位。

**蒂莫西·J.斯特金**，麻省理工学院工业绩效中心高级研究员，也是全球价值链项目的共同组织者。他的研究侧重于全球一体化的进程，重点放在电子、汽车和服务业外包和支持实践，并致力于改进全球化研究的指标和方法，对全球价值链理论做出了重大贡献。他探索了深化工业化与发展中经济体之间全球价值链联系的意义(对就业、工业发展、技术学习和政策的影响)，并积极与国际开发机构的政策制定者合作，在工业化国家和发展中国家推介他的见解，并就应对全球一体化的可行、有效的政策进行合作。是《全球价值链中的本地学习：来自东亚的经验》的共同主编(与川上春树合作)，他的研究成果发表在《比较国际发展研究》《工业和企业变革》《国际政治经济评论》《东亚研究》《经济地理学》等期刊上。

**达丽娅·塔格里奥尼**，世界银行高级经济学家。曾在欧洲中央银行(2006—2011)、经合组织(2002—2006)任职。研究主要集中在国际竞争力、价值链生产的经济学及金融市场与贸易间联系。她毕业于罗马大学，在布鲁日欧洲学院获得经济学硕士学位，在日内瓦国际发展研究生院获得国际经济学博士学位。

**王直**，美国国际贸易委员会经济局研究处领席国际经济学家。在明尼苏达大学取得应用经济学博士学位，并辅修计算机和信息科学。之后，曾任世界银行顾问，并在普渡大学、美国农业部经济研究局、美国商务部经济分析局任经济学家。2005年加入美国国际贸易委员会前，曾任乔治·梅森大学计算科学学院高级科学家。在去美国前，他是中国农业科学院研究员，1992—1993年还担任旅美中国经济学家协会理事。

**魏尚进**，哥伦比亚大学商学院杰罗姆·查岑国际商务研究所所长、金融与经济学教授、王念祖中国商务与经济学教授，美国国家经济局和经济政策研究中心研究员。

# 作　　者

**山野纪彦**，负责经合组织投入产出和相关经济模型现行版本编制。曾在日本中央电力工业研究所担任经济学家，基于最初开发的区域公共资本存量、劳动力统计数据和区域间投入产出表，开发了各种类型的经济模型。还担任过许多涉及使用经济、能源和人口预测模型的项目的外部顾问。

**罗伯特·E.尤斯卡瓦格**，美国商务部经济分析局前负责国际经济的副局长。目前，他是国际经济统计顾问。在任职副局长时，负责国际收支和国际投资统计业务、跨国公司业务统计及国际数据采集项目。曾任经济分析局国际收支处处长，负责推动国际收支统计现代化。早先曾在经济分析局产业分局担任研究员和主管。作为国内生产总值行业统计的负责人，他推行了一些重大举措显著提高了行业统计的质量。在20世纪90年代初加入经济分析局前，曾任职美国财政部从事税收政策研究。

（姚为群、李宁译，姚为群校）

# 主要译者

（以汉语拼音字母为序）

曹文，现任商务部对外投资和经济合作司处长，北京大学法学硕士（国际关系），工作领域为跨境投资与国际经济合作。

车春鹂，现任上海对外经贸大学全球价值链研究中心研究员、上海国际贸易中心战略研究院助理院长、国际经贸学院副教授，武汉理工大学管理学博士（管理科学与工程），研究领域为产业经济、城市经济、区域经济。

吴潇一，现任上海世界贸易组织事务咨询中心助理研究员、一级咨询师，APEC 全球价值链增加值贸易核算技术团队协调组成员，英国诺丁汉大学硕士（管理学），研究领域为国际贸易。

姚为群，现任上海对外经贸大学全球价值链研究中心顾问、上海国际贸易中心战略研究院执行院长、应用经济学特聘教授、理论经济学研究员，复旦大学外交学兼职教授，上海工程技术大学客座教授，APEC 全球价值链增加值贸易核算技术团队协调人，复旦大学经济学博士（世界经济），研究领域为世界经济、全球经济治理及经济外交。

叶作义，现任上海对外经贸大学全球价值链中心主任、国际经贸学院副教授，日本名古屋大学经济学博士（发展经济学），研究领域为全球价值链与发展援助、国际贸易与投资，环境经济学。

张娟，现任上海对外经贸大学全球价值链研究中心研究员、国际经贸研究所副研究员，复旦大学经济学博士（世界经济），研究领域为国际投资、国际分工。

张运婷，现任上海对外经贸大学全球价值链研究中心研究员、国际经贸学院讲师，南开大学经济学博士（金融学），研究领域为全球价值链与增加值贸易、汇率。

祝坤福，现任中国人民大学经济学院副教授，对外经济贸易大学全球价值链研究院副研究员，中国科学院预测科学研究中心兼职研究员，清华大学五道口金融学院国际金融与经济研究中心兼职研究员，APEC 全球价值链增加值贸易核算技术团队核心技术工作组成员，中国科学院数学与系统科学研究院管理学博士（管理科学），研究领域为全球价值链理论与量化、国际贸易与投资、能源与环境经济学。

# 后　　记

2013年初夏一个湿热的夜晚，时任美国国际贸易委员会经济局领席经济学家，年逾六旬的王直博士风尘仆仆从大洋彼岸来到上海，出席由美国普渡大学全球贸易分析中心(Center for Global Trade Analysis, Purdue University)和中国投资有限责任公司(China Investment Corporation)、上海对外经贸大学(Shanghai University of International Business & Economics)、上海社会科学院(Shanghai Academy of Social Sciences)和上海世界贸易组织事务咨询中心(Shanghai WTO Affairs Consultation Center)共同主办的主题为"全球贸易在快速变化的世界中的新挑战"(New Challenges for Global Trade in a Rapidly Changing World)的第十六届全球经济分析年会(The 16th Annual Conference on Global Economic Analysis)。当王直博士在浦东机场见到接机的我，便立马拉着我坐进休息室，从身背的挎包里取出一本新书，在扉页上迅即签上大名，边将书送我边对我说："我专给你留了一本，你可知道这本书的纸质版只印了100册啊。"注目书名，一行英语跃入眼帘：Trade in Value Added: Developing New Measures of Cross-Border Trade。我立马浏览目录，发现书中几乎汇集了当时我所知的全球价值链增加值贸易核算的主要方法，真是雪中送炭，为正本清源，厘清全球价值链的增值谜踪奠定了数据基础。我不禁对这些默默地构建全球价值链数据库做出奉献的学者们肃然起敬！

记得21世纪初的一年，我们在上海与时任美国驻世贸组织副代表洪博培先生(Jon Huntsman)、时任美国驻上海总领事李凡先生(Hanks Levine)探讨中美货物贸易不平衡的原因时，我的学长和领导王新奎教授就一针见血地指出，传统的按关境进出口货物到岸价数据统计的方法，已经不能正确反映经济全球化时代国际分工变化带来的贸易流量，作为"世界工厂的总装车间"，中国与美贸易的顺差背后却是中间品进口上的逆差，中美双边贸易不平衡的起因并不源于中国。洪博培大使听罢马上回应："看来我们需要开发一种新的贸易统计方法来反映世界贸易的真实面貌了。"

2010年夏，帕斯卡·拉米先生(Pascal Lamy)来上海参加世博会世贸组织日和出席《世界贸易报告2010：自然资源贸易》发布式，他在会见王新奎学长时说，世贸组织将同经济合作与发展组织一起推进全球价值链理论和应用研究，尤其是要关注量化核算，并指出世贸组织已经和日本贸易振兴机构/亚洲经济研究所合作研究东亚贸易模式和全球价值链的关系，希望上海的学者也能参与其中。幸运的是，王新奎学长当着拉米先生的面把这一任务交给了我。

2011年的一天，我应上海发展研究基金会乔依德副会长之邀参加了一个小型学术研讨会，会上，我的学弟、时任美国哥伦比亚大学商学院经济学和金融学教授魏尚进博士推介了由他和时任美国国际贸易委员会首席经济学家罗伯特·库普曼博士(Robert Koopman)、领席经济学家王直博士、高级经济学家威廉·鲍尔斯博士(William Powers)共同开发的、基于国家间投入产出表的全新国际贸易统计方法，即增加值贸易核算法。这一算法集成并光大了自2008年开始的单一产品、单一国家、垂直专业化、国内增加值、离岸贸易和区域等价值链增加值贸易核算方法，形成了具有统计学意义的全球价值链增加值贸易核算方法。全球价值链增加值贸易核算法开发成功，王直博士功不可没。直到退休，王直博士一直是美国联邦政府贸易政策效应最主要的定量分析师之一，深厚扎实的数学和应用经济学功底使他构建的应用一般均衡模型的合理性和精确度超过常人。2000年，他和国务院发展研究中心李善同女士、翟帆先生和国家发改委徐林先生一起通过构建应用一般均衡模型，研究中国"入世"对中国经济的影响，所得结论与入世10年后中国经济的绩效在方向上几乎一致，指出的问题也一一出现，令人佩服之至。

2007年，中韩自贸协定官产学联合研究启动，韩方坚持要引入美国普渡大学全球贸易分析模型(多边多部门可算一般均衡模型)模拟研究结果的经济效应。面对韩方专家组的咄咄逼人，作为中方专家组组长的我，立刻向王直博士求援。王直博士在征得其上级同意后，趁返华探亲之际，自费来到上海向我们亲授构建应用一般均衡模型的知识和技术，使中方专家组在之后的联合研究乃至谈判的技术支持过程中从未落过下风。

2014年，作为APEC东道主的中国，率先提出了"APEC推动全球价值链合作与发展战略蓝图"的倡议，并提议将APEC全球价值链数据统计合作作为10大支柱之一。为了将美国的技术和中国的人才有机结合，我和王直博士商定分别向中美两国政府主管部门建议由中美两方共同牵头APEC全球价值链数据统计合作项目，鼓励其他经济体一同参与。令人兴奋的是，建议得到了中美双方政府的首肯，并于2014年11月举行的APEC第二十二次领导人非正式会议得到批准，成为APEC建立以来唯一由中美共同牵头、APEC全部21个成员经济体共同参与的合作项目。作为APEC全球价值链增加值贸易核算技术团队首任美方共同主席，无论是在编制工作规划和实施方案过程中，还是数据最后整合过程中，王直博士一直与中方共同主席、美方其他共同主席及技术团队中中美两方及国际组织或机构的专家密切合作，亲历亲为，一丝不苟，与 APEC 全体成员经济体的专家们共同建成了 APEC 全球价值链增加值贸易数据库。

时至今日，尽管存在这样或那样的技术性问题，但增加值贸易核算不啻是目前量化全球价值链的最佳方法。因此，当我从王直博士手中接过这本浸润着量化全球价值链先驱们心血的汇编时，就向他提出要将其译成中文广为推广，王直博士当即爽快答应，并且在此书翻译过程中，将其与魏尚进教授、祝坤福副教授共同撰写的、反映其最新研发成果的论文“总贸易核算方法：官方贸易统计数据与全球价值链的度量”交我作为一章纳入本书。在此，我要衷心感谢我的学长和领导王新奎教授的亲切关怀和上海世界贸易组织事务咨询中心同仁们的热情支持，使此书的翻译荣幸地列入了“上海 WTO 事务咨询中心经典译丛”。由于全球价值链的量化方法均源于应用数学和实用数学，用词专业，翻译工作有相当难度。为此，我找到了以精益求精著称的上海对外经贸大学国际经贸学院叶作义副教授。叶作义副教授少年时代就渡海东瀛求学，在日本名古屋大学完成了经济学的本科生和研究生学业，先后获得学士、硕士和博士学位，熟谙投入产出模型和应用一般均衡模型构建技术，钟情全球价值链量化研究，毕业后他曾在日本的研究机构从事投入产出表编制和研究工作，并被派往发展中国家指导编制官方国家投入产出表。为保证翻译质量，我们不仅促成包括主任叶作义副教授、研究员车春鹂副教授、张娟副研究员和张运婷讲师等在内的上海对外经贸大学全球价值链研究中心全员投入，而且还邀请了曾第一位代表中国政府参加经济合作与发展组织/世界贸易组织全球价值链理论和应用研究的商务部对外投资和经济合作司曹文处长，APEC 全球价值链增加值贸易核算技术团队核心技术工作组成员、中国人民大学经济学院的祝坤福副教授和 APEC 全球价值链增加值贸易核算技术团队协调组成员、上海世界贸易组织事务咨询中心的吴潇一助理研究员加盟，同时按翻译过程就是学习过程的理念，要求当时在读的上海社会科学院世界经济专业博士研究生刘东旭，上海对外经贸大学国际贸易专业硕士研究生杨雯、欧阳加贝、江阳、马鹏、李宁，日本早稻田大学大学院金融专业博士研究生陈坤和上海对外经贸大学国际商务专业硕士研究生徐榕、徐洁共等 9 位同学作为翻译助理加盟。在此，作为此书翻译的始作俑者，我谨向上述参加翻译的各位老师、同学致以衷心感谢。最后，同样重要的是，我必须向长期以来支持我工作的上海人民出版社王为松社长、周峥副总编辑和本书责任编辑王吟女士以及其他为此书出版做出贡献的人们和单位致以真诚的感谢。

# 后　记

尽管此书的汉译版会存在各种各样的瑕疵，但我相信在应用全球价值链增加值贸易核算方法的实践中，会进一步加深译者和读者们对核算方法的机理的理解，未来的翻译会更加达意到位，实现“信达雅”。

姚为群

**图书在版编目(CIP)数据**

增加值贸易:开发跨境贸易核算新方法/(美)阿迪蒂亚·马图(Aaditya Mattoo),王直,魏尚进编;叶作义等译.—上海:上海人民出版社,2020
(上海 WTO 事务咨询中心经典译丛)
书名原文:Trade in Value Added: Developing New Measures of Cross-Border Trade
ISBN 978-7-208-16611-0

Ⅰ.①增… Ⅱ.①阿… ②王… ③魏… ④叶… Ⅲ.①对外贸易-贸易增长-经济核算-研究 Ⅳ.①F75 ②F221

中国版本图书馆 CIP 数据核字(2020)第 252787 号

**责任编辑** 王 吟 董洪波
**封面设计** 陈 楠

上海 WTO 事务咨询中心经典译丛
**增加值贸易:开发跨境贸易核算新方法**
[美]阿迪蒂亚·马图 王 直 魏尚进 编
叶作义 姚为群 等 译

**出 版** 上海人民出版社
(200001 上海福建中路 193 号)
**发 行** 上海人民出版社发行中心
**印 刷** 上海商务联西印刷有限公司
**开 本** 720×1000 1/16
**印 张** 22
**插 页** 4
**字 数** 377,000
**版 次** 2020 年 12 月第 1 版
**印 次** 2020 年 12 月第 1 次印刷
ISBN 978-7-208-16611-0/F·2646
**定 价** 98.00 元